移民社会のナショナリズム

シンガポール近代華人社会史研究

持田洋平

風響社

まえがき

シンガポール（Singapore）について、多くの方は、経済的な繁栄、華人（中国系移民）人口の多さ、観光業の発展といったイメージを想起されるであろう。東南アジアの政治・社会・経済などに詳しい方であれば、人民行動党（People's Action Party, PAP）による強権的・独裁的な統治体制やマスメディアなどの規制、マルチ・エスニックな社会や食文化などにも連想が及ぶかもしれない。

このようなイメージが形成される主な原因は、イギリス植民地統治期の経済的な繁栄と、現地の華人社会の発展であった。そもそもシンガポールは、イギリスによる植民地化をきっかけとして形成され、その居住者の大多数が（赴任したイギリス人官僚を含めて）移民によって構成された移民都市であった。

一九世紀以降、イギリス本国を中心として、超広域的に形成された「海の帝国」において、シンガポールは東南アジアの政治・経済的な拠点として位置付けられ、香港・上海などと並ぶ、東アジアにおけるグローバルなヒト・モノ・カネ・情報の流通ネットワークの重要な結節点として機能するようになった。この広域的なネットワークは、イギリス帝国の植民地主義に支えられて形成されたものであったが、実際にモノ・カネの移動や交易（すなわちアジア間におけるビジネス）を担っていた集団の一つが、華人であった。植民地統治期のシンガポールでは、最初期からアジア間交易の担い手として、華人が居住するようになり、一九世紀中葉にはシンガポールの総人口の過半数を占めるまでになった。

これらの植民地期の発展を基礎として、戦後にシンガポールは（マレーシアから分離されるという形で）独立し、中国（中華人民共和国）と台湾（中華民国）という「二つの中国」以外では唯一、華人（すなわち中国系の人々）がマジョリティを占め、かつ中国語が公用語（の一つ）として位置付けられている国家として存続している。現代のシンガポールについて学ぶうえでも、東南アジア近代史やグローバル・ヒストリーを考えるうえでも、また華人の広域的なネットワークについて検討するうえでも、植民地統治期のシンガポールと華人社会の歴史を学ぶことは重要であろう。

本書は、植民地統治期におけるシンガポール華人社会史のうち、一九世紀から二〇世紀前半、日本統治期までの時期における歴史的な展開の概要を示すと共に、特に重要な変容期に当たる一八九六年から一九〇九年を詳しく議論する。言い換えると、本書は一八九六年から一九〇九年のシンガポール華人社会における社会的な変容を詳述するというミクロな課題と、この課題を一九世紀から二〇世紀前半の時期におけるシンガポール華人社会史の中に位置付けるというマクロな課題の二つに取り組むものとなる。

この二つの課題について、それぞれの重要性を説明しよう。まず、マクロな課題について、全体の議論の一部として一九世紀から二〇世紀前半のシンガポール華人社会史を扱っている日本語の学術書や通史は、これまでもいくつも出版されている。[1] しかし、これらの書籍は戦後のシンガポールの形成過程や経済発展を論ずることを主眼としており、この時期に関する内容が占める割合は概ね極めて少なく、詳細かつ具体的な知見を得ることは極めて難しい。

もちろん、英語・中国語に加えて、日本語でも優れた個別の論文は枚挙に暇がない。しかし、中国史や東南アジア各国史と比較すると、シンガポール史研究のこのような状況は、やはりいささか不十分だと言わざるを得ない。

本書はこのような問題意識に基づき、日本語・英語・中国語の先行研究を整理しながら、一九世紀から二〇世紀前半のシンガポール華人社会史を通史的に叙述するという第一の課題に取り組む。もちろん、単に英語や中国語の通史的記述をそのまま翻訳するのではなく、複数の言語・研究領域に分散している先行研究を可能な限り収集し、有機的に統合し、この時期のシンガポール華人社会史に関する概説として、包括的かつ先進的な内容を提示することを試みる。

続いて、ミクロな課題、かつ本書の主題である、一八九六年から一九〇九年のシンガポール華人社会の変容という点について説明する。これは具体的には、現地において「華人」としての社会的な認識が広く普及すると共に、後の中華民国期において興隆していく政治的ナショナリズムの基盤となる初期的なナショナリズムが形成されたということである。

まず、現地における「華人」としての社会的な認識の普及について、華人が華人であることは自明かつ普遍的な事実であり、特定の時期にそのような社会的な認識が広がったという説明はそもそも不可解であると考える方もいるだろう。しかし、華人（に相当する人々）が自らを華人であると強く認識するようになったのは主に近代以降であり、このような華人としての自己認識の自明性・普遍性は、決して古来より存続してきたものではなかった。

一九世紀のシンガポールにおいて、華人に相当する人々が自らの帰属性を意識するとき、それは主に福建人・広東人・潮州人というような出身地域や方言、幇派などに基づく地縁的なものか、さもなくば家族・親族・宗族といった血縁的なものであった。シンガポール華人社会内部において、各幇派はゆるやかに住み分けており、現地に居住する華人たちの大多数は、それぞれが属する幇派の方言のみを理解し、幇派や宗族・血縁関係という枠組の中で日々の生活を送っていた。

もちろん中国本土においては、古代より「中華」観念が連続して存在しており、特に科挙教育を受けた知識人層の中には、自らが「中華」文明に帰属すると認識するものも存在していた。またイギリスの植民地統治の中でも「Chinese」という集団カテゴリは存在しており、イギリスによる植民地統治への参加・協力を通して、自らをイギリス人たちが呼ぶところの「Chinese」として認識するようになった人々も存在していた。しかし、シンガポール華人社会全体としてみると、このような人々は極めて少数であり、大部分の華人たちはこのような認識を共有していなかった。つまり、今日において当然のように共有され、普及している、華人としての帰属性・共通性という感覚や社会的な認識は、一九世紀の時点においては決して一般的なものではなかったのである。

仮に、一九世紀前半のシンガポールに行き、そこで働いている福建幇の労働者層の華人に、「あなたは誰ですか？」と福建語（閩南語）で問いかけたとしよう。その時に最初に返ってくる答えは、恐らく「私は福建人であり、……」という幇派の帰属性であろう。あるいはその返答は、村落などのより詳細な出身地域かもしれないし、宗族かもしれないし、職業かもしれないし、または氏名かもしれない。しかし、「私は華人であり、……」という返答がくる可能性は、ほぼ存在しないであろう。しかし、仮に一九一〇年代に福建幇の労働者層の華人に同じように問いかけたとすると、その返答として「私は華人（あるいは「華僑」）であり、……」という言葉がくる可能性はかなり高くなるだろう。

このような「華人」としての認識の普及をもたらしたのは、ネイションという近代的な概念を理解した知識人層の華人エリートたちであった。彼らは一九世紀末において、華人としてのナショナルな帰属性・共通性に基づき、幇派と方言の壁を超えて、華人社会全体が連帯・協力することが可能であるという発想を持つようになった。これは、すなわちシンガポール華人社会における最初期のナショナリズムの形成過程でもあった。

シンガポール華人社会におけるナショナリズムは、最初は教育運動や社会改革運動といった形から始まり、のちに中国国内政治との関係性を深めていき、さらに国籍法（大清国籍条例）が成立した一九〇九年以降は、「祖国」中国の国民としての立場に基づく「愛国」主義的なナショナリズムが興隆するようになっていった。このような傾向は、清朝末期から始まり、中華民国期を経て、日中戦争およびアジア太平洋戦争における「抗日」運動へと連続していくこととなった。

本書が取り組む第二の課題は、このようなシンガポール華人社会におけるナショナリズム形成の過程を、先行研究のようにイギリスによる植民地統治や中国国内政治からの影響という観点からではなく、シンガポール華人社会内部の変容という観点に立って描き出すことである。もちろん植民地宗主国であるイギリスや、華人にとっての「祖国」であった中国が、現地のナショナリズム形成に大きな影響を与えたことは疑いない。しかし、シンガポール華人社会史を議論するうえで、外部からの政治的な影響のみを強調してしまうと、あたかもシンガポール華人社会が独自の自律性・主体性を持たず、ただ一方的に政治的な影響を受容し続けるだけの場であったかのように説明してしまうことになってしまう。これはシンガポール華人社会史研究としては、いささか本末転倒であろう。

この第二の課題を通して本書が目指すのは、宗主国イギリスと「祖国」中国の政治的な影響を受けながらも、独自の自律性・主体性を持った場としてシンガポール華人社会を位置付けたうえで、そこに生きた人々がいかに近代的なネイションの観念を認識し、自分たちが居住・生活する華人社会にこの概念を投影させ、現地で普及させていったのかということを、生き生きと描き出すことである。これは、ネイション・ナショナリズムといった概念を、国民国家の問題として限定せずに、移民社会の問題として捉えようとする観点だともいえる。

このようなナショナリズム理解は、国民国家とその政治制度を背景とする一般的な理解とは大きく異なる観点に立つものとなる。そのため、本書ではこれを、「移民社会のナショナリズム」という呼称を用いて表現する。すなわち、第二の課題は、この時期のシンガポール華人社会において「移民社会のナショナリズム」が形成されていく過程を議論するものとなる。

本書はこの二つの課題に取り組むことにより、一九世紀から二〇世紀前半におけるシンガポール華人社会史を通史的に整理すると共に、特に一八九六年から一九〇九年における華人社会の変容について、「移民社会のナショナリズム」という観点から詳述し、その意義と重要性を通史的に位置付ける。

注

（1）具体的には、以下の研究を参照［岩崎 二〇一三］［田中恭子 二〇〇二］［田村 二〇〇〇］。

●目次

阮添籌（Wee, Theam Tew, 1866-1918） 357
胡亜基（Hoo, Ah Kay, 1816-1880） 357
胡文虎（Aw, Boon Haw, 1882-1954） 358
呉寿珍（Goh, Siew Tin, 1854-1909） 359
黄亜福（Wong, Ah Hook, 1837-1918） 360
黄松亭（Ng, Song Teng, ??-??） 360
黄乃裳（Wong, Nai Siong, 1849-1924） 361
蔡子庸（Chua, Chu Yong, 1847-??） 361
佘連城（Seah, Liang Seah, 1850-1925） 362
章芳琳（Cheang, Hong Lim’ 1825-1893） 363
薛有礼（See, Ewe Lay, 1851-1906） 364
宋旺相（Song, Ong Siang, 1871-1941） 364
曾兆南（Chan, Teow Lam, ??-??） 365
張永福（Teo, Eng Hock, 1871-1957） 365
張善慶（Teo, Sian Keng, 1855-1916） 366

陳雲秋（Tan, Hoon Chew, ??-??） 367
陳嘉庚（Tan, Kah Kee, 1874-1961） 367
陳恭錫（Tan, Keong Saik, 1850-1909） 368
陳金鐘（Tan, Kim Ching, 1829-1892） 369
陳金声（Tan, Kim Seng, 1805-1864） 369
陳若錦（Tan, Jiak Kim, 1859-1917） 370
陳楚楠（Tan, Chor Lam, 1884-1971） 371
陳徳潤（Tan, Teck Joon, 1860-1918） 372
陳徳遜（Tan, Teck Soon, 1859-1922） 372
陳武烈（Tan, Boo Liat, 1874-1934） 372
葉季允（Yeh, Chi Yuen, 1859-1921） 373
李清淵（Lee, Cheng Yan, 1841-1911） 374
劉金榜（Low, Kim Pong' 1838-1909） 374
廖正興（Liau, Chia Heng, 1874-1931） 375
林維芳（Lam, Wei Fong, 1863-1910） 375

装丁＝オーバードライブ・前田幸江

凡例

・本文は日本語、縦書きを基本として、必要に応じて英語・中国語などの原文表記を丸括弧（（ ））で補足する形で表記した。特に日本語を母語としない読者が、日本語の外来語翻訳の表記（特にカタカナ表記）のブレにより原文を理解しにくくなることがないよう、原文の補足を豊富に取り入れた。

・英語表記は、可能な限り同時代史料における表記に基づいたが、史料内で複数の表記例が確認できた場合（たとえば、ある華人の名前について、閩南語発音での表記と広東語発音での表記との二種類存在する場合など）は、当時より一般的に使われていたと思われる方を選択して統一した。

・中国語表記は、元の表記が簡体字か繁体字かを問わず、全て日本の新字体に統一して表記した。

・名詞の並列表記については、基本的に読点（、）ではなく、中点（・）を用いて表記した。

・引用について、長文の引用は前後一行空け、二字下げし、原文表記などの捕捉は角括弧（［ ］）で示した。また短文の引用は本文表記の延長線上とみなし、鉤括弧（「 」）で囲い、捕捉は丸括弧で示した。

・数字については、基本的に漢数字で表記した。また年号・日付などは、注記や特定の理由がある場合を除き、全て西暦表記に統一し、同じく漢数字で表記した。

・参照文献の情報は基本的に注釈にまとめ、角括弧の中に著者の名字（他に共通の名字の著者が存在し、判別できない場合はフルネーム）と刊行年、（必要に応じて）引用頁のみを表記し、詳細な書誌情報は巻末の参照文献一覧にまとめた。同じく、使用した史料の書誌情報や人物一覧なども巻末にまとめた。

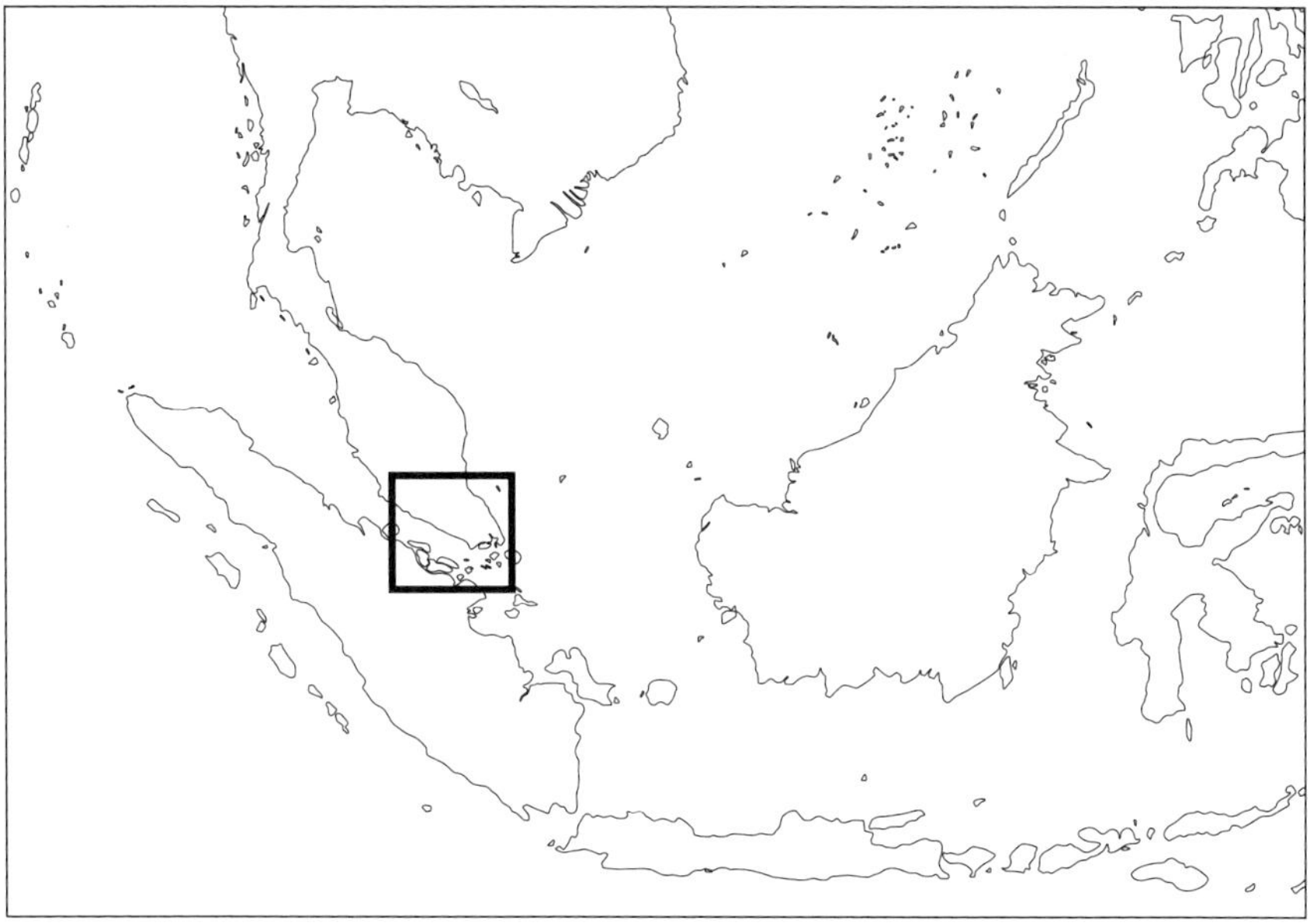

地図a　東南アジア島嶼部。四角で囲った範囲が地図bに当たる。

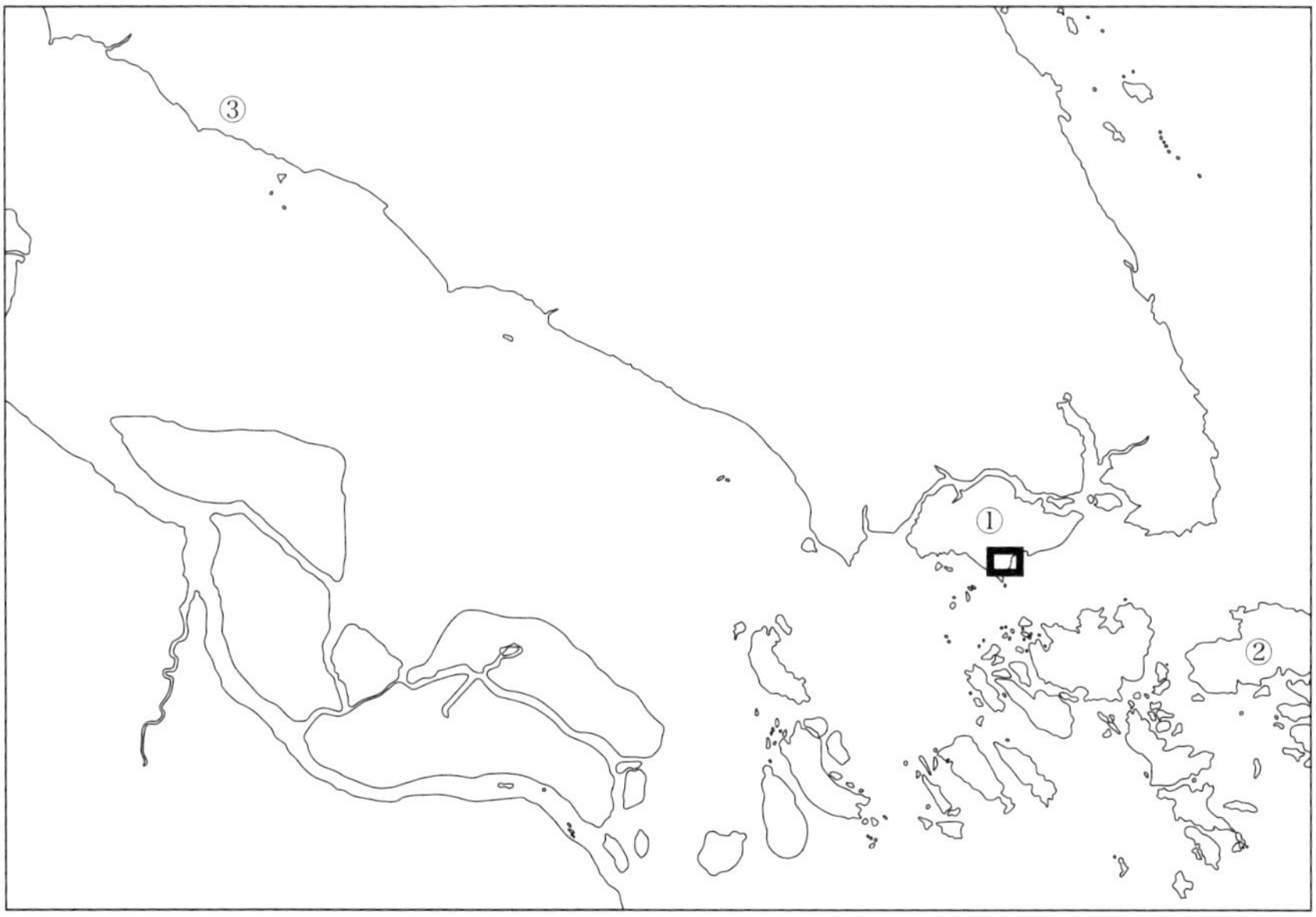

地図b　マレー半島南部およびシンガポール

①：シンガポール島、②：ビンタン島、③：マラッカ。さらにマレー半島西部を北西に移動していくと、クアラルンプールやペナンに接する。また、小さい四角で囲った範囲が地図cに当たる。

地図 c　1890 年代から 1900 年代のシンガポール中心部の地図。

①**イスタナ・カンポン・グラム**（Istana Kampong Glam、シンガポールに居住していたマレー人スルタンの宮殿）。①・②付近にはマレー人が多く居住し、マレー語学校も複数存在。

②**スルタン・モスク**（Sultan Mosque、ジョホール王国のマレー人スルタンによって設立されたモスク）。

③この付近に、海南幇の華人たちや日本人移民たちが多く居住していた。

④**ラッフルズ・ホテル**（Raffles Hotel、アルメニア人のサーキーズ兄弟（Sarkies Brothers）によって設立・経営された高級ホテル）。

⑤**ラッフルズ学院**（Raffles Institution）。

⑥**聖アンドリュー大聖堂**（St. Andrew's Cathedral、イギリス国教会系のシンガポール聖公会により設立された大聖堂）。**聖アンドリュー学院**（St. Andrew's School）を併設。

⑦**市当局の役所**（Municipal offices）。

⑧**エスプラネード**（Esplanade）と呼ばれた公園。

⑨**最高裁判所**（Supreme Court）および**ヴィクトリア・メモリアル・ホール**（Victoria Memorial Hall、劇場を併設した公会堂）。

⑩**シンガポール中華総商会の会所**（中華総商会は1908年にテロック・エア・ストリートに移転した後に、1909年には既にこの場所に移転している。この建物は元々、潮州幇の華人商人であった黃江勇（Wee, Ah Hood）の住居であり、潮州幇の四大厦（four mansion）の一つとしても知られる大きな邸宅であった）。
⑪**シンガポール華人女子学校**（Singapore Chinese Girls' School）。また付近に中央消防署（Central Fire Station）が存在。
⑫**グッド・シェパード大聖堂**（Cathedral of the Good Shepherd、シンガポール最古のローマ・カトリック教会）および**聖ジョセフ学院**（St. Joseph's Institution）。
⑬**道南学堂**（道南学校）。
⑭**フォート・カニング**（Fort Canning）。
⑮**ラッフルズ図書館・博物館**（Raffles Library and Museum）。
⑯**オーチャード・ロード長老派教会**（Orchard Road Presbyterian Church）。
⑰ここよりさらに北部に、**海峡植民地官邸**（Government House）。
⑱**シンガポール川**（Singapore River）。
⑲**ボート・キー**（Bort Quay）。潮州幇の華人たちが多く居住していた。
⑳**中央郵便局**（Central Post Office）。また⑳・㉑・㉒付近は、ヨーロッパ系の商社や銀行、クラブなどが集中した商業地区となっていた。
㉑**陳金声を記念する噴水**（Tan Kim Seng Fountain）。付近にチャータード銀行（Chartered Bank）が存在。
㉒**香港上海銀行**（Hongkong and Shanghai Banking Corporation）。
㉓**テロック・エア警察署**（Telok Ayer Police Station）。
㉔**テロック・エア市場**（Telok Ayer Market、現在では老巴刹（Lau Pa Sat）という名前で知られる、大きな市場）。
㉕**福徳祠**（Fuk Tak Chi、1824年に広東幇の華人たちによって建設された、シンガポール最古の中国式の廟）。
㉖**応和会館**（Ying Fo Fui Kun、客家幇の会館の建物であり、1905年には「国語」教育を行う初等学堂であった**応新学堂**（応新学校）も併設）。
㉗**天福宮**（T'ien Fu Kung）。**崇文閣**（Ch'ung Wen Ke）や**楽善社**（Lo Shan She）を併設。また南に面するテロック・エア・ストリート（Telok Ayer Street）には福建幇の華人たちが多く居住し、英華義学（Anglo Chinese Free School）や、林文慶が運営していた診療所である九思堂西薬房などが存在。
㉘**英華学校**（Anglo Chinese Boy's School）。
㉙**スリ・マリアマン寺院**（Sri Mariamman Temple、1827年に建設されたシンガポール最古のヒンドゥー教寺院）。
㉚**牛車水**。この付近、シンガポール川以南かつニュー・ブリッジ・ロードとサウス・ブリッジ・ロードに挟まれた一帯は伝統的な華人居住区であり、広東幇の華人たちが多く居住していた。
㉛**怡和軒倶楽部**（Ee Ho Hean Club）。
㉜**セポイ・ラインズ**（Sepoy Lines）。この付近に、総合病院（General Hospital）や海峡植民地・マレー連合州政府医学校（Straits and Federated Malay States Government Medical School）など、医療・衛生関係の施設が存在。
㉝**刑務所**（Criminal Prison）。
㉞**精神病院**（Lunatic Asylum）。
㉟**ホンリム・グリーン**（Hon Lim Green）および**中央警察署**（Central Police Station）・**警察裁判所**（Police Court）。
㊱**同済医院**（Thong Chai Hospital）。
㊲**華民護衛司署**（Chinese Protectorate）。
㊳**芳林巴刹**（Hong Lim's Market）および**玉皇殿**（Geok Hong Tian）。

［地図類の出典］シンガポール国立公文書館（National Archives of Singapore）所蔵の地図、A Map of Malay Peninsula およびフリー白地図を基に自作した。

表 1-1　シンガポールの人口とその内訳（1821-1860 年）

	1821 年	1825 年	1830 年	1836 年	1849 年	1860 年
総人口	4,727	11,851	16,634	29,984	52,891	81,734
ヨーロッパ・アメリカ系	29※5	84	92	141	360	2,385
「現地のキリスト教徒」※1		132	345	425	–	–
マレー系※2	2,851	6,872	,7640	12,497	17,036	16,202
ユーラシア人※3	–	–	–	–	922	–
インド系※4	132	916	1,913	2,930	6,284	12,973
華人	1,159	3,828	6,555	13,749	27,988	50,043
うち華人男性	–	3,561	6,021	12,870	25,749	46,795
うち華人女性	–	267	534	879	2,239	3,248
その他	585	19	89	242	301	13

※表 1-1 は、Makepeace, Walter, and Brook, Gilbert E., Braddell, Ronald St. J. (eds.), *One Hundred Years of Singapore: Being Some Account of the Capital of the Straits Settlements from its Foundation by Sir Stamford Raffles on the 6th February 1819 to the 6th February 1919*, Vol. I, London: John Murray, 1921, pp. 355-357 を参照して作成した。また人口の数値について、これ以降の表も含め、シンガポール市当局の管区である都市部以外も含めたシンガポール島全土の人口を表記した。

※ 1「現地のキリスト教徒」（Native Christians）というカテゴリについては、第 1 章第 4 節にて詳述した。
※ 2 マレー系というカテゴリでは、マレー人（Malays）に加え、ブギス人（Bugis）・バリ人（Balinese）・ジャワ人（Javanese）・フィリピン人（Philippinos）などの集団を含んだ数字を表記している。
※ 3 ユーラシア人（Eurasians）は、ヨーロッパ系と華人・マレー人などとの「混血者」を意味する。詳しくは第 1 章第 4 節を参照。
※ 4 インド系というカテゴリでは、ベンガル人（Bengalis）・ビルマ人（Burmese）・タミル人（Tamils）・パールシー人（Parsees）などの集団を含んだ数字を表記している。
※ 5 この年の統計では、ヨーロッパ系（Europeans）と「現地のキリスト教徒」（Native Christians）が統合されて記録されており、内訳が不明である。

表 1-2　シンガポールの人口とその内訳（1871-1911 年）

	1871 年	1881 年	1891 年	1901 年	1911 年
総人口	97,111	139,208	184,554	228,555	303,321
ヨーロッパ・アメリカ系	1,946	2,769	5,254	3,824	5,711
マレー系	26,148	33,102	35,992	36,080	41,932
ユーラシア人	2,164	3,094	3,589	4,120	4,671
インド系	10,754	12,138	16,035	17,823	27,770
華人	54,572	86,766	121,908	164,041	219,577
うち華人男性	46,104	72,571	100,446	130,367	161,648
うち華人女性	7,468	14,195	21,462	33,674	57,929
その他	1,527	1,339	1,776	2667	3,660

※表 1-2 は、CO277, *Straits Settlements Blue Books* (1871, 1881, 1891, 1901) および *Report on the Census of the Colony of the Straits Settlements*（1901）における人口統計、および Makepeace, Walter, and Brook, Gilbert E., Braddell, Ronald St. J., op. cit., Vol. I, pp. 358-360 を参照して作成した。

表 2　シンガポールの華人人口とその所属する幇派ごとの内訳（1881-1911 年）

	1881 年	1891 年	1901 年	1911 年
華人総人口	86,766	121,908	164,041	219,577
福建幇	24,981	45,856	59,117	90,748
広東幇	14,853	23,397	30,729	47,500
潮州幇	22,644	23,737	27,564	37,413
海南幇	8,319	8,711	9,451	1,0504
客家幇	6,170	7,402	8,514	11,947
海峡華人※1	9,527	12,805	15,498	43,562※2
その他	272	0	13,168	9,636

表 2 は、CO277, *Straits Settlements Blue Books* (1871, 1881, 1891, 1901) および *Report on the Census of the Colony of the Straits Settlements*（1901）における人口統計、および Makepeace, Walter, and Brook, Gilbert E., Braddell, Ronald St. J., op. cit., Vol. I, p. 362 を参照して作成した。

※ 1「海峡華人」(Straits Chinese) は、海峡植民地にて出生した華人を指すカテゴリであり、幇派としてはその大多数が福建幇に属していた。詳しくは第 1 章第 6 節を参照。

※ 2　1911 年の人口統計では、それまで幇派の一つと見なされていた海峡華人が、中国本土出身と対比される出身地という括りへと変更された。そのため、1901 年までの人口統計と異なり、各幇派と海峡華人を足した人口が華人人口の合計と一致しない状況になっている。

また幇派についても、各幇派の合計値と総人口の間にずれが存在する。1911 年の人口統計の他の数値は全て合致しているため、単なるミスである可能性は極めて低い。

これは恐らく、統計手法の変化によるものであると思われる。1901 年の時点までは、華人人口の内訳を幇派ごとに分類していたため、華人は必ず（「その他」を含む）いずれかの幇派の項目に振り分けられていた。しかし、1911 年からは華人人口の内訳ではなく、シンガポール全人口を単に言語（Language）によって分類する形式となっている。これにより、方言を含む中国語関係の言語 (Chinese Language) を母語としない (恐らくマレー語や英語などを母語とする) ために、「その他」(すなわち中国語関係のその他の言語の言語を話す華人) という項目にも分類されない華人が発生し、数値のずれが生じたのであろうと思われる

●移民社会のナショナリズム——シンガポール近代華人社会史研究

序章

一　本書の問題設定と概要

本書は、一九世紀末から二〇世紀初頭のシンガポール華人社会において「移民社会のナショナリズム」が形成されていく歴史的な過程を論ずるものである。最初に、本書の議論の中核となる、「移民社会のナショナリズム」という用語について簡単に説明しよう。

まず、「ネイション」（nation）なる概念について考えよう。ネイションは、日本語では主に「民族」・「国家」・「国民」などの訳が充てられているが、いずれの訳も正確ではない。そのため、本書ではそのまま「ネイション」と表記する。政治学者のアンダーソン（Anderson, Benedict）の著名な研究によって知られているように、ネイションとは近代以降に世界的に普及した概念であり、そこに所属する人間がいくつかの均一性・同一性を本質的に共有するものとして「想像された共同体」（imagined community）である。

アンダーソンは、家族や村落のような他の共同体も同様に想像上の（実在しない、虚構的な）共同体であることを認めたうえで、ネイションはこれらの共同体とは異なり、あたかも現実に存在するかのように強力な機能を発揮し、そこに帰属する多くの人々を扇動して殺し合いや自死に赴かせることを可能にするほどに強い影響を与えることを強調している。[1]歴史社会学者であるブルーベイカー（Brubaker, Rogers）は、この「非実在性」をよりはっきり説明している。すなわち、ネイションとは「実在する存在としてではなく制度化された形態として、集団としてではなく実践のカテゴリとして、実体としてではなく臨時的な出来事として」扱われるべき概念である。[2]

では、なぜ非実在的な共同体（あるいは「実践のカテゴリ」）に過ぎないネイションだけが、家族や村落などとは比較にならないほどに強力な機能を発揮しうるのか。この説明として主にあげられるのは、ネイションは「国民国家」(nation-state)という形で近代国家(state)と結びつき、その領域性や国籍・国語教育などの政治制度、国民としての政治的な権利と義務の付与などの制度的な背景を獲得することによって、強大な想像力を発揮することが可能となるという点である。言い換えると、「国民国家」という形態をとらず、国家やその制度と結びつかないネイションは、正しい意味でのネイションではないと見なされる場合が多い。たとえば歴史家のホブズボーム(Hobsbawm, Eric John)は、ネイションとナショナリズムの歴史性を考察した著作の中で、ネイションが(正しい意味での)ネイションとして認められる基準の一つは国家と結び付くことであり、それを欠くネイションは完全なネイションとなることはできないと指摘している。[3]

こういったネイション・ナショナリズム概念に対する理解に基づくのであれば、本書の題名にある「移民社会のナショナリズム」とは、アンダーソンが『比較の亡霊』で議論した「遠距離ナショナリズム」(Long-Distance Nationalism)のように、国外に居住した状態にある移民が、その「祖国」に帰属する国民としてナショナリズムに参加したり貢献したりするというようなことであるかと早合点されるかもしれない。[4]

しかし、本書で議論するところのネイション・ナショナリズムは、「遠距離ナショナリズム」のような形態に限定されたものではない。そもそも、国家と結びつかないネイションやナショナリズムは不完全なものであるという発想は、ネイション概念の普及に関する歴史的な実態とは異なっている。ホブズボーム自身も認めているように、一九世紀末以降においてネイション・ナショナリズムという概念は西欧から世界的に普及していき、国民国家のみならず、国家と結びつかなかった移民やエスニック・マイノリティなどの集団も、ネイションという概念を利用して様々な活動を行っていた。[5]

エスニシティやエスニック・グループという概念が周知されるようになる一九七〇年代まで、ある集団が自らを均一性・同一性を有する単一の集団だと公的に主張し、何らかの活動を行おうとする際に、彼らはしばしばネイションという概念を用いて(同時に、その概念をそれぞれの言葉に翻訳して)自らの集団を表現した。それらの集団の中には、のちに幸運にも政治的な基盤を獲得することに成功し、特定の国家(すなわち「国民国家」)として認められたものも存在したが、一方で国家と直接的に結びつかなかった集団も当然ながら存在した。またこれらの活動は政治的活動に限定されず、社会・文化活動とみなすべきものも多く含まれていた。本書で議論する一九世紀末から二〇世紀初頭のシンガポール華人社会という事例も、その一つである。

つまり、ネイションと国家は本質的には異質な概念であり、国民国家（すなわちnationとstateの合致）という形でその二つが結びついた状態でナショナリズムが展開された事例も存在するが、その一方でネイションと国家とが結びつかないまま、ナショナリズムが展開された事例も存在したのである。国民国家という形態をとって展開されたナショナリズムは、近代世界におけるナショナリズムの歴史的な展開に関する多様な事例の中の一部に過ぎない。両者には近代国家の制度的な背景の有無や想像力の強弱という点に差異があるが、共にナショナリズムの形態の一つであるという点では共通している。

前述したホブズボームの説明にしても、あくまで近代的な国際社会（あるいはその基準を重視する研究者）の評価という基準の中で、国民国家として公認されるか否かという次元の議論に過ぎず、ネイションという概念が実際に歴史上でいかなる機能を果たしたのかという議論とは異なっていることに留意せねばならない。ホブズボームのような観点をとり、国民国家という形態を前提とするのであれば、一九世紀後半から二〇世紀にかけて世界各地で展開された、ネイションという概念を用いた多様な活動の中で、のちに国家と直接的に結びつくことに成功したもののみを「正しい」ナショナリズムと見なし、それ以外を全て「不完全な」ナショナリズムであるとして無視する（あるいは、当時は存在しなかった「エスニック（エスニシティ）」などの分類に後付け的に当てはめる）こととなる（そして必然的に、この「正しい」ナショナリズムと「正しくない」ナショナリズムの書き換えは、その国家の興亡や政治形態の変容に合わせて、永続的に続けられていくこととなる）。だが、このような区分は同時代的な理解とは明らかに異なる事後的な分類に過ぎず、かつ後の時代における第三者の政治的な決定によって過去の歴史的な事実の評価を遡及的に変動させる発想に基づくものであり、歴史学的に見て説得力のある説明であるとはいえないだろう。

このような問題意識に基づき、本書ではネイション・ナショナリズムという用語を、国家とネイションが結びついた国民国家という形態を前提としないものとして定義する。具体的には、ネイションという用語を、特に近代ヨーロッパに起源を持ち、言語・文化・宗教・出身地・服飾などの文化的な特徴・性質などを本質的に共有しているものとして想像された、均質かつ一体化した文化的共同体という概念として定義する。またナショナリズムについては、ネイションという概念を用いて行われる多種多様な文化・社会・政治活動として定義する[6]。

このような定義をとることにより、近代世界におけるネイション・ナショナリズムの歴史的な展開に関する研究は、国民国家としての結びつきを獲得することができた限定的な事例のみに着目する従来の研究と比べて、はるかに多様な事例を扱うことが可能となるだろう。

近代世界史の中で生み出されたネイション・ナショナリズムの多様な形態の中で、本書が特に注目するのは、その「祖国」から離れた移民社会において、特定の国民国家の政治制度と直接的に結びつかずにナショナリズムが形成されていった事例である。本書ではこの特殊なナショナリズムのありかたを、国民国家という形態をとって展開されたナショナリズムとは異なるものという意味を込めて、「移民社会のナショナリズム」という言葉を用いて表現する。(7)

本書の主題は、一九世紀末から二〇世紀初頭（より具体的には、林文慶ら「現地の改革主義者たち」(8)が社会的な活動を開始する一八九六年から、大清国籍条例の制定により華人が中国という国家の国民となる権利を獲得した一九〇九年まで）のシンガポール華人社会という場を主要な考察対象として、「移民社会のナショナリズム」がいかなる歴史的な過程を経て形成されたのかという問題を議論するものである。シンガポールはイギリスによる植民地化以降、短期間のうちに東南アジアの重要な商業・経済拠点としての機能を担う植民地都市に成長し、ヒト・モノ・カネ・情報の世界的な流動の中心地の一つとなった。シンガポールは地理的条件により、東アジア、特に中国との関係性が深く、植民地化初期から多くの華人が現地に定住し、その社会を形成した。シンガポール華人社会は一九世紀末までに大規模な発展を遂げ、イギリスの植民地統治下において経済的な繁栄を謳歌した。

一九世紀末までの時期にシンガポール華人社会に居住していた華人たちは、植民地統治者であったイギリス側から「華人」（Chinese）という集団として認識され、統治されていた。一方で、大多数の華人たちは自らが所属する集団を（「福建人―福建（閩南）語」・「広東人―広東語」・「潮州人―潮州語」などのような）方言と幇派の単位で認識しており、各幇派を内包する「華人」という個人、あるいは集団としての社会的な認識はまだ普及していなかった。ところが、わずか一〇数年間後、二〇世紀初頭になると、「華人」としての社会的な認識や「祖国」中国に帰属する国民としての意識が広く普及し、中国国内政治に関わる政治的な運動を含む多様なナショナリズムが盛んに展開されることとなった。この「華人」としての認識の普及という重要な社会的変容が発生したのが、一九世紀末から二〇世紀初頭であった。

すなわち、一九世紀末から二〇世紀初頭の時期のシンガポールの華人たちは、「祖国」中国（清朝）という国家の制度・領域の外部に居住しており、まだ中国国籍も付与されておらず、また中国への政治参加や政治的権利の付与も極めて限定的であった。さらに、現地の華人社会の内部も、方言と幇派(9)により分断されたままゆるやかに住み分けられ、共通の文化的な基盤が脆弱な状態にあった。

しかし、この時期のシンガポール華人社会では、植民地宗主国イギリスと「祖国」中国の双方からの影響を受けて、現地の進歩主義的な華人リーダーたちにより、均質かつ一体化された一つのネイション（あるいは「想像された共同体」）としてのシンガポール華人社会という発想が発見されると共に、この発想を利用して華人社会内部を連帯させ、様々な社会・政治・文化活動を行おうとする試みが活発に行われていた。

本書はこのような当時の華人社会の状況を、「移民社会のナショナリズム」の形成に関する重要な一事例として捉え、シンガポール華人社会の内部構造という観点から、その歴史的な展開と重要性を明らかにする。

二　先行研究の整理と批判的検討

次に、本書の議論と関係する主要な先行研究とその系譜を、研究領域ごとに簡潔に整理しつつ、その特徴や問題点などについて検討を行う。ここで取り上げる研究はシンガポール華人社会史研究を中心とするが、同時にイギリス領マラヤ（British Malaya）や海峡植民地（Straits Settlements）に関する研究の中で、関係性が高い情報・議論を含むものも取り上げる。またこれらの研究は歴史学研究を中心とするが、この時期のシンガポール華人社会を扱った研究であれば、他の方法論に基づく研究も取り上げて論ずる。

これらの研究は、①シンガポール（あるいは海峡植民地）の植民地統治史という文脈の中で華人社会史を扱っている研究、②シンガポール華人社会とその歴史自体を議論の主題としている研究、③近代中国史研究の中でシンガポール華人社会を扱っている研究の三つの系統に大きく分けることができる。これら三つの系統の研究では共に英語・中国語研究が中心であり、日本語研究は比較的少数である。

第一に、シンガポールの植民地統治史を議論の主題とする研究について、時系列順にまとめていく。このような研究として最初期のものは、イギリス植民地期に植民地統治に関わった人物たちによる研究である。これらの先駆的な研究の代表として、パーセル（Purcell, Victor）やコンバー（Comber, Leon）、ブライス（Blythe, Wilfred）らによる研究があげられる。[10] これらの研究は植民地統治という観点から華人社会の特質を考察することを主眼とし、特にその特殊性・危険性を強調する傾向があり、また秘密結社とその社会的機能に着目した研究が多いという特徴がある。

このような植民地統治構造の中での華人および華人社会への関心は、のちにシンガポール・マレーシアの研究者に加え、コーネル大学などを中心とするアメリカの地域研究者たちによる英語研究として引き継がれていった。代表的な研究として、リー（Lee, Edwin）による華人統治制度の研究、ハーシュマン（Hirschman, Charles）によるイギリス領マラヤにおける「人種」（race）概念やそれに関わる政治・社会構造の創出過程に関する研究、トロツキ（Trocki, Carl）によるアヘン徴税請負制度に関する研究、ヨウ（Yeoh, Brenda）によるシンガポール都市史研究などがあげられる。[11]

日本語の研究は比較的少数ながら、白石隆による植民地統治制度や華人統治に関する研究、坪内良博によるイギリス領マラヤ各地の年次報告書の分析に関する研究、篠崎香織によるシンガポール・ペナン（Penang）華人社会史研究や、鬼丸武士によるアヘン徴税請負制度に関する研究などは、この系譜上にある優れた研究としてあげることができる。[12]

また、戦後に現地に居住する研究者たちにより執筆されたシンガポールの通史の中にも、華人社会史に関する議論が含まれているものが存在する。バックリー（Buckley, Charles Burton）やメイクピース（Makepeace, Walter）ら、ムーア夫妻（Moore, Donald, Joanna, Moore）、ターンブル（Turnbull, C. M.）、フロスト（Frost, Mark Ravinder）らのシンガポール史に関する著作は、この代表例といえる。[13]

これらの研究は、シンガポール華人社会史を主に植民地統治という観点から整理しており、その議論についても見るべきところが多い。特に秘密結社とアヘン徴税請負制度[14]の関係性に関する議論は、これらの研究が提示した重要な論点の一つであろう。また本書が扱うシンガポール華人社会における「移民社会のナショナリズム」に関係する、海峡植民地における「ネイション／人種」[15]という枠組の創出という問題についても、ハーシュマンや白石隆らの研究の中で言及されている。ただし、これらの研究は植民地統治という観点からシンガポール華人社会史を扱っているため、その内容はあくまで統治制度や構造に関する内容に限定されており、華人社会がいかに統治されたのかという点に関する考察を行ううえでは有益な内容を多く含んでいるが、その内部の構造や動きについての言及は乏しい。

たとえば、白石隆はシンガポールを含む海峡植民地における「ネイション／人種」的な枠組の創出について検討した際に、外側の枠組として植民地制度・統治の変容という問題については詳しく説明しているが、華人社会内部の変容についてはただ、

……こうしてみんな「オランダ人」は「オランダ人」らしく、「中国人」は「中国人」らしく、そして「マレー人」は「マレー人」らしくなっていった。アイデンティティの政治

がはじまった。十九世紀末、二十世紀はじめ頃からのことである。[16]……

と、簡潔に記すのみで済ませている。では、前述した白石隆の文章を借りるならば、「こうして」とは、具体的にどのような歴史的過程であったのだろうか。本書の主題は、ここで「こうして」という一言に集約されてしまった華人社会内部の歴史的な変容の過程を、現地社会の目線に立ち、詳細かつ具体的に物語ることにある。そのため、これらの先行研究は本書の内容に重要な示唆を与えるものの、本書が検討する課題に直接的な回答を提示するものではない。

第二に、シンガポール華人社会とその歴史自体を議論の主題とする研究についてまとめる。これらの研究は、植民地統治期に現地で執筆・刊行された華人社会やその生活に関する著作物から始まっており、同時代史料としての性格も併有している。具体的には、ヴォーン（Vaughan, Jonas Daniel）や宋旺相（Song, Ong Siang）などにより執筆された書籍があげられる。[17]

戦後に至り、現地シンガポールやアメリカ・ヨーロッパなどの研究者により、この時期のシンガポール華人社会史に関する中国語・英語による研究が増加すると共に、その問題関心や方法論、注目するトピックなどもより広範になっていった。代表的な研究として、フリードマン（Freedman, Maurice）による現地の社会団体や親族構造などに関する研究、チェン・モンホック（Chen, Mong Hock）による現地の中国語新聞研究、クラマー（Clammer, John）やルドルフ（Rudolph, Jurgen）による海峡華人社会に関する研究、[18]リー・ポウピン（Lee, Poh Ping）による幇派や秘密結社に関する研究、梁元生による儒教運動の研究、ワレン（Warren, James Francis）による売春婦やリキシャ引きなどの下層労働者に関する社会史的研究、李元瑾（Lee, Guan Kin）による現地の華人知識人に関する研究、黄賢強（Wong, Sin Kiong）による現地でのアメリカ製品のボイコット運動などの研究、ウィー（Wee, Tong Bao）やリー・ティンフイ（Lee, Ting Hui）、鄭良樹らによる中国語教育・学校制度に関する研究、そして顔清湟（Yen, Ching Hwang）や楊進発（Yong, Ching Fatt）、崔貴強による多様かつ総合的な研究があげられる。[19]

日本語による研究としても、今堀誠二による福建・広東幇の会館や廟、同業団体などに関する研究、内田直作による中華総商会や幇派構造に関する研究、酒井忠夫らの編著におけるシンガポール華人社会史に関する、幇派や会館、秘密結社、民間宗教、中国語教育など多様な視点からの研究、可児弘明による苦力貿易や華人の保護などに関する研究、山下清海による華人社会内の幇派の棲み分けに関する研究など、比較的少数ながら、多様な問題関心と方法論に基づいた研究が存在する。[20]

これらの研究は、シンガポール華人社会史を直接的に論じており、本書の研究アプローチに最も近い研究であるといえる。またこれらの研究が注目し、詳細に議論しているトピックは幅広く、本書の内容にも参考となる点が多い。特に顔清湟や楊進発などによる華人社会のナショナリズム運動に関する研究は、本書の直接的な先行研究に当たるものである。しかし、これらの研究は概して、理論や用語に関する定義や考察に精緻さを欠くという問題点を持っていることも指摘しなければならない。

なお、この指摘は、歴史学研究が必ず理論研究的な分析手法をとるべきであると筆者が考えているという意味ではない。筆者はむしろ、これらの研究が史料の用語や記述をそのまま用いるのではなく、理論研究の（すなわち、史料用語とは異なる）用語や発想を積極的に用いているにも関わらず、その概念整理や定義が曖昧であるという点を問題視していることを強調しておきたい。

たとえば、「ネイション」・「ナショナリズム」といった言葉の使われ方は、このような問題を示す好例であろう。本書が注目する華人社会のナショナリズムについて、顔清湟や楊進発などの研究ではこれを主に、国民国家の政治の延長線上に位置する、いわば「祖国」である中国という国家に貢献する国民としての帰属意識や政治的活動として捉えている。しかし、海外に居住していた華人たちは、中国（清朝）によって大清国籍条例が制定された一九〇九年までは、中国国籍を有していなかった。シンガポール華人社会も同様であり、彼らは一九〇九年までは中国の国民ではなく、また中国への政治参加や政治的権利の付与も極めて限定的であった。したがって、このように単純化された議論が成立しないことは明らかである。

このような論理的な整合性の欠如を産んだ根幹的な要因は、これらの先行研究がシンガポール華人社会のナショナリズムについて検討する際に、それが「祖国」中国と離れた移民社会において制度的な基盤を持たずに展開されたものであるという特殊性を全く考慮せず、類型的な国民国家のナショナリズムの図式にそのまま当てはめ、「祖国」中国の国民国家的な政治の延長線上にある問題として議論してしまっていることによるものであろう。[21]

シンガポール華人社会のナショナリズムの形成という問題を議論するのであれば、まず「祖国」中国の国家的な制度や領域の外部に位置し、国籍も付与されていなかった移民社会においてナショナリズムが形成されたということの特殊性と重要性を意識しなければならないだろう（本書がとった「移民社会のナショナリズム」というアプローチは、まさにこの点を意識したことによるものである）。しかし管見の限り、そのような観点からシンガポール華人社会史を精緻に議論した先行研究は、日本語・英語・中国語を含め存在していない。[22]

第三に、近代中国史研究の中で、特にシンガポール華人社会について言及している研究についてまとめる。この研究は、大きく二つに分けられる。一つは、中国本土の政治的党派による政治運動とその影響に関する研究であり、特に康有為ら「立憲派」や孫文ら「革命派」といった中国本土の政治的党派のシンガポール華人社会への来訪や影響について議論するものである（やや煩雑な記述となるが、シンガポール華人社会史研究の中で、特に中国本土の政治的党派の活動に着目する研究についても、ここでまとめて言及する）。

このような研究は、戦前から戦後における馮自由や陳楚楠（Tan, Chor Lam）、張永福（Teo, Eng Hock）など「革命派」の活動家による著書・自伝などの刊行から始まる。[23] 彼らは自身が清末より「革命派」の政治活動に尽力し、辛亥革命と中華民国の設立に貢献した（と彼ら自身は考えていた）ことに誇りを持っており、中華民国期において、これらの書籍の刊行により自らの政治活動の意義を再び強調し、華人の中国「革命」への貢献という記憶を強化しようとする意図を有していた。

このような、辛亥革命における「革命派」の最終的な勝利を前提とする、「立憲派」と「革命派」との対立とその華人社会への影響という観点は、戦後の中国国内政治・社会史研究の中で再生産され続け、海外各地の華人社会史研究者に引き継がれた。シンガポール華人社会史に関する研究として、このような研究アプローチの先鞭をつけたのは、王賡武（Wang, Gungwu）がマラヤ大学在学中に執筆した論文であろう。[24] この論文は確かに戦後の華人史研究における重要な論点を提示したものの、馮自由のような「革命派」の活動家により執筆された書籍類を主要な史料として用いており、かつ史料批判も十分ではなかった。そのため、この論文は結果的に、「革命派」の政治活動家たちの歴史観が、戦後の歴史学研究において再生産されるきっかけを作ることとなった。

同様の問題関心に基づき、シンガポールを含む海外の華人社会を対象とした中国本土の政治的党派による政治運動に関する研究としては、前述した顔清湟や楊進発などに加え、ドゥアラ（Duara, Prasenjit）、リー・ライトー（Lee, Lai To）とリー・ホックグァン（Lee, Hock Guan）、廖建裕（Suryadinata, Leo）、黄建淳、周兆呈、顔清湟の研究など、英語・中国語を含めて多数存在する。[25] これらの先行研究は、一九〇〇年代後半より各地の華人社会で新たに活動を開始した「革命派」が「排満主義」を受容し、清朝政府を廃して漢族を主体とする中国という国家の樹立を望んだのに対し、それ以前より政治活動を続けてきた「立憲派」はこれを受容せず、清朝の維持を主張したため、両党派の間で「排満主義」受容の是非を巡って政治的な対立構造が発生したという議論を展開している。

もう一つは、中国の近代外交の形成とシンガポール華人社会の変容に着目する研究である。中国近代外交史研究の中で、特に清朝による東南アジアの華人社会に対する調査や領事館の設立に注目した研究として、荘国土や箱田恵子、青山治世、茂木敏夫・岡本隆司らによる研究が存在する。(26) またシンガポール華人社会史研究の中でも、特に顔清湟や蔡佩蓉による現地の領事館の設立過程やその活動・機能に関する研究や、ゴドレイ（Godley, Michael R.）による現地の華人商人層に対する清朝の取り込みに関する研究は、前述した文脈に沿った研究であると見なすことが可能であろう。(27)

これら二つの系統の近代中国史と関係する研究は、共に一九世紀後半から二〇世紀初頭における中国国内政治（特に外交）の近代化による領事館の設立や、「立憲派」・「革命派」などの政治的党派による政治活動が、華人社会に大きな影響を与えたことにより、その内部構造が大きく変容していったことを強調する。これらの研究はそれぞれ近代中国史研究という文脈において重要な議論を提示しており、また中国国内の史料を精緻に読解して利用しているという点でも参考となる。

しかし、これらの研究に共通する問題として、その議論の中で、中国本土における政治的な党派の対立構造と、それらの党派が海外の華人社会に対して与えた政治的な影響性が重視される一方、華人社会はそこから影響を受ける受動的な立場としてしか捉えられておらず、内部の自律性・主体性が注視されないという点があげられる。そのため、これらの研究は多くの点で参考となるが、本書の設定した課題や議論に直接的な回答を与えるものではない。

ここまで、一九世紀後半から二〇世紀初頭にかけてのシンガポール華人社会を扱った先行研究について、その大きな流れと特徴、問題点などについて整理してきた。(28) 本書はこれら先行研究の問題点を考慮したうえで、一九世紀後半から二〇世紀初頭のシンガポール華人社会を、イギリスによる植民地統治と中国国内政治から大きな影響を受けながらも、独自の自律性・主体性を有していた場として捉える。そのうえで、本書はシンガポール華人社会におけるナショナリズムの形成過程を、国民国家とは異なる「移民社会のナショナリズム」の形成に関する重要な事例として捉え、内部構造の変容に着目する形で、その歴史的な過程と重要性を明らかにする。

三　用語定義および方法論に関する整理

続いて、特に詳細な説明が必要である用語などについて、整理や定義、説明などを行う。なお、ネイション・ナショナリズムという概念については、既に本章第一節にて簡単に説明したため、省略する。また、ここで取り上げない用語については、初出の際に適時註を入れる形で定義・説明などを行う。

まず「華人」という用語について述べる。これは英語ではoverseas Chinese, Chinese abroad, ethnic Chineseなどに相当する、自らもしくは自らのルーツとなる父母や祖先が中国本土の出身であり、国外（主に海外）に移住した中国系の移民あるいはその子孫を指す日本語の表記である。また、これに類する意味を持つ日本語の用語も、数多く存在している。

この用語の日本語表記に関する最も一般的かつ伝統的な区分として、「華僑」と「華人」を区別するものが存在する。この区分を簡潔にまとめれば、中国という国家に帰属するものを「華僑」、移住先の国家に帰属したものを「華人」として捉えたうえで、二〇世紀初頭から戦前まで中国という国家に帰属してきた「華僑」が、戦後において「華人」として居住先の国家へと帰属するようになっていくという変化を強調したものである。

これに対し、近年の華人研究では、こういった「華僑」・「華人」という区分を重視せず、広く中国系としてのルーツを持つ移民一般に対する表記として「華人」という用語を用いる場合が多い。この理由として、国籍やパスポート制度に関する研究が発展してきた結果、近代史における多重国籍者・無国籍者の存在が周知され、華人を中国国籍あるいは外国籍という二つの区分に無理やり当てはめることが非合理的・非現実的であるという理解が広まったことによるものであろう[29]。

たとえばシンガポール・ペナンの華人社会史研究者である篠崎香織は、ペナン華人社会史に関する研究書において「華僑」・「華人」という区分に関する研究史を英語・日本語を中心に整理したうえで、このような区分を前提とする発想の問題点を明確に指摘している[30]。またいくつかの研究において用いられている「中国系移民」・「チャイニーズ」などの表記も、前述した「華僑」・「華人」の区分を強調しないという意味で、「華人」という表記と同様の機能を持つといえるだろう。筆者は篠崎の議論に基本的に同意し、「華僑」・「華人」という区分は不必要であると考え、本書では広く中国系の移民を指す表記として「華人」を用いる。

しかし、ここでもう一点、留意しなければならないのは、一九世紀のシンガポールでは植民地統治の中で「華人」という枠組が創出されると共に、この枠組に沿って「華人」居住地として華人社会が形成されたものの、その内部において華人という集団が明確に一体化していたわけではなく、またその枠組自体も社会的に強固なものではなかったということである。

シンガポール華人社会では一九世紀末に到るまで、「華人」（Chinese）という枠組は主に植民地統治の際に利用される枠組に過ぎず、大多数の華人は自らが華人であるということを強く意識する機会を有していなかった。また、詳しくは第一章第五節などで説明するが、当時のシンガポール華人社会では方言に基づいて形成された社会・経済的共同体である幇派が強い社会的影響力を有していた。このような幇派の社会的影響力の大きさは、現地に居住していた華人の大多数が、それぞれが属する幇派の方言しか理解できなかったことに起因する。使用する方言の差異により、異なる幇派に属する華人の間では共通の言語を介した日常的なコミュニケーションを成立させることさえ難しかったのである。

　このような状況は、決してシンガポールだけではなく、二〇世紀以前の東南アジアの華人社会において普遍的なものであった。この点について、アンダーソンの『比較の亡霊』の序文における記述を引用しよう。

> ……福建や広東〔中略〕から多くの「華人」男性が、古くから東南アジアに移り住んだ。〔中略〕予期せぬ外部の介入がない限りで、彼らの子孫は土地の住民に溶け込んでいった。しかも、元々の移民は自分たちが「華人」であるなどという考えをもっていなかっただけに、なおさら同化はたやすく進んだ。彼らの圧倒的大多数は文字が読めなかったし、ほとんどの者は福建語や広東語のようにたがいに理解し合えないことばを話していた。したがって、彼らは職業、宗族、出身地域〔すなわち福建・広東のような幇派〕によって自分たちが何者であるかを定めていたのであり、「華人」というナショナリティによってそうしていたのではなかった。……

　アンダーソンは加えて、このような華人社会の状況が変わり、「華人」としてのナショナリティが認識され、普及していくきっかけとして、ヨーロッパ人による集団としての分類、一九世紀後半以降における華人の大量出国、一九世紀末の中国ナショナリズムの台頭の三つの要素をあげる。これらの変容により、一九世紀末から二〇世紀初頭の時点で、華人は「何となく自分たちを「華人」と思」うようになっていた。アンダーソンはさらに、辛亥革命を経て、華人のナショナリティという問題と国民国家・国籍・国民といった政治の問題が結びつき始め、華人のナショナリズムと政治的な帰属に関する問題が東南アジアにおいて出現したことを指摘している。

　また、アンダーソンはそのような華人のナショナリズムが現代までつながっていく事例として、戦後シンガポールの一党独裁的な国家体制をあげている[31]（その意味で、本書におけるシンガポール華人社会史の議論の根幹に当たる、「華人」というナショナルな認識の社会的な普及という現象を現地社会の文脈から説明していくという課題は、アンダーソンが『比較の亡霊』にて提起した華人のナショナリティの形成という問題を、『想像の共同体』とは異なったナショナリズム理解から説明しようとするアプローチとして位置付けるということもできるだろう）。

前述した篠崎の研究は、「ペナンの華人」を主語とする文章によって議論を進めており、あたかも大多数の合意のもとに一定程度の意思疎通・決定を行うことが可能なほどに統合・一体化した一つの集団としての「ペナンの華人」が、一九世紀末までに既に形成されていたかのように議論を展開している[32]。しかし、筆者は篠崎の議論自体には高い実証性を認めるものの、このような集団認識には基本的には同意することができない。

そのため、本書では「華人」という用語・概念自体に関するこのような問題点を考慮したうえで、シンガポールでは「華人」という集団的な枠組自体が原初的・自然発生的な帰属や関係性によって構築されたものではなく、植民地統治の中で創出・利用されたものであることを前提として議論を行う。そのうえで、この「華人」という集団的な枠組に含まれる（と見なされた）人々が居住・生活していた場を指す用語として「華人社会」を、またこの「華人社会」という場に居住する人間個人を指す用語として「華人」を用いる（言い換えると、本書において「華人」として表記される人々を規定している要素は、血統や個人的なアイデンティティ、帰属意識などではなく、ただ「華人」という植民地統治上の集団的な枠組への所属と、海外の華人社会での居住・生活という状況のみを指す）。

またシンガポールを含む海峡植民地で出生した華人を指す用語として、「海峡華人」（Straits Chinese）を用いる。なお、海峡華人とほぼ同様の意味を持つ表記として、「プラナカン」（Peranakan）という用語も存在する。しかし、この用語は現在のシンガポールなどにおいて、政治的な意味合いを含む多様な意味で使われており、そのまま純粋な史料用語や分析用語として扱うことは難しいと思われる。そのため、本書では基本的にこの用語を用いない。

さらに、「幇派」（Bang group）という用語について、中国本土の出身地域およびその方言の共通性による結びつきを基に形成された社会・経済的共同体という意味で用いる（幇派の社会的な機能や影響力については、第一章第五節で詳述する）。また各幇派に属する華人たちの集会場所かつその活動拠点として、幇派の代表者たちが共同で管理・運営する施設という意味で、会館という用語を用いる。

続いて、中国国内政治に関わる政治的な党派について整理する。まず「革命派」（revolutionary party）という用語について、孫文などを中心とする、中国本土において清朝を転覆し、漢族を主体とする新たな国家を創出することを目標とした政治活動を行っていた政治的党派として定義する。また「立憲派」(reform party)について、康有為や梁啓超などを中心とする、中国本土において清朝皇帝に権力を取り戻させ、その権力を中核とした立憲君主制を成立させることを目標とした政治活動を行っていた政治的党派として定義する。

なお後者の政治的党派について、管見の限り先行研究では「保皇派」・「変法派」・「維新派」・「改革派」などの名称が広く使用されているが、本書ではこれらの名称を用いない。その理由は、他の名称もそれぞれ康有為・梁啓超ら一派の政治思想や活動を象徴的に意味するものであろうが、特に「立憲派」という名称が康有為らと孫文らとの政治思想の違い、すなわち清朝皇帝を中心とした立憲君主制の樹立という目標を明確に表現していることによる。

四　主要な史料について

続いて、本書で使用する主要な史料について整理する。まず英語史料について述べる。本書では英語の公文書として、イギリス植民地省(Colonial Office)の公文書である *Colonial Office Records* を用いる。この公文書はイギリス植民地省の管轄下にあった海峡植民地に関する豊富な史料を含んでおり、シンガポールの歴史を研究するうえでも基礎資料となる。これらの公文書の中で、特にイギリス領マラヤに関係したものに関する索引として、クラトスカ(Kratoska, Paul H.)が編纂した書籍が存在する。[33] 本書では主に、CO273(*Original Correspondence*)、CO275(*Proceedings of the Legislative Council of the Straits Settlements, Annual Departmental Reports of the Straits Settlements*)、CO276(*Straits Settlements Government Gazette*)、CO277(*Straits Settlements Blue Books*)などを用いる。これらに加え、海峡植民地政庁が設置した委員会の報告書や人口統計(census)なども利用する。

続いて、英語新聞・雑誌について述べる。シンガポールの英語新聞や新聞社、またその経営・編集者たちの歴史については、ターンブルによる先行研究が参考となる。[34] 本書では主に、*Straits Times* と *Singapore Free Press and Mercantile Advertiser*(以下、*Singapore Free Press* と略す)の二紙を用いる。

Straits Times は、一八四五年に創刊されたシンガポールで最も著名な英語新聞であった。最初は週刊であったが、一八四七年には週二回刊行するようになり、一八五八年には日刊化されることになり、特に一八六九年における *Singapore Free Press* の刊行停止以降、シンガポールにおける代表的な英語新聞となった。[35] また *Singapore Free Press* は、一八三五年に創刊された英語新聞であり、最初は週刊であった。一八六九年に一旦刊行を停止したが、一八八四年に刊行が再開され、さらに一八八七年には日刊化し、*Straits Times* と競合する英語

新聞となった。[36]

さらに、シンガポールの英語雑誌として、*Straits Chinese Magazine* を用いる。この雑誌は、一八九七年に林文慶（Lim, Boon Keng）ら現地の進歩的な華人の集団によって創刊された英語雑誌であり、海峡華人たちにより執筆された記事が数多く掲載された。これら現地の英語新聞・雑誌に加えて、本書では英語の史料として、特に林文慶や宋旺相など、現地の華人知識人によって執筆された英語書籍を用いる。

次に、中国語史料についてまとめる。まず、現地の中国語新聞について述べる。現地の中国語新聞に関する包括的な研究は複数存在しているが、特に一九世紀から二〇世紀初頭にかけての時期については、チェンによる古典的研究が社会的背景も含め詳細に記述しており、参考となる。[37] 本書では特に、『叻報』・『天南新報』・『南洋総匯新報』・『中興日報』の四紙を用いる。

『叻報』（*Lat Pau*）は、一八八一年に富裕な海峡華人であった薛有礼（See, Ewe Lay）により創刊された、現地で最も著名な中国語新聞であった。政治的な傾向としては穏健かつ保守的であり、基本的にイギリス政府・清朝政府を支持する立場をとり、「革命派」と「立憲派」の対立・論争に際しても双方に関与せず、中立を保った。[38]

『天南新報』（*Thien Nan Shin Pao*）は、同じく富裕な海峡華人であった邱菽園（Khoo, Seok Wan）により一八九八年に創刊され、一九〇五年に資金不足により廃刊された中国語新聞である。林文慶らの盟友であり、康有為ら「立憲派」を強く支持・支援していた邱菽園が、『天南新報』の経営者と編集長を兼任していた。そのため、この新聞には邱菽園自身の政治・社会的意見が全面的に反映されており、林文慶・邱菽園などの現地の進歩的な華人グループの社会・文化・政治的活動や、康有為ら「立憲派」の政治的活動に関する記事が多く掲載された。[39]

『南洋総匯新報』（*Union Times*）は、広東人商人である朱子佩の出資により、一九〇六年に創刊された中国語新聞である。この新聞は、その創刊最初に、陳楚楠・張永福ら、現地の「革命派」支持者たちがその編集に従事していた。陳楚楠・張永福らは元々、一九〇四年から一九〇五年にかけて『図南日報』（*Thoe Lam Jit Poh*）を刊行していたが、資金不足により廃刊となってしまった。[40] 陳楚楠・張永福らはこの失敗を受けて、中国語新聞の刊行・経営に関する知識を得るため、朱子佩の資金により創刊されたこの中国語新聞の編集者として雇われたが、のちに新聞としての政治的方向性の違いから追放された。[41] その後に、広東省広州の万木草堂で教育を受け、横浜の大同学校で校長を務めるなど、康有為ら「立憲派」の熱心な支持者であった徐勤が、陳楚楠・張永福らに代わって『南洋総匯新報』の編集長となった。徐勤らが編集を担当するようになったのち、『南洋総匯新報』は「立憲派」の政治的活動を賛同・支持する方針を明示し、後述する『中興日報』とたびたび論戦を行った[42]。

『中興日報』（*Chong Sing Yit Pao*）は、『南洋総匯新報』から追放された陳楚楠・張永福らが資金を集め、一九〇七年に新たに創刊した中国語新聞である。そのため、この新聞は『南洋総匯新報』と同じ紙面構成をとっており、販売価格や広告料も同額であった。この新聞は陳楚楠・張永福らの思想を反映し、「満州人蔑視」言説[43]や「革命派」の政治思想に関する記事を頻繁に掲載しており、また以前の編集追放の経緯や政治的な思想の違いから『南洋総匯新報』と対立し、盛んに論戦を繰り広げた[44]。本書ではこれらの中国語新聞に加えて、刊行された中国語の書籍類として、邱菽園や張永福など現地の華人により執筆された書籍や、中国本土で刊行された史料集などを用いる[45]。

ここまで、英語・中国語新聞を何点かあげてきた。これらの新聞は、本書の主要な史料の一つとなる。新聞史料の利用という点について、実証主義的な歴史学研究では、新聞の記述は、それ単体では史料としての実証性を欠くのではないかという問題がしばしば指摘されている。このような史料批判の精神は、歴史学研究において非常に重要であろう。しかし、筆者は同時期に刊行された複数の新聞を比較検討することにより、この問題点を乗り越え、これら現地の新聞を高い実証性を有する史料として利用することが可能であると考える。

その理由は、これらの新聞が単なるメディア（情報媒体）であるのみならず、論戦が交わされる言論空間としての側面をも有していたことによる。本書が扱う時期のシンガポール華人社会において、これらの新聞はそれぞれ社説を載せたほか、自紙に投稿された手紙を掲載する投稿欄を設けていた。これらの社説・投稿記事では特に現地の社会や政治、文化に関わる様々な問題に関する意見が述べられており、他の投稿や他紙の社説・投稿記事を批判する内容も多く、各紙の紙面を通じて論戦が盛んに繰り広げられていた（本書でも、これらの論戦に関する記事を史料として多数引用している）。

そのため、これらの新聞を複数利用し、比較検討することにより、現地の華人社会における社会・政治・文化的な問題に関する様々な意見や反応が読み取ることが可能であり、また仮に一つの新聞が誤った情報や偏った意見を掲載したとしても、他紙にその批判が掲載されることによりその誤りや偏りを知ることが可能である（本書では実際に、ある新聞の報道に対して異なる新聞がその不正確さを批判したという事例を、複数取り上げている）。

以上の理由により、本書はこれらの新聞を複数比較検討することにより、シンガポール華人社会史を議論するうえで有益となる様々な情報を入手できると共に、その報道の誤りや偏りについても十分に察知することができると考え、これらの新聞を信頼できる同時代史料として、公文書などと併用する形で積極的に利用している。

五　本書の構成

次に、本書の構成について説明する。本書は序章・終章と、本論となる第二章から第七章と、その内容を通史的な観点から補足するものとして機能する議論を行う第一章と第八章により構成される。本論は、前半部である第二章から第四章と、後半部である第五省から第七章に大きく分けられる。

第一章では、第二章以降に続く本論の前提として、イギリスによる植民地統治が開始されて以降、シンガポールにて華人社会が形成されていく歴史的な過程について、一九世紀における植民地都市としてのシンガポールの設立と発展、またその背景に存在したイギリス帝国のネットワーク、イギリスによる「ネイション／人種」枠組や社会ダーウィニズムの普及、シンガポールにおける華人居住区の形成過程と海峡植民地政庁による統治構造、華人社会の内部構造とその特徴、中国本土との関係などの点を中心にまとめる。

第二章から第四章までが、本論の前半部となる。前半部では、一八九〇年代後半から一九〇〇年代前半のシンガポール華人社会において、「移民社会のナショナリズム」の形成が始まっていく過程を論ずる。これは、新たに出現した現地の進歩主義的な知識人層の華人リーダーたちが、近代的なネイション概念を理解し、その概念を用いて均質かつ一体化したネイションとしてシンガポール華人社会を捉える発想を得たことにより始まった。そして彼らは、均質かつ一体化したネイションとしての華人社会という発想を用いて、自身の主導する社会改革運動の宣伝を行うことにより、華人社会内部における幇派の分断・対立を乗り越え、華人社会全体の協力を獲得しようと試みたが、結果として大きな成功を収めることはできなかった。前半部では、これらの社会改革運動とそれに伴う華人社会内部の変容を詳しく述べると共に、この時期のシンガポール華人社会において、特定の国民国家と直接的に関わらないまま、現地の社会的な問題や要求への対応・解決を目的として、「移民社会のナショナリズム」の初期的な形成が行われたことを明らかにする。

第二章では、一九世紀後半における秘密結社への法的規制の進展をきっかけとして、一九世紀末において林文慶を代表とする進歩主義的な華人リーダーたちである「現地の改革主義者たち」が台頭した経緯について議論する。また林文慶らが主導した社会改革活動の一つである辮髪切除活動が、一八九八年から一八九九年にかけて華人社会に大きな騒動を巻き起こしたことを、時系列的に整理しながら説明する。加えて、これら一連の社会活動や騒動を通して、シンガポール華人社会という場に所属する華人の間にナショナルな共通性が存在することが広く意識されるようになったことを明らかにする。

第三章では、「立憲派」の著名な政治活動家であった康有為が一九〇〇年にシンガポールへ来訪・滞在した事件と、その植民地政庁や華人社会の反応について検討する。先行研究では、この出来事は、中国国内政治に関わる政治的党派からの働きかけにより、シンガポール華人社会にて政治的なナショナリズムが高揚した最初の事例として捉えられている。これに対し、本章では植民地政庁の対応や現地の華人社会の反応などを実証的に整理し、この出来事がシンガポール華人社会内における政治的なナショナリズムの台頭を促進するような直接的な影響を与えたわけではなかったことを論証する。

第四章では、一八九八年から一九〇二年にかけて、林文慶ら「現地の改革主義者たち」により主導される形で展開された孔廟学堂設立運動について論じる。この運動は、孔子廟と中国語学校を併設した教育施設である孔廟学堂の設立を最終的な目的とした社会運動であり、現地において様々な教育活動を通して展開されていったが、最終的に失敗に終わった。本章では、この運動の長期的な展開を明らかにすると共に、その最終的な失敗をもたらした社会的な背景についても議論を行う。さらに、この社会運動の宣伝として用いられた言説に着目し、この運動が現地において、幇派の壁を越えてシンガポール華人社会全体に働きかけを行うことに初めて成功したナショナリズム運動であったことを明らかにする。

続いて、第五章から第七章までが、本論の後半部となる。後半部では、一九〇〇年代後半のシンガポール華人社会において、「移民社会のナショナリズム」が華人社会全体に普及していき、ナショナルな一体感が共有されていった過程について論ずる。その表れの一つは、華人社会内部の幇派による分断・対立と方言の差異によるコミュニケーションの不在という問題を解決するために、中華総商会や「国語」教育を標榜する初等学堂などの新たな団体が設立されていったことである。もう一つは、中国国内政治に関わる党派の政治運動のシンガポール華人社会への流入であり、具体的には孫文ら「革命派」の政治団体である中国同盟会のシンガポール支部の創設と、「革命派」と「立憲派」の政治的な対立構造の形成である。後半部では、大清国籍条例が制定され、華人が正式に中国の国民となった一九〇九年以前のシンガポール華人社会において、これらの社会的な変容を通して、「移民社会のナショナリズム」の形成が既に始まっていたことを明らかにする。

第五章では、二〇世紀前半のシンガポール華人社会における最大の商業団体である中華総商会を対象として、その幇派のとりまとめや華人社会全体を代表するリーダーシップの発揮などに関わる、社会的な機能がどのように形成されたのかという点について論ずる。特に設立計画の段階に当たる一九〇五年から一九〇六年、および設立初期に当たる一九〇六年から一九〇八年にかけての社会的な活動について詳しく検討を行う。加えて、中華総商会がこのような機能を担うことを可能とした要因となる、華人社会の内部構造の変容についても、この団体の活動に関する宣伝言説に注目しながら考察する。

第六章では、一九〇〇年代後半のシンガポール華人社会において、「国語」を標榜する中国語教育が、複数の幇派によって展開されたことを論じる。具体的には、特に広東幇の養正学堂と福建幇の道南学堂に注目して、これらの「国語」教育を標榜した初等学堂の設立過程や初期活動を整理している。さらに、これらの初等学堂の相互関係や連帯・分断といった構造を生み出した社会的背景についても、幇派による華人社会内部の分断と、「国語」教育や「祖国」への貢献の重要性に関する社会的な認識の普及という観点から説明を行う。

第七章では、シンガポール華人社会における「満州人蔑視」言説の系譜と、中国国内政治に関わる政治的な党派の出現について論ずる。具体的には、イギリスの「ネイション／人種」観念や社会ダーウィニズムなどが組み合わさった西洋近代的な「満州人蔑視」言説が、一九世紀末から二〇世紀初頭の時期において、現地の知識人層であった林文慶らから、陳楚楠・張永福ら「革命派」の支持者たちに受け継がれていったことを議論する。さらに、一九〇〇年代後半における反アヘン運動の展開をきっかけとして、「革命派」と「立憲派」の政治的な対立構造が現地で顕在化していった過程についても明らかにする。

第八章ではまず、本論として第二章から第七章まで述べてきた内容をまとめ、一九世紀末から一九〇〇年代のシンガポール華人社会における「移民社会のナショナリズム」の形成に関する歴史的な展開を具体的に提示する。その後に、中華民国期以降におけるシンガポール華人社会史の展開について、政治史・社会経済史・教育史の三つの観点から整理することにより、その概要を示す。

終章では、本書全体の内容を整理すると共に、本書の議論をシンガポール華人社会史の研究史上に位置付け、新たな論点を提示する。

注

(1)［アンダーソン 二〇〇七］。また本書で引用・参照した研究のうち、原文が英語であるものについては、原文と日本語訳を比較したうえで、必要に応じて訳文・訳語などを一部修正し、その旨を注記した。加えて、本書の引用箇所のうち、原文が日本語でないものは、筆者が翻訳したものとなる。

(2) [Brubaker 1996: 15-16]。

(3) [ホブズボーム 二〇〇一：四五―四六]。

(4) [アンダーソン 二〇〇五：九八―一一七]。

(5) [エリクセン 二〇〇六：二〇八―二一一][ジマー 二〇〇九：八九―一四〇][ホブズボーム 一九九二：二〇一―二二三][ホブズボーム 二〇〇一：一三五―一四一、一七一―一七九][Porter 1999: 22-23]。

(6) ネイションやナショナリズム、トランスナショナリズムという概念について、本書ではあまり理論面から詳しく検討せず、ここまで述べてきたように簡単に整理するに留める。またこれらの概念に関する理論的な整理、ディアスポラ概念との関連性や比較、および華人史研究という視点からこれらの概念をどのように理解・議論すべきかという点などについては、既に拙論文[持田 二〇一九]にて考察を行ったため、そちらを参照のこと。

(7) なお、ネイション・ナショナリズムに関する理論的な研究と比べて、華人研究の中でこのようなネイション・ナショナリズム定義をとっているものは極めて少ない。この数少ない例外として、クーン(Kuhn, Philip A.)による研究をあげることができる。クーンは二〇世紀以前において、ネイションという言葉は主権と領域性を持つ国家と直接的に結びつくような意味を持っておらず、特定の文化・言語・歴史を共有する、ある種の人々の集団を指す意味で用いられていたことを明確に指摘したうえで、華人のナショナリズム形成における社会ダーウィニズムや人種主義との関連性についても示唆している[Kuhn 2008: 247-250]。

(8) 林文慶のような、シンガポールに居住する華人たちの略歴については、本書巻末の人物略歴を参照。また林文慶を中心とする「現地の改革主義者たち」という一群の華人たちについては、第二章第三節を参照。

(9) 「幇派」という用語や華人社会における「華人」認識の普及といった問題については、序章第三節および第一章第五節にて説明を加える。

(10) [Blythe 1969][Comber 1959][Purcell 1948]。

(11) [Hirschman 1986][Lee, Edwin 1991][Trocki 1990][Yeoh 2003]。

(12) [鬼丸 二〇〇三][篠崎香織 二〇〇一][篠崎香織 二〇〇四a][篠崎香織 二〇〇四b][白石 一九七五][白石 二〇〇〇：三一―一〇二][坪内 二〇〇九]。

(13) Makepeace, Walter, and Brook, Gilbert E., Braddell, Ronald St. J. (eds.), *One Hundred Years of Singapore: Being Some Account of the Capital of the Straits Settlements from its Foundation by Sir Stamford Raffles on the 6th February 1819 to the 6th February 1919*, Vol. I & II, London: John Murray, 1921. [Buckley 1902][Frost, Balasingamchow 2010][Moore, Moore 1969][Turnbull 2009]。

(14) 秘密結社やそのアヘン徴税請負制度との関わりについては、第二章第二節にて詳述する。

(15) ネイションと人種という二つの概念の定義やその相違・混同などについては、第一章第四節にて詳述する。

(16) [白石 二〇〇〇：一〇二]。

(17) Song, Ong Siang, *One Hundred Year's History of the Chinese in Singapore*, Singapore: Oxford University Press, 1984 [1923], Vaughan J. D., *The Manners and Customs of the Chinese of the Straits Settlements*, Singapore:

Mission Press, 1879.

（18）海峡華人とその社会については、本章第三節および第一章第二・五節にて詳述する。

（19）［ワレン 二〇一五］［Chen, Mong Hock 1967］［Clammer 1980］［Freedman 1957］［Freedman 1960］［Lee, Poh Ping 1978］［Lee, Ting Hui 2006］［Rudolph 1998］［Warren 1986］［Wee 2001］［Wee 2003］［Wong 1998］［Yen 1976］［Yen 1986］［Yen 1995a］［Yong 1992］［Yong, McKenna 1990］［崔 一九七七］［崔 一九九四］［黄賢強 二〇〇八］［李元瑾 一九九〇］［李元瑾 二〇〇一］［梁 二〇〇五］［鄭良樹 一九九八］。

（20）［今堀 一九七三］［内田 一九八二：一八九—二四四］［可児 一九七九］［可児 一九八五］［酒井 一九八三］［山下 一九八八］。

（21）付け加えると、シンガポール華人社会のナショナリズムに関するこのような理解は、先行研究が馮自由・陳楚楠・張永福などの「革命派」の活動家が執筆した書籍類を史料として用いて、その記述をそのまま引用して利用したことによって形成されたと思われる。この点については、本節の近代中国史研究に関する先行研究に関する整理の箇所で詳しく述べる。

（22）もう一つの問題点として、特に華人社会のナショナリズムの展開について、これらの研究が康有為ら「立憲派」や孫文ら「革命派」といった中国本土の政治的党派の活動に着目し、中国本土からの政治的な影響を重視する一方、華人社会内部の展開の自律性・主体性を強調していないという問題が存在する。これについても、本節の中国史研究の文脈に関する議論の中で説明する。

（23）陳楚楠「晩晴園与中国革命史略」『東南亜研究学報』一（二）、シンガポール：新加坡大学歴史系、一九七〇年、五一—五二頁、馮自由『中華民国開国前革命史』台北：世界書局、二〇一一［一九二八］年、馮自由『革命逸史』北京：中華書局、一九八一［一九四一］年、張永福『南洋与創立民国』上海：中華書局、一九三三年。

（24）［Wang 1953］。なお、この王賡武の研究は、のちに執筆された顔清湟や楊進発らの研究でも引用されており、後年に執筆・刊行された研究への影響は大きかったものと推察される。

（25）［Duara 1996］［Lee, Lai To, Lee, Hock Guan 2011］［Suryadinata 2006］［Yen 1976］［黄建淳 一九八八］［張・陳 一九九七］［張応龍 二〇一一］［周 二〇一一］。

（26）［青山 二〇一四］［箱田 二〇一二］［茂木・岡本 二〇〇九］［荘国土 一九八九］。

（27）［Godley 1981］［Yen 1985］［蔡 二〇〇二］。

（28）先行研究の整理について、本来であればシンガポールを含む東南アジアの華人社会研究全体の流れについても整理し付記するべきであろうが、この点については篠崎香織の研究における整理［篠崎香織 二〇一七：八—二四］が簡潔に要点をまとめており、またその内容も概ね正確であり、特に付言する必要がない。そのため、本書でもこれを参照するに留める。

（29）国籍・パスポート制度の歴史的な展開に関する代表的な例として、以下の研究を上げる［トーピー 二〇〇八］［McKeown 2008］。

（30）［篠崎香織 二〇一七：二五—三八］。

（31）［アンダーソン 二〇〇五：二〇—二三］。またこの書籍の引用箇所の文章について、書籍の日本語訳を基本的に参照しつつ、原文を確認したうえで、訳語・訳文などを一部改変した。

（32）具体的には、以下の記述を参照［篠崎香織 二〇一七：四五—四六、三七五—三九〇］。

（33）［Kratoska 1990］。

(34) 〔Turnbull 1995〕。
(35) 〔Turnbull 1995: 15-57〕〔Turnbull 2009: 59, 85, 130-131〕。
(36) 〔Turnbull 1995: 6, 9-10, 43, 51-52〕〔Turnbull 2009: 59, 85, 130-131〕。
(37) 〔Chen, Mong Hock 1967〕〔崔 一九九三〕〔馮 一九六七〕〔彭偉歩 二〇〇九〕〔呉慶棠 一九九七〕〔鄭文輝 一九七三〕。
(38) 〔Chen, Mong Hock 1967: 24-53〕〔崔 一九九三：四―七〕〔何 一九七九〕。
(39) 〔Chen, Mong Hock 1967: 63-75〕〔崔 一九九三：九―一二〕。
(40) なお、残念ながら『図南日報』は現存しておらず、本書の史料として使用することができない。
(41) 恐らく、この時点ではこの中国語新聞の名称は『南洋総匯報』であり、徐勤らに編集権が移った時点で『南洋総匯新報』となったようである。また、陳楚楠・張永福らが編集権を有していた時期の『南洋総匯報』は、残念ながら現存していない。
(42) 〔Chen, Mong Hock 1967: 86-93〕。
(43) 「満州人蔑視」という用語については、第七章第一節にて説明する。
(44) 〔Chen, Mong Hock 1967: 94-110〕〔崔 一九九三：五〇―七一〕。また陳楚楠・張永福ら現地の「革命派」支持者の略歴やその政治活動に関しては、第七章第四・五節にて詳述する。
(45) なお、一九世紀末から二〇世紀初頭に現地で刊行された中国語新聞として、ここであげたものに加えて、本書でも中心的に扱う林文慶によって一八九九年に創刊された『日新報』(*Jit Shin Pau*)や、中国語・マレー語辞書であった『華夷通語』を編纂した知識人であった林衡南（Lin, Hen Nang）により一八九〇年に創刊され、黄乃裳が編集長として活動していた『星報』（*Sing Po*）などが存在する〔Chen, Mong Hock 1967: 54-63, 75-80〕〔崔 一九九三：七―九、一二―一三〕。これらの新聞も、『天南新報』などと同様に重要な現地新聞史料の一つであろう。しかし、本書では刊行時期の短さや本書で扱う時期とのずれ、記事・社説などの実際の編集・執筆者の不明瞭さ、印刷の薄さやかすれに起因する判読の難しさ、他の中国語新聞との内容の重複などの点を考慮し、『叻報』や『天南新報』などの新聞史料を優先して利用し、これらを利用しなかった。これらの新聞史料の読解と利用については、今後の課題の一つとしたい。

第一章　一九世紀のシンガポールにおける華人社会の形成と発展

一　はじめに

本章では、一九世紀末に到るまでの時期におけるシンガポール華人社会の歴史について、簡単に整理する。一九世紀のシンガポールにおける華人社会の形成過程や内部構造に関しては、英語・中国語・日本語などで大量の先行研究が存在している。これらの研究では様々な情報が断片的に記述されているものの、華人社会を含む植民地構造の全体像を詳しく整理した研究は管見の限り存在していない。本書が次章以降で華人社会史に関する実証的議論を展開するためには、その前提として、華人社会の背後に存在していたシンガポールという植民地の社会構造や法・政治制度、歴史などに関する概要を整理・統合して提示することが必要となる。本章ではこの目的のために、先行研究を整理し、その内容を簡潔に述べていく。

最初に、植民地化以前のシンガポールの環境について簡単にまとめる。シンガポールは、東南アジア島嶼部、マレー半島先端部という、古くからの交通の要衝に位置する小さな島であり、面積は約六九九平方キロメートルである。赤道に近く、一年を通して高温多雨の気候が続き、一一月から一月にかけては特に雨天が多くなる。水資源は少なく、全体として低平な地形である。(1)

植民地化以前のシンガポールに関する情報は決して多くないが、その希少な例の一つとして、ムラカ（Melaka）王国の王統記である『ムラユ王統記』（Sejarah Melayu）の記述があげられる。この書籍では、スマトラ島（Sumatra）、シュリーヴィジャヤ（Srivijaya）王国の王子サン・ニラ・ウタマ（Sang Nila Utama）が船でこの島の附近を訪れた際に、獅子（singha）のような不思議な獣を目撃し、ここに「獅子の街（Singapura）」という名前の王国を築いたという伝説が記されている。(2)この「Singapura」

という名前が、現在のシンガポール島の語源とされている。

また中国語文献の中では、シンガポール海峡近隣の地域は「凌牙門」・「龍牙門」や、「Tamasik」（あるいは「Tamasek」）の音に漢字を充てた「単馬錫」・「淡馬錫」などの名前で表記されてきた。加えて、一七世紀頃より、「新加坡」・「新嘉坡」・「星加坡」、あるいは「獅子城」・「獅城」などの「Singapore」を意味する表記が使われていたことが確認できる。

一九世紀初頭、植民地化の直前の時期におけるシンガポール島の領有権は、当時のジョホール（Johor）王国の国王であったトゥンク・アブドゥル・ラフマン（Tengku Abdul Rahman）の異母兄であったトゥンク・フセイン・ムハンマド（Tengku Hussein Mohamed）にあった。彼はジョホール王国の王位を継承できなかったことに不満を持っており、より高い地位を求め、シンガポール島を彼の甥にあたるアブドゥル・ラフマン（Abdul Rahman）に与えていた。

アブドゥル・ラフマンはシンガポール川河口に村落を作り、現地で居住・生活していた。一八一九年一月の時点で、シンガポール島には約一〇〇〇人の人口が存在しており、彼らは果物などの収集や釣り、小規模の交易や海賊行為によって生計を立てていた。加えて、当時のシンガポール島は、マレー人（Malays）・華人の海賊の拠点としても利用されていた(3)。

二　イギリスによるシンガポールの植民地化と海峡植民地の成立

続いて、イギリスによるシンガポールの植民地化に到る流れを説明していく。一六〇〇年に、イギリスのエリザベス一世から東インド貿易に関する独占的な許可を得た特許会社として、イギリス東インド会社（British East India Company）が設立された。イギリス東インド会社は他の特許会社と同様に、一面では民間企業としての性質を持ち、経済的利益の確保のために尽力しつつ、同時にイギリス政府から東アジア交易の独占的な許可や戦争・外交交渉などの多岐にわたる特権を獲得し、積極的に利用した。

イギリスは、東インド会社の設立を契機として、アジア域内交易へ参入することとなった。この会社の設立当初の主な目的は、東南アジアや東インドの香辛料や綿織物などの交易であり、オランダ東インド会社が交易上の主な競争相手となった。しかし、イギリス東インド会社はオランダに対抗できず、一六二三年にアンボン（Ambon）でオランダ東インド会社との武力抗争に敗れたことをきっかけに、主な活動地域をインドに移し、キャラコやモスリンなどの綿織物を取り扱うようになった(4)。

イギリス東インド会社は東南アジアから一時的に撤退したが、代わりに一七五七年のプラッシー（Plassey）の戦いや一七六四年のブクソール（Buxar）の戦いを経て、インドの領土支配・統治へ関与するようになった。この会社はイギリス政府から貿易独占権を得ていたものの、実際には貿易を独占できず、同社社員やインド在住のイギリス系自由商人（いわゆるカントリー・トレーダー、country trader）などもアジア域内における綿織物・茶・アヘンなどの交易に参加していた。これらのカントリー・トレーダーらを中心とした活動により、イギリスは一七六八年に東南アジアでの交易拠点としてペナン島を獲得した[5]。イギリスが東南アジアの関与を再開した一八世紀後半より、ラッフルズ（Raffles, Thomas Stamford）が歴史に登場することとなった。

シンガポールの植民地化の立役者として知られるラッフルズは、一七八一年にロンドンと西インドを往復する商船アン号にて出生した。彼の父親はこの商船の船長であり、決して裕福でなかったため、ラッフルズは高等教育を受けることができず、一四歳から東インド会社の臨時職員として働くこととなった。彼はその勤勉さと有能さにより早くより頭角を現し、一九歳の時に正式な社員に登用された。彼は一八〇五年に副行政長官（Assistant Secretary）としてペナン島に赴任し、植民地経営に尽力したが、その経営は最終的に失敗した。しかし彼はこの赴任中にマレー語およびマレー人の法律や慣例などの勉強を進め、その知識を深めた。すなわち、彼はペナン島に赴任していたこの時期に、マレー人社会・文化の知識を培うと共に、植民地統治の経験を積むことに成功したのである。彼はその後、イギリス東インド会社に属する有能な官僚の一人として、東南アジア各地の植民地統治を歴任することとなった。

イギリスは一七九五年に、ペナンに続き、マラッカ（Malacca）をオランダから奪取した。イギリス東インド会社は交易と資本をマラッカからペナンに移すために、一八〇五年にマラッカ城塞の破壊を命じ、さらに一八〇八年にはマラッカ自体の破壊をも命じた。ラッフルズは病気の療養のため一八〇八年にマラッカを訪れた際に、この島の交易上の重要性を本社に説明し、その保護に成功した。一八一一年に、ラッフルズはオランダ領東インドのジャワ島を占領し、土地・農業などの改革を行ったが、一八一六年にロンドン協定によりジャワ島はオランダに返還された。彼は一八一八年に、スマトラ島ベンクーレン（Bencoolen）に赴任し、ここでも土地などの改革を行うも、健康面の問題などにより途中で断念することとなった。

このように東南アジア島嶼部各地の植民地統治を歴任していたラッフルズの人生は、一八一九年に大きな転機を迎えることとなった。彼はベンクーレン着任中に、オランダに対抗しうる新たな商業拠点の設立を計画しており、一八一九年一月にシンガポールに向かい、この計画を実行に移した。彼はシンガポール島の領主としての権利を持ち、現地に居住していたアブドゥル・ラフマンと交渉し、シンガポールにおけるイギリス商館の設立に関する予備協定を締結した。さらにラッフルズはトゥンク・フセイン・ムハンマドが王位継承と自身の地位に対する不満を持っていることを利用し、彼をシンガポールに招き、ジョホール王国の国王として擁立したうえで、以前に締結した予備協定を承認・批准させると共に、新たに友好同盟条約を結んだ。

この友好同盟条約の中で、イギリスはトゥンク・フセイン・ムハンマドを国王とするジョホール王国がシンガポール島を領有することを前提として、シンガポール島におけるイギリスの商館設立とシンガポール港の管理を認めさせた。ただし、ラッフルズはこの国王擁立という出来事を正当かつ合法的だと主張していたが、実際にはイギリスおよびラッフルズはジョホール王国の王位継承に関する権限を有しておらず、その法的な正当性には明らかに問題が存在した。だが、この条約の締結によって、イギリスはシンガポール島を正式に獲得し、その植民地化が開始されることとなった。さらに一八二四年に、当時のシンガポール知事（Governor）であったクロフォード（Crawford, John）は、トゥンク・フセイン・ムハンマドおよびアブドゥル・ラフマンと新たな友好同盟条約を締結し、彼らにシンガポールの所有権と主権を放棄させることに成功した。これにより、シンガポールは正式にイギリスの植民地となった。

ラッフルズはシンガポール獲得後の一八二三年に、自由貿易主義を掲げて、関税を課さない自由港としてシンガポールを経営することを決定した。そのため、この小さな島はイギリスの自由貿易主義を象徴する東南アジアの貿易港として、急速に発展していくこととなった。なお、ラッフルズ自身は植民地経営において、マレー人、特にブギス人（Bugis）を重用すべきだと考え、マレー人たちの（西洋近代的な意味での）文明化と自由貿易の発展に期待する一方、華人については金儲けしか考えない強欲な人々であると考え、警戒していた。しかし、シンガポールの主要な交易先としては中国が想定されていたため、対中国交易の担い手として華人商人が居住することとなり、結果的に植民地化のごく初期から華人社会が形成されることとなった。ラッフルズはシンガポールの植民地統治の基盤を創出したのち、一八二九年に逝去した。(6)

一八二六年に、イギリス東インド会社はシンガポールとペナン・マラッカの三つを統合した行政地区として、海峡植民地を設置した。もとペナン知事であったフラートン（Fullerton, Robert）が初代海峡植民地知事となり、彼をトップとする海峡植民地政庁（Straits Settlements Government）がその行政統治を開始した。その設置当初、海峡植民地政庁はペナンにあったが、一八三二年に商業拠点としての重要性からシンガポールに移転した。[7]

一八五七年に発生したインド大反乱をきっかけとして、一八五八年にイギリス東インド会社が廃止され、インドはイギリス直轄の植民地となった。海峡植民地は、一八五八年までは東インド会社の管轄下にあったが、その廃止後にはインド省（Indian Office）の管轄下に置かれ、一八六七年には植民地省直轄の植民地として独立した。また一八九六年には、マレー半島のペラ（Perak）・セランゴール（Selangor）・パハン（Pahang）・ヌグリ・スンビラン（Negeri Sembilan）の四つの州が併せてマレー連合州（Federated Malay States）となり、海峡植民地政庁のもとに編入された。[8]

海峡植民地政庁の基本的な統治制度は、一八六七年の時点で既に決定されていた。これを簡単に説明する。まずイギリス本国の植民地省の下に海峡植民地政庁があり、その最高位の官僚（イギリス本国における国王に相当する）として知事（Governor）が、またその直属の補佐であり植民地におけるあらゆる問題に対応する官僚（イギリス本国における首相に相当する）として行政長官（Colonial Secretary）が存在した。知事はイギリス国王の代理として（国王から任命・委託された職務に限定されるもの）法律の立案や議会（後述する行政参事会・立法参事会）の招集、現地官僚の採用・罷免など、植民地において多岐にわたる大きな権力を有していた。また知事が現地を離れる場合は、行政長官が臨時の代理として、その役割を果たした。

海峡植民地知事の管轄下には、行政を管轄する行政参事会（Executive Council）と、立法を管轄する立法参事会（Legislative Council）が存在した。行政参事会は、知事と行政長官に加え、海峡植民地における法律の最高顧問である法務長官（Attorney General）、海峡植民地政庁の財務を管轄する財政長官（Financial Secretary）などにより構成された委員会であり、知事の行政を補佐することが主な目的であった。ただし、この委員会の意見には行政上の権限はなく、知事はこの委員会の提言を無視することも可能であった。立法参事会はこれらのメンバーに加え、知事に任命された各「ネイション／人種」集団を代表する民間メンバー四人（うち華人一人）などを含む委員により構成され、現地でのみ適用される法律である条例（ordinance）やその法案（bill）の制定、植民地政庁の各部局の支出の管理などを担当した。行政参事会・立法参事会の管轄下に、最高裁判所（Supreme Court）などの司法組織、[9] 植民地警察（Colonial Police）、華民護衛司署（Chinese Protectorate）などの様々な部局が存在しており、また各部局に属する多くの植民地官僚たちが職務に従事していた。

画像 1　海峡植民地政庁の官邸（Government House）の外観。1900 年代。

画像 2　海峡植民地政庁の官邸（Government House）の遠景。1900 年代。

画像3　最高裁判所の外観。1911年。

画像4　市政委員会のメンバーたちの集合写真。左から2番目に写っているのは、マラッカで生まれ、12歳でシンガポールに移住し、製材業やアヘン徴税請負業などで成功した、チュア・ジァンティエ（Chua, Giang Thye, 1865-1911）という華人商人。1900年。

さらにこれらの部局の下位に、海峡植民地全体ではなくシンガポール現地の都市行政を管轄する組織として、市当局（Municipality）が存在し、都市の公衆衛生や消防、水道・道路の整備・保全などを担当した。市当局は一八四八年に設立されて以降、市政委員会（Municipal Committee）によって運営されていたが、一八八七年の「市政条例」（Municipal Ordinance）の成立により、市当局を運営する委員会の名前がMunicipal CommitteeからMunicipal Commissionへと変更され、管轄範囲も拡大した[10]。

次に、華人社会に対する統治について述べる。シンガポールの植民地統治初期には、複数の中国語方言を理解できるイギリス人官僚がほぼ存在しなかった。そのため、シンガポール華人社会の植民地統治では、現地で著名な華人の名士たちに華人社会の内部自治を任せたうえで、彼らを植民地統治に協力させる形で、華人社会全体を統治するという代理統治的な手法がとられた。現地で生まれ、英語教育を受けた海峡華人エリートたちは、このようなイギリスによる植民地統治に積極的に協力・参入した。これは具体的には、前述した立法参事会など海峡植民地政庁の部局のメンバーへの選出と参加に加えて、下級の民間裁判官であった治安判事[11]（Justice of the Peace）などの植民地政治に関わる官職の任官などがあげられる[12]。

一方で、海峡華人エリートたちの側から見ると、彼らが植民地統治に積極的に参加せざるを得ない政治的な背景も存在した。一八八八年に制定され、一八九九年に改正された「追放条例」（Banishment Ordinance）により、海峡植民地知事は植民地統治という観点から見て問題があると判断した人物を、任意に海峡植民地から追放する権限を有していた。特にその生活基盤が海峡植民地にあった海峡華人エリートにとって、海峡植民地からの追放はその生存や生業・資産・家族関係などに直結する重大かつ危機的な問題であった。そのため、植民地統治への積極的な協力・参入は、その政治・社会的な地位の確保のための手段であると同時に、現地での生活基盤を安全に保持していくために必要な義務でもあったと考えられる[13]。

加えて、植民地統治と関係する問題として、特にイギリス国籍に関係する問題について述べておく。海峡植民地におけるイギリス国籍保持者には、海峡植民地を含むイギリス領で出生したイギリス臣民（natural born British subject）と、帰化によるイギリス臣民（naturalized British subject）の二種類が存在した。前者について、海峡植民地で出生した海峡華人は、両親や血統などを問わず全てイギリス国籍を保持するイギリス臣民となった。後者については、帰化申請を行い、必要な書類を提出し宣誓を行うことで、イギリス国籍を得ることが可能であった。ただし、海峡植民地での生活において、イギリス国籍の保持は大きな特権に結びついておらず、後述する徴税請負制度への参入や各種免許の入手、不動産の購入、植民地行政に関する役職の任命などの際における必須条件となっていなかった。[14]

三　イギリス植民地間をつなぐ汽船・電信・金融ネットワークの形成

続いて、イギリスの植民地行政におけるシンガポールの重要性について整理しよう。一九世紀において、イギリスは世界各地に植民地を持つと共に、交通・通信・金融のネットワークによってイギリス本国とそれらの植民地をつなぎ合わせ、全世界に跨る広大な「海の帝国」を創出した。

まず交通ネットワークとして、汽船網の発展について述べる。汽船、すなわち蒸気を利用した船舶の航行というアイディア自体は一七世紀から存在しており、一八〇七年にはアメリカ・ハドソン河において、恐らく世界初の汽船運航が始まった。しかし、河川における運航と比べて、強風や高波など天候の影響が大きく、また高温により固形化した塩分などが蒸気機関にこびりつく可能性もある海洋を汽船で航海することは、技術的な難易度がより高い課題であった。

汽船による大洋の横断という課題への挑戦は、まず一八一〇年代後半に補助として蒸気エンジンを備えた帆船によって開始され、一八三八年には蒸気エンジンのみで大西洋を横断するまでに至った。また一八二〇年代後半において、イギリス領インドのボンベイ管区（Bombay Presidency）の知事であったエルフィンストン（Elphinstone, Mountstuart）やマルコム（Malcom, John）らは、紅海を経由するイギリス本国 - インド間の汽船運航ルートの確立を模索していた。この計画で、スエズに至る航路沿いに貯炭場が設置されると共に、新型の汽船であるヒュー・リンジー号（Hugh Lindsay）がボンベイにて建造された。ヒュー・リンジー号は同年三月から五月にかけて、五九日間という記録的な速さで、ボンベイから紅海を経由してロンドンまで郵便物を運び、汽船によって紅海を経由するルートが開通したことを実証してみせた。

この紅海を通る新たな航路を利用することにより、イギリス発の汽船がアジアに向かう際に、アフリカ南部の喜望峰を経由する必要がなくなったため、航海距離や所要時間が大幅に短縮された（ただし、この時点ではまだ紅海と地中海はアラビア半島という陸地で分断されており、郵便物は紅海を横断してスエズに到着したのち、陸路と河川を運搬して、地中海まで運送する必要があった）。このようなボンベイ管区における技術発展と紅海ルートの開通を受けて、インド海軍も一八三八年から一八四〇年にかけて、このルートに新たな汽船を追加していった。

さらにこの航路にP. & O. 汽船運航会社（Peninsular and Oriental Steam Navigation Company）のようなイギリスの民間会社が参入したことが、アジアにおいてイギリスの汽船による交通ネットワークが形成されるきっかけとなった。一八四五年には、P. & O. の定期運航が、ペナン・シンガポールおよび香港まで拡張されることとなった。一八六〇年代初頭には既に、P. & O. の三九隻の定期運航船が、インド・マラヤ・シンガポール・中国・オーストラリアなどを運航していた。加えて、P. & O. の汽船は郵便請負契約を行い、郵便物を運ぶ郵船としての機能を持つことで、イギリス政府から多額の補助金を受け取っており、また戦時には輸送船としても使用された。

これらの定期運航便が拡大していくと同時に、汽船自体の速度や運航コストも、スクリュー・プロペラや表面凝縮機、二段膨張エンジンなどの汽船の技術革新により改善していった。一八三〇年代の汽船は、その船舶内部の空間の大部分に燃料である石炭を詰め込まなければならず、船員や貨物のために利用できる空間はわずかであり、政治的な必要性がある場合など特殊な用途にしか利用し得なかった。たとえば、前述したヒュー・リンジー号は最初の航海において、貨物室や倉庫に加えて、甲板にまで石炭を積み上げて備えたにもかかわらず、ボンベイからスエズに至る航路の三分の一ほどで石炭を使い果たし、アデンにて再度時間をかけて燃料補給を行わなければならなかった。しかし、一八三〇年代から一八六〇年代にかけての技術革新により、汽船の燃費は大きく向上し、汽船内で燃料が占める割合は大幅に下がり、より多くの貨物を輸送し、高い利益を生み出すことが可能となった。このような最新式の汽船の運航コストの改善は、その利率と競争力を高め、帆船や古い様式の汽船を駆逐していくことにつながった[15]。

一八六九年にスエズ運河（Suez Canal）が開通したことにより、アラビア半島で一時的に陸路を経由する必要がなくなったため、汽船による植民地ネットワーク間の移動はさらに高速化することとなった。スエズ運河はフランスにより開発が進められ、特に元外交官であったレセップス（Lesseps, Ferdinand Marie Vicomte de）はこの事業に尽力した。一方、イギリスはフランスが主導したスエズ運河構想に冷淡であり、外交を通じた妨害活動さえ行った。しかし、実際に運河が開通すると一転して、当時のイギリス首相であったディズレーリ（Disraeli, Benjamin）は積極的な買収に乗り出し、一八七五年にはスエズ運河株式会社の株式の半数を取得し、筆頭株主となった。

スエズ運河開通当初の一〇年間は運営が難しかったものの、一八八〇年代には技術革新による長距離運航可能な汽船の増加と、夜間ランプの導入に伴う夜間運航の開始により、この運河を利用する船舶は大幅に増加した。結果として、一九世紀末から二〇世紀初頭の時点において、スエズ運河を利用する船舶の約六〜七割はイギリス国籍となり、この運河の存在自体がイギリスの国益にとってプラスとなった。またシンガポールでも、スエズ運河開通後の一八七〇年代には、ヨーロッパなどの他地域との交易が一気に増大化した[16]。

このような政府と民間会社が結びついたイギリス帝国の海上の交通ネットワークの安全を保証していたのは、強大な海軍力と、世界各地に点在した海軍基地・石炭補給地であった。まず海軍力と海軍基地について、イギリスは一八世紀後半から一九世紀前半におけるオランダやフランスとの戦争を通して海軍力を強化し、また一九世紀後半から前述した蒸気機関を採用した軍艦の配備を進めていき、世界屈指の海軍力を有する国家へと成長していった。さらにイギリスは一八八九年に、自国を世界第一位の海軍力を持つ国家と仮定したうえで、世界第二位と第三位に当たる国家の海軍力を足したものよりも単独で優位に立つことを原則とする「二国標準主義」（Two-power Standard）を導入し、名実共に世界最強の海軍力を有する国家となった。これらの海軍戦力は、世界各地に約四〇カ所設置された海軍基地によって運用されていた。これらの海軍基地の規模には大小があり、中には戦闘艦が配備されず、輸送艦のみの基地も存在した。食料や飲料水の補給や船体の補修を行うドックとしての機能を持つ海軍基地の存在は、海軍力の運用という観点から見て必要不可欠なものであった。

そして、これらのイギリスの汽船ネットワークや海軍力を下支えしていたのが、世界各地に配備された石炭補給地であった。汽船を長距離、長期間運行させ続けるためには、燃料となる石炭を補給する必要があるが、幸運なことにイギリスは良質な石炭資源に恵まれていた。石炭供給地は、世界各地約一六〇カ所に設置され、イギリス本国から運んだ良質なウェールズ産の石炭を五〇〇トン以上備蓄することを義務付けられていた。イギリスはさらに、一九世紀前半よりベンガル（Bengal）やボルネオ（Borneo）などで炭田開発を行い、新たな石炭資源の獲得も進めていた[17]。

続いて、通信ネットワークとして、電信網の発展について述べる。電信は文字通り、電気を用いて有線で符号を送る通信手段であり、書簡を実際に往復させるなどの従来の通信手段に比べて、圧倒的に高速度であるという利点を持つ。イギリスからシンガポールまでに至る、海を越えた電信網の形成を可能としたのは、海底電信ケーブルの敷設と、前述したスエズ運河の開通であった。海底電信ケーブルの敷設は一九世紀前半から試みられており、一八六〇年にイギリス政府と大西洋電信会社（Atlantic Telegraph Company）により設立された合同委員会が、海中でも漏電しない電信ケーブルの基本的な技術を確立したことで、海底電信ケーブルの敷設ラッシュが始まった。

一八七〇年代以降、世界各地で海底ケーブルが敷設されることとなり、シンガポールにもスエズ運河を経由して、一八七一年に海底ケーブルが敷設された。これらの海底電信ケーブル網は、主にイースタン電信会社（Eastern Telegraph Company）などのイギリスの民間企業により所有されていた。これらの企業はイギリス政府の補助金により支えられ、緊密な協力関係にあった。また電信ケーブルの製造・敷設・整備・修理などに関する技術も、電信建設維持会社（Telegraph Construction and Maintenance Company, Telcon）などのイギリスの民間企業によって独占されていた。さらに、一九〇二年にはイギリス領のみを通過する電信ケーブルが敷設され、ついにイギリス帝国の領土全てが独自の電信ケーブルにより交信することが可能になった。

ここまで述べてきた、汽船航路の確立と電信という情報通信技術の発展がいかに革新的であったのかを示す、一つのデータがある。一八三〇年代まで、イギリス人がインドに住む人間と通信する際には、手紙を実際に送る必要があり、それが東インド会社所属船によりアフリカ経由で運ばれると、五～八ヶ月の時間が必要であった。これが一八五〇年代になると、ロンドンからボンベイ・カルカッタに手紙を送るのであれば、汽船とスエズ運河を経由した航路を利用して、三〇～四五日間が必要であった。一八七〇年代になると、海底電信ケーブルにより、五時間もかからないうちに情報のやり取りをすることが可能となった。さらに一九二四年に、イギリス国王ジョージ五世がイギリスの海底電信ケーブルを通して電報を打った際には、その電報は地球を一周したのち、約八〇秒後に自身のもとに届いた。旧来の情報伝達手段と比べて圧倒的な高速度を誇る、海底電信ケーブルによる通信ネットワークが整備されたことにより、イギリスは世界各地に点在する植民地の情報を共時的にやり取りすることが可能になったのである。

イギリスが海底電信ケーブルによる通信ネットワークに関する技術と権利を独占していたことは、政治・経済的な利益に加え、情報収集面における軍事的な利益をも生み出していた。すなわち、世界中に張り巡らされた海底電信ケーブルにより送信された電信情報のうち、主要な情報はイギリス本国を経する仕組みとなっていたため、イギリスは電信を通して送信された世界中の外交・軍事機密を検閲することが可能であったのである。

イギリス海軍・陸軍などが平時において、これらの機密情報の検閲をどの程度行っていたのかは不明である。しかし、この検閲が機能した一例として、第一次世界大戦時にイギリスがドイツとメキシコの密約という機密情報を検閲・解読し、アメリカに伝えた「ツィンメルマン極秘電報事件」があげられる[18]。このように、イギリスは一面で「情報通信の帝国」でもあり、海底電信ケーブルによる通信ネットワークに関わる技術と権利の掌握は、イギリスにとって大きな科学技術的・軍事的な優位性を生み出していた。

次に、金融ネットワーク、すなわちイギリスによる中央集権的な金融システムの世界的な展開について述べる。イギリスは一九世紀前半から中葉にかけて、いわゆる「産業革命」を経て生産力を圧倒的に高め、他地域を原料・食糧品の生産拠点とする国際的分業編制をとることにより、世界最初の工業国家となった。しかし、一九世紀後半の大不況の中で、イギリスは自由貿易政策を堅持し続けながらも、同時にその経済の中心は工業・製造業から金融業へと変容していった。

イギリスはこの時期に、自国を中心とした世界的な多角的決済機構を新たに創出し、これを経済力の中核とする国家への転身を遂げた。イギリスはイングランド銀行を頂点とするロンドン金融市場の機能を通して、国際的決済資金を媒介・調整する役割を担っていた。イギリスがこの多角的決済機構を維持していくうえで最も重要であったのは、インドとの関係であった。イギリスは、インドが欧米諸国やアジア間交易で稼いだ膨大な貿易黒字を「本国費」（home charges）などの形で吸い上げることによって、膨大な海外投資を行うことが可能であったのであり、インドはイギリス本国の世界的な多角的決済機構を支える「安全弁」としての機能を果たしていた[19]。

さらにイギリスは、金を通貨基準とする制度である金本位制の国際的普及にも大きな影響を与えた。一八七〇年代後半以降における銀価格の低下は、銀本位制を採用していたインド財政に深刻な影響を与えた。その打開策として、インドでは一九世紀後半から、金銀複本位制および金本位が検討され始めた。一八九〇年代に銀価格はさらに下落し、金本位制論が優勢になっていった。イギリスは一七世紀末から金本位制が実質導入されていたが、一九世紀末よりインドなど各地の植民地でも金本位制が導入されたことにより、イギリスの影響を受けたヨーロッパ諸国などでもこの制度が採用され、国際金本位制が普及していくきっかけとなった[20]。

国際金本位制の普及は、イギリス領の植民地であったシンガポールにも影響を与えた。元々、東アジアの伝統的な商取引において、銀は最も重要な交換貨幣として扱われており、広域的に利用可能な貨幣として東アジア・東南アジアを循環していた。また華人も、伝統的な送金・郵送業務を担った業者であった信局などを通して、銀を用いた送金を行っていた[21]。本書の議論の中核となる一九世紀末から二〇世紀初頭の時点で、華人による信局を介した銀の送付という送金システムは、香港やシンガポールなど各地域の重要な経済拠点を介して、中国本土と東南アジア島嶼部をつなぐ広域的な経済ネットワークを形成するに至っていた。[22]

シンガポールの商取引でも、最初期から銀が使用されており、一八六七年に植民地省管轄の公式植民地となったのちには、そのまま銀本位制に移行し、メキシコドルなどの銀貨が法貨として利用されていた。しかし、前述した国際金本位制の影響を受け、一九〇三年に海峡植民地は銀本位制から離脱した。さらに一九〇四年に海峡ドルという独自の通貨が唯一の法貨となり、一九〇六年に海峡ドルとポンドの交換レートが固定された。これらの貨幣制度の変化により、海峡植民地は銀本位制から金本位制へと完全に移行し、現地経済における銀の影響力も大きく低下した。シンガポール華人社会の貨幣取引でも、伝統的な広域流通貨幣であった銀に代わり、海峡ドルが使用されるようになった。また中国本土などへの送金についても、信局などを通した銀の直接送付に代わって、イギリス系の近代的な銀行の為替送金による間接送付が大きなシェアを占めるようになっていった。[23]

シンガポールにおいて最初に設立されたイギリス系の近代的銀行は、一八四六年に設立されたオリエンタル銀行（Oriental Bank）の出張所であった。この銀行はその設立当初、送金・預金・為替業務などを行っていたが、現地居住者からの要望により、一八五九年に銀行券の発行などの業務が可能な支店へと格上げされた。他の主要な銀行として、マーカンタイル銀行（Mercantile Bank、現地では一八五五年に設立）、チャータード銀行（Chartered Bank、現地では一八五九年に設立）、香港上海銀行（Hongkong and Shanghai Banking Corporation、現地では一八八四年に設立）などがあげられる。

これらの銀行は、アジア地域の植民地や租界の市場を主な対象として業務を発展させていったイギリス系の植民地銀行であり、イギリス本国と各植民地間の経済・貿易ネットワークの形成・発展にも重要な役割を果たしていた。これらの植民地銀行がその経済活動の拠点としていた地域には、香港・上海などの東アジアやインドなども含まれていたが、一八七〇年代以降には東南アジアの地域的な重要性が増加していった。その中でも、特にシンガポールは最重要拠点となり、現地の外国貿易や錫採掘、ゴム栽培およびそれらの加工業などと結びつきながら大きく発展していくこととなった。[24]

つまり、シンガポール華人社会は二〇世紀初頭に、中国を中心とする銀を介した伝統的な貨幣・金融・経済構造の世界から離脱していき、金本位制と海峡ドル・ポンド、近代的な植民地銀行ネットワークなどを特徴とする、イギリス的な貨幣・金融・経済構造の世界へと移行していったといえる。[25]

さて、ここまで述べてきたように、イギリスは一九世紀から二〇世紀初頭にかけて、世界各地に存在する植民地をつな

画像5　バッテリー・ロード（Battery Road）。右側にチャータード銀行が、また左側に香港上海銀行が写っている。1890年代後半から1900年代前半。

画像6　香港上海銀行の外観。1900年代。

ぐ交通（汽船）・通信（電信）・経済（金融）ネットワークを新たに創出すると共に、その中核としてそれらを独占的に管理する権限を得た。イギリスはこれら三つのネットワークの形成と管理を通して、それまでは比較的短距離を流動していたヒト・モノ・カネや情報を高速で広域的に移動・流通させ、かつそれらを一元的に管轄することが可能となり、単なる帝国の域を超え、国際政治の覇権を握り、国際秩序のルール自体にも関与できる「ヘゲモニー国家」へと変貌した。[26]

このようなイギリス帝国の覇権獲得は、シンガポールを含むイギリス領マラヤにも大きな影響を与えた。イギリス帝国の広域的なネットワークの形成は、ヨーロッパの国家からインド・アフリカ・東南アジア島嶼部などの植民地への移動を容易にしただけではなく、中国から東南アジア島嶼部の植民地への移動・移住、あるいは東南アジア島嶼部の植民地間の移動をもより容易とした。シンガポールはこのネットワークの中で、特に東南アジア島嶼部の重要な貿易拠点となったことにより、東南アジアの他地域の都市と比べても特に急速な近代化と発展を遂げていった。特にその恩恵を受けたのが華人であり、中国および東南アジア島嶼部の他地域から多くの華人がシンガポールに移住し、華人社会が急速に発展していった。[27]

シンガポールにイギリスの近代的な交通・通信・金融ネットワークが導入されると、代わりにジャンク船による伝統的な移動のネットワークや、信局を介した銀送付による伝統的な経済ネットワークの重要性は低下していった。これによりシンガポール華人社会では、中国本土や前近代の華人社会とは異なる、植民地近代的な内部構造が形成されていった。シンガポール華人社会は、その社会・経済的な発展も含め、イギリス帝国の植民地統治政策に沿って設計され、その鋳型の中で発展していったということができる。

四　植民地における「ネイション／人種」枠組の構造化

次に、イギリス領の植民地であったシンガポールにおいて、華人という「ネイション／人種」的な枠組が制度的に規定され、華人社会が形成されていく過程について議論する。

イギリスによるシンガポール・マレーシアの植民地化以前において、東南アジア島嶼部において特定の出身地域・文化・宗教などを共有する人々は、それぞれに集団化して居住していた。すなわち、華人（として見なされる人々）の集団自体は、イギリスによる植民地化以前から存在していたといってよい。

前近代の東南アジア島嶼部における集団形成の一例として、「マレー人」という集団概念・認識をとりあげよう。英語である「マレー」(Malay)の語源でもある、マレー語「ムラユ」(Melayu)は、スマトラなどのマラッカ海峡付近の地域や王権を指す、非常に古い語源を持つ言葉であった。その最古の起源としては、七世紀前半に唐に朝貢し、「末羅喩」・「末羅遊」などの字を充てられたスマトラ南部の国家にさかのぼることができる。また一五世紀のマレー半島において発展したムラカ王国において、その住民一般が「ムラユ」と呼ばれるようになっていった。

さらに一五一一年にポルトガルがムラカ王国を占領し、その住民がマラッカ海峡付近の他の港市国家に移住していったことは、ムラユ語とイスラーム信仰を中心とするムラユ文化が広まっていくきっかけとなった。その結果、一六世紀から一七世紀の東南アジア島嶼部、特にマラッカ海峡付近の地域において、ムラユ語とイスラーム信仰を中核とする「ムラユ人」としての社会的な認識や集団意識が広く普及していくこととなった。一八世紀のスマトラ・ボルネオで、ムラユ人ではない集団に属する人々がムスリムに改宗することが「ムラユ人になる」(masuk Melayu, menjadi Melayu)と表現されるようになったことは、このような「ムラユ人」意識の形成・普及の現れの一つであろう[28]。

これらの歴史的な過程を見るに、「ムラユ人」や「華人」といった、エスニックな、あるいは社会的・文化的、あるいは宗教的な集団としての意識や社会的な認識は、ヨーロッパ勢力が東南アジアにおいて植民地化を進めていく以前の時期の東南アジア島嶼部において、既に一定程度形成・普及されていたと判断してよいだろう。

ただし、前近代における各集団の意識やまとまりは、今日の我々が連想しがちである、近代的・本質主義的な「ネイション／人種」概念とは大きく異なっていたことには留意しなければならない。すなわち、これらの集団区分は「本質的に」一定の特徴を共有することを前提としたものではなく、外部の人間がその集団に入ることも可能であった。

たとえばオランダ統治期のマラッカでは、カピタン(Kapitein)による自治が認められていた四つの集団が存在しており、それらの中には「マレー人」・「華人」・「インド人」に加えて「キリスト教徒」が存在していた。このことは、当時の東南アジア島嶼部では、「マレー人」や「華人」といった枠組は「キリスト教徒」と同じような集団概念として扱われており、「キリスト教徒」になるのと同じように「マレー人」や「華人」になることが可能であったことを示唆している[29]。

また、このような他集団への後天的な転移を可能としていた非本質主義的な集団枠組のありかたは、イギリスによるシンガポール統治の初期にも共通していた。一例として、一九世紀前半、ニューボールド(Newbold, Thomas John)やブラデル(Braddell, Thomas)らによるシンガポールの人口統計を見てみよう。イギリスによるシンガポール統治の開始直後、一八二一年の人口統計では、「ヨーロッパ系」(Europeans)と「現地のキリスト教徒」(Native Christians)というカテゴリが統合されて記録されている。後年の統計において、この二つのカテゴリはすぐに分離されたものの、一八二〇年代から一八三〇年代において、ヨーロッパ系・マレー人(Malays)・華人(Chinese)・アラブ人(Arabs)などと並列可能なカテゴリとして、「現地のキリスト教徒」というカテゴリは存続し続けた。しかし(詳しくは後述するが)イギリスが一九世紀中葉以降、シンガポールの植民地統治を進めていく中で、このようなカテゴリは消滅していった。一八四九年以降、シンガポールの人口統計は「ネイション/人種」概念に沿って精緻に区分・記録されていった一方、「キリスト教徒」という属性は集団カテゴリではなく、その下位に位置する副次的な属性の一つとなっていった。[30]

さて、イギリスの植民地統治の中でネイションや人種という枠組の重要性が認識されるようになった理由として、一八世紀から一九世紀のヨーロッパにおける「ネイション/人種」概念の発展という点があげられる。まずネイションという概念は、序章第一節にて述べたように、言語・文化・宗教・出身地・服飾などの文化的な特徴・特性を「本質的に」共有しているものとして想像された共同体を指す。ネイションもしくはそれに類する言葉や、のちにそれに結びつくような文化的な帰属意識は、前近代から存在したが、ある特定の共同体に属する人々が言語・文化・宗教・出身地・服飾などの文化的な特徴・特性を「本質的に」共有していると見なすネイション概念は、特に近代以降において形成された。

一八世紀前半以降のヨーロッパでは、新聞・書籍などの印刷・出版技術が普及すると共に、それらの紙面で用いられる言語も、ラテン語のような古く神聖な言語から、各地域での み用いられる日常言語(vernacular language、あるいは「俗語」)へと変化した。さらに一九世紀に入ると、これらの日常言語に関する専門的な知識人による辞書編集や言語学研究が盛んに行われ、下級官吏・郷紳・知的専門職者・実業家などの新たに勃興した中産階級がその成果を学んだ。

このような日常言語による教育の普及の恩恵を受け、言語的統一により連帯感を持った中産階級は、一九世紀のヨーロッパにおける国家官僚機構の拡大の中で、それを構成する官僚となっていった。これらの変容の結果、一九世紀半ばのヨーロッパ全域で、複数の日常言語の領域にまたがって形成されていた旧来の国家が解体されると共に、その領域内部に、言語的に統一された官僚機構とナショナルな帰属意識を持つ(一部の)国民を有する、いわゆる国民国家が形成された。国民国家というシステムの普及を通して、言語や文化などを共有する本質主義的な文化的共同体としてのネイションという概念もまた、徐々に普及していくこととなった[31]。

次に人種概念について、これはすなわち人間という動物が皮膚や頭髪の色などの身体的特徴や血統・遺伝などの要素で分類可能な異なる種により構成されているという認識に基づき、人類の中に存在する複数の種を指す概念であった。もちろん現代では、ネイション同様、人種という概念の科学的な有効性は否定されている[32]。しかし、少なくとも一九世紀後半から二〇世紀初頭の時点においては、人種は科学的な概念としての側面を有していた。

人種という言葉自体は、伝統的に家柄や血統といった意味で用いられていたが、フランス人の医師であり、旅行記の執筆者としても著名であったベルニエ（Bernier, François）が一六八四年に初めて、人類の中で同一の身体的特徴を有する集団を示す意味でこの言葉を用いたとされている。人種概念の発展を促したのは一八世紀における人間（特にいわゆる「有色人種」）を対象とする自然科学の発展であり、特に博物学におけるリンネ（Linné, Carl von）やビュフォン（Buffon, Georges-Louis Leclerc）による人間の分類や、形質人類学におけるブルーメンバッハ（Blumenbach, Johann Friedrich）による人種の五種分類などが、人種概念の「科学」的な基盤を提供した。

なお、人類学[33]は一八世紀において人種概念の基礎的な分類を生み出したのみならず、一九世紀に至っても人種概念の「科学的」な裏付けとしての機能を果たし、その世界的な拡散をも促進した。たとえば、一八五九年に設立されたパリ人類学会（Société d'Anthropologie de Paris）は、世界最初のアカデミックな人類学者（anthropologists）の集まりであるとされているが、その規約第一条にまず「諸人種の科学的探究を目的とする」ことを掲げていた。また、この学会の中心人物であった人類学者のブロカ（Broca, Pierre Paul）は、人種概念や諸人種間の差異、「混血化」といった問題に強い関心を持ち、人間の身体的な特徴を「科学的」に計測する技法を用いて、これらの問題を「科学的」に検証する研究に尽力した。

なお、一八世紀の博物学や形質人類学による「科学的」分類はしばしば、いわゆる「白人種」の優越性を強調したが、人種間の明確なヒエラルキーを前提としたものではなかった。しかし一九世紀後半以降におけるゴビノー（Gobineau, Joseph-Arthur, Comte de）によるアーリア人種論や、それをさらに発展させたチェンバレン（Chamberlain, Houston Stewart）の「ゲルマン人種」論は、人種間の優劣・ヒエラルキーとその混合の危険性を強く主張し、後の優生学につながる論点を提示することとなった[34]。

もう一つ、ここで確認しておくべき点として、人種とネイションは確かに双方とも個々人が所属・帰属する集団を指す本質主義的かつ虚構的な枠組ではあったが、少なくとも両者は元々ははっきりとその性質が異なるものであった。人種は（少なくとも二〇世紀初頭までは）科学的概念であり、この概念を利用した言説では主に、自らが属する人種と他人種との差異を強調し、外部との分離・分断の必要性が主張されたのに対し、ネイションは文化・政治的概念であり、この概念を利用した言説では主に自らのネイションの文化的共通性に基づく内部の連帯の必要性が主張された。この二つの概念の違いについて、アンダーソンは詩的な表現を用いて、はっきりとその対比を表現している。

……ことの真相は、ナショナリズムが歴史的運命の言語で考えるのに対し、人種主義は、歴史の外にあって、ときの初めから限りなく続いてきた、忌まわしい交接によって伝染する永遠の汚染を夢見ることにある。(35)……

ここでは、歴史的・運命的に結びつけられた文化的共同体として想像されたネイションと、異種間の交接に関する忌まわしい歴史の象徴として想像された人種という、二つの虚構的な概念の枠組が、アンダーソンらしい詩的な表現を用いて見事に対比されている。

ところが、このように原義的には明確な違いが存在するにもかかわらず、ネイションと人種という二つの概念が広く普及した一九世紀後半から二〇世紀初頭のイギリス帝国において、この二つはしばしば混同されて理解されていた。イギリスの政治思想史を専門とする研究者であるベル（Bell, Duncan）は、一九世紀のイギリス本国の多くの知識人や政治家たちが、ネイションと人種という二つの概念を混同して理解しており、ほぼ同様の意味で使用していたことを指摘している。(36)

この理由として、恐らくネイションも人種も共に、本質的な共通性に基づいて形成された集団的なカテゴリであるという点が共通していた点が考えられる。これはイギリス本国のみならず、一九世紀末から二〇世紀初頭シンガポールでも同様であり、本書で史料として使用した行政文書や英語新聞・雑誌などでは、ネイションと人種という二つの単語がほぼ同じ意味合いで使われている。また一般的に、華人・中国人（Chinese）も一つのネイションであり、かつ一つの人種であると見なされている。

本書では、このようなネイション概念と人種概念が混在したまま認識されているという状況を示す表現として、「ネイション／人種」概念という表記を用いる。すなわち本書では、「ネイション／人種」概念を、華人・イギリス人・マレー人などの特定の集団が一つのネイションであり、かつ一つの人種として認識されており、なおかつその集団としての区分が、ネイションとしてなのか、人種としてなのかがはっきりと区別されていない（あるいは、どちらでもあると認識されている）状態にあるということを指す表現として用いている。

さて、一九世紀後半から二〇世紀初頭において、これら「ネイション／人種」とその優劣・ヒエラルキーという感覚は、ヨーロッパの政治家・官僚・学者・知識人など一部の知的エリートの議論の世界を飛び出し、世界的な規模で普及していくこととなった。その広域的な展開の中で、この二つの概念はより重ね合わされ、混合した形で理解された。「ネイション／人種」という混合的な概念の普及により、国家やその国民のみならず、移民やエスニック・マイノリティもこの概念を用いて、様々な議論や運動を展開していく時代が到来したのである。統治側と被統治側に分かれる複数の「ネイション／人種」が集住していた植民地においてこの傾向は顕著であり、「ネイション／人種」概念の普及は、植民地主義の展開ともはっきりと結びついていた。[37]

この時期に「ネイション／人種」概念の世界的な普及を促進したものとして、特に社会ダーウィニズムの影響と、小説などの刊行物の普及という二つをあげることができる。まず社会ダーウィニズム（social Darwinism）について、これは『種の起源』（*On the Origin of Species*）などで知られるダーウィン（Darwin, Charles Robert）の「自然選択」や「適者生存」という発想を、人間の集団・社会・国家などにあてはめた思想であり、スペンサー（Spencer, Herbert）の思想に代表される。社会ダーウィニズムに基づく「進歩」と「改革」の必要性に関する思想は「ネイション／人種」間の生存競争という発想と結びつき、ヨーロッパやその植民地のみならず、東アジアを含む世界各地で広く普及していき、大きな影響力を発揮した。[38]

また、一九世紀末から二〇世紀初頭のイギリスにおける「ネイション／人種」概念と社会ダーウィニズムや優生学の結びつきについて、学術的な書籍の刊行・普及が大きく影響したことを指摘する必要がある。この端緒となったのが、ダーウィンの従弟であった数学者のゴルトン（Galton, Francis）が一八六九年に出版した著書『遺伝的天才』（*Hereditary Genius*）であった。ゴルトンはこの著書の中で、人間の生来の能力が遺伝により決定されることを前提として、優秀な血統・人種を人為的に維持・発展させていくことによる「社会改良」を目指そうとした（もちろん、その裏返しとして、この「改良」では劣等な血統や人種は人為的に排除されるものとされた）。そして、ゴルトンは人類を一六種の人種に分類したうえで、「白人種」は「黒人種」や「黄色人種」と比較してはるかに高い知的能力を持つことを強調した。ここには、「ネイション／人種」概念と優生学や社会ダーウィニズムの結びつきをはっきりと見て取ることができる。

社会ダーウィニズムと「ネイション／人種」概念の連結と

いう発想をさらに発展させたのが、歴史家・ジャーナリストなどとして活動していたイギリス生まれのオーストラリア人、ピアソン（Pearson, Charles Henry）であった。ピアソンは一八九三年に『諸ネイションの生活と性格——予測』（*National Life and Character: a Forecast*）を出版し、人種論と社会ダーウィニズムを援用しながら、近代世界の行く末を予測しようとした。ピアソンは数十年後の未来において、当時世界最高度の文明を発展させてきた「優等人種」が数十年後に「劣等人種」に取って代わられ、ヨーロッパにおいては伝統社会の崩壊と国家権力の増大、文明の停滞が発生するであろうという悲観的な予測を提示した。ここで「劣等人種」として名指しされるのは中国人・華人やインド人、アフリカ人などであり、彼らの脅威を示す実例としてオーストラリアなどにおける華人労働者の流入（とその防衛策としての「白豪主義」の必要性）があげられる。

ピアソンの議論の特徴として、社会ダーウィニズムと「ネイション／人種」概念を連結させた議論に、さらに終末論的な危機意識を加えているという点があげられる。社会ダーウィニズムに基づく「優等人種」と「劣等人種」の対比という図式は、多くの場合、ヨーロッパおよび「白人種」の文明の優越性を誇示し、その繁栄の必然性を強調してきた。しかしピアソンの議論では、同時代的な脅威として、世界中に移住し膨張していく「劣等人種」たちが強調されると共に、その影響を受けて「優等人種」であるはずの「白人種」の繁栄の時代がいずれ終わるであろうことが示唆される。ピアソンの終末論的な危機意識は、「黄禍論」（Yellow Peril）の先駆けとしても位置付けられるだろうが、同時に社会ダーウィニズムの根幹にあった「進歩」と「改革」という価値観の反動（あるいは裏返し）としての「退化」と「衰退」の恐怖として見なすことも可能だろう。

このような学術的な専門書以外にも、たとえばキッド（Kidd, Benjamin）が一八九四年に出版した『社会進化論』（*Social Evolution*）は、社会ダーウィニズム的価値観から各人種間の摩擦を扱った文明論であり、当時のベストセラーになった。またクーム（Combe, Geroge）が一八三〇年に出版した、骨格を基に人間の能力を推定しようとする疑似科学である骨相学を紹介した書籍『骨相学体系』（*A System of Phrenology*）でも、「ネイション／人種」ごとの知的能力の差異という問題は繰り返し議論されている。クームの宣伝の効果もあり、骨相学は当時のイギリスにおいて大流行となった。たとえばドイル（Doyle, Arthur Ignatius Conan）の著名なシャーロック・ホームズ・シリーズにおける名探偵ホームズの「科学的」な推理の一部にも、骨相学に基づく描写が含まれている。[39]

また「社会ダーウィニズム」や人種論と関連する学問領域として、イギリスにおける（ethnology と Anthropology の双方を含むものとしての）広義の人類学の発展についても言及する必要があるだろう。イギリスでは一九世紀初頭より、プリチャード（Prichard, James Cowlad）らによる人類学研究が開始された。また前述したように、フランスでは一八五九年にパリ人類学会が設立されたが、同時期のイギリスでも、広義の人類学者たちによる団体が設立されていった。まず一八四四年にロンドン民族学会（Ethnological Society of London）が、また一八六三年にロンドン人類学会（Anthropological Society of London）が設立され、この二つの団体は一八七一年にイギリス・アイルランド人類学研究所（Anthropological Institute of Great Britain and Ireland）として合併・統合された。さらに一九〇七年には、当時のイギリス国王であったエドワード七世から「王立」（royal）を名乗る許可を得て、王立人類学研究所（Royal Anthropological Institute of Great Britain and Ireland）と改称した。

これらの団体の設立後、一九世紀末から二〇世紀初頭のイギリスでは、広義の人類学研究の専門性・学術性が向上していくと共に、専門的な高等教育を受け、大学などで教鞭をとる人類学者が増加していった。当時のイギリスにおける著名な人類学者として、まずタイラー（Tylor, Edward Burnett）をあげることができる。タイラーはイギリスにおける人類学（anthropology）研究の先駆者であり、『原始文化』（*Primitive Culture*）や『人類学』（*Anthropology: an Introduction to the Study of Man and Civilization*）などの著作により著名であった。また彼は一八九七年に、オックスフォード大学の人類学教室の初代の教授に就任した。その他に大学で教鞭をとった（広義の）人類学者として、前述したゴルトンに加えて、ハッドン（Haddon, Alfred Cort）やキーン（Keane, Augustus Henry）などがあげられる。

イギリスの人類学研究はその最初期から、「ネイション／人種」概念や「社会ダーウィニズム」と結びつきながら発展していき、またイギリス領の植民地における「有色人種」の統治に対する有効性を主張してきた。プリチャードやタイラーのような初期の人類学者たちの思考の根幹には、高度な知的能力を持ち、高度な文明を発展させた「白人種」と対比される、知的に劣等であり、野蛮・未開な状態にある「有色人種」の社会・文化を研究し、両者の差異を明らかにするという発想が強く存在した。

この問題について、機能主義人類学研究の創始者であり、参与観察という研究手法を導入したことで知られるマリノフスキー（Malinowski, Bronislaw Kasper）は、一九二二年に以下の内容をはっきりと言明している。すなわち、「野蛮な「有色人種」の研究は、第一に植民地経営および「白人種」と「有色人種」間の関係性の管轄という目的において、実用的な価値を有している」。まさにイギリスにおける人類学研究の発展は「社会ダーウィニズム」や植民地主義の普及と結びつき、近代的な進歩から取り残された野蛮な「有色人種」の社会や文化の実態を明らかにすると共に、そこに近代化・文明化をもたらすものとしてのイギリスの植民地主義を正当化するという役割を担おうとしていた(40)。

次に、小説などの刊行物について述べる。特定の地域・集団の中で生活し、実際には他の「ネイション／人種」を見たことがない世界中の大多数の人々が、身体性・文化性などが異なる「他者」を想像するうえで、書籍や新聞などの刊行物の普及が大きな影響力を発揮した。このような現象の一例として、いわゆる「白人種」の主人公が野蛮人・野生動物に満ちた辺境や植民地を冒険する通俗的な小説や、いわゆる「黒人種」のステレオタイプな主人公を題材とした小説の流行があげられる。

前者のような小説の代表的な作家として、『ターザン』(*Tarzan*)・シリーズの作者であったバロウズ(Burroughs, Edgar Rice)や『十五少年漂流記』(*Deux Ans de Vacances*)などの作者であったヴェルヌ(Verne, Jules Gabriel)、『ソロモン王の洞窟』(*King Solomon's Mines*)などの作者であったハガード(Haggard, Henry Rider)に加えて、ヘンティ(Henty, George Alfred)・バランタイン(Ballantyne, Robert Michael)・キングストン(Kingston, William Henry Giles)などあげられる。また後者の代表的な作品として、ストウ(Stowe, Harriet Elizabeth Beecher)の『アンクル・トムの小屋』(*Uncle Tom's Cabin*)や、バナーマン(Bannerman, Helen)の『ちびくろサンボ』(*The Story of Little Black Sambo*)などがあげられる。

これらの小説の大部分は、読者に異国情緒とオリエンタリズムに満ちた冒険や生活に関する疑似的な体験を提供する通俗的なエンターテインメントであった。しかし、その一部には、たとえばキプリング(Kipling, Joseph Rudyard)の『キム』(*Kim*)や『ジャングル・ブック』(*Jungle Book*)、あるいはコンラッド(Conrad, Joseph)の『闇の奥』(*Herat of Darkness*)や『ロード・ジム』(*Lord Jim*)のように、同時代においても高い文学的評価を得た作品も含まれていた(41)。

また小説に関して、特に華人・中国人の「ネイション／人種」的イメージの形成に強い影響を与えた「黄禍論」小説とでもいうべき一群の小説を特筆すべきであろう。ヨーロッパでは伝統的に中国や華人・中国人(Chinese)に対する蔑視が存在していたが、特に一九世紀末から「黄禍論」的な「黄色人種」に対する悪いイメージを強調して利用した小説が数多く出版されたことにより、華人・中国人に対する負のイメージがより強化されることとなった。「黄禍論」では中国人のみではなく、日本人やモンゴル人なども攻撃対象とされたが、「黄禍論」小説では特に中国人・華人が悪役として扱われた。

「黄禍論」小説の起源は、イギリス人作家のシール(Shiel, Matthew Phipps)が一八九八年に発表した小説、『黄色の脅威』

(*Yellow Danger*) に始まる。シールはこの小説で、イェン・ハウ (Yen, How) 博士という悪役を生み出した。この人物は日本人と中国人の「混血」として生まれた悪の天才であり、白人女性への失恋に対する復讐心から、中国と日本の間で同盟を結び、ヨーロッパと戦争を起こす。この人物造形を参考として、ローマー (Rohmer, Sax) は一九一三年に発表したミステリー小説『怪人フー・マンチュー』(*The Mystery of Dr. Fu Manchu*) の中で、著名な悪役であるフー・マンチュー (Fu, Manchu) 博士を創出した。この小説では、フー・マンチューはヨーロッパの高名な大学で教育を受け、高度な近代的科学知識を有した華人であり、ロンドンで毒などを用いた殺人行為を繰り返すことにより、イギリスの植民地帝国と「白人種」を中心とする世界秩序の転覆を目論む怪人物として描写される。

ここで注目すべきは、フー・マンチューがロンドンで潜伏しているアヘン窟は「シンガポール・チャーリー」と呼ばれており、その仲間たちは華人・中国人やマレー人、また外見的には何人かもわからない (恐らくは「混血」の) 人々であることである。それに対して、フー・マンチューと対決する主役、ネイランド・スミスは、イギリス領ビルマに赴任していた植民地官僚として描写されている。この小説では、この二人のキャラクターの対峙を通して、イギリスの植民地秩序を守護する「白人種」のイギリス人たちと、植民地社会 (特にシンガポール) が暗喩的に示されている) の中で多人種的・「混血」的に変質した不気味な「黄色人種」の現地民たちとの対立構造を描き出しているといえる。

この対立構造の背景に存在するのは、前述したピアソンの議論にも類似した、「白人種」を中心として形成されてきたイギリス帝国の秩序と繁栄が、辺境の植民地に居住する「有色人種」たちの勢力によって脅かされつつあるという不吉な予感であった。その意味でローマーのこの小説は、植民地的・人種論的な想像力と恐怖に満ちた小説であるといえるだろう。

このローマーの小説は評判となり、二〇世紀前半においてドイルのシャーロック・ホームズ・シリーズと並んで世界的に普及し、続編やフー・マンチューに類似した「黄色人種」の悪役を登場させた小説・映画・漫画などが多く刊行された(42)。

二〇世紀前半における「黄色人種」的悪役イメージの普及・発展を示す一例として、スーパーマンやバットマンなどのアメリカン・コミックスや映画で著名なDCコミックス社が一九三七年に創刊した漫画雑誌、*Detective Comics* をあげよう。これは、この会社の「DC」という表記の元となった漫画雑誌であり、バットマンが初めて掲載されたコミック雑誌としても著名だが、その創刊号の表紙を飾っているのは、まさしくフー・マンチューに類似した「黄色人種」的な悪役キャラクターである。フー・マンチューというキャラクター自体は、現在のポップ・カルチャーでは忘れかけられているが、このような「黄色人種」的な類型に沿った（あるいはその系譜にある）悪役キャラクターは、近年のアメリカ映画やアメリカン・コミックスの中でも散見される。

また、一九世紀後半から二〇世紀初頭のイギリスにおける「ネイション／人種」概念の優劣や社会ダーウィニズム、優生学といった発想の普及は、帝国主義とも密接に結びついていた。木畑洋一がイギリス帝国の「帝国意識」に関する議論の中で整理したように、イギリス人の「白人種」としての優越意識は、イギリスの帝国主義に関する誇りと自信の支えとなると共に、その帝国主義と植民地主義を正当化する理論的な根拠（すなわち、「文明化の使命」）としても機能したのである。(43)

この代表例として、歴史家であったシーリ（Seeley, John Robert）によって書かれた『英国膨張史論』（*The Expansion of England*）をあげよう。シーリはこの書籍において、イギリス帝国はこれまで通りの成り行き任せの膨張を脱却し、将来における二つの問題に対応しなければならないと述べる。その一つは、まもなくイギリス帝国の植民地に居住する臣民たちが本国の人口を上回るであろうという問題であり、もう一つは電信や汽船などの新たな科学技術の発展によって、イギリス帝国全体がかつてないほどに結合されるであろうという問題であった。シーリはこの二つの問題の解決策として、自治領や植民地を含む広大なイギリス帝国全体をより緊密に結合させる発想を提示すると共に、それを実現させた新たなイギリス帝国である「グレーター・ブリテン」（Greater Britain）は、衰退の運命を免れ、繁栄の道を歩み続けることが可能になると訴えた。

シーリの「グレーター・ブリテン」という発想の根幹にあったのが、「ネイション／人種」概念であった。シーリは、「グレーター・ブリテン」が均質なナショナリティを持つ（homogeneous in nationality）という一般的な命題に賛成していると述べ、またイギリス帝国という国家に断絶や大きな隔たりは存在しておらず、一つのネイションが絶えず拡大しているのだと主張した。シーリは同時に、イギリス帝国はイギリス人という共通する人種に属する人々を中心に構成されており、イギリス本国も各植民地も共にイギリス人という共通する人種の文化に起源を持っていると見なしていた。またシーリはこの書籍の中で、イギリス人やフランス人といった人間集団を、「人種的な共同体」（community of race）、「ナショナルな共同体」（community of nationality）、また「言語的な共同体」（community of language）と表現している。これらの言説では、前述した「ネイション／人種」概念の特徴である、ネイションと人種という二種類の異なる概念が混同されるという点がはっきりと表れている。

シーリ自身はあくまで一人の学者に過ぎず、イギリス帝国の建設に直接関わった人物ではなかった。しかし『英国膨張史論』と、そこで「グレーター・ブリテン」という言葉で表現された新たなイギリス帝国のビジョンは、同時代の多くのイギリス人政治家たちを惹きつけた。その一人は、自由党に所属する政治家であり、一八六八年にこの「グレーター・ブリテン」という言葉を自らの著書の書名に使って著名にしてみせた、ディルク（Dilke, Charles）であった。また、もう一人の例として、自由党所属からのちに離脱し、植民地省の大臣などを務めた政治家チェンバレンをあげよう。チェンバレンは『英国膨張史論』の愛読者であり、イギリス帝国を構成する各植民地や自治領とその統治者である「白人種」たちを連合することにより、イギリス帝国に連邦制を導入することを熱心に主張した。[44]

同時に、このことと同程度に重要な事実として、イギリスの帝国主義・植民地主義を発展・擁護しようとする側だけではなく、それに批判・反対する側もまた、「ネイション／人種」概念の優劣や社会ダーウィニズムの影響を強く受けていたことを指摘しなければならない。たとえば前述したコンラッドは、自身の小説作品の中で、イギリス植民地主義のおぞましい実態を批評的に描写した作家であった。しかし彼は一方で、作品の中で「白人種」の主人公たちの知性や高潔な人格、危機に瀕しての冷静さや英雄性を繰り返し肯定的に描く一方、アフリカ人や中国人・華人などの「有色人種」への共感の欠如を隠そうともしなかった。

また一九〇二年に出版した『帝国主義論』（*Imperialism: A Study*）によって知られている経済学者のホブソン（Hobson, John Atkinson）は、イギリスの帝国主義・植民地主義に対する厳しい批判者として著名であり、国際的協働と多様な社会改良によって、この問題を解決することを希求した人物であった。しかし彼は同時に、イギリスの植民地統治下にある「劣等人種」たちによる自律的な発展・文明化や自治の可能性を強く否定し、むしろ本質的に自律・自治能力を欠いた「劣等人種」たちにも社会の安定と進歩をもたらすという点において、帝国主義を部分的に肯定しさえする。つまり、ホブソンが社会改良によって問題解決を図ろうと試みる対象は、あくまで「優等」な「白人種」のみに限られており、「白人種」からの指導と啓蒙なしには改革と進歩を達成できないであろう「劣等人種」である「有色人種」は、その議論の対象に含まれなかったのである。[45] まさしく、「ネイション／人種」集団の優劣と結びついた社会ダーウィニズムという思想は、世紀転換期のイギリス帝国における宿痾として、社会的階級の上下や政治思想の右左を問わず、広範に蔓延っていたことをうかがうことができる。

では続いて、ここまで述べてきた「ネイション／人種」概念の普及が、シンガポールにおいてどのような影響を与えたのかを見ていこう。既に述べたように、植民地化以降のシンガポールにおいても、ネイションと人種という二つの概念はかなり重複して認識されていた。イギリスの植民地統治では「イギリス人」・「マレー人」・「華人」・「アラブ人」・「インド人」などの「ネイション／人種」概念の区分に沿った集団が重視され、特定の「ネイション／人種」集団が本質的に異なった特徴・特性を共有していることを前提として、その植民地構造が規定された。

このような植民地構造の中で、たとえばマレー人という「ネイション／人種」は本質的に怠惰であり、経済的な活動に対する適性がないと見なされ、主に農業に従事させられた。また華人という「ネイション／人種」は、本質的に勤勉かつ強欲であるため経済的な活動に向くが、金銭的な利益と上下関係ばかりを考えているため、信頼・信用したり、対等な関係を築くべきではないと考えられ、錫採掘や大農園栽培などにおける単純労働力か、あるいは商業に従事させられた。そして植民地統治者であるイギリス人という「ネイション／人種」は、被統治者であったアジアの「ネイション／人種」たちと比べて優秀かつ進歩的な性質を持つため、植民地とその居住者たちへの統治に適性を持っていると考えられた（これはもちろん、イギリスによる植民地統治を正当化する意味を持っていた）。

このような発想に基づき、シンガポールではイギリス人を頂点として、華人やマレー人などの各「ネイション／人種」に属する移民たちが分離した形で居住し、それぞれに適性があると見なされていた職業に従事して生活する「複合社会」（plural societies）が形成されることとなった。[46] イギリスによる植民地統治により、シンガポールに作り出された「複合社会」の中に組み込まれた複数の「社会」（societies）のうちの一つが、シンガポール華人社会であったといえる。

シンガポールにおいて、「ネイション／人種」概念に沿った枠組とその集合体としての「複合社会」を実体化させるうえで大きな役割を果たしたのは、都市計画であった。[47] シンガポールの都市計画は非常に計画的に進められ、各「ネイション／人種」集団が集住する居住区がそれぞれ制定され、その「ネイション／人種」的枠組に属する人々が一定の地域に集住させられたことにより、それらが集団として一定程度実体化したのである。

初期の都市計画について、一八二二年にジャクソン（Jackson, Philip）大尉により作られた地図を参照するに、シンガポール川（Singapore River）以北について、海岸とヒル・ストリート（Hill Street）に挟まれた地区には植民地政政庁の官公庁や裁判所、聖アンドリュース教会（St. Andrews Church）が存在し、通りを挟んでその北部にイギリス人などのヨーロッパ人居住区が存在

画像7　ヒル・ストリート。多くの自動車やリキシャでにぎわっている。また左側に中央消防署の塔が確認できる。1920年代。

画像8　ヒル・ストリートがスタンフォード・ロード(Stamford Road)と交差する地点。1910年。

していた。さらにその北部にはアラブ人、ムスリム、マレー人などの居住区が存在していた。シンガポール河以南についても、海に面する東岸地域は商業地域となり、その西部に華人・インド人などの居住区が存在した。

シンガポールの発展と共に、それぞれの「ネイション／人種」集団の居住区も徐々に変化していった（たとえば一八六五年頃にヨーロッパ人居住区が郊外の丘陵地帯に移動し、かつてのヨーロッパ人居住区に華人が移住してきた）。しかし一九世紀末から二〇世紀初頭の時期に至っても、イギリスの植民地統治下において各「ネイション／人種」集団が特定の居住地域にて分断されたまま生活していくという状況は、根本的には変わらないままであった(48)。

同時に、植民地政庁が植民地空間において「ネイション／人種」集団ごとの住み分けという政策を実行するためには、人口統計を通した植民地居住者の把握と管理が必要とされた。シンガポールにおける人口統計の調査は一八二四年より開始され、一九世紀から二〇世紀前半まで、様々な調整や変更を加えながら、より精緻かつ包括的に発展・継続されていった。植民地政庁は人口統計を通して、現地に居住する人々を様々な項目ごとに分類して把握し、管理することを試みた。これらの人口統計の項目について、たとえば一九一一年の人口統計では、「ネイション／人種」集団以外にも、居住する地域や年齢・性別・宗教・言語・出生地などによる分類が行われていた。またこれらに加えて、居住地や性別・年齢などの項目の中でも、華人・マレー人・インド人、あるいは「全人種」（all races）など、「ネイション／人種」集団ごとに細かく整理されている場合が多く、植民地政庁による人口区分方法の根幹に、この「ネイション／人種」集団という概念・認識が強く存在したことをうかがうことができる(49)。

また、イギリスの植民地統治における各「ネイション／人種」集団の区分という行政制度は、それまで自然的に住み分けていた各集団を新たな基準に従って区分し直すものであったが、同時にこの新たな区分にうまくあてはめれない人々を押し込める集団カテゴリを必要とするようになった。これがすなわち、「混血者」という集団カテゴリである。

人種にしろ、ネイションにしろ、明らかに虚構的な概念であり、移住と交配を繰り返して発展してきた人類の祖先を辿っていったとしても、「純血」の人種あるいはネイションに帰属する人間など存在しないことを確認するだけであろう。その意味で、「混血者」という集団カテゴリは、それ自体が本質主義的な集団認識という虚構性に基づくものだといえる。それ故に、シンガポールにおけるイギリスの本質主義的かつより精緻な植民地統治政策は、従来の各「ネイション／人種」集団に加え、それらのいずれにもうまくあてはまらない人々として「混血」者という集団カテゴリを新たに必要とするようになったのである。

前述したように、一八四九年以降の人口統計では、それまで存在していた「現地のキリスト教徒」などの、「ネイション／人種」概念に基づく集団カテゴリとの整合性をとることができない、不明瞭なカテゴリが消滅した。一方、新たに、それまで存在しなかった「ユーラシア人」（Eurasians）というカテゴリが出現した。

ユーラシア人は、ヨーロッパ系と華人・マレー人などのアジア系との「混血者」を指す表現である。ユーラシア人という言葉自体は一八四九年以前から存在したものの、この年からユーラシア人が、ヨーロッパ系・華人・マレー人などと並列するカテゴリとして出現したことは、「ネイション／人種」概念に基づく集団区分がより精緻化していき、既存の「ネイション／人種」的なカテゴリには当てはめられない人々を位置付ける新たなカテゴリが必要となったことを示している。さらに、海峡植民地政庁が一八六七年から刊行を開始した *blue books* における人口統計でも、ヨーロッパ・アメリカ人（Europeans and Americans）・華人（Chinese）・マレー人（Malays）などのカテゴリと並んで、ユーラシア人（Eurasians）という表記が存在している。[50]

新たな集団カテゴリとしてのユーラシア人の存在は、シンガポールにて居住していたイギリス人たちの間でも、議論の対象となった。一例として、シンガポールに居住する知識人たちが様々な学術的問題を議論するために設立された勉強会（あるいは研究会）であった海峡哲学協会（Straits Philosophical Society）における議論をあげよう。

この議論を提起したのは、一八八八年からシンガポール植物園（Singapore Botanic Gardens）の園長を務めていたリドリー（Ridley, Henry Nicholas）であった。リドリーは一八九五年に執筆した「ユーラシア人に関する問題」（"The Eurasin Problem"）の中で、寒冷気候の地域に居住する「白人種」と熱帯気候の地域に居住する「有色人種」との「混血」であるユーラシア人は、「人種全体として見ると、身体的に虚弱であり、短命であり、活力が欠乏しており、道徳的に見て意志薄弱だと考えられる」と主張した。この団体のメンバーの一人であったカー（Kerr, James）は、リドリーの提起した問題を「何故「ユーラシア人」はこれほど劣った生物［poor creature］なのか、我々は彼らをより良くすることができるのか」という問題として整理し直したうえで、リドリーはそれが不可能であり、ヨーロッパ人とアジア人（Asiatic）がその長所を引き出すように交配・「混血化」することはできなかったと考えていると述べた。リドリーの意見は、海峡哲学協会の多くの会員からの賛成と少数の批判を受けた。[51] この事例は、「ユーラシア人」という集団カテゴリ自体が、イギリス人たちが強く信奉していた「ネイション／人種」概念に基づく「混血化」への危機感や恐怖と結びつけられて理解されていたことを示す好例であろう。

このようなイギリス植民地政庁による、各「ネイション／人種」集団の区分と集住という統治政策は、現地に居住する華人たちにも直接的な影響を与えた。

植民地政庁の統治政策に基づき、複数の幇派という集団から構成された華人たちは、シンガポールにおける華人という「ネイション／人種」の居住地として規定された特定の地区に集住することとなった。言い換えると、主に中国本土や近隣の地域からシンガポールに移住してきたのちに、華人居住区として制定された地区に集住することとなった、多様な出身・文化を持つ人々の集団が、「シンガポール華人社会」という一つの社会を構築することとなった。

すなわち、イギリスによる「ネイション／人種」という本質主義的な集団概念を重視した植民地統治が、シンガポールに「華人」という「ネイション／人種」としての集団カテゴリを生むと共に、そこに含まれる人々が集住・生活していく空間（あるいは集住・生活の場）としてのシンガポール華人社会の原型を創出したといえる。

五　華人社会の内部構造

次に、イギリス植民地統治の中で形成されたシンガポール華人社会の内部構造について見ていく。まず、華人社会の人口規模について述べる[52]。

イギリスによる植民地統治の開始後に、華人人口は年ごとに増加していき、またシンガポール全体の人口の中で占める割合も上昇していった。一八二四年時点ではシンガポールの総人口は約一万人であり、華人人口はその約三割に過ぎなかったが、一八四九年には総人口が五万人を越え、華人人口の割合も五割を超えた。一八七〇年になると総人口は一〇万人弱にまで増え、華人人口も約五五％にまで増えた。一九〇一年に到って、総人口は二二万人を超え、華人人口の割合も約七割にまで増加した。二〇世紀に入り、シンガポールの人口はさらに増加していくが、約七割という華人人口の比率自体は、現在のシンガポールまで一定して持続している。一九世紀末から二〇世紀初頭のシンガポールでは、既に華人が人口としてマジョリティとなっていたといえる。

また、当時のシンガポールの華人人口の特徴の一つとして、圧倒的多数を男性が占め、女性が比較的少数であったことがあげられる。特に一九世紀中盤まで、華人女性は華人人口全体の一割程度に過ぎず、一九世紀後半に少しずつ増加したものの、一九〇一年の時点でも約二割程度に留まっている。本書が扱う時期のシンガポール華人社会は、男性が圧倒的多数を占め、女性は比較的少数しか存在しないという、性差的に非均等な状況にあったことが分かる。

またシンガポールは植民地期を通して、熱帯特有の高温多湿の気候による疫病の蔓延、不衛生かつ過酷な労働・居住環境、栄養・医療の不足などの要因により、非常に高い死亡率のまま推移していた。本書で主に扱う一八九〇年代から一九〇〇年代を見ると、この時期のシンガポールの普通死亡率（一〇〇〇人当たり）は最低で三五.四、最高で四七.一にも達している。シンガポールが植民地都市であり、通常の国家に比べて合計人口の中に占める若年・壮年層の出稼ぎの労働者たちや商人たちが非常に多く、高齢者が比較的少なかったことを考えると、これは極めて高い数値であるといってよい。当時のシンガポールは、気候や衛生条件に耐えうる体力と気力が伴わないものは生存していくことさえ難しい、過酷な環境であったといえる。一方で、出生率（一〇〇〇人当たり）も同時期には最低で一七.一、最高で二二.三あり、現地生まれの植民地居住者たちも既に一定数出現していたことが分かる。(53)

続いて、一九世紀後半までの時期におけるシンガポール華人社会の内部構造を見ていこう。華人は中国からの移民であったが、当然ながら華人社会と中国本土の社会には多くの相違点が存在した。その最大の違いとして、華人社会には科挙制度が存在しないため、いわゆる科挙官僚やその予備軍たる郷紳がほぼ存在しなかったことがあげられる。そのため、一九世紀後半までの華人社会は、主に多数の労働者層と少数の商人層により構成されていた。

社会の大多数を占める労働者層は、「苦力」(coolie) とも呼ばれる、中国本土から出稼ぎに来た男性の華人たちであり、貧困にあえぎながらも、豊かな資産を携えて中国に戻ることを目標として働いていた。彼らは（中国本土の故郷に妻子を残しているものも少数存在していたが）ほとんどの場合独身であり、華人ブローカーを仲介として独り身で渡航し、現地で集住して生活し、主に船の荷下ろしやリキシャ引き、錫鉱床での採掘や大農園（プランテーション）での胡椒・ガンビール (gambier) 栽培などの肉体労働に従事していた。(54)

これらの労働者の連日の労働は長時間かつ過酷であり、収入は比較的低く、過労や熱帯特有の気候などによって伝染病などの疾病に感染し、死亡するものも少なくなかった。これらの一般的な肉体労働者たちと共に、大工や鍛治屋・料理人・仕立屋などの専門的な技能を持つ職人たちも少数存在していた。彼らの多くは故郷の家族と離れた孤独な環境で暮らし、日々の生活の糧を得るために働き、時おり故郷にいる家族に

画像9　リキシャを引く華人労働者。1910年頃。

画像10　リキシャ引きの華人労働者。アヘンかタバコを吸引している。1900年代。

画像11　華人居住区の近辺にて待機している数台のリキシャ。1910年代。

画像12　食べ物を販売している華人労働者。1900年代。

送金を行っていた。そして、幸運と健康に恵まれて致命的な病気などにかからず、（詳しくは本節にて後述するが）過度のアヘン吸引や賭博、買売春などの誘惑に打ち勝ち、資金と健康を維持することができれば、現地への渡航などの際に生じた借金を返済したうえで一定の資産を貯め、新たに事業などを始めるか、故郷に戻ることができた。

これら貧しい労働者層とは対照的に、商人層は比較的富裕かつ高収入であり、主に商品の生産・加工・販売・流通業や金融業・不動産業、労働者の斡旋・管理、徴税請負業などに従事していた。[55]特に経済的に大きな成功をおさめた大商人は、多額の資産を持ち、現地にて家族（複数の妻や妾を持つ場合も含む）と同居し、複数の土地や家屋、高価な衣服や貴金属などを所持しており、折に触れて贅沢な晩餐会やパーティを楽しんでいた。華人社会内部の社会的な流動性は高く、資産の多寡が社会的地位を決定する最大の条件であり、経済的条件さえ整えば、職業を変えることに対する法的・社会的な制約はほぼ存在しなかった。[56]なお、シンガポール華人社会では一九世紀末以降、これら商人・労働者層に加えて、新たに知的階級が出現してくることとなるが、これらの人々については次章以降にて詳述していくこととする。

一九世紀から二〇世紀前半において、貧しい華人労働者たちが、比較的高額な渡航費用を支払って中国本土からシンガポールまで移動し、就労することができたのは、前払い制の渡航斡旋システムによるところが大きかった。もちろん自費で現地まで渡航した華人たちも存在したが、その人数は比較的少数であり、華人労働者たちの圧倒的多数は、渡航先の雇用主などが必要な費用を前払いするシステムを利用して、現地に渡航していた。

この前払い制の渡航斡旋システムは、海峡植民地政庁から「クレジット・チケット・システム」（credit ticket system）という名称で呼ばれていた。このシステムでは、ブローカーの立場にある客頭（Khew tow, Headman）が、中国本土の労働者たちと渡航先での雇用主、汽船の予約を行う船荷監督人（Supercargo）などを仲介し、渡航と就労に必要な費用を収集・算出しながら利益を確保するという形態で行われていた（またこのシステムは、第二章第二節にて後述する、華民護衛司署の設立・監視や秘密結社の法的規制などの創出により、たびたびその形態を変化させた）。また華人労働者たちの渡航目的地はシンガポールのみならず、マラッカやスマトラ、ボルネオなど他地域にも及んでおり、シンガポールの客頭がこれらの他地域のブローカーをさらに仲介する場合も存在した。

このような渡航斡旋システムは、貧しい華人労働者たちのシンガポールへの渡航と就労を容易にする一方、彼らの渡航と就労の自由を奪い、現地において人身売買や虐待・誘拐などを生む原因となっていた。植民地政庁もこの問題を認識しており、一八七〇年代以降において繰り返し法的規制や現地調査を行った。ただし、この問題は完全に解決されたのは一九三〇年代以降であり、本書が主に扱う一九世紀後半から二〇世紀初頭の時点では、渡航斡旋システムは多くの法的規制をかいくぐり、いまだ有効に機能していたといえる[57]。

次に、幇派について述べる。序章第三節などにて既に述べた通り、幇派（Bang groups）は中国本土の出身地域の方言の共通性による結びつきを基に形成された社会・経済的共同体であり、シンガポール華人社会の中でも複数の幇派がゆるやかに住み分けていた。現地では一九世紀から二〇世紀初頭を通して、「五大幇」と呼ばれた、福建（Hokkien）・広東（Canton）・潮州（Teochew）・海南（Hainan）・客家（Hakka）の五つが主要な幇派であった。ただし、現地の幇派がこの五つのみであったわけではない。この五つの幇派の内部には、より小規模な幇派が複数存在しており、またこの五つに含まれない小規模な幇派も存在していた[58]（会館についても、「五大幇」よりも小規模な幇派の単位で設立されたものも多く存在した）。

この中で、特に福建幇は最大の幇派であり、一九世紀末の時点で華人人口全体の約四八%を占めていた。シンガポールの福建幇の華人たちにより共同で管理・運営された（恐らく）最初の施設は、一八三〇年に設立された恒山亭であった。恒山亭は福建幇の華人のための墓地であり、現地で死去した華人の棺を中国本土の故郷まで送ることが難しいという理由により、現地での埋葬・供養のための施設として利用された。また恒山亭は、福徳正神（大伯公）などの神々を祀る宗教施設としての側面も有していた（また広東幇・潮州幇など他の幇派も一九世紀前半より、青山亭・碧山亭・泰山亭など、類似した名称を持つ宗教施設を有する墓地を、現地で設置・管理していた[59]）。

一九世紀を通して、現地の華人社会における福建幇の会館としての機能を果たしたのが、一八四二年にテロック・エア・ストリート（Telok Ayer Street）に設立された天福宮（T'ien Fu Kung）であった。天福宮は天后聖母（媽祖）などの神々を祀った廟であり、会館としての機能に加えて、福建幇の華人児童に対して中国語教育を行う私塾であった崇文閣（Ch'ung Wen Ke）や、儒教経典や『聖諭広訓』・『聖諭十六条』などに関する講義を行っていた文化団体であった楽善社(Lo Shan She)など、福建幇の華人を中心として活動していた団体の施設を併設し、シンガポール華人社会における福建幇の社会・文化・経済活動の中核となっていた[60]。

福建幇は伝統的にゴム産業や金融、中国本土との貿易など利益率の高い産業を寡占的に管轄しており、シンガポール華人社会の経済活動の中核を担っていた。また前述したテロック・エア・ストリートは、植民地化後に最初期に発達した商

画像13　華美な服装をした華人女性たち。1911年3月1日。

画像14　天福宮の外観。手前に牛車と馬車が写っている。1900年頃。

画像15　テロック・エア・ストリート。右側に天福宮が写っている。1900年代。

画像16　天福宮の外観。テロック・エア・ストリートに面している。1900年代。

業地区であり、福建幇の華人商人たちの商業活動の中心ともなっていた。一八七九年の時点において、テロック・エア・ストリートには前述した天福宮に加えて、福建幇に属する著名な華人商人であった章芳琳（Cheang, Hong Lim）や李清淵（Lee, Cheng Yan）がその店舗を所持しており、また鉄器や靴、食品などを扱う商店や現地労働者のための居住施設、書店を兼ねた印刷所であった古友軒という建物などが存在したことが、荘欽永の先行研究にて指摘されている。

福建幇に次ぐ規模の幇派として、広東幇と潮州幇が存在しており、それぞれ人口の約一九％を占めていた（すなわち、これら主要な三幇派のみで、当時の華人人口の四分の三以上を占めていた）。広東幇は飲食業や建築業、木工・金属加工業など、また潮州幇は米や魚などの販売や流通・貿易業などを寡占的に管轄していた。一九世紀に広東幇の華人たちが集住していた代表的な地区として、シンガポールの都市計画において最初に華人居住区として制定され、英語では単に「Chinatown」と呼称され、華人たちからは「牛車水」と呼ばれていた、ニュー・ブリッジ・ロード（New Bridge Road）とサウス・ブリッジ・ロード（South Bridge Road）に挟まれた地区があげられる。また潮州幇の華人が集住していた代表的な地区として、シンガポール川沿岸のボート・キー（Boat Quay）があげられる。海南幇と客家幇はこれらに次ぐ規模の幇派であり、それぞれ人口の約七％・六％を占めており、海南幇はレストラン・コーヒー店・パン製造業など、また客家幇は質店や薬局の経営などを寡占的に管轄していた。

幇派自体は中国本土や他の地域の華人社会にも存在していたが、特にシンガポールでは強い社会的影響力を発揮した。シンガポール華人社会の中で、これらの幇派は相互扶助的な機能を持ち、そこに所属する華人たちに対し、職業の斡旋・連帯・独占的管轄に加え、葬儀・祖先祭祀などを含む宗教儀礼、もめ事の解決など、広い範囲に渡ってその生活基盤を提供していた。さらに、シンガポール華人の多くは出身地域の方言しか理解することができず、幇派という共同体の中で分断され、ゆるやかに住み分けた状態で日常的な生活を送っていた。生活共同体としての幇派による華人社会内の分断という構造は、シンガポール華人社会の大きな特徴の一つといえるだろう。

このような幇派内部の強い結束とゆるやかな住み分けは、時には異なる幇派同士の対立の原因ともなった。有力な幇派間では、日常的なトラブルが多く存在しており、特に秘密結社との結びつきにより、一九世紀後半において幇派対立に起因する暴動が頻発した[61]。さらに現地には同業団体や宗族団体も数多く存在し、幇派の社会的影響力には及ばないものの、それぞれの団体に属する人々の間に連帯をもたらしていた[62]。

著名なシンガポール華人社会史研究者である顔清湟は、華人社会史研究において幇派が方言グループとほぼ同じ意味で用いられていることを指摘したうえで、幇派と方言の差異により、当時のシンガポールおよびイギリス領マラヤの華人社会の内部が分断された状況にあったことを、以下のように描写している。いささか長文だが、一九世紀のシンガポール華人社会の内部構造を知るうえで極めて有用であるため、引用しよう。

……個人のレベルで見ると、初期に移住した華人は、その方言グループという枠組に沿って、その社会的な交際を延長していった。ある華人は、同じ方言を話す人々と交際し、また同じ方言を異なるアクセントで話す人々との交際を徐々に拡大していった。そして彼の人間関係は、彼にとって完全に理解できない方言との人々との間で中断された。［中略］もし彼が年季契約によって移住した苦力であれば、彼は同じ方言を話す血縁者か友人によって仕事を見つけてもらい、雇用された可能性が高い。もし彼が錫採掘業者や大農園経営者の労働斡旋者によって直接雇われたのであれば、彼の雇用主は同じ方言を話すものであった可能性が極めて高い。彼が新客［sinkheh、新たに現地に移住してきた華人労働者］として、錫採掘場や大農園、工場の労働者、あるいはリキシャ引きとして働くとき、彼の仕事仲間たちは恐らく同じ方言を話した。休暇の時間に、彼は同じ方言グループに属するクラブの建物に連れて行かれた。彼はまた、同じ方言を話す人々によって所有されていたであろう賭場やアヘン窟、売春宿に連れて行かれた。彼はそれ故に、異なる方言を話す他の華人たちと接触する機会はほとんど存在しなかった。たとえ彼が時に、やむを得ずそのような状況になったとしたら、彼は言語的な問題を乗り越えられるような助けを求めたであろう[63]。……

ここで説明されている、方言と生活共同体としての幇派による華人社会内の分断とゆるやかな住み分けという構造は、シンガポール華人社会の大きな特徴の一つといえるだろう。また、序章第一・三節などにて述べたように、一九世紀のシンガポール華人社会において、福建人・広東人・潮州人などといった、幇派という生活共同体への帰属意識が広く普及していた一方、「華人」としての共通認識はほとんど一般化していなかった。

前節で説明したように、イギリスによる植民地統治の中で植民地統治上の「ネイション／人種」的な枠組として華人という集団が規定されたことにより、その居住地区としての華人社会は既に形成されていた。しかし、イギリスの植民地統

画像17　春節（旧正月）の飾り付けがされた華人居住区の通り。1906年2月。

画像18　ニュー・ブリッジ・ロード。華人商店や、商品を運ぶ華人商人たちが写っている。1915年。

画像19　サウス・ブリッジ・ロードとクロスロードの交差点。食べ物を売っている華人商人たちに加えて、インド人労働者たちも写っている。1860-80年代。

画像20　シンガポール川。複数の小型船舶が運航している。1900年代。

画像21　ボート・キー周辺。シンガポール川に多くの小型船舶が集まっている。1910年代。

画像22　ホーカーズ（hawkers）にて食事を販売している華人労働者たち。1915年。

画像23　萃英書院にて授業を受ける華人児童たち。1905年。

画像24　佘連城の父親でもあった著名な華人商人、佘有進の肖像。1860-1883年。

治に直接関わったり、その統治政策を詳しく理解していたのは、英語を理解できるごく少数の華人エリートに限られていた。実際にシンガポール華人社会の内部にて居住・生活していた大多数の華人たちは、基本的に幇派という生活共同体のレベルでしか自らの帰属意識を持っておらず、華人という共通性によって、幇派を超えて連帯・協力する機会は極めて希少であった[64]。

すなわち、一九世紀のシンガポール華人社会では、華人居住区という特定の地区の内部に、生活共同体としての幇派が複数集住していたものの、華人社会という単一の生活共同体は存在していなかったと考えるべきであろう。華人としての共通認識やそれに基づく協力・連帯という発想が、シンガポール華人社会において普及していくためには、一九世紀末から二〇世紀初頭における、林文慶ら知識人層の華人リーダーたちによる社会改革運動やその現地社会への宣伝を待たなければならなかった（これらの具体的な内容については、第二章第三節以降にて詳述していく）。

シンガポール華人社会における福建幇の社会的影響力の強さの要因の一つとして、海峡華人と呼ばれる現地生まれの華人が、ほぼ福建幇に属していたことがあげられるだろう。新客と呼ばれていた、中国本土で出生し労働者として単身シンガポールに移住してきた華人たちに比べ、海峡華人たちはイギリスの植民地化以前からマレー半島などで生活しており、現地で既に生活・商業的な基盤と一定程度の資産を有していた。そのため、彼らはシンガポールの植民地化後すぐに経済的に有利な状況を確保し、一九世紀末から二〇世紀初頭の時点で、現地の華人社会の商業・経済の中核を担い、とりわけ膨大な資産を貯蓄していた。一九〇一年の時点で、華人人口のうち約一割を海峡華人が占めていた。海峡華人のうち、男性はババ（baba）、女性はニョニャ（nyonya）と呼ばれていた。

現地でビジネスを成功させた裕福な海峡華人の商人たちは、一九世紀後半からシンガポール華人社会においてリーダーシップを発揮するようになった。福建幇に属する著名な海峡華人商人として、金鐘公司（Kim Ching & Co.）を経営し米貿易などに従事していた陳金鐘（Tan, Kim Ching）や、章芳琳公司（Cheng Hong Lim & Co.）を経営しアヘンや酒類の徴税請負業などに従事していた章芳琳、金声公司（Kim Seng & Co.）にて貿易業などに従事していた陳若錦（Tan, Jiak Kim）、ガスリー（Guthrie & Co.）の買弁として働いていた顔永成（Gan, En Seng）などがあげられる。また潮州幇では、振興号（Eu Chin & Co.）にて胡椒・ガンビールなどを扱う貿易業に従事していた佘連城（Seah, Liang Seah）などがあげられる。また本書において注目する、海峡華人の著名な知識人であった林文慶についていえば、その父親である林天堯（Lim, Thean Geow）も、章芳琳公司にて章芳琳と共にアヘン徴税請負業に従事していた福建幇の海峡華人商人であった。

これらの裕福な海峡華人商人たちは、現地でビジネスを成功させると共に、シンガポール華人社会にその利益の一部を還元し、公共の利益をもたらす社会的活動を行っていた。その代表的な例が、中国語教育を行う私塾への資金提供であった。陳金鐘と顏永成は、現地で中国語教育を行う私塾であった崇文閣や萃英書院に対して、資金の寄付を行っている[65]。また章芳琳も、篤志家として著名であった。一例として、彼は一八七六年に私費で購入した土地を植民地政庁に提供し、ホンリム・グリーン（Hong Lim Green）と呼ばれた公園を作った（この公園は、現在のシンガポールでもホンリム・パーク（Hong Lim Park）という名前で受け継がれている）。さらに、これらの海峡華人商人たちは、立法参事会の民間メンバーや治安判事、市政委員会・華民諮詢局（Chinese Advisory Board）の委員など、海峡植民地政庁と関わる官職を担当した[66]。これらの社会的な活動は、現地の華人社会において彼らの名声をさらに高め、社会的なリーダーシップを確立するうえで有効に働いた。

海峡華人たちの中には、現地で英語での初等・中等教育を受けたものたちも存在した。英語能力とそれに付随する多様な知識は、海峡華人たちのビジネスにとって有利であっただけではなく、様々なイギリス文化に触れるきっかけとなり、彼らの価値観にも影響を与えた。このような影響として、キリスト教信仰や英語新聞の講読などに加え、西洋的なレクリエーションの受容があげられる。一八九五年に創設された海峡華人レクリエーション・クラブ（Straits Chinese Recreation Club）は、海峡華人たちがテニス・ビリヤード・クリケット・ホッケーなどの西洋的なレクリエーションを楽しむための設備を提供し、その集まりの中心としての機能を持つ場となった。

前述したように、海峡華人たちの大多数は福建幇に属しており、独自の幇派を形成していたわけではなかった。しかし、一九〇〇年八月に創出された英籍海峡華人公会（Straits Chinese British Association）は、海峡華人たちの連帯の中核となる団体として、植民地宗主国であるイギリスへの忠誠を表明すると共に、英語教育の促進や政治的権利の獲得の請求などの機能を果たした。第二章第三節以降で議論する、一九世紀末に社会的な活動を開始した、林文慶のような高等教育を受けた知識人層の華人エリートたちは、おおまかに区分すれば、一九世紀後半のシンガポール華人社会のリーダーシップを担った海峡華人商人たちの次世代に当たる人々であったといえる。

中国本土の父系血統主義の伝統により、華人は男系の父祖が華人であればその子供も華人であると見なされた。そのため、海峡華人の多くは現地のマレー人女性と成婚して家庭を作り、その子孫も華人と見なされた。そのため、海峡華人の

画像25　ホン・リム・グリーンにて活動している海峡華人レクリエーション・クラブ。1900年代。

画像26　英籍海峡華人協会の最初の会合の際の記念写真。林文慶や宋旺相・陳武烈・陳合隆・阮添籌・陳済賢・陳若錦・余連城など、現地の著名な海峡華人たちが写っている。1900年。

画像 27　英籍海峡華人協会の最初の会合の際の記念写真。1900 年。文慶や宋旺相・陳武烈・陳合隆・阮添籌・陳済賢・陳若錦・佘連城など、現地の著名な海峡華人たちが写っている。1900 年。

画像 28　アヘンを吸引する華人たち。詳しい時期は不明。

画像29　アヘンを吸引する華人たち。1880年代。

文化は世代を経るごとに中国本土の文化とマレー人文化の混合化が進んでいき、特にニョニャたちは母親であるマレー人女性の影響を受け、香辛料をふんだんに使った料理や華麗な織物・陶器など、華人文化とマレー分化が融合された独自の文化を形成していた[67]。これらのニョニャ文化は、現在でも（いくぶん現代的・観光目的に再構成された形で）シンガポールやマレーシアの観光資源として利用されている[68]。

海峡華人に代表される富裕な商人層が豊かな生活を謳歌していた一方、労働者層の華人男性たちの生活は過酷であった。彼らの多くは厳しい肉体労働と貧困、精神的な圧迫に満ちた生活の中で、主にアヘンの吸引や飲酒、賭博、買春などに一時的な安らぎを見出した[69]。アヘンについて、これは錫鉱床や大農園などで過酷な肉体労働に従事する華人労働者層にとっての必需品に近く、一時的に肉体的な疲れを忘れさせ、精神をリラックスさせる「労働のための薬物」として、彼らの心身の不調時の支えとなった（ただし、もちろん長期的に見ると、アヘンの中毒症状はゆっくりと進行していき、最終的にその中毒者に破滅的な結果をもたらした）。またシンガポールのように高温多湿かつ不衛生であり、伝染病が蔓延していた環境では、アヘンに下痢止めの作用があることも重要な利点の一つとなった。

シンガポールでアヘンを消費していたのは、主に華人男性であった（アヘン吸引の習慣がある華人女性やマレー人なども存在したが、比較的少数であった)。一九〇七年の時点で、華人人口二一万五四九一人に対し、販売されたチャンドゥ(Chandu、吸引できる形に加工される前の生の状態のアヘン)は一八九万七七四タヒルス(Tahils)(おおよそ七トン五六三キロ九六〇グラム)であった。アヘンの販売場所としては、専門の吸引場所を設置したアヘンの小売店に加え、華人向けの社交クラブや、売春婦たちが働く娼館などが存在した。アヘン吸引の習慣は、華人労働者だけではなく商人たちの中にも広まっており、その中には著名な華人商人たちも含まれていた。

シンガポールの華民護衛司署で中国語の翻訳者として働いていた何式均(Ho, Siak Kuan)という華人は、植民地政庁が組織したアヘン問題に関する委員会の調査に対して、一九〇〇年代後半の時点で、華人労働者層の四~五割程度、富裕層の二割程度がアヘン吸引の習慣を有しているであろうと答えている。彼はまた、シンガポールではカンポン・グラム(Kampong Glam)などにアヘンを販売する娼館が存在すること、また現地に存在した一六~一八の華人向けの社交クラブのうち三つでは、アヘン吸引が許可されていると述べている。[70]

また広東幇の大商人であり、シンガポール中華総商会の会長を務めていた蔡子庸(Chua, Chu Yong)は、前述した調査に対して、自身が二〇年間以上アヘン吸引の習慣があることを認めている。さらに彼は、カンポン・ジャワ・ロード(Kampong Java Road)にあるチン・ホーリン(Chin Hoe Lim)という社交クラブに所属しており、そのクラブでは彼以外にも一~三人のメンバーがアヘンを吸引していると答えている。加えて、著名な海峡華人商人であった佘連城は、同様の調査に対して、彼自身はアヘンを吸引しないが、邸宅でパーティを開く際には客のためにアヘンを準備すると述べている。これらの証言は、当時のシンガポール華人社会において、アヘン吸引の習慣がいかに広く普及していたかを示す証左であろう。

また、アヘンを介した徴税請負制度[71](Opium farming system)は、海峡植民地政庁の重要な歳入源となっていた。アヘン徴税請負権を獲得した華人商人たちは、植民地政庁から加工されていない状態のアヘンを購入し、それをパイプで吸えるように加工したうえで販売した。加工前のアヘンの輸入・売買は植民地政庁によって厳しく管理されており、華人商人たちは植民地政庁の下請けとしてアヘンの加工・販売と徴税代行を請け負うことにより、大きな利益を獲得することが可能であった。

そのため、東南アジア島嶼部において大農園経営・錫採掘などを行っていた、伝統的な形態の華人企業では、その出資者・経営者である商人たちが、雇用した華人労働者たちに対して支払われる賃金の一部を回収することを目的として、植民地政庁からアヘンを用いた徴税を請負って生アヘンを入手して加工し、雇用している労働者たちに自らアヘンを販売する事例が多く存在した。このような伝統的な形態の華人企業は「公司」（Kongsi）と呼ばれ、秘密結社の儀礼などを利用した強い連帯を背景として、中国本土から斡旋して移動させた華人労働者たちを管理し、過酷な労働に取り組ませて利益をあげていた。また「公司」の経済活動は、一八世紀後半以降の東南アジア島嶼部に、農業・採掘業などに関する新たな技術革新（新たな品種や栽培・採掘方法の導入など）をもたらすと共に、地域経済の活性化に大きく貢献した[72]。道徳的にも社会的にも全く肯定できるものではないにせよ、アヘン徴税請負制度への参入は「公司」の経営努力の一つであったということはできる。

アヘンはまさしく一九世紀のシンガポールの植民地的な構造を象徴する薬物であり、労働者層・商人層・植民地政庁それぞれの利益（すなわち身体・精神的な慰めと労働の持続、金銭的な利益の獲得と事業の成功、歳入の確保と徴税の代行による労力の軽減）は、アヘンの流通・販売・利用を通じて一体化されていたということができるだろう。

ここで、アヘンを介した「公司」の経営形態の一典型として、東條哲郎による一九世紀のイギリス領マラヤ、マレー半島北西部に位置するペラにおいて錫鉱床の採掘事業を行っていた「公司」に関する議論を参照しよう。一九世紀を通して、ペラは世界的な錫産地であり、一八八〇年代までその中心地はラルット（Larut）であった（また詳しくは第八章第三節にて詳述するが、一八八〇年代以降、その中心地はラルットからキンタ（Kinta）に移っていった）。

錫鉱床での採掘事業は、主に華人商人により経営された「公司」によって担われており、イギリス資本の錫採掘企業による事業は、一九世紀を通して現地ではほとんど成功できなかった。ペラでは錫含有層が比較的浅い沖積層に存在したため、機械を用いた錫採掘を行っていた「公司」は少数であり、大多数は労働者の人力による露天掘りを行っていた。ただし、採掘に伴う雨水・地下水の排水や鉱石選別に必要な水の揚水などは、人力で行うと多大な労力を必要としたため、竜骨車や遠心ポンプなどの機械類が利用された。採掘・選別された錫鉱石は、鉱床付近の華人居住地の精錬場にて精錬されたのち、錫仲買商人を介して主にペナンに輸出された。

錫採掘事業は、そもそも選択した鉱床から実際に錫鉱脈を掘り当てられるか否かという経営面の不安定性が存在したことに加え、その売り上げの中で採掘・選別・輸送・精錬などにかかる費用（つまり、これらの作業を行う労働者に支払われる賃金や必要経費）と錫関税などの支払いが占める割合が高かった。そのため、錫採掘事業に取り組む「公司」を経営する華人商人が得る収益は変動性が高く、必ずしも安定して大きいものではなかった。

そこで、「公司」を経営する華人商人は多くの場合、秘密結社や客頭などのブローカーとの関係を維持し、労働者を中国本土から渡航・就労させると共に、その渡航費用と手数料を彼らに借金として背負わせた。華人商人は次に、「公司」の中に労働者たちを囲い込み、錫採掘に従事させると共に、労働や生活に必要な食糧・日用品・アヘンなどを、通常の市場価格よりも高い値段で彼らに販売した。これらの販売は前貸しの形態で行われ、年に一・二回の決済で清算が行われた（労働の賃金よりも渡航費用などの借金の方が多い場合は、賃金を受け取ることはできなかった）。

華人商人が錫採掘事業で得る収益は、このような労働者に対する借金の強制と生活必需品の高額販売による賃金の吸い上げが大きな割合を占めていた。特に高額かつ中毒性があり、過酷な労働の助けともなる薬物であったアヘンの販売は、「公司」を経営する華人商人たちの収益源として重要であった。このことが、華人商人たちがアヘン徴税請負制度に参入し、徴税請負権を獲得する理由となった。さらに華人商人たちは賭博場を主宰し、賭博に熱中した労働者から賃金を吸い上げた[73]。ここで述べた錫採掘事業を行う「公司」の経営形態は、一九世紀のシンガポールおよびイギリス領マラヤにおける植民地政庁と華人商人・労働者・秘密結社、アヘン、賭博などの強固な結びつきを具体的に示す典型例の一つであるといえる。

また賭博について、これは海峡植民地において一応法的に禁止されていたものの、実際には一九世紀末の時点でも多くの非公認の賭場が存在していた。短時間のうちに大金を得ることを夢見た一部の華人たちは、これらの賭場に集まり賭博に興じた。華民護衛司（Protector of Chinese）であったピカリングの報告によれば、一八八二年の時点で、シンガポール全土で一〇〇以上の賭博場が存在していたという。一八七七年の時点で、シンガポールでは一〇種類以上の賭博が行われており、その種類として、たとえば「花会」（whaway）や「囲姓」（waiseng）などのくじ当てのようなものや、「宝字」（poh）などのサイコロを使うゲーム、「十二支」（chap ji ki）などのカードを使うゲームなどが存在した[74]。

買売春について、これは前者二つと異なり、特に貧困層の華人女性と深く関わるという点に特徴がある「悪徳」であった。買売春は、現地では富裕ではない華人女性が従事する職業の一つであった。一九世紀後半の中国国内では、女性の人身売買に関する法的な規制はほぼ存在しなかったため、人身売買を専門とするブローカーたちは秘密結社を後ろ盾として利用して、貧困にあえぎ、僅かな金で売られた多くの若い女性を中国本土で売買し、シンガポールへと移動させ、娼婦として働かせることが可能であった。これらの人身売買を専門とするブローカーは、元は娼婦として働いていた、比較的高齢の華人女性である場合が一般的であった。

買売春の場となる娼館について、華人を主な顧客対象とした公認の娼館は、主に伝統的な華人居住区があったシンガポール川の南部に集中しており、看板などの目印により一般の邸宅と識別可能であった。これらの娼館で働く娼婦としては、中国本土出身の華人女性に加え、からゆきさんと呼ばれた日本出身の女性も存在した。

これらの娼婦たちは、人身売買を専門とするブローカーから、亀婆（kwai po）と呼ばれる、娼館を経営する比較的高齢の女性に売り渡され、そこで働かされることとなった（ブローカー自身が経営する娼館で働かされる場合も存在した）。亀婆たちは、借金を返して金を貯めた元娼婦か、娼館の元使用人であることが多かった。娼館の経営は、一九世紀後半のシンガポール華人社会において、最も容易に利益を生み出すことができるビジネスの一つであると見なされており、秘密結社とも深く結びついていた。

娼館で働かされる娼婦たちは、大きく三種類に分けることができた。一つ目は、娼館の主人に売り渡された、公主（kong chu）と呼ばれる娼婦である。公主たちは娼館の主人である亀婆に隷属する立場にあり、休みなく働き続けなければならなかったうえ、自身の稼ぎは全て亀婆に取り上げられ、人間としての権利と自由をほぼ奪われた立場にあった。二つ目は、前借りした借金の債務契約により働かされる立場にあった、幇年（pong nin）と呼ばれる娼婦である。幇年たちは、公主たちよりはいくらかはましな経済的権利を有していたが、その稼ぎの半分を亀婆に奪われたうえ、日用品などの経費や故郷に住む家族への送金などの出費が必要であったため、借金を返済することは容易ではなかった。三つ目は、自ら選択して娼婦となった、搭灯（tap tang）と呼ばれる娼婦であった。これら三種類の娼婦たちに加えて、植民地政庁からは娼婦とは見なされないが、実際には娼婦と極めて近い立場にあった女性として、琵琶仔（pei pai tsui）と呼ばれる女性たちが存在した。琵琶仔たちは建前上、音楽ホールや社交クラブ、レストランにおいて、楽器の演奏や歌唱、会話などで男性への接待を行う立場にあったが、実際には高級娼婦としての役割を持つことが多かった。

これらの娼婦の顧客の多くは、華人労働者層であった。華人労働者層が娼婦たちを必要とした最大の理由は、前に述べたシンガポール華人社会の構造によるものであった。華人労働者層の大多数はシンガポールに独り身で移住し、必死に働いて金を稼がねばならず、さらに現地では華人女性は圧倒的に少数であった。これらの孤独な男性労働者たちが若い華人女性との人間的な関わりを求めるのであれば、その最も現実的な選択は娼館に行くことであった。

一方で、華人商人たちや知識人たちも、娼婦たちの顧客となった。林文慶の友人の一人であり、中国本土で科挙教育を受けた経歴を持つなど、著名な知識人であった邱菽園は、ある晩にシンガポールの全ての娼館を借り切ったというエピソードで有名であったという。顧客の懐具合に合わせて、娼館と娼婦たちは価格などでランク分けされていた。

多くの華人・日本人娼婦は、人身売買や労働契約により、その故郷から半ば（あるいは完全に）強制的に連れてこられた人々であり、肉体的にも経済的にも搾取される状況にあった。娼婦たちの多くは自分で性交渉の相手を選ぶことができず、日夜働かされ続けたうえ、顧客からの暴力や性病の感染などの被害にあうことも珍しくなかった。当然ながら、妊娠・中絶の危険も存在した。また娼婦が年齢を重ね、その容貌で顧客を得ることが難しくなった場合も、ただ娼館から追い出されるだけで、生活の保障は何もなかった。

中でも、一八八〇年代後半からシンガポールでの流行が始まり、当時はまだ効果的な治療法が存在しなかった梅毒は、娼婦たちから最も恐れられていた。梅毒が進行して容貌が崩れる症状が発生することにより、感染が発覚して娼館から追い出され、やがて脳の損傷により発狂することは、女性たちのこの病気への恐怖を倍増させた。娼館から追い出され、新たな生活を送るための手段を持たない女性たちは、ゴミ捨て場のような場所で、最底辺の暮らしを送りながら、孤独な死を待つしかなかった。一部の幸運な女性たちは、自力での借金の返済や、裕福な顧客による身受けにより、自由を得ることができたが、実際には高齢に到るまで生き残ることができた娼婦たちはごく少数であった。これらの将来における悲惨な境遇への悲観や絶望、またそれに起因する精神病などの理由から、娼婦たちの中には自殺を選択するものも少なくなかった。

海峡植民地政庁は一九世紀後半において、買売春についても法的な規制を進めていった。その最大の理由は性病の蔓延であり、特に梅毒の流行は大きな問題となっていた。一八七〇年に制定された「伝染病条例」（Contagious Disease Ordinance）は、娼館・娼婦の登録と強制的な検診を義務付けるものであり、海峡植民地における買売春に対する法的規制の端緒となった。また海峡植民地政庁内の部局であった華民護衛司署も、一八八〇年代から人身売買の被害に遭った華人娼婦に対する保護を進めていった。

しかし、シンガポールでは性病の脅威と「伝染病条例」の重要性が十分に認識されていたが、イギリス本国ではそれは十分に共有されていなかった。イギリス本国で売春の国家的管理に反対するキャンペーンが成功した結果、イギリス本国からの通達により、シンガポールでは一八八〇年代から一八九〇年代にかけて、「伝染病条例」は撤廃され、娼館の登録制度や強制的な検診も再び廃止されてしまった。その結果、一九世紀末から二〇世紀初頭の時点では、娼館は海峡植民地政庁から黙認されており、性病の感染者も再び増加し続けている状況にあった。[75] 娼婦たちと買売春業、性病の蔓延は、一九世紀から二〇世紀前半に至るまで、シンガポール華人社会における重要な社会問題であり続けたといえるだろう。

六　中国本土とシンガポールとの関係性

次に、華人と中国とのつながりについて整理する。中国から東南アジアなど海外への移住は唐代に始まり、宋・元代における船舶技術の発展により拡大していき、明代以降における広域的な朝貢体制の成立により本格化した。[76] 華人は血縁・同郷などのつながりを利用して集団で東南アジア各地に移住していき、その多くは中国本土に帰還したが、そのまま現地に定住したものも存在していた。これらの定住者により、東南アジア島嶼部における初期的な華人社会が形成されていった。

明・清朝の海禁政策により、中国から海外への渡航は基本的に禁止されていたにもかかわらず、人口増加に伴う新たな労働・商業機会の需要などの理由により、長期的に見ると華人の海外への移住は増加の一途をたどった。唐代以降、中国の国内人口はゆるやかに増加していたが、特に一八世紀以降において爆発的な増加を遂げていった。

この要因は複数存在するだろうが、とりわけ重要な要因として、トウモロコシやジャガイモなど、新大陸の原産であり、山間部など従来の農地以外でも栽培可能であった新たな作物の普及があげられる。食糧問題の解決の結果としての人口爆発は、中国国内の各地域において（相対的に）大量の過剰人口を生み出した。これらの人口は、自らの生存・生活手段を確保すべく、人があふれ、既に開発が進み切った従来の中国国内地域を離れ、いまだ開発と人口吸収の余地を持つフロンティアを求めて、中国国内外を流動的に移動した。東南アジア島嶼部は、四川・雲南・台湾などと並び、これらの過剰人口を受け入れるフロンティアとしての機能を果たしていた。

華人人口の東南アジア島嶼部への移住について、一六四一年のオランダによるマラッカ占領以降、中国からマレー半島への移住が増加した。一八世紀後半以降におけるイギリスによるペナン・シンガポールの占領以降、中国からマレー半島への移民がさらに増加すると共に、マラッカからこの二島へ再移住するものも増えた。[77]

中国王朝は伝統的に「中華」理念を持ち、皇帝は「中華」

世界の中心にて自身の徳による統治、すなわち徳治を施し、民はその徳に教化され、自発的に慕い寄ってくるものであると考えられていた。そして、皇帝の徳治が届く範囲内が「華」であり、範囲外が「夷」であると見なされた。それゆえに、元々は「中華」世界に生まれながら、その外部に移住し、皇帝による教化と徳治を受け入れなくなった民であると中国王朝から見なされていた華人は、「中華」世界と皇帝の徳治から自ら外れていった「華」の離反者、「化外」の民として扱われ、基本的には中国という国家に属する国民としては認識されず、帰国も禁止されていた。ただし、東南アジアの物産を中国に持ち込む一部の華人商人のみ、「化外」の民が皇帝の徳治・教化により「中華」に心服して来訪したと見なされ、例外的に交易を容認されていた[78]。

「中華」の中心を自認する伝統的な中国王朝は、「夷」と見なした諸外国との関係構築に際して、いわゆる朝貢体制を敷いた。朝貢体制とは、「中華」理念を基に、中国を形式上の宗主国、諸外国を朝貢国として位置づけた伝統的な国際関係の一種であり、朝貢国側は定期的に中国に使者を送り朝貢を行い、中国はその使者に手厚い返礼を行うと共に、貿易を許可し、互市（民間貿易）を行わせた。

朝貢体制による貿易ネットワークが東南アジア島嶼部に広く波及していくのは、主に明代以降であった。明朝は「中華」理念に基づく朝貢体制を、東南アジア島嶼部を含む東アジア・東南アジア地域内で確立すると共に、海禁政策をとり、民間の私貿易を禁止し、朝貢を伴う貿易を推進した。しかし、明代後期、一六世紀後半以降において、朝貢体制は大きく変容していき、海禁政策が緩和され、朝貢を伴わない互市のみの交易も許可されるようになった。清代初期には鄭氏政権に関する問題により海禁政策が再度強化されたが、その鎮圧に成功した一七世紀後半以降において、海の移動・商業に関する規制は再び緩和されることとなり、華人商人たちは朝貢体制の中で特に互市に参入するという形で、華南と東南アジア島嶼部を結ぶ商業ネットワークを構築していった[79]。

中国を中心とする東アジアと同様に、東南アジアの海域世界でも一五世紀中葉から一七世紀後半にかけて、ヒトの移動や交易が活性化していった。著名な東南アジア史家であるリード（Reid, Anthony）がいうところの「商業（交易）の時代」（the age of commerce）、すなわち一四五〇年頃から一六八〇年頃までの東南アジアの海域世界では、ヒトの移動や交易、初期的な貨幣経済が大きく発展し、交易を主体とする港市国家が次々に出現した。

東南アジア海域世界は一七世紀後半に一時的にヒトの移動や交易が縮小していくものの、一八世紀前半から一九世紀前半において華人が交易の担い手となり、中国国内市場との関わりをより深めた形で交易と地域経済が再び活性化していくこととなった。また、この時期の東南アジア島嶼部各地では、華人労働者が錫鉱床・大農園などで働く労働力として受け入れられていった。さらにこの時期には華人の交易・移動の拡大と並行して、アヘン吸引の習慣とアヘン交易・アヘン徴税請負制度が広がっていった。そして、華人たちによる日用品（その主要な商品の一つはアヘンであった）の消費や売買・交易などの経済活動の拡大により、東南アジア島嶼部で資本主義的な市場経済が広域的に形成されていった。

東南アジア海域世界史研究において、この時期は「華人の世紀」（Chinese century）と呼ばれており、まさに華人が東南アジア海域世界におけるヒトの移動や交易の主役となった時期であるといえる[80]。これらの議論は、一五世紀から一八世紀までの東南アジア島嶼部における華人の移動や交易が、東南アジアという範囲で独立したものではなく、むしろ中国を中心とする東アジア世界とも深いつながりを持っていたことをはっきりと示すものであろう。

一九世紀中葉以降、清朝は第一次・二次アヘン戦争の敗北と条約締結により、中国国内各地の条約港を開港し、外国貿易や華人の海外渡航を自由化せざるを得なくなった。また伝統的な朝貢国であった朝鮮・琉球・ヴェトナムなども、他の近代国家の領土・植民地の一部となっていった。これらの変容は、清朝が伝統的な「中華」理念に基づく朝貢体制を放棄し、「中華」秩序の盟主・中心としての地位を失い、単に近代化から遅れた一国家として、ヨーロッパ中心主義的な国際秩序・国際関係に参入していかざるを得なくなったことを意味していた。さらに、諸外国による中国国内の鉄道・鉱山利権や租借地・租界の獲得が続いたことにより、中国国内では中国という国家とその諸権益が諸外国によって分割され収奪されてしまう「瓜分」の危機が叫ばれ、中国という国家自体を近代化していくことの必要性も強く認識されるようになっていった。

この時期になると、中国本土からの海外渡航の自由化と、イギリスを中心とした汽船ネットワークの創出により、華人の中国本土から海外への移動はさらに拡大・高速化していき、いわゆる華人の「大量出国の時代」が始まった。また華人商人たちがそれまで形成・維持してきた伝統的な移動のネットワークも、イギリス帝国に沿った形に再編されることとなり、広州やマラッカなどの伝統的な交易拠点に代わり、本書で扱うシンガポールや香港など、イギリス帝国の植民地主義の中で創出された新たな華人社会が興隆することとなった。

なお、一九世紀前半以降における華人の東南アジアへの移動について、誘拐や人身売買などによる暴力的・強制的な移送の存在を強調する研究も存在する[81]。しかし、華人移民全体の中での割合を考えると、そのような完全に暴力的・強制的移送は相対的には少数であり、大多数の華人は、様々な事情により中国本土の故郷での生活が難しい状況にあったため、生存可能な新たな労働・居住環境を求めて、なかば自発的、なかば強制的に移住せざるを得なかったと考えるべきであろう。[82]

清朝および「中華」世界の没落とイギリス植民地における華人社会の繁栄という時代の中で、シンガポール華人社会と中国という国家との関係性もまた、前近代とは異なる形へと変容していった。一九世紀中葉以降、清朝は前述した国家的危機に直面する中で、海外に居住する華人の存在を認識するようになり、領事館を設置し、その保護・管理を開始した。

そもそも清朝による海外領事館の設置は、一八七〇年代前半において、対日関係に関する懸念や、南米（ペルーやキューバなど）の華人労働者への虐待事件に際して、たびたび検討されていた。東南アジア島嶼部への領事館設置についても、一八七四年に福建巡撫の王凱泰や両広総督の李宗義などの地方高官から提言がなされていた。しかし、これらの提案は、経費不足などの理由により清朝から却下され、実行されなかった。[83]

シンガポールへの領事館設置の直接的なきっかけは、初代駐イギリス公使（出使英国欽差大臣）の郭嵩燾による働きかけであった。郭嵩燾は一八七六年にシンガポールを含む東南アジア島嶼部各地の華人社会を査察した。彼はその際にシンガポールで胡亜基（Hoo, Ah Kay）など現地の著名な華人たちと面会し、現地の華人商人が十分に富裕であり、かつ清朝の領事館設置と清朝による保護を必要としていることを確認した。彼は翌年、一八七七年にロンドンに赴き、イギリス外務大臣のスタンリー（Stanley, Edward Henry）と交渉し、胡亜基を駐シンガポール領事として任命することについて同意を得た。

これらの結果を受けて、郭嵩燾は一八七七年に、清朝に対しシンガポール領事の設置を上奏し、海外に居住する華人に対する保護・管理が必要であることを訴え、初代の駐シンガポール領事として現地の著名な華人商人であった胡亜基を選出した。一八七八年に、清朝による初めての国外領事館として、正式に駐シンガポール領事館が設立され、シンガポール華人社会の保護・管理が開始された。また一八九一年に黄遵憲がシンガポールに派遣された際に、その官職が駐シンガポール総領事へと変更された。

ただし、清朝が注目したのは第一に華人たちの経済力であり、領事館の敷設の際に議論されたのも、現地で採算がとれるかどうかという点であった。また確かに、郭嵩燾は華人の保護・管理の必要性を重視していたが、そもそも華人の保護・管理が喫緊の課題として認識されるほど、重大な問題や事件

画像30　胡亜基の肖像。1850年代。

が起こっていたのは、日本やペルー・キューバなどであり、シンガポールではなかった。にもかかわらず、駐シンガポール領事館が最初に設立されたのは、そこがイギリス帝国の東南アジアにおける重要な拠点であったという点に加え、現地の富裕な華人から資金を収集することにより領事館の採算がとれたという点が重要視されたことによる。また初代領事の人選についても、中国本土からの派遣ではなく、現地の華人商人であった胡亜基を採用する形がとられたのは、費用の軽減という要因が大きかった。[84]

さらに、清朝の駐シンガポール領事館は一九世紀後半において、現地の華人に対する保護・管理という活動を十分に行えていたわけではなかった。まず、海外に居住する華人が中国国籍を獲得するのは、大清国籍条例が制定された一九〇九年以降であり、それ以前においては、清朝は華人を中国という国家の国民と見なすための明確な制度的根拠を欠いていた。[85] また清朝の駐シンガポール領事館が現地の華人が関わった事件について対処しようとする際に、海峡植民地政庁が一八七七年に設立した、現地の華人に関する問題に対処する部局である華民護衛司署の存在が妨げとなった。本来なら清朝の駐シンガポール領事が対処可能な事件である、華人労働者や娼婦などの虐待事件が発生しても、イギリス領であるシンガポールでは華民護衛司署などの海峡植民地政庁の各部局が先んじて実質的な処理を担当することがほとんどであり、清朝の駐シンガポール領事館がそれらの問題に自由に対応することは難しかった(86)。

その結果として、清朝の駐シンガポール領事館は一九世紀を通して、現地華人の保護・管理という、領事館としての本来の機能を十分に果たすことができなかった。現地の領事館が実際に現地で行うことができた活動のうち、最も重要なものは、華人商人に対する名誉官位の売買であった。これらの名誉官位はあくまでも名目上の官位に過ぎず、中国本土でも実際的な効力を発揮しなかったが、現地の主要な中国語新聞であった『叻報』紙上に名誉官位の販売価格が掲載されて宣伝され、富裕な華人商人たちに高額で売りつけられた。

シンガポールの華人商人たちが名誉官位を購入した理由として、主に二つの要因があげられる。一つ目は、清朝の官位を持つことが、現地の華人社会における社会的な地位や名声を高める効果があったことである。二つ目に、「追放条例」の存在により常に海峡植民地から放逐される可能性が存在した富裕層の華人商人たちにとって（たとえ形だけのものであったとしても）清朝の官位を持つことは、緊急時において中国との関係性がセーフティネットとして機能するのではないかと期待された点があげられる。歴代の駐シンガポール領事はこの活動に加え、中国本土から来訪した清朝官僚たちの歓迎式典や、文化的な教育・啓蒙活動などを行っていた(87)。

一八八一年から一八九一年まで駐シンガポール領事を務めたのは、駐イギリス公使館の三等翻訳官などを任官していた左秉隆であった。左秉隆の知己であった李鐘珏という人物が、一八八七年にシンガポールを訪れている。李鐘珏がシンガポール滞在中の経験について執筆した書籍である『新加坡風土記』の中には、恐らく左秉隆が李鐘珏に伝えたのであろうが、一八八〇年代後半における駐シンガポール領事館の社会的な役割がはっきりと描写されている。

> ……華人たちは既にシンガポールにて繁栄しており、様々なトラブルが日々起こっている。しかし、その中にまた清朝の駐シンガポール領事が処理することが可能な事件が存在したとしても、それらの処理を行う権限は全て［海峡植民地政庁の］華民護衛司に奪われてしまい、駐シンガポール領事が処理しようとしても、多くの場合［華民護衛司に］干渉されて、自由に活動できない。そのため［清朝の駐シンガポール領事は］船舶の登録証明書の発給以外では、ただ民間の私塾を支援したり、『聖諭広訓』や『聖諭十六条』などの清朝皇帝による庶民啓蒙・教化のために公布された勅諭について講義したり、文化的な集まりを開いたりして(88)、［現地の華人に対して］文化的な啓蒙・教化活動

を行うことしかできない状況にある。(89)……

前述した中国（清朝）による海外華人への関心の高まりや領事館の設置は、中国近代史の展開を考えるうえでは確かに大きな変化であるといえる。しかし、シンガポール華人社会の視点から見れば、一九世紀において駐シンガポール領事が現地の華人に対する保護・管理という機能を十分に発揮していたということはできない。

大清国籍条例が制定された一九〇九年以前のシンガポール華人社会において、一部の華人は既に中国を「祖国」として認識しており、また中国（清朝）も彼らを中国という国家に属する人々と認識し、関与を深めていった。しかし、そこには国家と国民を結びつけるうえで最も重要となる、国籍という制度的背景が欠如していた。また、駐シンガポール領事館が実際に華人に対して行っていた活動も、現地の富裕な華人商人層の資産の吸い上げを目的としたものが主要なものであったことに留意すべきであろう。

注

（1）［桃木ほか 二〇一八：六一七］。
（2）Leyden, John, *Malay Annals: Translated from the Malay Language*, London: printed for Longman, Hurst, Rees, Orme and Brown, 1821, pp. 43-44.
（3）［生田 二〇〇一：二〇六］［Turnbull 2009: 21-25］［呉慶輝 二〇一七：二〇―二五］。
（4）［秋田 二〇一二：二六―二七、二九―三三、九五―九八］［シャーマン 二〇一一：九二―九七、一一二―一一三］［信夫 一九六八：三―七］［羽田 二〇〇七：七四―一〇八、二六九―二七八］。
（5）［秋田 二〇一二：六六―七〇］［羽田 二〇〇七：二九六―三〇六］。
（6）［生田 二〇〇一］［信夫 一九六八］［白石 二〇〇〇：一〇―五三］［Boulger 1897］。
（7）［篠崎香織 二〇一七：五五―五六］［Turnbull 2009: 53］。
（8）［秋田 二〇一二：一〇七―一〇九］［篠崎香織 二〇一七：五五―五九］［Turnbull 2009: 88-89］。
（9）なお、海峡植民地における司法制度は一九世紀から二〇世紀前半を通して、時期ごとに大きく変化していることを付記しておく。一例として、本書が注目する一九世紀後半から二〇世紀初頭の時期に関していうと、一八七八年に制定された条例（Ordinance, No. III of 1878）では、最高裁判所に加えて請願裁判所（Courts of Requests）や治安裁判所（Magistrates' Court）が設置されていたが、一九〇七年に制定された裁判所条例（Courts Ordinance of 1907）では、請願裁判所と治安裁判所が廃止され、代わりに地区裁判所（District Courts）と警察裁判所（Police Courts）が設置される形で再編された。CO276, 9, *Straits Settlements Government Gazette 1878*, pp. 853-870; CO276, 55, *Straits Settlements Government Gazette 1907*, pp. 1031-1067. また一九世紀の海峡植民地における司法制度の変遷については、本章の注釈一〇であげた史料・文献に加えて、以下の研究を参照［Kyshe 1969］。
（10）Braddell, Roland St. John, *The Law of the Straits Settlements: A Com-*

mentary, Singapore: Kelly and Walsh, 1915, pp. 97-129; Makepeace, Walter, and Brook, Gilbert E., Braddell, Roland St. J., op. cit., Vol. I, pp. 149-159, 315-340.［Middlebrook, Pinnick 1949: 18-20, 23-28, 39-44, 65-81, 85-97, 101-109, 113-114, 137-145］［Turnbull 2009: 124-125］［Yeoh 2003: 28-30］。なお、これら海峡植民地政庁の部局・官職名などの表記は、日本語の先行研究における定訳に加え、その政治的機能を考慮して、最も相応しいと思われる表記をとった（たとえばGovernorの訳語として、日本語研究では主に「総督」が充てられているが、この訳語をとった場合、インド省などに設置されていた**Governor General**との訳と被ってしまう。そのため、本書ではこの訳語として「知事」を充てている）。また特に華人統治を担当した華民護衛司署の設立経緯などについては、第二章第二節にて詳述する。

(11) 治安判事（Justice of the Peace）は、民間人が植民地知事に任命されて担当する役職であり、暴動発生時に治安維持を行う人数が足りない場合に、知事の命令を受けて特別の治安官を招集する権限や、緊急事態宣言発令時に非合法・不穏に集まっている人々を解散させる権限を有していたほか、いくつかの裁判所で軽犯罪を裁く判事に任命されることが可能であった［篠崎香織 二〇〇一：七九］。

(12) ［Turnbull 2009: 114］。

(13) ［篠崎香織 二〇〇一：八一—八六］。

(14) ［篠崎香織 二〇一七：一二五—一三二］。

(15) ［竹田 二〇一九：三八—四〇］［ヘッドリク 一九八九：一七—四二、一五一—一六三、一九九—二一〇］［ヘッドリク 二〇〇五：一六—二二、三四—四〇］。

(16) ［竹田 二〇一九：四〇—五一］［ヘッドリク 一九八九：一七九—一八六］［ヘッドリク 二〇〇五：一二一—一三二］［Bogaars 1955］。

(17) ［竹田 二〇一九：一七—二五、三三—三八］［ヘッドリク 二〇〇五：三八—三九］。

(18) ［竹田 二〇一九：二六—三一、一〇六—一〇七］［ヘッドリク 一九八九：一五二、一八九—一九七］［ヘッドリク 二〇〇五：九三—一二四］［ヘッドリク 二〇一三：一一—二九、三三—五八、八二—八六、九三—一〇一、一一一—一一五］［Goh 2013: 94-102］。

(19) ［秋田 二〇一二：一三〇—一四二］［井上 一九九五：三—一六］［川村 二〇〇四］［熊谷 二〇〇四］［ケイン・ホプキンズ 一九九七：七四—一〇八］［侘美 一九七六：二一—三六］。

(20) ［秋田 二〇一二：一四〇—一四二］［ケイン・ホプキンズ 一九九七：五九—六〇、九七—一〇四、二一四—二三七］［侘美 一九七六：一—三六］。

(21) 久末亮一など一部の研究者は、これを「華僑送金」と呼称している。しかし、序章第三節で述べたように、本書では学術的な用語として「華僑」という用語を用いないため、このような送金形態を取り上げるものの、この用語自体は利用しない。

(22) ［濱下 一九九〇：二五—六二］［久末 二〇一四：四九—六八］。

(23) ただし、信局を通した銀の送付という送金形式は廃れたが、信局自体が消滅したわけではなかった。信局は近代銀行などの新たな経済システムに対応し、中華民国期以降も経済活動をさらに発展させながら継続して発展していった。この点については、第八章第三節にて詳述する。

(24) ［川村 二〇二〇：二三一—二六四、二九七—三一八、三四八—三六二］［西村閑也 二〇〇四：一七—二一］［西村雄志 二〇〇五］［濱下 一九九〇：一九七—二〇七］［久末 二〇一四：

五一―五七］［Lee, Sheng Yi 1986: 34-37］［崔 一九九四：一―三五］。

（25） 貨幣の広域的・越境的な流通と地域的な経済構造の関係性については、黒田明伸による、長期的な世界史の視点から、地域的な貨幣の利用や選別自体を独立したシステム／制度として捉えた議論［黒田 二〇二〇］を参考とした。また、二〇世紀初頭における貨幣・金融・経済構造の変容に対し、このような現地の華人商人たちは、自ら近代的銀行を設立することによって対応しようとした。この点については、第八章第三節にて詳述する。

（26）［秋田 二〇一二：一五八―一八七］。

（27）［Harper, Constantine 2010: 148-179］［Magee, Thompson 2010: 64-116］［McKeown 2008: 43-89］［Tagliacozzo 2005: 128-139］。

（28）［西尾 二〇〇一：一五一―一五四］［桃木ほか 二〇〇八：四五三］［Reid 2001: 297-301］。

（29）［白石 二〇〇〇：八二―九三］［Hirschman 1986: 337-339］［Reid 2001: 301-302］。またオランダ領植民地におけるカピタン制度および華人カピタンについては、以下の研究を参照［日比野 一九六九：八八―九〇］。

（30） Makepeace, Walter, and Brook, Gilbert E., Braddell, Ronald St. J, op. cit., Vol. I, pp. 355-357.

（31）［アンダーソン 二〇〇七：三二―八七、一二〇―一七六］［ホブズボーム 二〇〇一：一〇三―一二九］。

（32） より正確に言うと、人類の中で形質的・遺伝的な差異がある程度存在することは、科学的に裏付けられた事実である。しかし、その差異は生物学的に見て異なる種あるいは亜種と呼びうるほど大きなものではなく、またその差異が人種という（疑似）科学的な枠組に精緻に沿う形で存在しているわけではない。そのため、人類の中に人種という枠組による生物学的な差異を明確に認めることはできない。仮に人種概念の有効性を認めるのであれば、それは社会的に構築された制度的概念としてのみであろう（なお、筆者はそのような有効性についてさえも、全く賛同しない）。具体的な研究として、以下を参照［ジョルダン 二〇一三］［ブレイズ 二〇〇五］［ライク 二〇一八］。

（33） ここでは、主にanthropologyとしての人類学について論じている。またanthropologyとethnologyの双方を含む学問としての人類学についても、本節後半にて扱う。

（34）［アーレント 一九七二：七九―一〇三］［大野 二〇一一：二七五―二八八、二九四―二九七、五一一―五一三、五三五―五四二］［原田 二〇〇六］［ムーア 二〇〇五］［渡辺 二〇〇三：二〇三―二七四］［Bernasconi 2009］。

（35）［アンダーソン 二〇〇七：二四四―二四五］。

（36）［アーレント 一九七二：六二―七九］［アンダーソン 二〇〇七：二三二―二五〇］［Bell 2008: 113-119］。また一九世紀のイギリスにおけるネイション概念と人種概念の共通性や混同について、前述したベルの研究における記述に加えて、以下を参照［Mandler 2000］。

（37）［アーレント 一九七二：一六一―一九〇］［坂元 二〇〇四：五四―五七］［坂元 二〇〇五：一九二―一九七］［ジマー 二〇〇九：八九―一四〇］［ホブズボーム 一九九二：二〇一―二三二］［Back, Solomos 2009: 13-16］［Banton 2009: 55］。

（38）［アーレント 一九七二：九二―一〇三］［大野 二〇一一：五一七―五二〇］［北垣 二〇〇九］［Hawkins 1997: 21-38, 82-103］。

（39）［大野 二〇一一：五二〇―五二三、五二一―五三〇］［ファーガソン 二〇一八：七一―七三］［ムーア 二〇〇五：一三五］［ワグナー 二〇〇九：二二七―二三五］。なお、後述する小説などの刊行物も、社会ダーウィニズムの発展・普及に大きな影響を与えたことは疑いない。

(40) [田中雅一 二〇〇一：八五—八九] [竹沢 二〇〇七：一一—五七] [Bolt 一九七一：一—二八] [Hyam 1976: 159] [Lorimer 2013: 59-99] [Malinowski 1922: 208] [Reining 1962]。

(41) [伊勢 二〇一八] [大野 二〇一一：五九二—五九五] [ファーガソン 二〇一八：七〇—七一] [ムーア 二〇〇五：一三三—一三五] [Back, Solomos 2009: 15] [Hawkins 1997: 171-175]。

(42) [大野 二〇一一：五六八—五八一、六〇五—六〇七、六一五—六一八] [ローマー 二〇〇四] [Auerbach 2009: 73-86] [Mayer 2014: 21-24]。

(43) [木畑 一九九八：四—一八] [木畑 二〇〇八：三五—七一]。

(44) [ファーガソン 二〇一八：四六—五二] [Bell 2008: 7-10, 56-58, 110, 113-119] [Porter 1999: 22-24]。

(45) [伊勢 二〇一八：二五—二七] [大野 二〇一一：五〇〇—六〇一、六三三—六四三] [尾崎 二〇一三]。

(46) [白石 二〇〇〇：九四—一〇〇] [Alatas 1977: 43-50] [Hirschman 1986: 339-354] [Lian, Rajah 2002: 224-226] [Malik 1996: 170-171]。なお「複合社会」(plural societies)の定義については、ファーニヴァル(Furnivall, John Sydenham)のオランダ領東インドの経済史に関する古典的な研究における記述を参照 [Furnivall 1939: 446]。

(47) 加えて、シンガポールにおける「ネイション／人種」的枠組の形成と植民地統治の関係性を考えるうえで、都市計画と同程度に重要な問題として、外見・身体性の計測・記録による個人の分類・識別と、警察力を利用した特定個人の追跡・捕捉・監視という問題が存在する。渡辺公三が議論しているように、身体情報を計測・記録することによる個人識別システムの導入者であったベルティヨン(Bertillon, Alphonse)は、自身の父親の友人であり、一九世紀のフランス人類学のリーダーでもあったブロカの技法から強い影響を受け、このシステムを発案した。またイギリス領の植民地(特にインド)における指紋などを利用した個人識別・追跡・捕捉システムの導入とその世界的な普及という問題については、前述した渡辺に加え、高野麻子やブレッケンリッジ(Breckenridge, Keith)などによる研究が存在する [高野 二〇一六] [ブレッケンリッジ 二〇一七] [渡辺 二〇〇三]。しかし、二〇世紀前半のシンガポールにおいてこのような政治・社会制度がいかに導入され、機能したのかという問題について詳述するためには、さらに多くの同時代史料の分析を重ねたうえで、本書とは異なる別個の議論として整理する必要があると思われる。この問題に関する考察を、今後の課題の一つとしたい。

(48) [可児 一九八五：五七—六二] [白石 二〇〇〇：九四—一〇〇] [Yeoh 2003: 35-48]。

(49) Makepeace, Walter, and Brook, Gilbert E., Braddell, Ronald St. J., op. cit., Vol. I, pp. 345-353; *Report of the Census of the Colony of the Straits Settlements, Taken on the 10th March*, 1911.

(50) CO277, 1, *Straits Settlements Blue Books for the Year 1867*, pp. 195-197; CO277, 五, *Straits Settlements Blue Books for the Year 1871*, p. p10; CO277, 15, *Straits Settlements Blue Books for the Year 1881*, p. p4; CO277, 30, *Straits Settlements Blue Books for the Year 1891*, p. pp14-15; Makepeace, Walter, and Brook, Gilbert E., Braddell, Ronald St. J., op. cit., Vol. I, pp. 355-357.

(51) [Ng Mong Rong Justin 2012-2013: 24-32]。一九世紀から二〇世紀初頭のシンガポールにおけるユーラシア人社会の歴史については、以下の文献における記述を参照した。Makepeace, Walter, and

Brook, Gilbert E., Braddell, Ronald St. J., op. cit., Vol. I, pp. 363-369. また海峡哲学協会については、第二章第三節を参照。

（52） 実際の数字は、巻末の表一―一、一―二にて整理しているため、そちらを参照。

（53） ［Saw 1969: 45-48］。

（54） 華人労働者の生業について、錫採掘・加工業については、本節にて後述する。植民地統治期のシンガポールにおけるリキシャ引きなどの肉体労働については、以下の研究を参照［Warren 1986］。またガンビール・胡椒栽培については、以下の研究を参照［Jackson, James C. 1968: 7-24］。

（55） 個々の業種の具体的な経営形態については、本書の議論とはいささか異なるため省略する。ただし、本書の議論から見て重要な論点を含んでいるアヘン徴税請負業については第二章第二節にて、またゴム加工業・パイナップル缶詰業・華人系銀行などについては第八章第三節にて、それぞれの概要を述べる。

（56） ［McKeown 2011: 75-79］［Trocki 2006: 14-23, 47-51］［Turnbull 2009: 57, 63, 70-73, 104-107］［Warren 1986: 236-256］［Yen 1986: 144-162］［Yen 1995a: 3-22］［崔　一九九四：四五―五五］［林・張　二〇〇八：二四二―二四九］。

（57） CO275, 19, *Proceedings of the Legislative Council of the Straits Settlements for the Year 1876*, pp. eexxlii-eexlviii; CO275, 41, *Annual Departmental Reports of the Straits Settlements for the Year 1891*, *Report of the Commissioners Appointed to Enquire the State of Labour in the Straits Settlements and Protected Native States,* pp. 4-33, 69-72.［Blythe 1947: 68-104］［Ee 1961: 39-45］［Ng, Siew Yoong 1961: 79, 82-86］［Purcell 1948: 194-203］。

（58） 各年代における幇派ごとの人口比率などは、巻末の表二を参照。

（59） また、恒山亭のような、マレー半島に居住する華人たちにより設立・運営された「亭」の字を用いた宗教施設のうち、最も古いものは、恐らくマラッカの青雲亭であろう。青雲亭は少なくともオランダによるマレー半島統治期には既にその活動を開始しており、また華人カピタン制度とも深い関わりを有していた［日比野　一九六九］［鄭良樹　一九八六：一―八九］。

（60） ［Yen 1986: 177-187］［Yen 1995a: 72-88, 201-204］［崔　一九九四：五七―六七］［林孝勝　二〇一七a：一〇九―一二四］。

（61） 秘密結社と暴動などの問題については、第二章第二節にて詳述する。

（62） ［山下　一九八八：五〇―五六、六七―八〇］［Cheng, Lim Keak 1985: 13-34, 89-99］［Mak 1995: 14-25, 58-79, 119-149, 168-170］［Yen 1986: 35-56, 177-202］［Yen 1995a: 33-53, 72-92, 101-121］［崔　一九九四：三五―四三、五七―六〇］［荘欽永　一九八六：一一一―一五、一〇〇―一〇六］。

（63） ［Yen 1986: 177-178］。

（64） ただし、例外的に各幇派が連帯・協力する場として、同済医院という民間の慈善医院や、華民諮詢局などの植民地統治に関わる海峡植民地政庁の部局などが存在していた。同済医院については第五章第二節にて詳述する。

（65） 一九世紀のシンガポール華人社会における英語・中国語教育機関については、第六章第二節にて詳述する。

（66） 華民諮詢局については、第二章第二節にて詳述する。

（67） ［Gopinathan 1991: 272］［Frost 2005: 39-43］［Turnbull 2009: 114-115］［Rudolph 1998: 74-148］［崔　一九九四：九八―一〇七］。またシンガポールおよび海峡植民地における海峡華人の社会や文化については、以下の研究を参照［Chia 1994］［Clammer 1980］［Png

1969］［Rudolph 1998］［Yao 1987］。

（68）たとえばシンガポールにおけるニョニャ料理の国家的・政策的な再構築や観光・イメージ戦略への宣伝・利用について、以下の研究を参照［岩間 二〇二一：二〇九―二二〇］。

（69）［Warren 1986: 236-256］。

（70）華民保護司署および華民保護司については、第二章第二節にて詳述する。

（71）アヘンを用いた徴税請負制度については、第二章第二節にて詳述する。

（72）Straits Settlements and Federated Malay States Opium Commission (ed.), *Proceedings of the Commission Appointed to Inquire into Matters Relating to the Use of Opium in the Straits Settlements and Federated Malay States*, Singapore：Government Printing Office, 1908, Vol. I: pp. 4-5, Vol. II: 115-132, 133-154, 226-241, 241-253, 259-266, 346-355.［Cheng, U Wen 1961: 52-56］［Heidhues 1996: 172-178］［Trocki 2002: 301-305］［Yen 1995a: 147-163］。

（73）［東條 二〇〇八：四八四―四九六］［東條 二〇一九：三〇―三九］。またイギリス領マラヤにおける錫採掘・加工業の長期的な展開については、特に以下の研究を参照［Yip 1969］。

（74）［Warren 1986: 252-254］［Yen 1995a: 132-141］。

（75）［ワレン 二〇一五］。なお、二〇世紀初頭以降における買売春業と華人社会の関わりについては、第八章第三節にて詳述する。

（76）「朝貢体制」という用語について、本書では濱下武志による先駆的な研究［濱下 一九九〇：二五―四五］とそれに対する批判を参照したうえで、「中華」概念に基づく前近代的かつ広域的な外交・通商システムという、広義の意味で用いる（そのため、朝貢を伴わない互市などの通商関係も、この「広義の」朝貢体制という用語を用いて説明する）。

（77）［上田 二〇二〇：一四一―一六九、二〇五―二二二］［斯波 一九九五：二四、四四―四八、五九―六八、一〇二―一〇五］［山田賢 一九九八：一二〇―一二七］［Yen 1985: 32-36］［荘国土・劉文正 二〇〇九：一三―二〇］。

（78）［斯波 一九九五：一六二―一六三］［茂木 二〇〇九：三七―四八］［茂木・岡本 二〇〇九：一三九―一四五］。また中国国内における「中華」思想とその歴史的な変容について、以下の研究を参照［檀上 二〇一六］［平野 二〇一八：七〇―一〇三、一三五―一三七、一七六―一八〇］。

（79）［上田 二〇〇五：一〇一―一〇五、二五一―二五四、三〇三―三〇六］［羽田 二〇一三：一四〇―一五〇、二二五―二三一］［濱下 一九九〇：二五―三八］［坂野 一九七三：七六―九三］［荘国土・劉文正 二〇〇九：一五―二三］。また東アジア海域世界における海禁政策や（広義の）朝貢体制、互市などについて、前述した文献に加えて、以下の研究を参照［岩井 二〇二〇］［檀上 二〇一三］［中島 二〇一三］。

（80）［太田 二〇一四：二四七―三〇七］［弘末 二〇〇四］［Blussé 1999］［Reid 1988, 1993］［Reid 1997: 11-14］［Trocki 1997］［Trocki 2002: 299-300］［Trocki 2011: 84-95］。

（81）代表的な例として、可児弘明による華人の人身売買に関する研究をあげる［可児 一九七九］。

（82）［川島 二〇一〇：二一―四〇］［斯波 一九九五：一二三―一二八］［坂野 一九七三：一六二―一七四、一八〇―一九九、二三四―二六四］［茂木・岡本 二〇〇九：一四五―一五二］［吉澤 二〇一〇］。

（83）［箱田 二〇一二：四六―六〇］［山本 一九九七：二八二―

二八四]。

(84) [青山 二〇一四：三一—三四] [茂木・岡本 二〇〇九：一四五—一五二] [Godley 1981: 41-45] [蔡 二〇〇二：三一—四七] [李盈慧 一九九七：一九—二九] [荘国土 一九八九：一二六—一四九]。

(85) 清朝による国籍法（大清国籍条例）の制定過程と東南アジア華人の関わりについては、以下の研究を参照 [箱田 二〇一二：二六一—二六四]。

(86) [林孝勝 一九七二]。

(87) [Godley 1981: 65-78] [Yen 1995a: 177-188] [蔡 二〇〇二：四九—一八六] [林・張 二〇〇八：一九三—二〇九] [荘国土 一九八九：一五四—一六七、二五五—二五九]。またシンガポール華人社会における名誉官位の売買に関する詳細な研究として、以下を参照 [黄建淳 一九九三]。

(88) ここで述べられた活動は、本章第五節で述べた楽善社の文化・啓蒙活動に対する清朝総領事の協力を指すものであろう。

(89) [饒 一九九四：一六四]。

第二章　林文慶らの出現と辮髪切除活動に起因する騒動（一八九六—一八九九年）

一　はじめに

本章では、シンガポール華人社会におけるナショナリズム形成の最初期の段階について、近代的なネイション概念を通してシンガポール華人社会という場を認識するようになった現地の華人リーダーたちの出現と、ネイションとしての華人社会という発想とその基準となるナショナルな共通性という問題が、現地の華人社会において広く意識されるようになったという社会的な変容の二点から論じる。

前者について、海峡植民地における秘密結社への法的規制と、それに伴う現地の進歩主義的な知識人層の華人グループの出現という観点から議論する。またその集団の中心的な人物であった林文慶について、その経歴や言説、彼を中心とする華人グループの社会的な活動などについて詳しく説明する。さらに後者について、林文慶を中心とする華人グループが計画した、一八九八年から一八九九年における辮髪切除を目的とした活動（以下、辮髪切除活動と略す）と、それに起因する華人社会内の騒動に着目して議論する。

まず、これらの問題に関する先行研究について整理しよう。林文慶の生涯と政治・社会活動については、コー（Khor, Eng Hee）による伝記が存在する。[1] また、林文慶の活動や思想などについても、李元瑾などによる多くの研究が存在している。[2] 辮髪切除活動については、篠崎香織による研究が存在し、辮髪切除活動の概要や辮髪の切除の是非に関する意見や議論を簡潔にまとめている。[3] また中国本土やその周辺部での辮髪の切除についても、その背景や実態などに関してテジャピラ（Tejapira, Kasian）や劉香織、吉澤誠一郎、海野典子などによる研究が存在する。[4]

この中で、特に篠崎の研究は、本章の議論の直接的な先行研究に当たる。この研究は辮髪切除活動に関する研究として先鞭をつけた、多くの史料を使った実証的研究である。この研究では、この出来事をあくまで植民地統治に関係する問題として扱ったうえで、華人がその集団性を維持し、植民地統治に関わる政治的な権利を保持できるか否かという点が重要であったと見なしている。しかし、このような見解には二点の問題がある。第一に（詳しくは本章にて後述するが）この活動は植民地統治に関わる海峡華人エリートのみならず、当時の華人社会全体に関わる幅広い議論と大きな騒動を巻き起こしたのであり、植民地統治や政治的な権利の獲得・保持という観点のみに立った説明は（一面では事実を捉えているにせよ）いささか不十分である。第二に、序章第三節で詳しく説明したように、本書では一九世紀末の時点で華人が（その集団性を維持するといえるほどに）一つの集団あるいは共同体として十分に統合・一体化していたとは捉えない。むしろ、当時の華人社会は幇派という生活共同体が複数集住し、ゆるやかに住み分けていたと捉えると共に、この活動が巻き起こした騒動をきっかけに、ネイション、すなわち何らかの特徴・特性を本質的に共有する想像上の文化的共同体として華人社会を捉える認識が、現地で強く意識されるようになったと考える。

その他、林文慶やその言説・社会活動、また辮髪やその切除などに関する多くの研究は、本章の議論に関する示唆を与えるものの、この活動自体の歴史的な重要性を明らかにするものではない。以上の点を踏まえ、本章では植民地制度の変容に伴う新たな華人社会のリーダーたちの出現と、彼らに主導された社会的な活動として辮髪切除活動に到る歴史的な経緯を説明すると共に、この活動とこれに起因する社会的な騒動がシンガポール華人社会史上において非常に重要な画期となったことを明らかにする。

二　植民地政庁による華人社会の統治方式の変化

最初に、シンガポールにおけるアヘンを用いた徴税請負制度の成立と秘密結社の関係性について述べる。第一章第三節で既に述べたように、一八一九年におけるラッフルズによる獲得以降において、シンガポールは関税を課さない自由港として経営されていた。そのため、シンガポールを含む海峡植民地では、その歳入を関税から獲得することができず、代わりにその多くの割合を、様々な物品の専売制による徴税請負制度（revenue farming system）に頼っていた。

これらの物品の中で最大の利益を生み出していた商品はアヘンであり、アヘンによる徴税を主に請け負ったのは現地の華人商人たちであった。徴税請負制度を用いて専売された物品はアヘン以外にも、酒類やタバコなどが存在したが、その中でも最大の利益を生み出していたのがアヘンであった。一九世紀を通して、アヘンを用いた徴税請負制度の歳入は、植民地政庁の歳入全体の中で、常に四割から五割程度を占めていた。アヘンの販売・徴税請負による税収が、東南アジア島嶼部におけるイギリスの自由貿易主義と植民地主義の拠点としてのシンガポール・海峡植民地の政治・社会を支えていたといっても過言ではないだろう。また第一章第五節にて述べたように、アヘンは日々激しい肉体労働に従事していた労働者層の華人にとって必需品であり、単なる嗜好品というだけではなく「労働のための薬物」としての側面を有していた。一九世紀のシンガポールにおいて、アヘンは植民地政庁にとっても、華人社会にとっても重要な物品であったといえる。

海峡植民地政庁は、シンガポールにおいて加工前のアヘンを厳格かつ独占的に管理しており、個人的な輸入・売買や密輸などを厳しく禁じていた。植民地政庁は、まず加工されていないアヘンをイギリス領インドなどから輸入したうえで、加工前のアヘン現物とアヘンを用いた徴税請負権を競売にかけた。競売を落札し、徴税請負の契約に合意した徴税請負業者の華人商人たちに対して、植民地政庁は一定期間（通常は一年間から三年間）加工前のアヘンを受領して加工・販売する権利を与えつつ、その売買による利益の一部を徴収して、植民地政庁の歳入とした。徴税請負権を獲得した華人商人たちは、多くの人員を雇ってアヘンをパイプで吸えるように加工して、小売店などで売買することにより、売却金の一部を植民地政庁に徴収される不利益を帳消しにするに十分なほどの巨額の利益を得ていた(5)。また前述したように、章芳琳や、林文慶の父親である林天堯も、アヘン徴税請負業に従事することによって資産家となった現地の華人商人であった。

海峡植民地政庁にとって、徴税請負制度を維持していく上で最大の障害となったのが、アヘンなどの物品の密貿易であった。密貿易により、公定の価格よりも安価なアヘンなどの物品が現地に流入して、植民地政庁が輸入・販売しているアヘンなどが売れなくなることは、すなわち徴税請負制度というシステム自体が機能しなくなる危険性をはらんでいた。これらの物品の密輸には華人商人も多く関与しており、シンガポールは密貿易の中心地の一つとなっていた。イギリス領マラヤとオランダ領東インド間におけるアヘンの密貿易は、一八六〇年から一八七〇年代に増加していき、二〇世紀初頭まで継続的に存在した。もちろんイギリスとオランダの植民地政庁も密貿易を放置していたわけではなく、一八七〇年代から一九一〇年代にかけて、植民地領域・境界の包括的な策定を進めるなど、種々の対策を進めてきた(6)。

シンガポールの徴税請負業者の華人商人たちがアヘンの売

買を行ううえで、秘密結社（secret societies）がその後ろ盾としての機能を果たしていた。秘密結社は、中国本土では会党と呼称されていた、華人により構成された民間の結社であった。この団体の本質的な機能・役割はメンバーの相互扶助であったが、その秘密主義や反体制的性格、暴動や械闘（武装しての闘争）を生む原因となることなどを危険視されたため、このように呼称された。中国本土では、秘密結社はその相互扶助機能により、特に金儲けのチャンスに満ち、人の移住が盛んなフロンティアであった辺境地域にとりわけ多く存在した(7)。

シンガポールにおいても同様に、華人の現地への移住と華人社会の形成が始まった最初期から、秘密結社が活動を始めている。「華人の世紀」における「公司」の経済活動と同様に、アヘン徴税請負制度に参入した華人商人たちにとって、秘密結社はその秘儀に基づく集団内部での規律・連帯の提供と、そこから違反・離脱した人々や敵対する集団への暴力の行使という役割を果たすものであり、彼らのビジネスにおいて重要な役割を担っていた。

シンガポールでは、秘密結社は中国本土において著名な秘密結社の名前をとって、三合会（Triad）や天地会（Tean Tay Hui、あるいはHeaven and Earth Society）などの名前で呼ばれていた。第一章第五節にて述べたように、シンガポール華人社会の内部は、複数の幇派と方言により分断され、ゆるやかに住み分けた状態にあったため、秘密結社もまたいずれかの幇派と結びついていた。現地の秘密結社のうち、最も有力かつ著名であったのは義興会（Ghee Hin）であったが、その内部も福建・潮州・海南など、複数の幇派の支部によって分裂した状態にあった。義興会は一つの団体として一体化・連帯して活動していたわけではなく、複数の幇派に属する一群の秘密結社が皆、義興会という共通の名前を使って活動していたと考えるべきであろう。また、義福会（Ghee Hok）や義信会（Ghee Sin）などの他の秘密結社も、元は義興会から分派したものであり、儀礼的には義興会の系譜に属していた。

これらの秘密結社の指導者として植民地政庁に登記された人々には、アヘンの小売商人などのアヘン関係の職種に加え、薬剤師やガンビール・酒類などの小売商人、華人労働者のブローカー、棺職人（coffinmaker）や大工（carpenter）、木材加工業者（sawyer）など、多様な職種の人々が含まれていた。

また、初代の華民護衛司であったピカリング（Pickering, William Alexander）によれば、秘密結社の指導者層は、総理（Tsong Li）・先生（Sien Seng）・先蜂（Sien Hong）・紅棍（Ang Kun）・簪花（Tsam Hoa）という五階級の上級の指導者と、鉄板草鞋（Thih Pan Chau oe）という下級の指導者に分類されており、その下に一般のメンバーが属していた。秘密結社の秩序は厳しい規則によって保たれており、それに違反したメンバーには、規則に基づく暴力的な制裁が加えられた。たとえば、メンバーの妻子と密通したものは死刑、新規のメンバーが僭越的な行為をした場合は片耳の削ぎ落とし、また入会後に会費を納めないものは両耳を削いだのちに鞭打ち七二回の刑に処されることとなっていたという[8]。

歳入の徴収の簡便化・安定化を目的として、植民地政庁と華人商人、秘密結社、労働者層が結びついた植民地的な社会・経済構造が形成されたことにより、アヘンを用いた徴税請負制度は現地社会で大きな成功を収めた。この構造の中で、特に秘密結社は徴税請負制度の基盤を下支えすることにより植民地権力と結びつき、一九世紀後半まで大きな社会的勢力を保持した。

ピカリングは一八七六年に、海峡植民地の華人人口の六割以上が秘密結社のメンバーであり、残りの四割の大半は秘密結社の影響下にある人々であると述べている。また同じくイギリス人官僚・法律家であったヴォーンは、海峡植民地の華人社会を題材とした自身の著作の中で、一八七九年の時点で、華人人口約八万人のうち、四万人が秘密結社に属していると推定している[9]。これらの記述は、結局のところ華人社会をその外側から観察していたイギリス人官僚の目を通した描写でしかなく、彼らの観察や報告がどの程度正確であったのかという点には多少の疑問が残る。しかし少なくとも、一九世紀後半のシンガポール華人社会において、秘密結社が非常に大きな勢力と影響力を保持していたことを窺い知るには十分な証言であろう。

シンガポール華人社会で秘密結社がこれほどまでに強大な勢力を有した理由は、アヘン徴税請負制度を介して海峡植民地政庁という公権力と結びつき、その存在を黙認されていたからに他ならない。中国本土では秘密結社はあくまで相互扶助機能を持った危険な民間の結社でしかなく、伝統的に公権力から危険視され続け、その存在を公認されることはなかった。このことと比較するに、このような植民地権力と秘密結社の公的な結びつきは、一九世紀のシンガポール華人社会の内部構造の大きな特徴の一つであるといえる。

しかし一方で、秘密結社はその反体制的性格や縄張り意識により、たびたび現地で暴動・械闘などの原因となり、多くの騒動を引き起こし、植民地統治と華人社会の治安に大きな脅威をもたらした。シンガポール華人社会における幇派ごとの対立構造は、秘密結社同士の縄張り意識や敵対心を助長し、これらの騒動がさらに頻発する要因となった。

これらの騒動の中で特に大きな問題となったのが、一八五〇年代から一八七〇年代にかけての暴動やストライキの頻発である。この遠因となったのが、一八五三年における厦門・小刀会の反乱と鎮圧であった。この反乱は、厦門で結成された小刀会という秘密結社によって引き起こされた。中国国内の他の秘密結社と比較して、小刀会は東南アジア島嶼部（シンガポールやスールー・シャムなど）との交易に従事する華人商人たちが多く含まれていたという点に特徴があり、その指導者層六人のうち三人はシンガポールの華人であり、その一人は違法なアヘン取引に関与していた。またこの結社に所属する華人たちは、一八四〇年代末から一八五〇年代初頭において、厦門で様々なトラブルを引き起こしていた。

この問題に対応しようとした清朝の地方官による弾圧を受けて、小刀会は一八五三年五月に厦門を中心として福建南部で大規模な反乱を起こし、一時は近隣各地を占拠するに至った。しかし、現地で科挙教育を受けた地域エリートたち（いわゆる郷紳）が小刀会の反乱に積極的に抵抗したことにより、清朝による鎮圧は迅速に進んだ。清朝は同年一一月には厦門を含む全ての拠点を鎮圧することに成功し、反乱は短期間で終息した。

一八五三年一一月以降における鎮圧以降、小刀会の反乱に加わったメンバーたちの一部は、清朝の官憲から逃れるために、海路を用いて、シンガポールや海南島、フランス領コーチシナ（Cochin Chine）など、他地域へと移住した。この中で、特にシンガポールに移住した人々は、現地の華人社会において義興会などの秘密結社に吸収されていき、その勢力拡大と一八五四年以降の治安悪化を引き起こすことになったと思われる[10]。

現地における秘密結社の暴動のうち、最初期に発生した大規模なものとして、一八五四年五月における福建幇と潮州幇の対立による暴動があげられる。この暴動は福建幇と潮州幇の労働者同士の些細な言い争いから始まり、福建系の義興会と潮州系の義興会・義福会の対立という形で大規模に拡大していった。暴動の拡大により、シンガポール各地で武器を用いて暴力が振るわれることとなり、現地のビジネスが中断され、商店も閉鎖されるに至った。イギリス側は、植民地警察やイギリス海軍に属する三隻の艦艇を使って、この暴動の鎮圧を試みた。華人側は大きな抵抗を行わなかったが、イギリス側がこの事態を完全に鎮静化させるまでに一二日間を要することとなった。最終的に五〇〇人以上の華人がイギリス側に逮捕され、二人が処刑されたことにより、この暴動は幕を閉じた[11]。

海峡植民地政庁はこの暴動を受けて、一八五七年にダンマン（Dunman, Thomas）を当時の植民地警察機構のトップに当たる警察長官（Commissioner of Police）に任命し、警察権力を増強すると共に、警察官による現地での巡視を増加させた[12]。

またもう一つ、非常に大きな規模となった暴動が、一八七六年一二月の華人郵便支局暴動（Chinese sub post office

画像31　華民護衛司署の外観。1911年。

riots）であった。この事件は、植民地政庁が手紙の郵送や送金などの業務を担当する郵便支局を新たに設立したことに起因する。この出来事に際して、これまで手紙の郵送や送金などの業務を、信局などの形態をとって、民間で担当してきた潮州幇の華人商人たちは、自分たちが従来得ていた郵便・送金業務の収益をイギリス植民地統治側に奪われてしまうと考え、強く反発した。彼らは潮州系の義興会などの秘密結社を使って労働者たちを扇動・動員し、この郵便支局の営業が開始された同年一二月一五日に暴動とストライキを起こした。この暴動は四日間続き、郵便支局が焼き討ちされたほか、いくつかの警察署が暴徒の襲撃を受けるなど、大きな被害を出した[13]。

　海峡植民地政庁はこのような暴動に際して、秘密結社の危険性を認識するようになり、一八六〇年代後半より徐々に法的規制を進めていった。この時期に制定された複数の条例の中で、特に一八六九年における秘密結社の登録を義務付けた「危険結社条例」（Dangerous Societies Ordinance）の施行は、シンガポールおよび海峡植民地において秘密結社への法的な規制が展開されていく端緒となったといえる。植民地政庁は同時に、これまでのように華人社会を華人たち自身による内部自治に任せるのではなく、自ら直接的に管理・管轄することを試みるようになった。とりわけ一八七七年における華民護衛司署という部局の設立は、植民地政庁がシンガポール華人社会に直接的に干渉していく契機となった。華民護衛司署の設立時、その長官である華民護衛司（Protector of Chinese）を初めて任官したのが、ピカリングであった。

一九世紀中葉まで、シンガポールに赴任したイギリス人官僚の中には、マレー語を話すことができるものは存在しても、中国語の各方言を自在に使いこなすことができるものは存在していなかった。これに対し、ピカリングは一八七二年に海峡植民地に赴任する以前において、中国本土の海関や台湾などで働いており、中国語（マンダリン）の会話や読解に加え、中国語方言にも通じていた。そのため、彼は中国語の各方言を用いて、英語を話すことができない華人社会のリーダーたちとも直接コミュニケーションをとることが可能であった。[14]彼はこの長所を最大限に利用して、華人社会の各幇派のリーダーたちと直接対話を行い、華人社会からの信任を獲得し、その管理・管轄に取り組んでいくこととなった。

華民護衛司署は設立後、最初に華人契約移民への保護を目的として、華人労働者に対する渡航斡旋システムの規制と労働者たちの保護を進めていった。この成功によって、ピカリングと華民護衛司署はシンガポール華人社会においてその名声や能力、権威が認知されることとなり、これをきっかけに華人社会全体の管轄を担当することとなった。華民護衛司署はまた一八八八年に保良局（Po Leung Kuk）という部局を設置し、華人の女性・子供を監督する職務を担当し、売春を行う華人女性の登録や人身売買・本人の意思に反した売春の防止を目的とした活動を行った。またピカリングは、秘密結社や賭博といった問題に対しても、当時の植民地警察機構のトップに当たる警察総監（Inspector General of Police）であったダンロップ（Dunlop, Samuel）と協力しながら、対処を進めていった。ダンロップは、一八七一年にダンマンが引退した後、現地の警察機構のトップとしての役割を引き継いだ人物であり、またこの年に新設された警察総監という役職を、一八七五年から任官した。

海峡植民地政庁はまず秘密結社のメンバーへの登録を行い、彼らを把握すると共に、命令に従わないものには「追放条例」を利用した海峡植民地からの追放という処罰を行った。ピカリングはまた、秘密結社の指導者層とも対話を行い、植民地政庁の権威を認識させ、治安の維持や暴動の鎮静化に利用した。彼はさらに、本来は内部の秘儀であったはずの秘密結社の儀礼や、結社内の規律の違反者への処罰に関する会議にさえ参加して、秘密結社の指導者層と綿密な意思疎通を図った。華民護衛司署が一八七九年に二六〇〇件もの苦情処理を行ったことは、ピカリングと華民護衛司署が華人社会の管理・管轄という仕事にいかに尽力していたか、また華人社会側がその権威をいかに信頼していたかということを示すものであろう。[15]

しかし、ピカリングは一八八七年に、植民地政庁による賭博規制に関する問題をきっかけとして、義福会に属する華人労働者であったチョア・アウ・シォック（Choa, Au Siok）から斧で襲われた。ピカリングは幸運にも一命を取り留めたものの、この事件の際の負傷の影響により、一八八九年に退官することになった。さらに同年に、それまで海峡植民地政庁の行政長官であったスミス（Smith, Cecil Clementi）が、新たな知事に就任した。ピカリングがこれまで華人社会との対話を重視し、華人社会の管理・管轄を慎重に進めてきたのに対し、スミスは知事就任以前から、秘密結社に対する迅速かつ全面的な法的規制を志向しており、知事という海峡植民地の政治的機構のトップとしての権力を掌握したのちに、そのような施策を急速に推進していくこととなった。

なお、ピカリングの退官後も華民護衛司という官職の後任が選出され、その職務および活動も続いていったが、一九〇四年から海峡植民地の華民護衛司とマレー連合州の華民政務司（Secretary for Chinese Affairs, Federated Malay States）が合併して、海峡植民地およびマレー連合州の華民政務司（Secretary for Chinese Affairs, Straits Settlements and Federated Malay States）という官職が新設された[16]（ただし、担当する地域が拡大しただけで、基本的な職務自体には大きな変更はなかった）。

スミスが秘密結社への法的規制と並行して推進した活動の一つに、一八八九年における華民諮詢局の設立があげられる。華民諮詢局は華人社会の各幇派を代表する華人たちによって構成され、植民地政庁に華人社会の意見を提供する役割を持つ諮問機関であった（ただしこれは行政上の権力を有するものではなく、あくまで植民地政庁が華人社会を統治する際に参考となるように、華人社会側の意見を提出するという機能を果たす機関であった）。スミスはピカリングらの活動を受け継ぎ、植民地統治にとって危険な存在となった秘密結社への法的規制をさらに加速させると共に、秘密結社およびそれとのつながりを持つ華人商人たちに代わる、新たな華人社会の代表者たちを創出することを目的として、華民諮詢局を設立したといえるだろう。また華人社会の側から見ると、華民諮詢局は（あくまで植民地統治に関わる問題に限定されていたものの）複数の幇派が集合して協議を行うことができる数少ない場の一つとなった。

スミスが推進した法的規制により、一八八〇年代から秘密結社はより一層弱体化し、華人社会の富裕層に対する影響力を失っていった。さらに、危険な秘密結社を抑制し、無害な慈善組織を登録する法令である「結社条例」（Societies Ordinance）が一八九〇年に施行されたことが、秘密結社にとって最後にして最大の打撃となった。「結社条例」は迅速に効果を発揮し、華人社会内における危険な秘密結社の社会的な勢力は著しく縮小した。この法令によって秘密結社が現地で根絶されたわけではなかったが、その社会的な勢力の基盤は喪失され、以前のような影響力を回復することはなかった[17]。植民地政庁は、特に一九世紀を通してアヘン徴税請負制度を確立し、それと結びついた秘密結社を巨大な社会的勢力に育てあげてしまったが、一九世紀末に至り、厳格な法的規制により今度はそれらに致命的な打撃を加え、シンガポールにおける華人統治の新たな時代をもたらしたといえるだろう。

また、秘密結社への厳格な法的規制の進展は、華人が現地の警察官として採用され、植民地警察機構へと参入していく契機となった。一八七〇年代から、華人による犯罪を取り締まる上で最適となる、華人たちの方言や社会的関係性などを理解できる人材の獲得を目的として、植民地警察機構に華人を採用しようとするアイディアが提出されていた。しかし、この案は当時の海峡植民地知事であったオード（Ord, Harry）などのイギリス人官僚からの反対によって頓挫した。オードはその理由として、華人たちが警察官となった場合、捜査中に、彼らが所属する、あるいは関係を持つ有力な秘密結社や幇派などに対して配慮してしまい、公正な捜査を行うことができず、警察業務に悪影響が及ぶことが懸念されることを主張している。

しかし、前述したように一八九〇年以降に秘密結社の社会的影響力が大きく減退したことにより、一八九〇年から華人の植民地警察機構への採用が進められていった。まず一八九〇年に、香港から華人巡査（constable）が二五人招聘され、翌年にも同様に香港からの招聘が行われた。しかし、これらの華人巡査には、香港にて犯罪に関わった人物が多く含まれており、失敗に終わった。この反省を踏まえ、一九〇二年から現地で華人警察官の採用が進められ、成功を収めたことにより、華人が植民地警察機構に受容され、現地の治安維持に協力するようになっていった[18]。

さらに、秘密結社への法的規制と並行して、スミスは英語による高等教育を推進していた。その成功例の一つとして、女王奨学金（Queen's scholarship）の授与があげられる。この奨学金は、その獲得者に海外への留学を経験させ、高度な英語教育の機会を提供することを目的としており、華人もそれを獲得することが可能であった[19]。

一九世紀後半に女王奨学金を獲得し、イギリス本国への留学を経験した海峡華人として、シンガポール出身の林文慶や宋旺相、ペナン出身の伍連徳（Wu, Lian Teh）などの人物があげられる。林文慶らはシンガポールのラッフルズ学院[20]（Raffles Institution）などで高度な英語教育を受けて優秀な成績を収め、女王奨学金を獲得し、イギリス本国への留学経験を経て海峡植民地に戻ってきた。彼らは現地に戻ったのち、秘密結社の社会的な影響力の低下という背景の下で、秘密結社との関わ

画像 32　1886-1888 年における女王奨学金受領者たちの集合写真。林文慶と宋旺相に加えて、後に宋旺相と共に法律事務所を開設したエイトケンが含まれている。1888 年。

画像 33 （左から順に）宋旺相・伍連徳・林文慶の集合写真。1903 年。

画像34　ラッフルズ学院の外観。1905年。

画像35　ラッフルズ学院の外観。1905年。

画像 36　ラッフルズ図書館・博物館。1900 年代。

りを持つ古い世代に代わる新しい世代の華人社会のリーダーとして台頭し、現地で様々な社会的活動を組織・実行すると共に、植民地政庁による華人統治にも積極的に協力した。

一九世紀末以前の世代の華人社会のリーダーの大多数が秘密結社との関係を持つ商人層であり、高度な教育を受けた人物がほとんど存在していなかったのに対し、林文慶ら新たなリーダーたちは比較的高度な教育を受けており、生業としても医師や法律家、弁護士、教師、ジャーナリストなど、高度な専門的知識を必要とする知的専門職を選択しているものが多く含まれていた。また彼らは思想的には社会ダーウィニズム的な「進歩」と「改革」を重視しており、社会的な改革活動を通してその理念を実現しようとしていた。[21]

また前述したように、林文慶の父親である林天堯は、現地の大商人である章芳琳のもとでアヘン徴税請負業に従事していた。林天堯は林文慶が一二歳の時に逝去したが、林文慶が英語の高等教育を受けることを可能としたのは、この父親がアヘン徴税請負業にて蓄積した資産であった。アヘン徴税請負業者かつ資産家であった林天堯から、英語教育を受けた知的専門職者（医者）かつ知識人の林文慶へ、という父子の生業の変遷は、華人社会の中心となる人々が、アヘン徴税請負業者のような華人商人層から、知的専門職に就いた知識人層へ移り変わっていくという一九世紀末のシンガポール華人社会史の流れを、象徴的に表しているということができる。

さらに、シンガポールに居住する華人が近代的な知識を獲得するうえで、その支えとなったのが、ラッフルズ学院に付属するラッフルズ図書館（Raffles Library）の開放であった。ラッフルズ図書館は元々シンガポール図書館という名称であり、ラッフルズ学院の前身であったシンガポール学院[22]（Singapore Institution, Singapore Free School）が一八四四年に設立した学校図書館がその起源であった。この学校に一八四九年に博物館としての機能が追加されたのち、一八七四年にラッフルズ図書館と改称され、植民地政庁が管理・運営する公共図書館となった（博物館については、ラッフルズ博物館（Raffles Museum）という名称で図書館に併設された）。ラッフルズ図書館設立当初の一八七〇年代において、これらの施設の利用者は有料の会員に限定され、主に海軍軍人・旅行者・自然学者などが中心であり、現地住民による利用は極めて稀であった。

しかし、一八九〇年代に至り、ラッフルズ図書館はその蔵書と機能の拡張を進めていった。まず蔵書について、言語学・地理学・人類学などに関する学術書のコレクションも追加されたが、特に小説類が最も熱心に購入・収集された。さらに、ラッフルズ図書館内部にも、小説のみに限定されていたものの、会員でなくとも無料で利用し、読書ができる閲覧室が設置された。この結果、（英語の文章を読めるものにしか利用できないという限定性は存在したものの）より多くの現地居住者たちが図書館に赴き、英語の小説を読むようになっていった。

同時に、林文慶や宋旺相のような富裕な海峡華人エリートたちは、一定の会員料を支払い、有料会員としての貸出システムを利用して、小説のみならず、学術的な書籍を含む幅広い蔵書を自宅で読むことが可能となった。すなわち、ラッフルズ図書館・博物館は一八九〇年代から、その門戸を現地住民たちにも開放して、イギリス人以外の華人・マレー人などの植民地居住者に対する近代的知識・価値観の伝達・受容や知的啓蒙という点でも重要な役割を果たすようになったのである[23]。シンガポール華人社会においてその恩恵を自由かつ十分に享受することが可能となった最初の世代の海峡華人たちが、すなわち林文慶・宋旺相らであった。

一九〇五年に刊行されたラッフルズ図書館の蔵書目録によれば、一九〇〇年のラッフルズ図書館には、社会ダーウィニズムの実質的な生みの親であったスペンサーの書籍が二〇冊以上、また人種間の優劣や優生学的な議論を強調したゴルトンの書籍が八冊（この中には悪名高い『遺伝的天才』も含まれている）、さらにキッドの『社会進化論』が所蔵されていた。また小説については、コンラッド（三冊）やキプリング（一九冊）、ヘンティ（四〇冊）、バランタイン（六冊）、キングストン（四冊）、ヴェルヌ（三一冊）、ハガード（二五冊）らの小説が所蔵されていた。

さらに、プリチャード（二冊）やタイラー（三冊）・ハッドン（三冊）・キーン（九冊）などのイギリスの初期の人類学者の研究や、中国国内社会・政治や歴史に関する書籍、また英語の新聞・雑誌なども所蔵されていた。[24]

一八九〇年代以降のシンガポールに居住する華人たちは、林文慶や宋旺相のような奨学金による留学を経験したトップクラスの華人エリートでなくとも、一定の金額を支払うことにより、図書館の蔵書を通して、これらの近代的な知識や価値観に手軽にアクセスし、それを受容・獲得することが可能となった。このような植民地社会の知的環境の変容は、林文慶や宋旺相らのみならず、同時期にシンガポールで英語教育を受けた華人たちにも共通する近代的知識・価値観の基盤を与え、林文慶に協力・連帯し、現地の華人社会を変革しようとする一群の華人たちを生み出すこととなった。

同時に、これらの近代的知識・価値観は、イギリスおよび西洋の科学的、道徳的、あるいは「ネイション／人種」的な先進性・優越性を強く訴えることにより、それらを学び、内面化した人々を魅了し、西洋中心主義的な序列の中に組み込む効用を有していた。この効用により、林文慶らは近代的な知識・価値観を学ぶと共に、「帝国意識」とイギリス中心主義的な価値観をも内面化し、イギリスの帝国主義・植民地主義の協力者としても働くようになった。[25]それ故に、林文慶らが最も重視していたものは、イギリスを頂点とする帝国主義・植民地主義的な序列の中で、イギリス本国の科学的、道徳的、あるいは「ネイション／人種」的な先進性・優越性に追いつくことを目標とした、シンガポール華人社会の「進歩」と「改革」であった。

宋旺相は、シンガポール華人社会史について記した自著の中で、林文慶や宋旺相を中心とする一群の華人たちを「現地の華人の改革主義者たち」（Chinese reformers here）、あるいは「現地の改革派」（Local reform party）と呼称している。[26]本書では、林文慶を中心とするこれら一群の人々を表現するにあたり、この林文慶の朋友による記述の一つである「現地の華人の改革主義者たち」を採用し、かつ当然の前提である「華人」を省略し、「現地の改革主義者たち」と表記することとする。[27]

一九世紀末から二〇世紀初頭において、この林文慶らを中心とした「現地の改革主義者たち」は、秘密結社およびそれと結びついた華人商人たちに代わる華人社会の新たなリーダーとして、様々な社会改革活動を主導し、華人社会をその内部から大きく変容させていくこととなった。

三　林文慶ら「現地の改革主義者たち」の出現

続いて、前述した「現地の改革主義者たち」の中心人物である、林文慶について詳しく論じる。林文慶は、字は梦琴であり、一八六九年一〇月一八日にシンガポールにて出生した。彼の祖父である林瑪彭は福建省漳州府海澄県で出生し、一八三九年に中国本土を離れペナンに移住した人物であり、林文慶自身も福建幇に属する海峡華人であった。

林文慶は現地の英語学校などでの教育を経て、一八七九年にラッフルズ学院に入学して英語教育を受けたのち、女王奨学金を獲得して一八八七年にスコットランドに留学した。彼は留学先であるエディンバラ大学で医学を勉強し、一八九二年に医学内科学士（Bachelor of Medicine）と外科修士（Master of Surgery）の学位を獲得した。林文慶は一九世紀末のシンガポール華人社会の中でも、英語によるトップクラスの高等教育を受けた知識人層の海峡華人であるといえる。また彼の留学中の経験に関して、管見の限りでは史料が非常に限定されているが、彼に対するインタビューから、いくつかの記述を見つけることができる。それによれば、彼は中国語を理解できなかったため、中国本土から来た留学生から同じ中国人であると見なされず、また中国語の文章を読むことができなかったために恥をかいたという[28]。

一八九三年にシンガポールに帰還したのち、林文慶は医業で生計を立てることとなった。彼は同時に、恐らく留学時の体験による影響により、中国語（マンダリンと広東語の会話と読み書き）の勉強を開始すると共に、儒教に強い関心を抱くようになった[29]。彼はこの時期から中国本土出身の知識人層の華人であった邱菽園との関係を深めており、また一八九六年における黄端瓊という女性との結婚を契機として、義父に当たる黄乃裳と親しい関係となった[30]。それまでイギリス式の英語教育のみを受けてきた林文慶が、留学帰還後に中国語の学習や儒教に対する強い関心を持つようになったことは、彼がこの時期に華人・中国の文化・言語といった問題に意識を持つようになったという志向の変化を示すものであり、また邱菽園と黄乃裳からの影響が、この変化に大きな影響を与えたであろうことは想像に難くない[31]。

また林文慶はシンガポールに帰還したのち、植民地政庁による華人社会の統治にも積極的に協力している。彼は一八九五年に立法参事会の民間メンバーに選出され、一八九八年・一九〇一年にも再度選出されている。また彼は一八九七年に治安判事に任命されているほか、市政委員会や華民諮詢局の委員にも選出された[32]。林文慶がこれらの官職に指名されたということは、植民地政庁が彼を若い年齢ながら、華人社会内で大きな名声・影響力を有する人物と見なしていたことを意味している。

続いて、前述した「現地の改革主義者たち」という華人グループについて述べる。いくつかの先行研究において、このグルー

画像37　林文慶の肖像。1910年代。

画像38　林文慶とその家族の集合写真（女性は林文慶の2人目の妻であった殷碧霞）。1918-1922年。

プは中国本土の政治活動である康有為ら「立憲派」のシンガポール支部、もしくは康有為ら「立憲派」の支持者による政治的な団体であると見なされている。[33]この最大の根拠となっているのは、「革命派」に属する政治活動家たちが後世に執筆した史料における、このグループに属する華人によって「立憲派」の政治組織である保皇会のシンガポール支部が設立されていたという記述である。[34]

しかし、実際に同時代史料を見ていくと、保皇会シンガポール支部の設立を明確に示唆する史料的根拠となる記述は、管見の限りでは見当たらない。また「現地の改革主義者たち」の全員が、中国本土の政治運動に積極的に関わる姿勢を共有していたわけでもない。

実際には、「現地の改革主義者たち」は、主に二つの異なる出自の華人たちにより形成されていた。一つは、主にシンガポールなど海峡植民地で出生し、現地で英語教育を受けた海峡華人たちであり、代表的な人物は前述の林文慶・宋旺相に加えて、陳武烈（Tan, Boon Liat）や王純智（Ong, Soon Tee）、陳徳遜（Tan, Teck Soon）などの海峡華人の知識人たちである。二つめは、中国本土で出生し、伝統的な中国語教育を受けたのちにシンガポールに移住した知識人層の華人たちであり、前述した邱菽園や黄乃裳がこれに当てはまる。

「現地の改革主義者たち」全体を見ると、前者、すなわち知識人層の海峡華人たちが多数を占め、後者、すなわち知識人層の中国本土出身の華人たちは少数であった。このような状況において、前者の中心人物でありながら、留学後に後者の人々との関係を深めていた林文慶は、これら二つの異なる出自の華人たちが連帯して社会活動を行う際に、両者を結びつける紐帯としての役割を果たしていた。

「現地の改革主義者たち」の中で、特に邱菽園や黄乃裳は一八九五年に康有為・梁啓超らに協力し、日清戦争の講和拒否と日本との徹底抗戦を求める運動（いわゆる「公車上書」）に参加しており、シンガポールに移住してからも康有為ら「立憲派」の政治活動を積極的に支持していた。また林文慶も、親交のあった邱菽園や黄乃裳の影響を受け、康有為の政治活動や儒教に関心を持っていた。しかし、彼ら全員が康有為の支持者であったわけではなく、たとえば宋旺相のように、「現地の改革主義者たち」の一員であり、かつ林文慶の盟友の一人でありながら、康有為ら「立憲派」の政治活動や中国国内政治に全く関心を有していないものも存在していた。

同時代史料を見る限り、「現地の改革主義者たち」は、林文慶を中心に、前者の海峡華人たちと後者の中国本土出身の華人たちが連帯して形成したグループであり、社会ダーウィニズム的な意味での「進歩」と「改革」を実現するために、現地でいくつかの社会的活動を行っていたが、単一の政治的な目的を持った団体として明確に一体化していたわけではなかった。また、保皇会のシンガポール支部が設立されたという情報についても、これを裏付ける明確な論拠は発見できないため、この情報は恐らく誤りであると考えるべきであろう。

林文慶を中心とする「現地の改革主義者たち」は、特に一八九六年から社会活動を積極的に行っていった。林文慶らはまず一八九六年に、華人好学会（Chinese Philomathic Society）を設立した。華人好学会は、現地の知識人層の華人たちが集まり、政治・社会・歴史などの問題に関して講演や討論を行うことを目的とする、一種の勉強会であった。また林文慶らは一八九七年に、自分たちの意見を現地にて自由に公表することが可能な英語雑誌として、*Straits Chinese Magazine* を創刊した。

林文慶らの言論活動に大きな影響を与えたのが、海峡哲学協会の活動であった。海峡哲学協会は、シンガポールに居住する知識人たちが哲学・歴史学・神学・文学・科学・芸術などの問題を議論することを目的として、一八九三年に設立された勉強会（あるいは研究会）であった[35]。この団体の設立に際して、初代の会長を務めたのは、イギリス王立工兵隊（Royal Engineers）の将校やロンドン警視庁（Metropolitan Police）の警視総監（Chief Commissioner）の経歴を持ち、またエルサレムの発掘などの考古学者としての研究活動も行っていたウォーレン（Warren, Charles）というイギリス人であった。また、長老派教会の牧師であったレイス（Reith, George Murray）が、創設時の書記・会計（Secretary and Treasurer）を担当していた。さらにシンガポール植物園の園長であったリドリーや、一八九九年に海峡植民地の臨時行政長官（Acting Colonial Secretary）を担当した植民地官僚のキネスリー（Kynnersley, Charles Walter Sneyd）などのイギリス人たちが、創設時のメンバーであった。加えて、ラッフルズ学院で英語教育を受けたのちに、ガスリー奨学金（Guthrie Scholarship）を獲得し、厦門に留学して中国語教育を受けた経歴を持ち、「現地の改革主義者たち」の一員であった海峡華人である陳徳遜も、この団体の創設時のメンバーに含まれていた。

海峡哲学協会の正規の会員は、シンガポールに居住する一五名の人物と規定されており、また選出の際には、大学（universities）の卒業生、イギリスもしくはヨーロッパの学会会員、著名な功績のある個人などの条件に適するものが優先された。またシンガポール以外の植民地やマレー半島に居住しているため、正規会員の資格を持たないものも、通信会員として入会することが可能であった。この団体の会員は、入会金五ドルと年会費二五ドルを支払い、月に一回会議に参加すると共に、晩餐を共にすることとなっていた。この団体の会議や討論は現地の英語新聞で報道され、その議事録がシンガポールやペナンの公共図書館に寄贈された。

林文慶も留学から帰還したのち、一八九五年に海峡哲学協会に加入し、のちにこの団体の会長も務めた。林文慶はさらに、自らが一八九七年に創刊した *Straits Chinese Magazine* 誌に、海峡哲学協会にて発表した原稿の一部を掲載している。[36]

海峡哲学協会は、主にシンガポールに居住するイギリス人たちが集まり、学術的な講義や議論、学習などを楽しむことを目的として設立された場であったが、同時にこの団体には、ラッフルズ学院での英語教育と留学などの高等教育を受け、イギリス人と同等の英語教育を受けた少数の海峡華人エリートたちも参加していた。林文慶も留学帰還後の一八九五年からその活動に参加したが、この団体の中心はあくまで現地に居住するイギリス人たちであり、知識人層の華人たちが中心となって言論活動を行うためには、また別の場が必要となった。そして、林文慶は一八九六年から一八九七年にかけて、知識人層の華人を中心とした啓蒙と議論の場として、華人好学会や *Straits Chinese Magazine* を独自に設立していくこととなった。

林文慶ら「現地の改革主義者たち」は、一八九六年から一八九七年にかけて、自らが創出・運営した言論の場である華人好学会や *Straits Chinese Magazine* にて、盛んに知識や意見の共有・普及や議論を行うと共に、自らと協力・連帯して活動する同志となる現地の知識人層の華人たちを集めていった。林文慶らは一八九八年に到って、ついに自らの言説や思想を現地社会に訴え、具現化すべく、具体的な行動を起こすこととなった。

四　ネイションとしてのシンガポール華人社会という発想の発見

では、「現地の改革主義者たち」の中心人物であった林文慶は、当時のシンガポール華人社会をどのように認識していたのだろうか。この点に関して、一八九七年六月の *Straits Chinese Magazine* 誌に掲載された「我々の敵」（Our Enemies）という文章が参考となる。[37] この記事は、一八九七年三月二三日に林文慶が華人好学会で行った講演を文章化したものである。この題名が示すように、林文慶はこの文章の対象読者である、華人好学会に参加し、*Straits Chinese Magazine* を読む知識人層の海峡華人に向けて、知識人層の海峡華人であるところの「我々」にとっての「敵」が何であるのかを提示しようと試みている。

林文慶はまず「イギリス領の海峡植民地や香港において、中国出身のイギリス臣民たちが現在、我々の祖先の古い慣習とヨーロッパ的な文明化の狭間で、知的かつ社会的に推移している状態にある」と論じる。しかし、この推移は当然ながら困難な課題であり、とりわけ「（中国・華人にとっての）「外国人」や西洋式の教育に対する我々の態度は最も不明瞭であり、また個人の判断に任されている状態にある」。イギリス帝国、特に海峡植民地に居住する海峡華人たちがヨーロッパ的な規準における文明化を手探りで進めていく一九世紀末という時代の中で、林文慶はその障害となる「我々の敵」を明確に言語化することにより、海峡華人の文明化の基準を示そうとする。

次に、この「我々の敵」なるものについて、林文慶はこの文章の冒頭で一〇個の質問を投げかけて推察している。その最初の質問は、「誰が（現地の海峡）華人の進歩にとっての障害になっているのか」というものであり、二つ目の質問は、「誰が彼ら（すなわち現地の海峡華人たち）を、ヨーロッパのネイションを未開の状態から最も文面化された状態へと向上させた哲学と科学に近づかせないようにしているのか」というものである。林文慶はさらに、「華人にとっての最悪の敵」は、「我々の教育の進歩を妨げ、我々の社会生活を束縛し、我々の宗教を中傷し、我々の自由（liberty）を制限し、我々の子供たちを疎遠にさせ、我々のナショナリティを中傷する」ものであり、それは「我々の社会の、我々の宗教の、我々の人種の敵」であると述べる。

これらの問題設定が示すように、林文慶はこの文章で海峡華人の知識人の社会的な「進歩」と「改革」を訴え、それを阻むものを「我々の敵」と見なしている。その「進歩」と「未開」を区分する基準は、イギリス的な、ヨーロッパ中心主義的な、あるいは社会ダーウィニズム的な意味での文明性であり、ここで彼はその基準を完全に受入、内面化したうえで議論を展開している（つまり、この基準自体を相対化しようとする視点は見受けられない）。また、林文慶がここで議論の対象としているのは、現地に居住する海峡華人のみであり、中国本土に居住する中国人は、この文章の主語となっているところの「我々」という枠組には全く含まれていない。

このような問題設定に基づき、林文慶はこの記事の中で、特に「教育」（education）と「宗教」（religions）という観点から、シンガポール華人社会の問題を論じている。林文慶は「教育」の章において、以下のように述べる。

……ババ華人たちが集団としてその品位を保つことができたのは、主に初期の華人入植者たちの賢明かつ称賛に値する指針によるものであった。もしそのようでなければ、彼らが中国本土の正統な文化との関係性を失い、文芸作品や優雅さを同様に欠いた、彼ら自身の奇形化した特殊な言語を発達させてしまうことが起こったであろうことは想像に難くない。［中略］ヘア氏[38]の講演もこの問題を扱っており、ここでは賢明にもこのように述べられている。「もしあなたが自分の息子が二つの言語を理解する知性を持つことを願うのであれば、私が考えるに、最初に中国語を少年に教えさせる必要がある」。あるネイションが、その伝統から切り離されてかつ繁栄することを期待することはできない。私の意見では、我々が自身の子供たちに二言語で教育を行うことは、単なる有用性の問題だけではなく、ヘア氏が示唆するように、我々のナショナルな実存性［our national existence］に影響する最も重要な問題なのである。［中略］我々は、単純で合理的な計画に基づく中国語学習の短い課程を、我々の子供たちに十分に提供するだろう。［中略］科学と数学を含む、より自由主義的［liberal］な学問の課程によって、我々の中国語学校は英語学校を補完するものとなるだろう。……

続いて、「宗教」の章において、林文慶は以下のように述べる。

最後に、私は我々のナショナルな宗教［national religion］について少しだけ話すこととする。中国人・華人［Chinese］は宗教を有していないと述べるであろう人々が存在すると、私は考える。あなたがいかなる仮説を支持するにせよ、古代から近代において、中国人・華人は最も敬虔なネイションと同程度に宗教を有していたということは事実である。中国人・華人にとって最も好ましい宗教は、儒教の学校によって育まれた秩序である。自由主義的［liberal］教育の近代的な課程によりしっかりと遂行・支援された時に、儒教は思慮深く批評的な世界中の人々が求める最も理想的な宗教であると、私は信じている。簡潔に述べると、儒教は神の承認を伴った慈愛の宗教である。［中略］華人に最も適した宗教が純粋な儒教であることは、疑いない。自身の子供たちが祖先への信仰を失うことを恐れる人々に、子供たちに儒教経典の英知ある言葉を学ばせるよう。……

これらの記述から、一八九七年時点での林文慶のシンガポール華人社会に対する認識の一部を見て取ることができる。まず、林文慶はシンガポール華人社会を、実際の状況、すなわち植民地統治の中で形成され、その内部で複数の方言・幇派がゆるやかに住み分けている場としてではなく、より理念的な共同体、具体的には中国本土に起源を持ち、中国語と儒教という特性を伝統的に共有している文化的な共同体として認識している。そして、林文慶はこのような認識のもとに、特に海峡華人の若年層がその共通性に当たるものを喪失しかけていることを憂慮している。それは、教育においては「我々の言語」としての中国語の読み書きであり、宗教性においては「我々の宗教」としての儒教である。またここでは、海峡華人たちのルーツとして中国本土との伝統や連続性が強く意識されているが、一方で実質的な提言の対象は海峡華人とその社会のみに限られており、中国本土の社会に関する問題は全く無視されている。

ここで注目すべきは、彼自身が考えた文化的共同体としてのシンガポール華人社会のありかたが、実際の華人社会の状況とは大きく異なっていたことである。一九世紀末のシンガポール華人社会では、中国語の初頭教育を行う小規模な私塾が幾つか存在するのみであり、中国語や儒教の知識などの教養を持つ華人は極めて少数であった[39]。たとえ中国本土であろうとも、中国人の大多数が漢文・儒学の教養を持っていた時代など、少なくとも近代以前には一度も存在したことがないのは明らかである。常識的に考えれば、海峡華人は中国語や儒教の知識を「喪失しかけている」のではなく、「まだ学んでいないので、知らない」と認識すべきだろう。しかし、林文慶は現地で生まれた海峡華人が中国語と儒教の知識という特性を本質的に共有しているはずであると考えているため、元々は存在していたはずの共通性が長い歴史の流れの中で喪失されてしまったという特殊な状況にあるのだと認識しているのである。

この理念的な、また本質主義的な文化的共同体としての認識がはっきりと示すように、またこの記事でネイション・ナショナル・ナショナリティ（nation, national, nationality）などの言葉がそのまま使われていることからも明らかなように、林文慶がここで表現しようとしているところの、海峡華人が帰属している、共通する起源（「祖国」中国）と特徴（中国語と儒教）を本質的に共有している（と想像されている）文化的共同体とは、すなわち近代的なネイションという概念に他ならない。それ故に、林文慶は華人が中国語と儒教の知識を「まだ学んでいない」のではなく、「（本来は）共有していたはずなのに喪失しかけている」と認識していたのである。

林文慶はここで、近代的なネイション概念を通して、中国語と儒教という共通する特徴により本質的に結びつけられた、均質かつ一体化した文化的な共同体としてシンガポール華人社会のありかたを理解すると共に、その共通性であったはずの中国語と儒教の知識が長い歴史の流れの中で損なわれてしまったであろうことに危機感を感じ、その共通性の再獲得のための活動に積極的に関与すべきであることを提言しているといえる[40]。

第一章第四節で述べたように、一九世紀後半から二〇世紀初頭のイギリスでは「ネイション／人種」概念や社会ダーウィニズム的な思想が広く普及していき、帝国主義・植民地主義に関する議論の中でも、これらの概念・思想が繰り返し利用されてきた。そして、林文慶はスコットランド・エディンバラ大学の留学経験を含む、イギリス式の高度な英語教育を受けてきた海峡華人の知的エリートであった。彼が留学を終えてシンガポール華人社会に戻り、現地で言論活動を行う際に、ネイション概念と社会ダーウィニズムを重視し、ネイション概念を通してシンガポール華人社会を認識すると共に、社会ダーウィニズム的な「進歩」と「改革」の必要性を強調した議論を展開したことは、まさしく当時のイギリスの知的文脈をそのまま、率直に反映したものであるといってよいだろう。また林文慶がシンガポール華人社会におけるナショナルな共通性として、特に中国語・儒教を重視していたことは、邱菽園や黄乃裳といった、中国本土で伝統的な科挙教育を受けた知己からの強い影響をうかがわせる。[41]

ここでもう一つ注記すべきは、シンガポール華人社会に近代的なネイション概念を投影して認識しようとする言説が公表されたのは、管見の限り、林文慶によるものが初めてであっただろうということである。「現地の改革主義者たち」の中心人物であった林文慶は、スコットランド・エディンバラ大学への留学を含む高度な英語教育と高い教養によって育まれた近代的知性によって、シンガポール華人社会で（恐らく）初めてネイションという近代的概念をかなり正確に理解し、現地の文脈の中に落とし込もうと試みた。彼はその結果、近代的なネイションとしての華人社会、およびそのナショナルな共通性としての中国語と儒教という発想を発見し、これを英語の言説にて公表することとなった。

林文慶が主張した海峡華人児童に対する中国語・儒教教育の計画は、近代的なネイション概念への理解を前提として、その本質的な共通性としての中国語と儒教を教育することにより、均質かつ一体化した（ナショナルな）共同体としてのシンガポール華人社会の本来のありかたを回復させようとした活動であるという点において、それ以前の時期における華人を対象とした文化的啓蒙・教育活動とははっきりと異なる性質を持っているといえる。[42]

林文慶によるこれらの言論活動は、現地に居住する華人たちが、ネイションという想像上の文化的共同体という枠組を通して、シンガポール華人社会という場を認識する時代のはじまりを告げるものであった。彼にそのことを可能とさせたのは、高度なイギリス式の英語教育によって育まれた近代的な知性・知識と、留学経験を通して育まれた中国語・儒教への関心の両立であった。林文慶はこの言論活動により、自身が主導する社会的な改革活動の目標を明示したのであり、続いて「現地の改革主義者たち」を主導して、自身の思想を実現すべく、現地で実際の活動に着手することとなる。

五　辮髪切除活動と華人社会内の対立（一八九八年）

続いて、辮髪切除活動の展開について述べていく。

一八九八年一月一七日の*Singapore Free Press*紙に、海峡華人の一部が自らの辮髪を切除しようと計画しているという記事が掲載された。(43)この記事が、恐らく辮髪切除活動を報告した最初の記録であろう。この後、同年一月末から二月初頭にかけて、現地の英語・中国語新聞で、辮髪切除活動に関する報道が盛んに行われた。

最初に、これらの記事を整理する形で、辮髪切除活動の概要をまとめよう。この活動は一八九七年の年末に計画され、その参加者が自発的に辮髪を切除することを目的としていた。この活動の参加者のほとんどは、海峡華人の富裕層に属する若者であった。(44)ただし、彼らはあくまで全体の中のごく一部であり、富裕な海峡華人の若者全てが参加したわけではなかった。また華人の年長者はほぼ全て、この活動に反対していた。(45)辮髪切除活動の主導者は参加者に対して、自身の辮髪を切除するまでは部外者の誰にもこの活動の情報を漏らしてはならず、切除を実行したのちに、初めてこの活動のことを口外することを誓わせ、誓約書に署名をさせた。しかし、一八九八年一月に新聞報道などによってこの活動に関する情報が漏洩してしまったことにより、秘密理での実行は不可能となり、活動は中断された。(46)なお一八九八年初頭の時点では、実際に辮髪を切除した華人は確認されていない。(47)

同時に、辮髪切除活動は、辮髪を切除することを目的とした単独の活動ではなく、林文慶ら「現地の改革主義者たち」による社会的な活動の一環であった。(48)一月二六日の*Straits Times*の記事によれば、林文慶ら「現地の改革主義者たち」は辮髪切除活動がひとまず失敗に終わったため、年配の人間からの反対を避けるために、まず中国語教育に着手し、続いて女性に対する教育を、最後に儒教に基づく宗教的な改革を行うことを計画していることが報道されている。(49)これらの報道は、辮髪切除活動が、林文慶ら「現地の改革主義者たち」が行おうとしていた社会ダーウィニズム的な「進歩」と「改革」を具体化するための社会的な活動として、華人児童・女性に対する教育活動や儒教教育などと並んで位置付けられていたということをはっきりと示している。

続いて、辮髪切除活動がシンガポール華人社会に与えた影響をまとめる。最初に、この活動の是非に関する論争に関わった人間を簡単に分類しよう。まず辮髪の切除に賛成し、積極的に推進しようとする人間を賛成派と、またそれに反対し、積極的に抑止しようとした人間を反対派と表記する。辮髪切

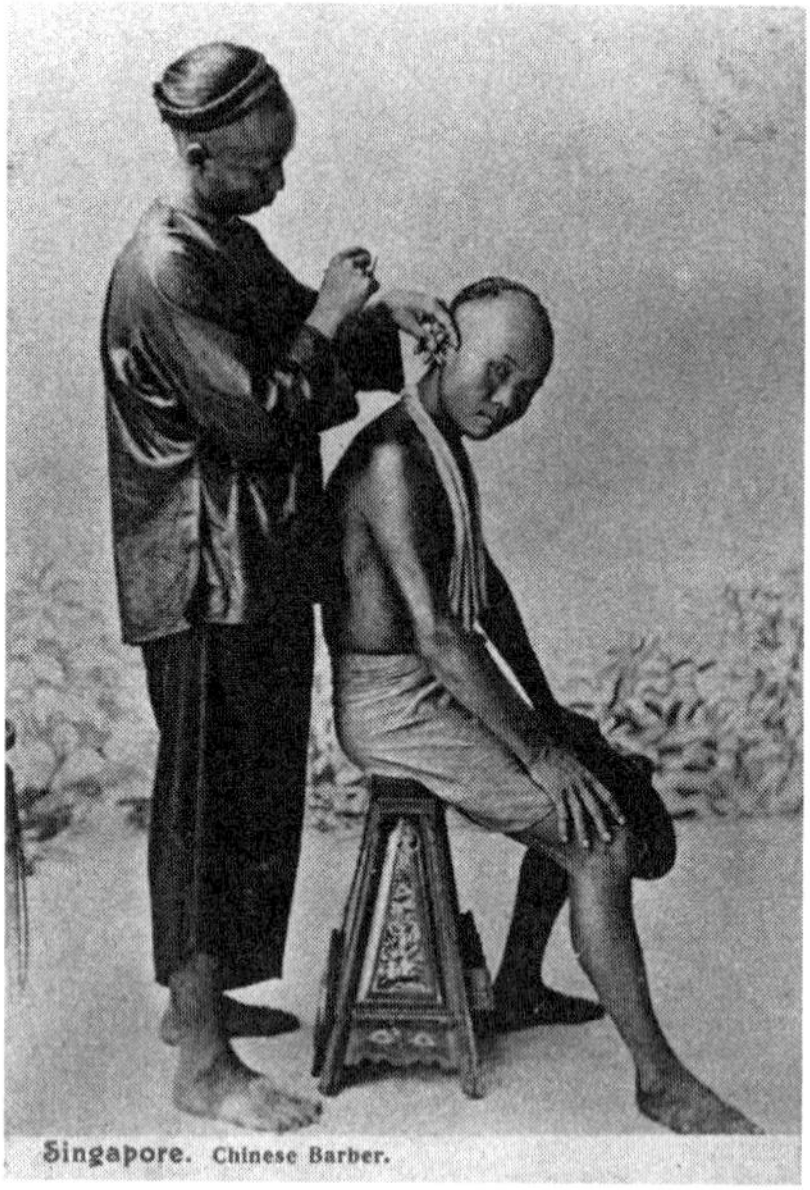

画像39　辮髪を整える華人の床屋。1900年頃。

除活動が林文慶ら「現地の改革主義者たち」の活動の一環であった以上、賛成派は「現地の改革主義者たち」の関係者あるいは支持者であり、反対派はこれと相反・敵対する立場のものとなる[50]。

では、両派の対立と論争を具体的に見ていこう。辮髪切除活動はその是非をめぐり、シンガポール華人社会に激しい論争と対立を生み出した。『叻報』に掲載された記事を、そのまま引用しよう。

……多くの議論が入り乱れており、その全てを書き記すことはできない。華人が華人によって誇られるということは、ついにここに至って極まったというべきである[51]。

……

この記述からも、辮髪切除活動により引き起こされた華人社会内の対立が、これまでにない規模のものであったことがうかがえる。現地の英語・中国語新聞はこれらの対立を報道すると共に、現地の華人たちから投函された書簡を紙面に掲載することで、賛成派と反対派が論争する場を提供していた。

辮髪切除活動の反対派として、陳若錦や李清淵、阮添籌など、海峡植民地政庁の華人統治にも協力していた、現地の著名な海峡華人エリートたちが、実名をあげて辮髪の切除やその計画に抗議している。これに対し、賛成派の意見は、ほぼ全てが匿名で公表されている。「現地の改革主義者たち」の中心的な立場にあった林文慶も、*Straits Times* のインタビューに対し、辮髪の切除という変化は漸進的かつゆっくりと進展するべきであると答えたのみで、辮髪切除活動への関与や彼自身の見解については、ほとんど沈黙を保っていた。また、陳合隆（Tan, Hap Leong）という華人が同じく *Straits Times* のインタビューを受けて、辮髪の切除に理論的に賛成するものは数多く存在しており、また先駆者として自らの辮髪を切除するよう提起されたものも現地に二〇人程度は存在しているにもかかわらず、最初に実行しようとするものは誰もいなかったと答えている。(52)

すなわち、辮髪切除活動は最初から秘密裡にその活動を実行しようとしており、その存在が公になったのちも、自分から名乗り出て賛成派としての立場を明らかにしようとする華人は存在せず、辮髪切除の実行自体も行えていなかった。ここから理解できることは、一八九八年一月末から二月初頭の時点で、辮髪切除の賛成派でさえ、自身の辮髪の切除の実行や、実名をあげて辮髪切除に関する意見やこの活動との関係を公表することを躊躇させる、何らかの理由が存在したということである。賛成派・反対派は辮髪切除の是非について新聞などで多くの議論を交わしていたが、それらは辮髪切除の実行に対して直接的な影響を与えるものではなかったといえるだろう。では、賛成派に辮髪の切除の実行を躊躇させた直接的な原因は何なのだろうか。

まず、篠崎の先行研究における反対派の議論の整理を見てみよう。(53) この内容は、大きく二つに分けることができる。一つは、辮髪の切除が華人個人の様々な社会的関係を断絶させる結果を招くという内容であり、もう一つはそれが華人全体のイギリス臣民としての権利を喪失させるというものである。このうち、前者は華人個人に対する悪影響への懸念であり、後者は華人社会全体に対する悪影響への懸念である。賛成派は辮髪の切除が華人社会に良い影響を与えると考えていたが、個人としてそれを実行することを躊躇していたのであり、その理由は当然前者であると考えてよいだろう。では、反対派が辮髪の切除により華人社会内の関係性の断絶がもたらされると懸念したのは、何故だろうか。

この点に関して、篠崎は前述した論文において、辮髪の切除がマレー人化（ムスリム化）もしくはキリスト教徒化であると理解されたために、祖先祭礼という華人の伝統的な世界観に反する行為であると認識されていたこと、またそれが民族性の弱体化につながり、華人のイギリス臣民としての権利を喪失させると認識されていたことの二つが主な理由であると説明している。しかし、篠崎によるこれらの説明は十分ではない。

まず前者について、この論拠となっている史料〔『叻報』、一八九八年二月一日、「紀論割辮可駭事」〕の記述は、何らかの理由により社会的な関係性を断絶する必要のある華人が、辮髪を切除することでマレー人〔もしくはムスリム〕になりすまそうとしていたことを示唆するのみで、ある華人が辮髪を切除したことでムスリムやキリスト教徒へと変化したと認識されたということを示す史料的根拠とはなり得ていない〔言い換えると、実際の史料では、辮髪の切除は、ある華人個人の「ネイション／人種」的な帰属性を隠蔽することにより、個人を特定することを不可能にするための手段として説明されているが、篠崎はその記述を用いて、あたかも華人個人が辮髪の切除により、その帰属性を自由に変容させることが可能であったと認識されたかのように、誤った理解へと誘導している〕。

また後者の説明は、イギリス臣民としての権利に関する問題に意識的であった海峡華人エリートとの社会的関係を断絶させたことへの説明にはなるが、イギリス臣民としての権利にさほど意識的ではなかった大多数の華人との社会的な関係性までも断絶させるほどの強い影響を与えると考えられていた理由を説明しえていない。したがって、篠崎のあげたこの二つの説明は、どちらも辮髪の切除が華人個人に社会的な関係の断絶をもたらすと懸念されたことへの説明としては不十分である。

では、この理由をどのように説明できるだろうか。これを考えるうえで、まず華人社会における辮髪に対する一般的な認識を考える必要がある。辮髪切除活動に伴う論争に関わろうとしなかった大多数の華人の意識の中で、辮髪がいかなる象徴として扱われていたのかということを、正確に把握することは容易ではない。しかし、いくつかの記事・書簡の中で断片的に述べられている内容から、辮髪に関する華人社会の共通認識を推察することは可能であろう。例えば一月二八日の *Straits Times* に掲載された、賛成派に属する匿名の華人により執筆された書簡はその一例である。この書簡の中で、特に反対派による賛成派への攻撃に関する内容を引用する。

……我々は反中国的であるとか、人々をキリスト教に導いているとか、祖先祭礼の習慣に反対する教義を教えているなどといわれている。我々はそのようなことは一切していない。〔中略〕辮髪がない華人は華人でないという言説の幼稚な主張は、ただ笑いを誘うものでしかない。(54)

……

この書簡の中で、反対派が賛成派を非難しているいくつかの具体的な主張を「辮髪がない華人は華人でない」という言葉に要約したうえで、それに反論しているということに注目したい。またこの主張を裏付けるものとして、辮髪を失った華人は華人として認識されなくなるという意見が、反対派による議論の中で繰り返し主張されているということも強調しておく[55]。

ここから推察できるのは、反対派を含む華人社会の大多数の間で、辮髪は華人の特徴的なしるしであるだけではなく、シンガポール華人社会の中に所属するものを規定し、他者と区別するために必要となる共通性の一つとして認識されていたのであろうということである。言い換えると、ある華人がシンガポール華人社会という場に所属している華人であると見なされるには、辮髪を付けていることが必要であり、それを失うと、その場に所属する華人の一人だと見なされなくなってしまったのであろう（この説明は、上に引用した「辮髪のない華人は華人ではない」という言説にも対応する）。それゆえに、反対派の人々は賛成派に対し、辮髪を切除した華人は現地の華人社会に所属するうえで必要な社会的共通性を失い、そこから排斥されるべきものとして扱われる（これは前述した「社会的な関係の断絶」に当たる）のではないかという批判を述べていたのであろう[56]。

賛成派である林文慶を中心とする「現地の改革主義者たち」は、華人社会を想像された共同体としてのネイションとして捉えると共に、ネイションとしての華人社会を規定する共通性として中国語と儒教を重視していた。そのため、彼らにとって辮髪は、単に華人たちの特徴的な髪型でしかなかった。言い換えるなら、彼らにとって「華人が華人である」ことは、ネイションという想像された共同体に帰属するということであり、それは主に中国語や儒教の知識と関係する理念的かつ内面的な問題であった。しかし、現地に居住する大多数の華人たちにとって、「華人が華人である」ことは、華人としての共通性を維持して、その一員として広く認められるか否かという社会的な問題であり、その共通性の一つが辮髪であった。

すなわち、辮髪切除活動に伴う騒動は、「華人が華人である」とは何かという問題を通して、林文慶らによるネイション概念を通した華人・華人社会への理解と、華人社会の一員としての社会的な認知との差異をはっきりと露見させる結果となった。両者はともに華人であるという認識のもとに、「華人」という共通する言葉を用いて、全く異なる次元の問題を言い争っていた。そのために、議論は平行線をたどり、「華人が華人によって誇られるということは、ついにここに至って極まった」という、これまでにないほどに異様に緊迫した対立状況が生み出されたのである。

そもそも辮髪切除活動の母体となった「現地の改革主義者たち」が、林文慶を中心とする少数のメンバーから構成されていた以上、賛成派は比較的少数であり、反対派を含む華人社会の大多数は辮髪の切除に対し否定的であった。林文慶たちがいかに反論しようとも、辮髪は、実在する華人社会という場に所属して生活していくために必要な共通性として広く認識されていた。そのため、ある華人が辮髪を喪失した場合、華人社会という場から排斥され、生活していくうえで必要な社会的関係性を維持できなくなるという結果を招く可能性があった。そのことを恐れた賛成派は、本人達の意志や思想がどうであれ、辮髪の切除を実行することを躊躇わざるを得なかったのである。

六　林文慶による辮髪切除に関する問題への対応（一八九九年）

一八九八年一月末から二月初頭にかけて英語・中国語新聞上で続いた論争は、その後一旦下火となったが、一方で辮髪切除活動に起因する華人社会内部の対立は続いた。既に述べたように、新聞上の論争では、林文慶は辮髪切除活動やその是非に関して積極的に関わることを避けていたが、「現地の改革主義者たち」の中心人物という立場上、彼が辮髪切除活動に関わっているのではないかという噂が華人社会の中で流布していた。これに反応したのが、陳若錦と佘連城の二人である。彼ら二人は林文慶以前の世代においてシンガポール華人社会を代表する立場にあった著名な海峡華人であり、両者は共に立法参事会の民間メンバー職を経験していた。また一八九五年に林文慶がこの官職に初めて選出された際に、彼を推薦したのもこの二人であった[57]。さらに、陳若錦は一月末から二月初頭における論争でも、反対派の一人として実名にて辮髪の切除に反対していた。陳若錦・佘連城らは、この問題について、反対派の立場から林文慶に対し積極的な働きかけを行っていくこととなった。

一八九八年二月四日に、陳若錦・佘連城ら二人は林文慶に面会し、彼が辮髪切除活動の主導者なのではないかと詰問した。これに対し、林文慶は自身がこの活動を主導する多くの人々の一人に過ぎないと弁解した。陳若錦らは続けて、シンガポールの華人たちが辮髪切除活動に激怒していると伝え、林文慶に対し辮髪切除活動との関わりを絶つよう勧告した。これに対し、林文慶は熟考する旨を返答した[58]。翌月、三月九日に、華民諮詢局にて辮髪切除活動に関する会議が行なわれ、その委員であった陳若錦・佘連城らや、反対派の一人であった李清淵が参加した（同じくメンバーであった林文慶は欠席した）。この会議でも、陳若錦と佘連城は辮髪切除活動を強く非難したうえで、この活動と林文慶との関わりについても明言している。この会議は最終的に、辮髪切除活動は不当なものであるという結論を出して閉会した[59]。

ここまで述べてきたように、陳若錦・佘連城らは林文慶を辮髪切除活動の中心人物として捉えたうえで、彼を辮髪切除活動から引き離すべく面会と勧告を行い、華民諮詢局という植民地での華人統治に関わる重要な場で行われた会議においても、やはり辮髪切除活動と林文慶への強い批判を行っている。陳若錦・佘連城らと林文慶の関係について、八月一九日の *Straits Times* に掲載された書簡の一部が参考となる。

……辮髪に関する論争が起こるまでは、林文慶博士は最も信用され、懇意の関係であった陳若錦氏の友人かつ相談相手であったことを、我々はまた知っている。その後、辮髪の無用さに関して議論が起こり、そして陳若錦と林文慶という二人の友人が対立する側に身を置くようになったことを知ったことを、我々は残念に思った。林文慶博士を説得し「現地の改革主義者たち」との関係を断絶させ、彼が系統立てて述べた計画を撤回させるよう全力を尽くしたということを、陳若錦氏は我々に語った。もちろん、立法参事会のメンバーである林文慶はそれを拒否した。[60]……

すなわち、林文慶にとって、陳若錦・佘連城らは植民地統治に協力・参加する華人社会の代表者としての先輩であっただけではなく、厚い信頼を得ていた目上の知己でもあった。

しかし辮髪切除活動に起因する対立の中で、林文慶がこの活動の中心人物として扱われたことにより、彼個人と陳若錦・佘連城らとの人間関係は大きく悪化した。さらに三月一二日には、林文慶を誹謗する匿名のビラが街中に貼られるという事件まで発生した。[61]辮髪切除活動に起因する対立は、この活動の中心人物と見られていた林文慶個人に多大な悪影響を与えると共に、華人社会内における彼の地位や人間関係さえも危うくしたのである。

また同年八月には、林文慶と植民地政庁との関係に関する新たな問題が生まれた。林文慶の立法参事会の民間メンバーとしての任期は一八九八年の八月までであり、彼をこの官職に再選出することが適任か否かを問う論争が新聞上で行われるようになったのである。そのきっかけは、八月八日の *Straits Times* に掲載された、**J.P.** という署名の人物による書簡であった。この書簡は、林文慶の立法参事会の民間メンバー職の任期が八月に終わることに触れたうえで、この官職は華人社会の多数派から完璧な信任を受けた人物一人が任職すべきものであるため、林文慶は不適当であり、その後任としては陳若錦もしくは佘連城が適任であると主張するものであった。[62]

これに対し、八月一〇日に **J.P.** なる人物の意見に反論する書簡が、同じく *Straits Times* に掲載された。この書簡は **Onlooker** という署名であり、**J.P.** はその書簡の中で華人社会全体の代弁者として公平な態度をとっているかのように装っているが、実際には彼の意見には反対派のバイアスがかかっており、辮髪切除活動をきっかけに生まれた華人社会内の「多くの不和、嫌悪、悪意」により、林文慶に対する批判が行われていると主張するものであった。[63] この後、J.P. と Onlooker なる人物二人は、*Straits Times* 紙上で議論を繰り返した。

しかし結果的に見ると、これらの議論は、植民地政庁の判断に大きな影響を与えなかった。八月二三日に、海峡植民地政庁は林文慶を立法参事会の民間メンバー職に再度指名し、彼はこの官職を引き続き任職することとなった。[64] 立法参事会の会議でも、彼の再指名に関する議論は一切行われていない。辮髪切除活動に伴う騒動は、林文慶個人に対する植民地政庁の信任にはほぼ影響を与えなかったと思われる。この点に関して、植民地政庁の林文慶に対する揺るぎない評価の根拠を、八月一六日に *Singapore Free Press* に掲載された記事からうかがうことができる。

> ……しかし、〔中略〕我々は華人社会を代表する彼以上に有用なメンバーが、これまで植民地の立法参事会の一員であったことはないという見解を表明しなければならない。林文慶博士は華人〔Chinaman〕である。しかしこれに加え、彼は教養ある紳士であり、近代的な観念に非常に通じ、優秀な成績で西洋の大学の課程を修了し、公衆衛生に関するあらゆる問題についての職業的な専門家であり、またとりわけ、医師としての業務と海峡植民地における華人の誰よりも高い水準にある知識により育まれた、平易かつ説得力のある英語で自身の見解を表明する能力を有している。[65]……

植民地政庁の林文慶に対する評価の根本にあるのは、彼が高度な水準のイギリス式教育を受けた植民地エリートであること、また英語に堪能であることであった。この時期のシンガポール華人社会において、林文慶のように高いイギリス式の知的教養を備えた人物は非常に希少であり、それゆえに植民地政庁は華人社会の代表者として彼を引き続き選択したといえるだろう。このことは同時に、植民地政庁が辮髪の切除を、華人統治に関わる重大な問題として扱おうとしなかったことを示している。

林文慶の立法参事会の民間メンバー職の再選を受けて、一八九八年八月二七日にこのことを記念するパーティが、トムソン・ロード（Thomson Road）にある陳合隆の邸宅で開催された。このパーティには、林文慶の支持者たちに加え、華民諮詢局のメンバーたちや少数のヨーロッパ人も参加した。このパーティの中で、宋旺相や阮添籌が祝福のスピーチを述べ、林文慶は返礼のスピーチを行った。彼はこのスピーチの中で、まず友人たちへの感謝とこの職務の重要性、また前任者であった陳若錦・佘連城がこの職務において果たしてきた功績の重要性を確認した。しかし林文慶は同時に、立法参事会のメンバーは良心の自由と発言の自由を有し、集団内部の事情に影響されないことが求められると強調した[66]。すなわち、林文慶はこのパーティで、親しい仲間たちに対して、自らの思想に基づいてその意志を表明することを、華人社会内部の事情や個人的な人間関係よりも優先すると宣言したのである。

翌年、一八九九年三月に、辮髪切除活動に関する大きな変化が訪れた。林文慶自身が辮髪の切除について述べた記事が、「現地の改革主義者たち」により刊行されていた英語雑誌である *Straits Chinese Magazine* に掲載されたのである。この記事は「海峡華人の改革——辮髪問題」（Straits Chinese Reform: The Queue Question）という題名であり、辮髪切除の是非に関してこれまで沈黙を保ってきた林文慶は、この記事で初めて辮髪に関する自らの意見を公表することとなった[67]。この記事は、「海峡華人の改革」という題名のついた一連の記事の中で、最初に執筆されたものとなった。

この記事の冒頭で、林文慶は自らのイギリス臣民としての立場を繰り返し強調し、自身がこの記事の議論において海峡華人のみをその考察の対象としていることを確認している。

林文慶はそのうえで、辮髪は無益かつ不便であり、また満州人による支配への臣服の義務のしるしでもあるため、イギリス臣民である海峡華人は辮髪を維持することが不適切であることを公言すべきだと主張している。これらの理由により、林文慶は、辮髪を切除しても「華人が華人でなくなる」わけではないということ、また賛成派が華人としての共通性を喪失させ「華人が華人でなくなる」ようにしむけることを目的として活動しているわけではないことを強調する。

> ……いや、我々は［華人としての］ナショナルな方向性［national line］における改革を必要としている。我々自身が華人であることを忘れてしまうことによって失うものは、あまりにも多過ぎる。我々の反対者は、我々が自らの人種［race］を否認することを望んでいると言っている。違う、我々はそのような事を絶対に望んではいない。［中略］どのような格好であろうと、また何処に居住しようとも、その華人は常に華人のままである。……

これらの記述を見るに、林文慶がこの記事を執筆した意図は、二つに分けることができる。第一に、「華人が華人である（あるいは、華人でなくなる）」という問題を、華人社会へ所属するために必要な社会的な共通性という実際の華人社会と関係する社会的な問題設定ではなく、ネイションとしての華人という枠組やそれを規定するナショナルな共通性といった理念的な問題設定の中で改めて議論することにより、自らのネイション概念を通した華人理解を反対派に対して分かりやすく説明するという点である。第二に、このような説明を通して、「華人が華人である（あるいは、華人でなくなる）」といった問題と、辮髪に関わる問題を別個のものとして切り離し、前年から続く反対派と賛成派の対立関係を緩和するという点である。彼はこの記事を公表することにより、辮髪の切除を自らの理論の中で正当化しつつ、前年より続いてきた反対派との確執を解消しようとしたのである。

また、林文慶はこの記事において、同じ雑誌に一八九七年六月に掲載された記事である「我々の敵」と同様に、シンガポール華人社会における海峡華人たちの問題を議論しており、中国本土の社会や政治といった問題には一切言及していないという点を確認しておこう。

この記事が掲載された一カ月後となる一八九九年四月に、林文慶はついに自ら辮髪の切除を実行するに至った[68]。これに対し、陳若錦・佘連城ら反対派は、批判的な行動を一切行っていない。このことは、*Straits Chinese Magazine* 誌上における彼の弁明に、一定の効果があったことを示すものであろう。

ただし林文慶自身が辮髪を切除した段階では、幾人かの海峡華人が彼に追随して辮髪の切除を実行するであろうと予想されていたが、実際には「現地の改革主義者たち」のほとんどは辮髪の切除を実行せず、彼に追随するものは極めて少数であった[69]。彼らの多くが辮髪の切除を躊躇した理由として、その実行により自らの生業に悪い影響があるかもしれないと懸念されたことや、家族など周囲の人間と衝突することが忌諱されたことなどが報道されている[70]。

ここで注目すべきは、林文慶の立法参事会の民間メンバー職の再選が認められ、海峡植民地政庁が辮髪の切除に関する問題を重視しないという態度を明確に示したことにより、前年に反対派が繰り返し主張した、辮髪の切除により華人がイギリス臣民としての権利を喪失することを憂慮する意見の根拠が崩れていることである。この点について、一八九九年の*Straits Times* や *Singapore Free Press* などの英語新聞の報道の中に、賛成派が辮髪の切除を躊躇した理由として、イギリス臣民としての権利の喪失に関する意見を見出すことができないことは、その傍証となるだろう。これにより、反対派が辮髪の切除による弊害として主張した理由のうちの一つが説得力を失い、社会的な関係の断絶という問題のみがただ一つ残されたこととなった。

既に述べたように、この懸念は前年において賛成派の華人が辮髪の切除を躊躇した主要な根拠であったが、一八九九年においても再び賛成派による辮髪の切除を躊躇させることとなった。これらの報道で述べられた、賛成派が辮髪の切除を断念した理由とは、周囲の人間との関係の悪化や生業への悪影響といった点であり、まさしく「社会的な関係の断絶」による不利益・悪影響への懸念を意味するものである。このことは同時に、辮髪を華人社会に所属するための社会的な共通性の一つとして捉える社会的な認識がなくなったわけではなく、また林文慶による理論的な説明や辮髪切除の実行により、反対派の華人たちの意見が変わったり、辮髪をめぐって発生した対立が緩和されたわけではないことを、はっきりと示している。

辮髪切除活動を契機として生じた華人社会内の緊張は、一八九九年以降もそのまま持続し、また陳若錦や佘連城に代表される反対派の華人たちはこれ以降も、林文慶ら「現地の改革主義者たち」の活動に対して批判的な立場をとり続けた。単純に結果だけを見るのであれば、辮髪切除活動は何一つ具体的な成果を残せなかったばかりか、林文慶ら「現地の改革主義者たち」の社会的な信用を損ない、華人社会の多数派からの警戒や批判を集める結果となったといえるだろう。この問題を解決すること、すなわち「現地の改革主義者たち」の活動に対する多数派からの批判を抑えながら、華人社会全体の支持を獲得していくことは、一八九九年以降における彼らの活動の課題として引き継がれていくこととなった。

七　おわりに

本章では、一九世紀後半のシンガポールにおける秘密結社の法的な規制の進展とこれに起因する林文慶ら「現地の改革主義者たち」の出現、林文慶によるネイションとしての華人社会という発想の発見、および辮髪切除活動に起因する一連の騒動について議論した。本章の議論は、シンガポール華人社会の近代史の展開を考えるうえでも重要な示唆を与える。

第一章第四節にて述べたように、一九世紀末に到るまで、「華人」という枠組はあくまでイギリスの植民地統治上の集団カテゴリに過ぎず、現地の華人社会に居住する人々が、自らを華人であると認識する機会は極めて限定的であった。シンガポール華人社会に居住する大多数の華人の間で、「シンガポール華人社会に属する華人である」ことや、そのために必要な条件、共通性といった問題は、一九世紀末の時点ではまだ明確に意識化されていなかったといえる。

このようなシンガポール華人社会の状況を大きく変えるきっかけとなったのが、一九世紀後半における秘密結社に対する法的規制の進展と、それと並行した現地に居住する華人を対象とした高等教育の推進、および公共図書館利用の拡大であった。これらの制度的な変容を背景として、シンガポール華人社会では一八九〇年代より、それまでの世代と比較して高度な近代的教育を受け、知的専門職に就いた若年層の華人たちが、社会的なリーダーシップを担うようになった。これがすなわち林文慶ら「現地の改革主義者たち」であり、彼らは社会ダーウィニズム的な意味での「進歩」と「改革」を志し、現地での言論活動と社会改革活動を主導していった。

また林文慶ら「現地の改革主義者たち」は、現地で初めてネイション概念を通してシンガポール華人社会を認識した人々であり、また一八九八年から一八九九年における辮髪切除活動に起因する華人社会内の騒動において、彼らのネイション概念を通じた華人社会の認識の是非が大きく問われることになった。ネイションとしてのシンガポール華人社会という発想を強く意識していた林文慶ら「現地の改革主義者たち」が、「シンガポール華人社会に属する華人である」ことやその条件、共通性といった問題を重視していたのは当然だが、さらに辮髪切除活動とそれに起因する華人社会内の騒動や対立的な論争は、この問題が華人社会内でより広く、また強く意識されるきっかけとなった。

ここでもう一点注目すべきは、辮髪切除に賛成した林文慶ら「現地の改革主義者たち」のみならず、彼らと対立し、批判や論争を繰り広げた反対派も、「シンガポール華人社会に属する華人である」ことはどのようなことなのか、またそのためには何が必要で、何が必要でないのかを、盛んに議論したということである。すなわち、この論争の中で、賛成派も否定派も共に、自分たちが「シンガポール華人社会に属する華人である」こと、また自分たちの間に何らかの共通性が存在することを意識し、このことを当然の前提として対立的な議論を展開したのである。

国民国家としての想像力を強力に喚起することを可能とするような制度的な基盤を持たない移民社会であるシンガポール華人社会において、ナショナリズムが形成されるためには、均質かつ一体化した文化的な共同体としてのネイション概念が伝播するという第一の過程に加え、方言や幇派といった内部の差異・分断を超えて、「シンガポール華人社会に属する華人」としての文化的・社会的な共通性の存在が広く意識（あるいは「想像」）されるという第二の過程が必要であった。

林文慶ら「現地の改革主義者たち」による、一八九〇年代後半におけるネイション概念を用いた言説活動は、この第一の過程に当たるものであった。そして、一八九八年から一八九九年にかけて発生した辮髪切除活動に起因する騒動は、華人社会の多数派と林文慶ら「現地の改革主義者たち」との対立的な構造をつくり出し、両者のシンガポール華人社会に対する認識の差異をあぶり出してしまったが、同時にこの騒動を通して「シンガポール華人社会に属する華人である」ことや、そのために必要となる共通性について、明確に意識（あるいは想像）する機会が現地の華人たち（の一部）に与えられた。これはいわば、前述した第二の過程に当たるものであった。本書が議論する「移民社会のナショナリズム」としてのシンガポール華人社会のナショナリズムの形成は、この二つの過程によって開始されたといえる。

またこの二つの過程が端的に示しているように、シンガポール華人社会におけるナショナリズムの形成の初期過程には、林文慶ら「現地の改革主義者たち」と華人社会の多数派の対立的な構造の解消という課題が存在した。林文慶ら「現地の改革主義者たち」によるこの課題への取り組みについては、次章以降において議論していく。

注

（1）［Khor 1958］。
（2）［明石 一九八二］［山本 一九九五］［Chan 2018: 75-106］［李元瑾 一九九〇］［李元瑾 二〇〇二］［厳 二〇一七］。
（3）［篠崎香織 二〇〇四a］。
（4）［海野 二〇一五］［吉澤 二〇〇三：一一九―一五六］［劉香織 一九九〇］［Godley 1994］［Tejapira 1992］。
（5）［鬼丸 二〇〇三：五〇四―五〇六］［Tagliacozzo 2005: 186-202］［Trocki 1990: 70-78］［Yen 1995a: 151-157］。
（6）［Tagliacozzo 2005: 186-196, 199-202, 362-369］。
（7）［山田賢 一九九八：一〇六―一二五］。また中国国内におけるフロンティアの開発と宗族組織や秘密結社の発展について、以下の研究を参照［山田賢 一九九五］。
（8）［白石 一九七五：八〇―八五］［Freedman 1960: 29-38］［Lee, Poh Ping 1978: 47-53］［林・張 二〇〇八：二四九―二五六］。またシンガポール華人社会における秘密結社の活動や幇派・商業との関係性などについて、前述した研究に加えて、特に以下の研究における記述を参照した。Vaughan J. D., op. cit., pp. 92-100.［Blyth 1969］［Comber 1959］［Mak 1981］［Pickering 1878］［Pickering 1879］［Trocki 1990: 20-24, 88-94, 154-162］［Trocki 1993］。
（9）［Lee, Poh Ping 1978: 48］。
（10）［村上 二〇一三：二三九―二五二］。
（11）Makepeace, Walter, and Brook, Gilbert E., Braddell, Ronald St. J., op. cit., Vol. I, pp. 247-248.［Lee, Edwin 1991: 35-38］。
（12）Makepeace, Walter, and Brook, Gilbert E., Braddell, Ronald St. J., op. cit., Vol. I, pp. 244-246.
（13）［Lee, Edwin 1991: 32-49］［Lee, Poh Ping 1978: 66-81］［鬼丸 二〇〇三：五〇七―五〇八］［白石 一九七五：七九］。
（14）清末の中国本土における近代的海関制度の形成と外国人の雇用については、岡本隆司による研究［岡本 一九九九］に詳しい。
（15）Makepeace, Walter, and Brook, Gilbert E., Braddell, Ronald St. J., op. cit., Vol. I, pp.249-255, 277-279.［鬼丸 二〇〇三：五〇七―五〇八］［篠崎香織 二〇〇一：八一―八二］［白石 一九七五：七五―七六、八五―九二］［Cheng, Siok Hwa 1972: 263-265］［Lee, Edwin 1991: 71, 74-99］［Ng, Siew Yoong 1961］［Purcell 1948: 177-180］［Turnbull 2009: 55, 96-97, 100-103］。またピカリング個人の経歴については、以下の研究を参照［Jackson, Robert Nicholas 1965］。

(16) CO275, 70, *Annual Departmental Reports of the Straits Settlements for the Year 1904*, p. 109; Makepeace, Walter, and Brook, Gilbert E., Braddell, Ronald St. J., op. cit., Vol. I, p. 279.
(17) CO275, 42, *Annual Departmental Reports of the Straits Settlements for the Year 1891*, p.43.［鬼丸 二〇〇三：五〇九―五一〇］［篠崎香織 二〇〇一：七四―七五］［白石 一九七五：九一―九二］［Cheng, Siok Hwa 1972: 265-271］［Lee, Edwin 1991: 150-151］［Trocki 1990: 178-182］［Turnbull 2009: 101-103］。
(18) Makepeace, Walter, and Brook, Gilbert E., Braddell, Ronald St. J., op. cit., Vol. I, pp.254-255.［Lee, Edwin 1991: 54-56］。
(19)［Turnbull 2009: 128-129］。
(20) ラッフルズ学院（Raffles Institution）は、中等学校と博物館・図書館が併設された教育施設であり、特に海峡植民地の重要な教育拠点として、英語を中心とする中等教育を行っていた。詳しくは第六章第二節を参照。
(21)［山本 一九九五：五〇―五二］［Turnbull 2009: 115-119］［Yong 1992: 1-11］。
(22) 植民地統治初期におけるシンガポール学院の設立・経営と、ラッフルズやクロフォードらイギリス人官僚たちとの関わりについては、以下の研究を参照［O'sullivan 1988］。
(23)［金子 二〇一六：一一―三九］。
(24) Raffles Library (ed.) *Catalogue of the Raffles Library, Singapore, 1900*´ Singapore: American Mission Press, 1905. なおここでは、同一著者により執筆され、複数巻に分かれた著作は、その巻数を全て合計して一冊と表記している。
(25)［木畑 二〇〇八：三九―四三］［レヴァン 二〇二一：一三八―一四二］。
(26) Song, Ong Siang, op. cit., pp. 312, 434.
(27) この Local reform party という言葉を、そのまま「改革派」と訳すことも可能であろう。しかし本書では、彼らが党派（party）と呼べるような一つの団体として一体化していなかったこと、また康有為ら「立憲派」の政党（保皇会）と混同される可能性を危惧したため、この訳語の採用を避けた。
(28)［Khor 1958: 1-5］。
(29)［李元瑾 一九九〇：九八―九九］［Khor 1958: 6, 21］。
(30)［李元瑾 一九九〇：二三―二四、九八―九九］。
(31) この推察に関して、李元瑾による林文慶個人を対象とした研究の中でも、邱菽園と黄乃裳による影響に関して、筆者と同様の見解をとっていることを指摘しておく［李元瑾 一九九〇：九八］。
(32)［篠崎香織 二〇〇一：七八］［李元瑾 一九九〇：三六―三七］［Khor 1958: 12-17］。
(33)［Chui 1991: 67-68］［Yen 1995a: 215-216］［Yong, McKenna 1990: 7-8］。
(34) 馮自由『革命逸史』北京：中華書局、一九八一［一九四八］年、第五巻、二〇八―二一一頁。
(35) *Straits Chinese Magazine, March*, 1897, "The Chinese Philomathic Society, Singapore," Song, Ong Siang, op. cit., p. 236.［葉 二〇〇三］。
(36) Makepeace, Walter, and Brook, Gilbert E., Braddell, Ronald St. J., op. cit., Vol. II, pp. 301-303; Song, Ong Siang, op. cit., p. 94.［Jose 1998: 24-26］［Ng Mong Rong Justin 2012-2013: 63, 65, 66］。また海峡哲学協会の歴史と活動については、以下の研究を参照［Jose 1998］［Ng Mong Rong Justin 2012-2013］。
(37) *Straits Chinese Magazine*, June, 1897, Lim Boon Keng´ "Our Enemies."

（38）この人物は、中国語によく通じたイギリス人官僚であり、海峡植民地において華人に関係する官職を歴任し、現地で『三州府文件修集』（*A Text Book of Documentary Chinese*）という中国語の資料集を出版したことで知られた人物である。ヘア（Hare, G. T.）を指す。Makepeace, Walter, and Brook, Gilbert E., Braddell, Ronald St. J., op. cit, Vol. I, p. 133.

（39）[Wee 2001: 5-8]。

（40）林文慶らのネイション認識の中で、シンガポール（および海峡植民地）の華人たちのみが対象とされており、中国本土の中国人が除外されている理由については、第七章第四節の議論を参照。

（41）林文慶の思想における中国語・儒教学校の位置付けについては、第四章第二節でも論じる。

（42）この点について、顔清湟はシンガポール華人社会における文化的ナショナリズムのはじまりとして、一八八一年に設立され、福建幇の会館としての役割をはたしていた施設である天福宮において中国本土の伝統的価値観を教諭する活動を行っていた団体である楽善社、および彼らが行った文化的啓蒙活動に注目している [Yen 1995a: 201-204]。ただし、前述した楽善社による活動が近代的なネイション概念を意識したものであったことを示す根拠は存在せず、また楽善社がシンガポール華人社会を一つの文化的共同体と認識していたかどうかも疑わしい（楽善社の文化活動は天福宮で行われていたため、その文化的な共同体認識に含まれていたのは福建幇に属する華人（すなわち福建人）のみであった可能性が極めて高い）。そのため、楽善社の文化活動をシンガポール華人社会における近代的なナショナリズムの端緒であると見なすことは妥当ではないと思われる。

（43）*Singapore Free Press*, 17th January, 1898, untitled article.

（44）*Straits Times*, 26th January, 1898, “Reforming Babas.”『叻報』一八九八年二月一日、「紀論割辮可駭事」。

（45）*Straits Times*, 27th January, 1898, “Reforming Babas, the “Towchang” Question, Interview with Leading Chinamen,” 28th January, “Reforming Babas.”

（46）『叻報』一八九八年二月一日、「紀論割辮可駭事」。

（47）付け加えると、例えば宋旺相のように、留学などによりヨーロッパに居住していた時期に辮髪を切除した華人も存在した。しかし、彼らはシンガポールに帰還したのちに、また辮髪を生やした（林文慶自身は、留学時も辮髪をつけたままであった）。*Straits Times*, 26th January, 1898, untiled article.

（48）*Singapore Free Press*, 27th January, 1898, editorial article, 28th January, “The Chinese Reform Party.”

（49）*Straits Times*, 26th January, 1898, “Reforming Babas.

（50）ただしこの分類は、あくまで確認できる同時代史料からあてはめた便宜的なものに過ぎない。また実際にはこの二派に含まれない、辮髪の切除に関して賛成・反対などの意見を積極的に述べようとしない人間が華人社会の大多数であったことを注記しておく。

（51）『叻報』一八九八年二月一日、「紀論割辮可駭事」。

（52）*Straits Times*, 27th January, 1898, “Reforming Babas, the “Towchang” Question, Interview with Leading Chinamen,” 28th January, “Reforming Babas.” 陳合隆は、生没年や詳しい職業などは不明であるが、本章第六節にて後述するように林文慶の立法参事会の民間メンバーの再選を記念するパーティを自らの邸宅で主催しており、また一九〇二年には林文慶らと共にロンドンに向かい、エドワード七世の戴冠式に参加している［柯 一九九五：七七］。そのため、陳合隆は恐らく英語に堪能な海峡華人であり、「現地の改革主義者たち」の活動にも賛同する立場にあったと思われる。
(53)［篠崎香織二〇〇四ａ：六一一〇］。
(54) *Straits Times*, 28th January, 1898, "Reforming Babas."
(55)［篠崎香織二〇〇四ａ：七］。
(56) これに関係して、*Straits Times* の一八九九年七月一九日の記事の中に、小麦粉の袋を盗んだ華人がその持ち主に捕まえられた際に、その男の友人により辮髪を切除されたのちに解放されたという記述がある。この記事の内容は、当時の華人社会に、辮髪を切除することは、その華人が華人社会から排斥されるべきものであることを示す意味を持つという認識が存在したことを示す傍証となるであろう。*Straits Times*, 19th July, 1899, "Cutting His Towchang."
(57) *Straits Times*, 19th August, 1898, "The Chinese Seat in Council."
(58)『叻報』一八九八年二月一一日、「問答要言約誌」。
(59)『叻報』一八九八年三月一一日、「新嘉坡参事局會議割辮會事照錄」。
(60) *Straits Times*, 19th August, 1898, "The Chinese Seat in Council."
(61) *Straits Times*, 14th March, 1898, "Dr. Lim Boon Keng."『叻報』一八九八年三月一七日、「人宜自愛」、三月一八日、「再談揭帖事」。
(62) *Straits Times*, 8th August, 1898, "The Chinese Seat in Council."
(63) *Straits Times*, 10th August, 1898, "The Chinese Seat in Council."
(64) CO 275, 56, *Proceedings of the Legislative Council of the Straits Settlements for the Year 1898*, p. A25, B65.
(65) *Singapore Free Press*, 16th August, 1898, "Dr. Lim Boon Keng."
(66) *Straits Times*, 29th August, 1898, untitled article, *Singapore Free Press*, 29th August, 1898, "Hon'ble Dr. Lim Boon Keng."
(67) *Straits Chinese Magazine*, March, 1899, Lim Boon Keng, "Straits Chinese Reform I: The Queue Question."
(68) *Straits Times*, 12th April, 1899, untitled article.
(69) 林文慶の後を追う形で、直後に辮髪を切除した華人として、李攀福(Lee, Pan Hock)という人物が存在したことが報道されている。彼は「現地の改革主義者たち」の一員でもある華人商人であった。*Straits Times*, 8th May, 1899, untitled article.［柯 一九九五：五二］。
(70) *Straits Times*, 15th April, 1899, "The "Towchang Question.," "15th April, "On the Verandah."

第三章　康有為のシンガポール来訪とその社会的影響（一九〇〇年）

一　はじめに

本章では、一九〇〇年における康有為のシンガポール来訪とその華人社会への影響について考察を行う。周知の通り、康有為は、清朝という国家の急進的な改革を目的とした政治運動である戊戌変法において主導的な役割を果たした「立憲派」の中心人物である[1]。彼は一八九八年の戊戌政変後に海外に逃亡したのち、一九一三年に中国に帰還するまでの約一六年間に渡り、海外を転々としながら、自らが主導する政治的党派である「立憲派」の宣伝と資金の獲得を目的とした活動を行っていた。また康有為は、シンガポールを来訪する約一年前の一八九八年に、カナダのヴィクトリアで現地の支持者を集め、保皇会[2]という「立憲派」の中心的な政治組織を設立した。彼は一九〇〇年二月にシンガポールを初めて来訪し、その後約六ヶ月間滞在している。

一九〇〇年における康有為のシンガポール来訪は、シンガポール華人社会史におけるナショナリズムの形成過程を扱った主要な先行研究において、「立憲派」の政治運動がシンガポール華人社会内で大きく展開されていくきっかけとなった出来事であり、同時にシンガポール華人社会において政治的なナショナリズムが形成される起点となった出来事として扱われている[3]。またこの出来事自体に着目した先行研究として、張克宏などによる研究が存在しており、シンガポール滞在中の康有為の行動に注目してその概要を整理している[4]。

これらの先行研究の議論の前提となっているのは、シンガポール華人社会におけるナショナリズムの形成を、中国国内の政治的党派のシンガポールへの来訪とその影響力の拡大という観点から説明しようとする文脈である。序章第二節などでも簡単に述べたが、顔清湟、楊進発とマッケナ（McKenna, R.

画像40　康有為の肖像。中国国内の著名な画家である李鉄夫の手による。1904年。

B.）の研究などに代表される、シンガポール華人社会におけるナショナリズムの形成に関する先行研究は、二〇世紀初頭における「革命派」の出現と「立憲派」との対立構造の形成の重要性を繰り返し強調してきた。これらの先行研究では、一九〇〇年に康有為がシンガポールに来訪して宣伝活動を行ったことにより、「立憲派」の政治的な影響が現地で拡大し、政治的なナショナリズムの形成が始まっていく端緒となった重要な出来事だと見なされている[5]（もちろん、この位置付けは最終的な「革命派」の勝利と成功を前提として、「革命派」と対立する政治党派としての「立憲派」がいかに勢力を拡大してきたかを説明しようとする意図を持っている）。

このように一九〇〇年の康有為のシンガポール来訪をシンガポール華人社会の政治的なナショナリズムの形成過程の起点と見なす観点の根拠となっている主要な史料の一つは、馮自由の著作である『革命逸史』に収録されている、「革命派」の著名な活動家の一人であった胡漢民が一九三六年にシンガポールで行った演説である。胡漢民はこの演説の中で、「革命派」が活動を始める以前のシンガポール華人社会では、康有為が光緒帝との関係を利用してその政治活動を宣伝したことにより「立憲派」とその支持者たちが強い影響力を有していたが、「革命派」が活動を始めたことにより、現地の華人たちはその誤りに気付き、次々と「革命派」を支持するに至ったと主張している。[6] ここで強調されているのは、「革命派」台頭以前の華人社会での康有為ら「立憲派」の影響力の拡大、「革命派」と「立憲派」の対立関係の形成、および「革命派」の台頭による影響力の逆転という図式である。

胡漢民の演説におけるこのような図式は、これを主要な史料の一つとして採用しているシンガポール華人社会史の先行研究と、ある特徴を共有している。それは、華人社会の政治的なナショナリズムの展開について考察する際に、主に中国国内政治に関わる政治的党派の活動のみに着目し、そこから働きかけを受けて扇動・動員される受動的・従属的な立場として、現地の華人社会を捉える特徴である。このように、中国国内の政治的党派を主、現地の華人社会を従とするような発想に沿って華人社会の政治的なナショナリズムの形成過程の起点を考察するのであれば、中国国内において著名な政治活動家であった康有為がシンガポール華人社会と直接的に関わった最初の出来事である一九〇〇年のシンガポール来訪は、確かにこのような物語の始まりとして取り上げられるにふさわしい重要な出来事として位置付けたくなるのも当然であろう。

しかし実際には、一九〇〇年当時、胡漢民はシンガポールを含む海外の華人社会を訪れておらず、また中国同盟会シンガポール支部もまだ設立されていなかった。したがって、この胡漢民の演説の情報は彼の実体験ではなく、恐らく何らかの伝聞などから得た情報を話したに過ぎず、しかも自らと敵対的な党派を批判するような内容だということになる。そのため、この演説の史料的な信憑性は、極めて低いと言わざるを得ない。

では、一九〇〇年における康有為のシンガポール滞在は、実際にシンガポール華人社会にどのような影響を与えたのだろうか。またこの出来事は、華人社会の政治的なナショナリズムの形成や、現地で「立憲派」の政治活動が活発化するような契機となったのだろうか。この課題を精緻に検討するためには、まず先行研究がこの二つの特徴を前提として議論を展開していたことに留意し、その制約から外れる必要があるだろう。

本章では、同時代史料を用いて、シンガポール華人社会史という観点から考察を行うことで、この二つの特徴と制約を批判的に乗り越えることを試みる。これは具体的には、序章第二節で述べたように、シンガポール華人社会を中国本土の政治的党派とは異なる独自の自律性・主体性を有していた場として捉え、そのナショナリズムの展開についても、中国本土の政治的関係性の延長線上ではなく、シンガポール華人社会という独自の場において連続的に形成されていったものと考える観点である。この観点に立ち、一九〇〇年の康有為のシンガポール滞在という出来事がシンガポール華人社会に与えた影響を精査することができれば、この出来事が持つ歴史的な意義をより正しく位置付けることが可能となるだろう。

本章ではこのような問題意識に基づき、一九〇〇年の康有為のシンガポール滞在とその華人社会への影響について、同時代史料を中心に考察を行うと共に、シンガポール華人社会史という観点からその位置付けを再検討する。

二　林文慶らと康有為ら「立憲派」の政治的な関係性について

最初に、林文慶らと康有為との関係性や、その政治的な評価について整理しておこう。第二章第三節で述べたように、シンガポール華人社会にて活動していた「現地の改革主義者たち」の中には、林文慶や邱菽園など、康有為ら「立憲派」の政治活動に対する熱心な支持・支援者が含まれていた。中国国内で科挙教育を受けた、中国本土出身の知識人であった邱菽園・黄乃裳らは、一八九五年に康有為・梁啓超らによる日清戦争の講和拒否と日本との徹底抗戦を求める運動（いわゆる「公車上書」）に参加したことにより、康有為ら「立憲派」とのつながりが生まれた。

邱菽園は一八九六年に中国本土からシンガポールに移住し、逝去した父親の遺産を受け継ぎ、現地で著名な資産家となった。彼はシンガポールでも中国国内政治への強い関心を維持しており、一八九八年には現地で中国語新聞『天南新報』の刊行を開始し、その紙面などで康有為ら「立憲派」への支持・宣伝を目的とした言論活動を行うようになった。

『天南新報』は戊戌変法の進行中に、その改革を擁護・宣伝する記事を多く掲載・転載した。また戊戌政変に際して、香港の中国語新聞『循環日報』の記事を転載し、「アフリカの野蛮な国家ですらこれほど残忍なことは行われていないと思うのに、図らずも中華においてこのようなことを見ることになった」という意見を紹介し、さらに戊戌政変の中で譚嗣同ら六人の官僚が処刑されたことについても強く批判した。

さらに『天南新報』は戊戌政変後に、康有為ら「立憲派」の政治活動および中国国内政治・社会の近代的改革の推進を支持・宣伝する記事を積極的に掲載すると共に、梁啓超ら「立憲派」の政治活動家たちが日本で刊行していた『清議報』の記事も転載した。加えて、邱菽園は一八九九年九月に、林文慶や阮添籌・曾兆南などを含む現地の華人五七八人との連名で、光緒帝の廃立を防ぎ、西太后の垂簾聴政を取り止めることを要求する電報を上奏した。この上奏は『清議報』にも取り上げられ、邱菽園の勇気ある行動が大いに称賛された。彼はのちに、この奏稿を含む『星洲上書記』という書籍を刊行した。

さらに、邱菽園は個人としても、（詳しくは本章および第四章第三節にて詳述するが）康有為とも書簡をやり取りしており、また彼を介して唐才常の反乱に資金提供を行うなど、緊密な関係性を維持していた。加えて、黄乃裳は一八九六年に娘の黄端瓊を林文慶に嫁がせており、このことをきっかけとして林文慶との関係を深め、一八九九年には林文慶に招かれてシンガポールに移住した。邱菽園や黄乃裳の影響を受けることにより、林文慶も康有為ら「立憲派」の政治活動と関わりを持つようになっていった[7]。シンガポールで活動していた「現地の改革主義者たち」のうち、邱菽園・黄乃裳・林文慶などの少数のメンバーが、康有為ら「立憲派」の支持・支援者となっていたといえる。

ただし管見の限り、邱菽園は自身が刊行する中国語新聞『天南新報』の中で、戊戌変法や戊戌政変、また清朝の近代化や改革、康有為ら「立憲派」の政治活動などについて言及しているものの、康有為個人については直接的な言及を行っていない。この理由を推察するに、邱菽園は中国本土で出生し科挙教育を受け、中国本土との社会的・経済的な結びつきも強い人物であった。そのため、彼は康有為ら「立憲派」の政策を支持・支援しつつも、同時に清朝との関係性を決定的に悪化させることを恐れており、清朝と敵対的な関係にあった康有為を直接的に支持する言論を自紙に掲載することを避けたのではないかと推察できる[8]。

これに対し、林文慶はその経済・社会・政治的なネットワークの範囲が主にシンガポールを含む東南アジア島嶼部に限定されていたためか、康有為個人に言及することを避けていなかった。彼は一九〇〇年に *Singapore Free Press* 紙上にて、「Wen Ching」という筆名を使って[9]、中国国内の政治・社会的な状況に関する複数の記事を特別寄稿しており、さらに一九〇一年にこれらの記事の内容をまとめた書籍『中国内部の危機』（*Chinese Crisis from within*）を、ロンドンの出版社から刊行した。この書籍で、林文慶は康有為について率直な評価を行っている。やや長文となるが、そのまま引用しよう。

……この歴史書[10]と康有為の著作は、［フランスの啓蒙思想家であった］ヴォルテールの歴史書がフランスに果たしたのと同等の功績を、中国に対して果たしたと言って差し支えないだろう。彼らは、康有為の指導下にある、多岐にわたる問題の改革者たちの新たな学派が出現する基盤を準備したのである。［中略］［清朝の近代化への］道筋はすぐに全て準備された。指導者のみが欠けていたのである。康有為が［政界に］現れたときに、彼は自身の指導のもとにすぐ行動する準備ができている多くの支持者を発見し、そして改革運動は夢想から現実へと変わった。［中略］康有為により執筆された歴史書は、中国の古典を学ぶ際における新たな見解を発展させていくうえで、最も重要なものである。一連の卓越した注釈[11]を通して、康有為は、神聖な古典は［清朝の］官僚や政府の保守主義や［近代的な進歩に］逆行する政策を正当化するような根拠とならないことを示そうと努めた。［中略］したがって、まだ彼らが概要を説明したところの百科全書が完成していないとはいえ、康有為とその同志たちは中国における百科全書派［に比類される啓蒙思想家たち］と呼んでよいだろう[12]。……

……彼ら［中国国内の人々］が目覚めるとき、彼らは不屈の活力に満ちた人物である康有為が既にその先駆者となっていることを理解するだろう。［中略］一八九五年に、中国が［日清戦争において］一連の敗北を被ったのちに、康有為は傷づいたナショナルな精神（national spirit）を目覚めさせることにより、［中国の］ナショナルな逆境（national misfortunes）を良い機会として活かすことを望み、北京に赴いた。［中略］革命的な党派（revolutionary party）［である康有為ら「立憲派」］は、奇妙なことに［清朝の］皇帝をその頂点に立てているが、疑いなく康有為とその友人たちは因習打破主義者であり、［清朝］政府の完全な変革を目指している。王朝を転覆することを目的とするのではなく、民衆を開放することを目的とした組織が発足したことは、中国の歴史を通して、これが最初の機会であった。従来の［中国の］全ての革命家たち（revolutionists）は、単に統治者を捕まえ、王家を滅亡させ、徴税機構をその手中に収めることを目指してきた。しかし［康有為らの］改革運動は［中国という国家の］ナショナルな覚醒［national awaking］であり、そして改革者たちは自由と思想の自由［liberty, freedom of thought］、人間の生まれながらの権利の行使と正義を強く要求したのである[13]。……

……改革者たちは西太后の執念深い憎悪を招いてしまい、そして康有為はその権力を明示することができなくなったために、北京と中国北部は彼［康有為］とその友人たちにとって全く活動できない場所となってしまった。［中略］［戊戌政変にて軍事力を行使した満州人の軍人である］栄禄［Yung-lu］に託された危険な力は、たとえ康有為の革命的な発想［revolutionary idea］に賛同しなかったとしても、満州人たちが開始した馬鹿げた粛清に全く関係していないわけではなかった人々に、深刻な懸念をもたらした[14]。……

これらの記述から、林文慶が康有為をどのように評価していたのかを理解することが可能である。この点を、大きく二つに分けて議論しよう。

林文慶は第一に、康有為をフランスの啓蒙思想の確立に大きな影響を与えた百科全書派や、その代表的な人物であるヴォルテール（Voltaire）らになぞらえ、中国の近代化に尽力する啓蒙的かつ自由主義的な知識人・思想家として評価している。彼は上で引用した箇所以外にも、康有為の著作を個別に取り上げながら詳しく説明しており、その評価の高さがうかがえる。

林文慶は第二に、康有為を中国国内政治の改革者として評価している。この改革は清朝内部からの改革であり、中国という国家に対する政治的なナショナリズムとして位置付けられている。また彼はここで、康有為の啓蒙運動および近代的な改革運動の敵対者として、清朝内部で権力を握る満州人（Manchus）および保守的な中国人（Chinese、すなわち満州人と漢族を共に含む）[15]官僚たちを提起しており、具体名として西太后や栄禄らの名前をあげている。

そもそも、この書籍の序文の説明をそのまま引用すれば、林文慶はこの書籍で「非進歩的で半ば野蛮な人種である満州人（Manchus）」による「文明化され進歩的な人種である、本来の中国人・華人（Chinese）」への「政治・社会的な支配」という中国国内の政治問題を論じている[16]。林文慶による議論の中で、康有為は、保守的・非進歩的かつ野蛮な満州人の圧政に苦しめられている中国という国家（あるいは清朝）を改革・解放しようとする知識人・政治活動家として位置付けられている[17]。

もう一つ強調しておくべき点として、林文慶は康有為を繰り返し「改革者」（reformer）と呼称しているが、同時に彼を「従来の全ての革命家たち」（revolutionists）と対比される、新たに出現した革命家の一人であると見なしており、また康有為を中心とする政治的な党派を指して「革命的な党派」（revolutionary party）と呼称していることである。さらに林文慶は、康有為の考えを「革命的な発想」（revolutionary idea）と表現している。ここから理解できるのは、林文慶は康有為を中国国内政治の変革を目論む改革者にしてある種の革命家であると見なしており、清朝の転覆を目標としていないことを十分に理解しつつも、同時に彼の政治活動は、満州人政権としての清朝に対して決定的な打撃を与えうる革命的な行為であると認識していたということである（なお、この書籍では管見の限り、孫文などの「革命派」の活動家たちの名前は一度も見受けられない）。

序章第二節における先行研究の整理の中で述べたように、伝統的な華人史研究は、孫文ら「革命派」と康有為ら「立憲派」の政治的な対立関係を基軸として議論を展開しており、またその意見対立の根幹には「排満主義」の是非という問題が存在したと考えている。そしてこれらの先行研究は、林文慶や邱菽園・黄乃裳らを康有為ら「立憲派」の政治的な思想をそのまま受容したと見なし、「革命派」対「立憲派」という中国国内政治の文脈をシンガポール華人社会史にそのまま当てはめようとしている。

しかし、このような観点に基づく議論は、明らかに一九世紀末のシンガポール華人社会内部の実態と乖離している。確かに林文慶は康有為ら「立憲派」の支持・支援者であったが、それは彼が康有為の政治的な意見をそのまま受容したことを意味するわけではない。彼は明らかに（前述した引用をそのまま利用すれば）「非進歩的で半ば野蛮な人種」である満州人による政治的・社会的な統治・支配から中国という国家を解放するある種の革命を達成させ、清朝を主体とした近代的・政治的な改革を進展させようとする立場の政治活動家として康有為を理解・評価し、支持していたのであり、その理解は「排満主義」を否定する「立憲派」の政治思想とも、また清朝を主体とする中国の近代を否定する「革命派」の政治思想とも異なる、ヨーロッパ的な革命思想と人種主義にもとづいているといえる。

ここから分かるように、林文慶の政治的な思想は、前述した孫文ら「革命派」対康有為ら「立憲派」、あるいは「排満主義」の受容の是非といった中国国内政治の文脈に基づく区分では正確に位置付けることができないものであり、また康有為自身や「立憲派」の政治的な思想とも明らかに乖離している。このことは、シンガポール華人社会における康有為の支持・支援者であった林文慶らが、康有為の政治的な思想や「立憲派」の政治性をそのまま受容していたわけではなく、イギリス式の英語教育を通して独自の思想を育んでいたことを示すものである。

三　康有為のシンガポール来訪・滞在

続いて、康有為のシンガポールへの移動と滞在について述べていく。前述したように、康有為は一八九八年における戊戌変法にて、光緒帝の協力のもとに清朝という国家の急進的な近代化を進めようとしたが、戊戌政変によって失脚し、清朝から亡命した。戊戌政変後の一八九九年に、康有為はカナダ・ロンドン・日本・香港などを転々と移動しながら逃亡を続けていた。さらに、一八九九年一二月二〇日に康有為と梁啓超に対して清朝から懸賞金がかけられ、彼らを捕獲もしくは殺害したものは報奨金を獲得できることが公示された[18]。そのため、邱菽園は、危険な状況におかれていた康有為に対し、自らの資金の一部を送ると共に、自らが居住していたシンガポールに避難することを勧めた。康有為はこの勧めに従い、一九〇〇年一月に香港からシンガポールに向けて出発した[19]。海峡植民地政庁は、イギリス外務省（Foreign Office）からの情報提供により、康有為が一九〇〇年一月三一日に香港からシンガポールに移動してくること、また彼が清朝から懸賞金をかけられている非常に危険な状況にあることを把握していた[20]。康有為は、二月二日にシンガポールに到着し、正式に海峡植民地政庁の保護下に置かれることとなった[21]。

康有為は清朝から懸賞金をかけられていたうえ、シンガポール華人社会内でも、西太后が彼を殺害するために海外に刺客を派遣したという情報（あるいは噂）が流れていた。そのため、康有為は偽名を使ってシンガポールまで移動し、シンガポール到着後は海峡植民地から提供されたシク教徒の警察によって護衛されていた[22]。また康有為が現地で安全に滞在するため、邱菽園と林文慶は植民地政庁に積極的に協力していた。邱菽園は、自身の家屋を康有為の居住場所として提供した。また林文慶は、その英語能力と植民地政庁との関係性を利用して、植民地政庁側の意見を康有為に説明したり、植民地政庁の官僚のインタビューに臨席するなど、植民地政庁との仲介者を果たした[23]。

康有為のシンガポール滞在に際して、清朝の駐イギリス公使であった羅豊禄は、駐シンガポール総領事の羅忠堯を通して植民地政庁と交渉し、康有為に「追放条例」を適用し、イギリス領の植民地へ滞在できなくさせるように要求した[24]。海峡植民地政庁はこの要求を退けたが、同時に康有為に対し、林文慶や植民地政庁の官僚を通じて、より安全な地域へ早急に移動するよう要求し、またその安全な移動のために協力する準備があると説明した[25]。羅豊禄はさらに、イギリスの首相（Prime Minister）兼外務大臣（Secretary of State for Foreign Affairs）であったセシル（Cecil, Robert Arthur Talbot Gascoyne）に対し、康有為の海峡植民地における滞在を認めないよう要求した。しかし、セシルは康有為が現地で何らかの違法な活動を行っていない限り、彼のシンガポール滞在を拒否することはできないとして、この要求も同様に拒否した[26]。

このような清朝側からの圧力と交渉の結果、二月二三日の *Straits Times* 紙上で、康有為は清朝からの刺客を避けてヨーロッパに向かうため、P. & O. の郵便船に乗り、シンガポールを離れたと報道された[27]。しかし、シンガポール華人社会内では、康有為は実はこの日以降もまだ現地に留まっているのではないかという噂が根強く存在していた。この噂は、前述した P. & O. の郵便船に乗船したのは康有為とは異なる人間であり、実際には康有為はいまだに邱菽園の家屋で居住していることを示唆する内容であった[28]。

Straits Times 紙は、この噂について報道すると共に、その真相を探るべく、林文慶にこの噂の真偽を質問した。林文慶はこの質問に対して書簡で返答し、この噂は事実であり、自らも協力して公衆を欺き、康有為を匿っていたことを遠回しに

認めた(29)。*Straits Times* 紙がこの書簡の内容を報道したことにより、康有為が引き続きシンガポールに滞在していることが現地で公表されることとなってしまった。

この事態を受けて、*Straits Times* 紙の記者であったレイド(Reid, Arnot)は一九〇〇年三月二二日に、康有為にインタビューすべく、彼が居住しているとされる邱菽園の家屋を訪ねた。レイドはシク教徒の護衛に阻まれ、何人かの華人と面会するも、康有為本人と面会することはかなわなかったが、その状況から、康有為が現在も邱菽園の家屋に居住しており、海峡植民地政庁により提供された武装したシク教徒の警察に護衛されていると推察した(30)。また同紙の三月二四日の記事では、ある華人から得た情報として、昨日レイドが面会した華人の一人の正体は林文慶であり、彼は辮髪をつけて少量の粉末を使い、老齢の医師に変装していたのだという情報(あるいは噂)が報道された(31)。同紙はこの続報となる記事を三月二六日に公表し、レイドの観察眼を信じ、老齢の医師は本当にアメリカとイギリスで生活している華人であり、林文慶ではなかったと結論付けた(32)。

なお、この件について、当時の海峡植民地政庁の知事であったスウェッテナム(Swettenham, J. A.)が、現地の警察部長(Chief Police Officer)の報告書を引用して、実際の状況を説明している。これによれば、前述した「ある華人の情報」なるものはやはり誤りであり、件の人物は変装した林文慶ではなく、一八七〇年代に清朝の駐アメリカ副公使(出使美国副欽差副大臣)を務め、戊戌変法中に康有為らに協力し、戊戌政変後に上海租界に亡命した容閎(Yeong, Wing)という華人であり、彼は康有為に面会するためにシンガポールを来訪していたという(33)。康有為の保護を担当していたイギリス側の報告書の内容に誤りや虚偽が含まれる可能性は極めて低いため、林文慶が老齢の医師の変装をしたという奇妙な噂は事実ではないと考えてよいだろう。ただし、この伝聞が誤りであったとしても、林文慶に関する奇妙な噂がまことしやかに囁かれるほどに、康有為と林文慶・邱菽園らの関係性が現地社会で注目されていたことは、重要な事実であろう。

康有為がシンガポールにいまだ滞在しているという情報が *Straits Times* 紙などの英語新聞にて報道されたことにより、中国語新聞でも関連する記事が掲載されるようになった。現地の代表的な中国語新聞である『叻報』は、一九〇〇年三月二四日に「不得不言」という記事を掲載し、自紙の編集者たちも康有為がいまだにシンガポールに滞在しているという情報を、以前より知っていたと認めた。『叻報』はそのうえで、康有為の滞在はシンガポールの大局に関わりのない些細な問題であり、その事実を最後まで隠し通すことは出来ないであろうと判断したために報道しなかったと釈明した(34)。

この記事について、康有為に対する現地社会の注目を考えるに、『叻報』が述べた「些細な問題」という弁明がいささか不自然であることは明らかである。『叻報』がここまで康有為のシンガポール滞在について報道してこなかった本当の理由について推察するに、『叻報』側は、清朝と敵対的な関係にあり、かつ海峡植民地政庁から保護される立場にあった康有為に関する報道を行うことで、清朝と植民地政庁間の政治的な緊張関係に巻き込まれることを懸念したのではないかと想像できる（ただしこの推論には明確な史料的根拠が存在せず、あくまで筆者の推察に過ぎないということを明記しておく）。

さらに、邱菽園の康有為への協力を巡って、中国語新聞間のいさかいも発生した。この騒動は、*Straits Times* 紙が一九〇〇年四月五日に、邱菽園の福建にいる家族が清朝によって逮捕されたという記事を掲載したことから始まった[35]。これに対し、邱菽園および『天南新報』は、四月七日に *Straits Times* 紙に英文の書簡を送り、自らが運営する『天南新報』の関係者の中に親族が逮捕されたものは誰も存在しておらず、前述した記事の内容は誤りであると述べた[36]（この書簡は、四月七日に *Straits Times* 紙上にて翻訳・転載された）。同日に、『天南新報』はこのことに関する記事を掲載し、前述した *Straits Times* 紙の記事のようなデマが生まれる原因は、シンガポールのある新聞が誤った内容の記事を掲載したことであり、この新聞は事実を伝えなかったばかりか、その後の訂正も行おうとしていないと非難した[37]。

この記事に対して、『叻報』は四月九日にこの返答となる記事を掲載し、『天南新報』が言うところの「シンガポールのある新聞」が自紙を指しており、また「誤った内容の記事」とは、同年二月一六日に掲載された「被累傳聞」という記事であると断定した。そのうえで、『叻報』はこの記事は幾人かの華人商人の家族がその本籍地である福建省漳州府海澄縣において清朝官憲に逮捕されたという風聞がシンガポールで流れていることを述べたに過ぎず、邱菽園の家族が逮捕されたという情報を伝えたわけではないと釈明した[38]。これに対して、『天南新報』は直接的な返答を行っていない。

これら一連のいさかいについて考えるに、『叻報』の二月一六日の記事が邱菽園とその家族に関する問題を念頭に置き、そのことを暗に示唆するような記述であった可能性は高いだろうが、同時にこの記事は言い逃れができるようあえて非常に曖昧な書き方をされており、その曖昧さが両紙の論争を生む直接的な原因となったといえるだろう。ただし、このことは同時に、邱菽園が康有為に協力したために、彼の家族が福建省において官憲に逮捕されたという噂が、シンガポール華人社会内で広く流布していたことを示唆するものでもある。

ここまで述べた内容をまとめる。まず康有為の保護について、イギリス外務省の協力のもとに、植民地政庁が中心となってこれを行い、「現地の改革主義者たち」のうち、林文慶・邱菽園らごく少数の華人がそれに協力していた。また康有為のシンガポール来訪の目的は自らの安全を確保できる滞在先を求めることにあり、それゆえに彼はシンガポールの華人たちに対して、自らの政治運動の積極的な宣伝を行おうとしていなかった。彼は海峡植民地政庁の関係者や少数の協力者と面会しているものの、取材に来たジャーナリストにも会おうとしておらず、その居住や活動も含め、できるかぎり目立たないよう、静かに過ごしていたことが分かる。

次に、華人社会内で流れる噂に注目したい。康有為が清朝から懸賞金をかけられ、刺客から命を狙われているという噂は、シンガポール華人社会の中で広く流布していた。これが事実であったか否かは、もちろん不明である。[39] しかし、康有為に関する多くの噂が流布していたことは、彼が中国国内政治上の重要人物かつ清朝から追われている危険な人物として、現地の華人社会の中で注目されていたことを裏付けるものであるだろう。

また、現地で流布していた噂には、康有為のみならず、彼の協力者であった林文慶・邱菽園などを対象とするものが含まれていた。この類の噂について、既に述べたものに加えて、たとえば *Straits Times* 紙の一九〇〇年六月二二日の記事で、戊戌政変で失権した光緒帝が復位する際に、康有為がシンガポールの友人（これは林文慶を指すものと思われる）を宮廷医師・助言者として伴い、中国本土に帰還するであろうという噂が流れていたことが報道されていた。[40] このことは、康有為のみならず、その協力者である林文慶らに対しても、華人社会の注目と警戒が集まっていたことを明らかにしている。林文慶らの動向がこれほどに華人社会内で注目・警戒された理由として、康有為との関係性に加え、第二章にて詳述した辮髪切除活動に起因する騒動が前年まで続いており、この出来事に起因する悪いイメージが尾を引きずっていたということが考えられる。

さらに、（第二章第三節でも触れたが）「革命派」の活動家である馮自由は、後年に執筆した書籍の中で、一九〇〇年の康有為のシンガポール滞在を契機として、康有為ら「立憲派」の政治組織である保皇会シンガポール支部が設立され、邱菽園らが会長となったと述べている。[41] シンガポール華人社会史の一部の先行研究は、これらの記述を根拠として、この時期に保皇会シンガポール支部が実際に創設されたと判断している。[42] しかし管見の限りでは、康有為のシンガポール滞在中にこれほど多くの噂が流布していたにもかかわらず、保皇会シンガポール支部が設立されたということを示唆する同時代史料の記述は、一切存在していない。そもそも康有為は自身の安全の確保を最優先しており、シンガポールでは新たな支持者獲得のための宣伝活動すら行っていなかった。したがって、この時期に保皇会シンガポール支部が実際に設立されたと考えることは難しい。

四　「革命派」活動家のシンガポール来訪

前節で述べたように、英語・中国語新聞の報道などを通じ、康有為のシンガポール滞在に関する情報は拡散されていった。これらの情報はシンガポールからさらに海外に伝達されていき、それに伴う幾つかの事件が発生した。その一つが、康有為と面会するためにシンガポールを訪れた日本人、宮崎滔天（寅蔵）と清藤幸七郎の逮捕と海峡植民地からの追放という事件である。

宮崎ら二人は日本人のアジア主義者、かつ孫文ら「革命派」の熱烈な支援者であり、一九〇〇年にシンガポールを訪れ、康有為との面会を求めた。しかし、植民地政庁は彼らを康有為の暗殺を目的として清朝から派遣された刺客であると判断し、警察を動員して逮捕・投獄した。宮崎ら二人は、一九〇〇年七月一二日に彼らイギリス領の植民地からの五年間の追放という処罰を受け、釈放された[43]。また宮崎らに加えて、「革命派」の首領である孫文もシンガポールを来訪している。知事であるスウェッテナムの報告によれば、孫文がシンガポールを訪れた目的は、彼ら「革命派」の広東における蜂起に康有為ら「立憲派」を協力させることであり、彼は康有為との面会を希望していた。しかし、結局彼はその目的を果たせず、宮崎らと同様に佐渡丸に搭乗させられ、シンガポールを退去させられることとなったという[44]。

この出来事について、宮崎滔天が一九〇二年に出版した自伝である『三十三年の夢』に、関連する記述が存在する[45]。これによれば、宮崎は一八九八年の香港で、康有為と初めて面会した。宮崎はこの時に、孫文ら「革命派」の政治活動が成功するためには、康有為ら「立憲派」との協力と連帯が必要であると考え、康有為と面会し、日本に亡命するよう孫文を説得しようとした[46]。その後、孫文は「革命派」の活動（特に広東省における蜂起）を実行するうえで、康有為ら「立憲派」の協力を得る必要があると考え、まず宮崎らをシンガポールへと派遣して康有為を説得させ、さらに孫文自身もシンガポールに向かい、宮崎らと落ち合うという計画を立てた[47]。

宮崎らはシンガポールに到着したのち、邱菽園と面会し、康有為との面会の手続きを依頼した。しかし、邱菽園を通して届けられた康有為からの返事は、植民地政庁の監視が厳しいため彼らとの面会は難しいと伝えたうえで、もし面会できなければ邱菽園よりはなむけの金を受け取るよう勧める内容であった。この書簡の内容や、知己であった日本人から聞い

画像41　宮崎滔天（寅蔵）の写真。1902年頃。

画像42　孫文の写真。1930年代頃。

た話から、宮崎は自らが康有為から清朝の刺客ではないかと疑われたと考えて激昂し、康有為に書簡を送り、この書簡をもって康有為と訣別するという旨を通達した[48]。

その後、宮崎ら二人が宿泊していた宿に、植民地警察が訪れた。警察は二人の名前の確認と持ち物の検査を行い、彼らが日本刀二本と多額の金銭を所持していたことが発見されたため、逮捕・投獄した。宮崎は獄中で審問を受け、多額の金銭と日本刀を所持していた理由などを詰問され、それに答えた[49]。翌日、宮崎ら二人は植民地政庁の知事であるスウェッテナムから幾つかの質問を受けることとなった。スウェッテナムは、孫文など「革命派」の人々を知っているか、また宮崎ら自身が「立憲派」の首領たる康有為を暗殺しようとする清朝の刺客ではないのか、などの質問を行い、宮崎らはそれに対し率直に答えた。最終的に、宮崎ら二人はシンガポールから五年間の追放を命じられ、香港に向かう佐渡丸に乗り、シンガポールを離れることとなった[50]。

前述した植民地政庁側の記録と宮崎による記述とを参照することにより、以下の点を確認できる。第一に、この時点における「革命派」の活動目的は、広東省の蜂起を成功させるために康有為および「立憲派」と協力することにあり、後年に設立された中国同盟会シンガポール支部のように、「革命派」の政治活動に現地の華人たちを協力させることではなかった。第二に、この時点において「立憲派」と「革命派」は現地で政治的な対立状況にあったわけではなく、むしろ孫文ら「革命派」は康有為に対して融和的な態度を示し、彼と積極的に協力しようとしていた。

加えて、ここまで述べてきた内容と、最初に引用した胡漢民の演説で述べられていた「革命派」と「立憲派」との対立的な関係性を比較すると、後者に二つの誤りが存在することが分かる。一つは、一九〇〇年当時のシンガポール華人社会において、孫文ら「革命派」は康有為ら「立憲派」との協力を模索しており、敵対的な関係になかったこと、もう一つは康有為と同様に、孫文らも華人社会からの支持の獲得を目的とした宣伝活動を行っていなかったことである。この二つの誤りは、この胡漢民の演説が同時代史料としての信憑性を欠くものであることを、はっきりと示している。

なお、この事件の五年後に当たる一九〇五年に、中国同盟会シンガポール支部が結成された。その創設者の一人である陳楚楠は、後年に自身が行った講演の中で、孫文らが海峡植民地政庁に拘束された際に、林文慶は植民地政庁との交渉を担当し、孫文らの解放のために尽力したと述べている[51]。ただし、植民地政庁の記録を見る限り、この問題に関して林文慶が関与したことを示す明確な根拠となる記述は存在せず、陳楚楠も自身がどのような経緯によりこのことを知ったのかという点を説明していない。この事件に関して、林文慶が公的な史料に残らないような形で植民地政庁に何らかの関与を行った可能性が全く存在しないわけではないが、それはかなり低い確率に留まると思われる。

さて、日本人二人の逮捕と孫文のシンガポール来訪という二つの事件は、康有為のシンガポール滞在に関する情報が海外にまで伝わったことに起因するものであり、康有為にとって既にシンガポールが安全な滞在場所でないことは明らかであった。康有為は一九〇〇年七月二六日に、刺客による暗殺を避けるためにシンガポールを離れ、マレー半島西岸のタンジュン・トゥアン（Tanjung Tuan）に移動した(52)。なお、*Straits Times* 紙の八月三日の記事にて、康有為が数人の友人と共に中国に向かったという噂が華人社会内で流れていることが報道された(53)。これは、康有為の去就が最後までシンガポール華人社会内で注目を集めていたことを示すものであろう。

五　シンガポール華人社会への影響に関する考察

では、ここまで述べた内容から、康有為のシンガポール滞在の華人社会への影響に関して検討を行う。

まず確認しておくべき点として、康有為のシンガポール滞在の主要な目的は自身の安全の確保にあり、華人社会に対する積極的な関与や宣伝活動などを行っていなかったばかりか、現地の英語新聞のジャーナリストによる取材さえ断っていた。また康有為の支援者であった邱菽園・林文慶らが果たした役割は主に植民地政庁による保護への協力に留まっており、「立憲派」の政治活動の宣伝に協力したわけではなかった。康有為の安全の確保という目的を考えるのであれば、邱菽園・林文慶らが康有為の存在やその政治的な問題・危険性を強調するような効果を発揮しかねない宣伝活動を行わなかったということは当然であろう。さらに、康有為との交渉を求めてシンガポールを訪れた孫文ら「革命派」も、現地の華人社会に対する積極的な宣伝活動を行っていなかったという点では、康有為と同様であった。

次に、康有為の保護に協力したのは植民地政庁と邱菽園・林文慶らごく少数の康有為の支持者のみであり、シンガポール華人社会の中で康有為を支持・支援しようとする社会的な運動が広く展開されることはなかった。そのため、シンガポール来訪後に康有為の保護に積極的に参加しようとする人々が増加したわけではなく、また「立憲派」の政治団体の設立や支持・支援者の増加なども確認できない。確かに、康有為と邱菽園・林文慶に関する多くの噂が流布したことは、康有為に対する華人社会の注目が非常に大きいものであったことを裏付けるものであろう。しかし、その関心は康有為を支持しようとする方向に向かうことはなく、むしろ彼とその支援者を警戒するか、もしくは危険視するような意味合いを含むものであり、そのような噂の流布は、かえって彼らに不利な影響を与えることとなった。

すなわち、一九〇〇年の康有為のシンガポール滞在は、シンガポール華人社会内に康有為ら「立憲派」への警戒をもたらしただけで、現地での支持・支援者を拡大させるような影響を与えたわけではなかったといえる。このような華人社会内部の警戒と緊張は、康有為自身の政治的な立場に起因する危険性に加え、彼を支援していた林文慶ら「現地の改革主義者たち」が、一八九八年から一八九九年にかけて、辮髪切除活動に起因する騒動を起こしていたことが原因であると思われる。

さらに、一九〇〇年のシンガポール華人社会では、「立憲派」と「革命派」との対立的な関係性は、まだ明確に顕在化していなかったことにも着目したい。孫文や宮崎滔天ら「革命派」はこの時点では、その政治活動を成功させるために康有為ら「立憲派」との協力を模索している状況にあり、また両党派は共に華人社会に対する宣伝活動などを行っていなかったため、華人社会内の支持を巡って争う必要もなかった。すなわち、馮自由のような「革命派」の活動家が後の時代に説明したような、シンガポール華人社会内での支持獲得を巡る「革命派」と「立憲派」の対立関係という構図は、中国同盟会シンガポール支部設立後の一九〇〇年代後半における政治的な対立状況に関する記述をより古い時代にまで敷衍して想像されたものにすぎず、実際には一九〇〇年の時点ではまだ顕在化されていなかったのである。

これらの内容をまとめるに、同時代史料から見る限り、一九〇〇年の康有為のシンガポール来訪が、華人社会内の政治的なナショナリズムの台頭を促進するような直接的な影響を与えたと考えることはできない。この時点で康有為や孫文らと直接接触したのは、植民地政庁および林文慶らごく少数の華人たちに限られており、それ以外の華人社会の大多数の人々は彼らを遠巻きに警戒し、様々な噂を流しただけで、直接的な関わりを持とうとしなかったのである。このことは同時に、本章冒頭で述べた一九三六年の胡漢民の演説が、歴史的な事実とは全く異なっていたことを直接的に示唆するものとなる。

六　おわりに

本章では、まず林文慶ら「現地の改革主義者たち」と康有為ら「立憲派」の関係性について簡単に整理した。次に、「立憲派」の政治活動家であった康有為の一九〇〇年におけるシンガポールへの来訪、および孫文・宮崎滔天ら「革命派」の活動家のシンガポール来訪について、その華人社会への影響という観点から議論した。これらの議論を通して、一九〇〇年の康有為のシンガポール来訪が、シンガポール華人社会内において政治的なナショナリズムの台頭を促進するような直接的な影響を与えなかったことを明らかにした。

本章の結論は、冒頭であげた先行研究（および史料）がこれまで強調してきた、シンガポール華人社会におけるナショナリズムの形成を、中国国内の政治的党派のシンガポールへの来訪とその影響力の拡大という観点から説明しようとする歴史観が、その最初の時点から大きく誤っていたことを明らかにするものである。このことは同時に、これらの先行研究（および史料）の歴史観自体に加え、これらが共有する特徴、すなわちシンガポール華人社会における政治的なナショナリズムの形成過程について、「立憲派」や「革命派」といった政治的党派の活動と関係性ばかりに着目し、華人社会をそこから影響を受けるだけの受動的・従属的な立場として扱う特徴についても、大きな疑問を投げかけるだろう。

この疑問を突き詰めるのであれば、当然のことながら、一九〇五年における中国同盟会シンガポール支部の設立に端を発する「革命派」の政治運動の活発化と「立憲派」との対立についても、この二つの政治的党派の関係性からではなく、シンガポール華人社会史という視点からその歴史的な過程を明らかにしなければならなくなるだろう。本書では第七章において、特に「満州人蔑視」言説に着目することにより、この問題を続けて議論していく。

注

(1) 康有為の経歴や思想について、複数の言語による膨大な先行研究が存在しているが、本書では主に以下の研究を参照した［小野川 一九六九：八六—一五七］［坂出 一九八三］［坂出 一九八五］［島田 一九七八］［竹内 一九八七］［竹内 一九九五］［村田 一九九二］［村田 二〇一二］［唐 二〇一四］［湯志鈞 一九九七］［馬 一九八八］［馬 一九九八］。また康有為ら「立憲派」の儒教運動や政治活動について、前述した研究に加え、以下の研究を参照した［蕭 二〇〇四］［森 二〇〇五：一六六—一八二］［范玉秋 二〇〇六：一三—一一一］［桑 二〇〇四］［張玉法 一九七一：一六九—二九九］［湯志鈞 一九八四］。

(2) 保皇会は、一八九九年に康有為の指導のもとにカナダのヴィクトリアで設立された「立憲派」の政治団体であり、他の海外華人社会でいくつもの支部が設立された［湯志鈞 一九九七：三三〇—三四二］［張玉法 一九七一：二二四—二九九］。

(3) [Turnbull 2009: 121] [Yen 1976: 154-155] [Yen 1995a: 213-214] [Yong, McKenna 1990: 7-8]。

(4) [Wang 1953: 13-16, 38-37-40, 53]［黄賢強 二〇〇八：一六八—一八一］［李元瑾 一九八六］［張克宏 二〇〇六］。

（5）シンガポールにおける「革命派」の活動や「立憲派」との対立関係についても大量の先行研究が存在するが、本書では主に以下を参照した［Duara 1996］［Lee, Guan Kin 2006］［Leong 1977］［Png 1961: 1-7］［Wang 1953］［Yen 1976］［Yen 2008: 149-209］［Yong, McKenna 1990: 8-20］［黄建淳 一九八八］［頼 一九九四］［李恩涵 一九九七］［欧陽 一九七二］［潘 一九九七］［桑 二〇〇四：二三八―二六〇］［張応龍 二〇一二］［周 二〇一二］。

（6）馮自由『革命逸史』北京：中華書局、一九八一［初版一九四一］年、第五集、二〇九―二一一頁。

（7）『天南新報』一八九八年一〇月二六日、「東人之言」、一八九九年一〇月七日、「南洋新嘉坡閩埠電請聖安奏稿及名單」。［段 一九九八］［李元瑾 二〇〇一：三三―四三、八一―一〇四］［邱 一九九三：三二―五一］［桑 二〇〇四：二三八―二四三］。

（8）この点について、邱菽園による中国国内の公権力との関係性の構築・維持について、第四章第三節にて扱っている、一九〇一年における邱菽園と清朝および地方高官との関係修復に関する議論も併せて参照。また第七章で扱う「満州人蔑視」言説についても、邱菽園は言及を避けているが、林文慶ら海峡華人エリートたちは直接的に言及していることを附記しておく。この点についても、第七章の内容を参照。

（9）この書籍の序文にて、一九〇〇年の時点で康有為が清朝からその命を狙われていたため、林文慶も同様の危機を避ける必要があり、そのために筆名を使う必要があったと説明されている。Lim Boon Keng (Wen Ching), *The Chinese Crisis from within*, London: Grant Richards, 1901, p. xiii. またこの筆名は、名前の「文慶」を北京語で発音したものであろう。

（10）シンガポールの総領事であった黄遵憲（Hwang, Tsun Hsien）が執筆した『日本国志』を指す。

（11）康有為が執筆した『新学偽経考』・『春秋董氏学』・『孔子改制考』などの、公羊学派の思想的影響を強く受けた一連の書籍を指す。

（12）Lim Boon Keng (Wen Ching), op. cit., pp. 24, 28, 33, 44.

（13）Lim Boon Keng (Wen Ching), op. cit., pp. 51-52, 62.

（14）Lim Boon Keng (Wen Ching), op. cit., pp. 128-129.

（15）「漢族」（Han）という用語について、林文慶は中国人（Chinese）の自称であると説明している。Lim Boon Keng (Wen Ching), op. cit., p. 66.

（16）Lim Boon Keng (Wen Ching), op. cit., pp. viii-ix.

（17）林文慶などの海峡華人エリートにより発表された「満州人蔑視」言説とその社会的背景については、第七章を参照。

（18）朱寿朋（編）『光緒帝東華録』北京：中華書局、一九五八年、第四冊、四四五四頁。

（19）沈芝盈（編）『康南海自編年譜』北京：中華書局、一九九二年、七二頁。

（20）CO 273, 264, *Original Correspondence*, 3369, "Chinese Refugee, Kang Yu Wei," 1900.

（21）*Straits Times*, 3rd February, 1900, untitled article.

（22）*Straits Times*, 5th February, 1900, "Guarded By Police," 10th February, 1900, "Kwan Hu Wei interviewed"; CO 273, 256, *Original Correspondence*, 4221, "Kang Yu Wei," 1900.

（23）CO 273, 256, *Original Correspondence*, 8760, "Kang Yu Wei," 1900.

（24）CO 273, 256, *Original Correspondence*, 7263, "Kang Yu Wei," 1900.

（25）CO 273, 256, *Original Correspondence*, 8760, "Kang Yu Wei," 1900.

（26）CO 273, 264, *Original Correspondence*, 5039, "Chinese refugee, Kang Yu Wei," 1900.

（27）*Straits Times*, 17th February, 1900, untitled article, 23rd February, "Kwang Hu Wei."
（28）*Straits Times*, 21st March, 1900, untitled article.
（29）*Straits Times*, 22nd March, 1900, "A Joke Played on the World." 22nd March, 1900, "A Governor's Joke."
（30）*Straits Times*, 23rd March, 1900, "Kwang Hu Wei, the Proceedings of Yesterday Afternoon."
（31）*Straits Times*, 24th March, 1900, "Of Kwang Hu Wei."
（32）*Straits Times*, 26th March, 1900, "Of Kwang Hu Wei."
（33）CO 273, 264, *Original Correspondence*, 17130, "Kwang Hu Wei," 1900. [湯志鈞 一九八二：一八七—一九一]。
（34）『叻報』一九〇〇年三月二四日、「不得不言」。
（35）*Straits Times*, 5th April, 1900, "Trouble in North China."
（36）*Straits Times*, 7th April, 1900, "An Inaccuracy."
（37）『天南新報』一九〇〇年四月七日、「蒼蝿有声」。
（38）『叻報』一九〇〇年三月一七日、「被累伝聞」、四月九日、「適従何来」。
（39）管見の限りでは、清朝が康有為に刺客を派遣したことを明確に示唆した史料的証拠は存在しない。刺客の派遣自体が単なる噂に過ぎなかった可能性も高いと思われるが、実際に刺客が派遣されていたとしてもそのことが公的な行政史料に記載される可能性は低く、これが事実でないと断言することも難しい。そのため、ここでは短い表記を行うに留めた。
（40）*Straits Times*, 22nd June, untitled article.
（41）馮自由『中華民国開国前革命史』台北：世界書局、二〇一一［一九二八］年、第二巻、九八頁、馮自由、『革命逸史』北京：中華書局、一九八一［初版一九四一］年、第三集、一七九頁、第六集、一六三頁。
（42）[Yen 1995a: 215] [Yong, McKenna 1990: 8]。
（43）CO273, 257, *Original Correspondence*, 27346, "Banishment of Certain Japanese," 1900; CO 275, 61, *Annual Departmental Reports of the Straits Settlements for the Year 1900*, p. 111; *Straits Times*, 12th July, 1900, "Two Japanese Arrested."
（44）CO 273, 264, *Original Correspondence*, 22296, "Chinese Reformers," 1900.
（45）このような後年に刊行された個人の回想録は、往々にしてその史料的信憑性に問題が存在する場合が存在する。しかし、この書籍は刊行時期（一九〇二年）が康有為のシンガポール来訪の時期（一九〇〇年）とかなり近く、さらにこの中のシンガポールでの逮捕に関する記述が他の同時代史料（特に植民地政庁側の公文書）の記述との整合性があり、史料的信憑性がある程度担保されていると判断できる。そのため、この回想録の中の記述を、本章の主要な史料の一つとして採用した。
（46）宮崎寅蔵『三十三年の夢』国光書房、一九〇二年、一四三—一五五頁。
（47）同上、一九四—一九六頁。
（48）同上、一九九—二〇三頁。
（49）原文では「太守」と表記されており、海峡植民地政庁の知事（Governor）を指すものと解した。
（50）宮崎寅蔵、一九〇二年、前掲書、二〇五—二二七頁。
（51）陳楚楠、前掲論文、五一—五二頁。
（52）沈芝盈、前掲書、一九九二年、八一頁。[張克宏 二〇〇六：四七—四九]。
（53）*Straits Times*, 3rd August, 1900, untitled article.

第四章　孔廟学堂設立運動の展開（一八九八―一九〇二年）

一　はじめに

本章では、一八九八年から一九〇二年にかけて林文慶ら「現地の改革主義者たち」の主導によって展開された、孔子廟と中国語学校を併設した教育施設である孔廟学堂の設立を目的とした社会運動（以下、孔廟学堂設立運動という）を扱う。

シンガポール華人社会における孔子廟の設立および儒教運動に関する主要な先行研究として、顔清湟による研究があげられる。[1]顔清湟の研究は、康有為ら「立憲派」による儒教理解や政治運動の影響を強調しながら、その過程と結果について簡潔にまとめている。同様の問題設定をとる研究として、複数の日本語・英語・中国語の先行研究が複数存在しており、また梁元生により編纂されたシンガポール華人社会における儒教運動に関する史料集も存在している。[2]

しかし、これらの研究には、二つの問題点が存在している。一つは、この運動を、特に康有為による儒教理解の影響を強く受けた、現地での儒学の普及を目的とする宗教的な運動である「儒教復興運動」（Confucian revival movement）として位置付けている点である。もう一つは、この運動に対する康有為ら「立憲派」による儒教理解や政治活動の影響を過度に重視している一方、現地であるシンガポール華人社会内部の文脈を軽視する形で議論を展開している点である。

本章にて詳述するように、この運動は単なる宗教的運動ではなく、またその主な目的も康有為の解釈に基づく儒教の普及ではなかった。実際には、この運動は林文慶ら「現地の改革主義者たち」により主導され、現地の華人児童に対して儒教と中国語を教育する学校の設立を目的とした運動であった。そして、シンガポールにおける孔廟学堂の設立計画は、林文慶ら「現地の改革主義者たち」による学校設立運動の長期的な展開の帰結として立案されたものであった。

本章では、これらの点をふまえて、この運動を林文慶ら「現地の改革主義者たち」の主導のもとに展開された、シンガポール華人社会に中国語・儒教教育を行う学校を設立することを目的とする社会運動として（すなわち、孔廟学堂設立運動として）捉え直す（そのため、本書ではこの運動に対して「儒教復興運動」という用語を用いない）。そのうえで、康有為ら「立憲派」ではなく、この運動を実際に主導した林文慶ら「現地の改革主義者たち」を中心とする観点から、その長期的な展開を詳細に考察していくことで、この運動がシンガポール華人社会史における重要な画期となったことを明らかにする。

二　孔廟学堂設立運動の準備的段階

第二章にて詳述したように、林文慶ら「現地の改革主義者たち」は、辮髪切除活動とそれに伴う騒動をきっかけとして、多くの批判や中傷を被り、社会的な信用を大きく損ない、華人社会の多数派から警戒されることとなった。

しかし、この大きな騒動の中でも、林文慶ら「現地の改革主義者たち」は中国語と儒教の教育に関する計画を諦めたわけではなかった。騒動の最中である一八九八年一月二七日の *Singapore Free Press* 紙の社説で、林文慶ら「現地の改革主義者たち」が今後予定している社会活動の計画に中国語学校の設立が含まれており、また彼らが「孔子と孟子による聖なる書籍」に対して賛成の立場をとっていることが報道されている。[3]

この計画を実行に移す好機は、その後間もなく訪れることとなった。中国国内において戊戌変法が進行していた一八九八年八月に、清朝の駐シンガポール署理総領事である劉玉麟が、若年層の華人を対象とした進歩的教育を行うよう命ずる電報をロンドン公使である羅豊禄から受け取り、その具体的な計画の提案を林文慶に依頼したのである。この計画は具体的には、林文慶の主導のもとに中国語教育を行う学校を現地に設立することを目的としており、また教員の獲得に関して劉玉麟が全面的に協力する予定となっていた。[4]

ただし戊戌変法はすぐに失敗し、その首謀者の一人である康有為は清朝から追われて海外に逃亡したため、戊戌変法と連動していたこの計画も一旦頓挫することとなった。

しかし、林文慶ら「現地の改革主義者たち」による学校設立計画は、その教育対象を華人女子に変更して継続された。翌年、一八九九年四月から、林文慶らを中心に、シンガポールの華人女子を対象とした学校の設立を目的とした運動が活発化していった。その設立活動は、林文慶を中心とする五人の華人によって構成された臨時委員会に主導され、四月一一日から寄付金の収集活動を開始した。[5]

画像43　屋外で授業を行うシンガポール華人女子学校の教員・学生たち。1900年頃。

一八九九年四月二二日に、林文慶や署理総領事の劉玉麟のほか、「現地の改革主義者たち」の一員であった宋旺相や邱菽園などが清朝領事館に集合し、この学校設立計画に関する会議が行われた。この会議では、まずこの学校設立のための資金獲得の見込みについて報告がなされたのち、「シンガポール華人女子学校」（Singapore Chinese Girls' School）という正式名称や、この学校で教育する課目（具体的にはローマ字表記のマレー語・初等教育レベルの英語・中国語・音楽・裁縫・料理など）、学校を運営する委員会の役職担当者などが決定された。劉玉麟は林文慶を委員会の会長職に推薦したが、彼に辞退されたため、劉玉麟自身が担当することとなった。また邱菽園が副会長を、林文慶と宋旺相が理事を担当した。[6] この後、シンガポール華人女子学校はシンガポール最初の華人女子学校として運営され、現代まで活動を続けている。[7]

一八九九年におけるシンガポール華人女子学校の設立は、林文慶・邱菽園・宋旺相ら「現地の改革主義者たち」と清朝総領事である劉玉麟とが協力して行った学校設立計画の一つの帰結であった。ただし彼らの当初の目標であった、華人児童に対し中国語・儒教教育を行う学校の設立計画は、結局は果たされないままに終わった。

シンガポール華人女子学校の設立後、孔廟学堂設立運動の計画が停滞していた一八九九年から一九〇〇年の期間においても、林文慶ら「現地の改革主義者たち」は孔廟学堂の設立を目的とした活動を続けていた。林文慶らが発刊していた英語雑誌である *Straits Chinese Magazine* 誌の一八九九年六月号に、シンガポール以外の海外華人社会で孔子廟の設立を目的とする活動が行われていることを報告すると共に、シンガポールでも孔子廟と学校を設立する計画が現在進行していることを伝える記事が掲載された。(8) また *Singapore Free Press* 紙の一八九九年一〇月二九日の記事では、林文慶らが孔子廟と学堂をシンガポールに建設する計画を進めており、佘連城・陳若錦・邱菽園などの現地の裕福な華人たちが、この計画に対して資金を寄付することが期待されているという記事が掲載された。(9)

　また林文慶自身も、一八九九年から一九〇〇年にかけて、*Straits Chinese Magazine* 誌上に「海峡華人の改革」（Straits Chinese Reform）という題名の一連の記事を連載した。第二章第六節で述べたように、これらの記事は辮髪切除活動とそれに伴う騒動を契機として、林文慶が華人社会に対し、自らの意見に関する弁明を行うことを目的として執筆したものであり、最初に辮髪に関する記事が執筆されたのちに、主題の異なる四つの記事が掲載された。この五つの記事は、海峡植民地で出生した海峡華人がいかに「改革」を実行し「進歩」していくべきかという問題意識を共有しており、彼はそれぞれの記事で設定された主題に沿って、海峡華人の進むべき道筋を示そうとしている。

　この中で三番目に掲載された「児童教育」（The Education of Children）という題名の記事の中で、林文慶は以下のように述べている。

> ……さらに、英語学校が、華人児童の教育以上にヨーロッパ系の血統の子供たちの教練に適しているために、我々［華人］のナショナルな特有性や特別な要求に対しては、十分な注意が払われてこなかった。植民地に現存している非宗教的な学校が倫理的な文化教育を完全に欠如していることは、海峡植民地で出生した人々の人格の発達について本当に興味を持つものが考慮すべき、非常に深刻な問題である。［中略］たとえ特に広東省・福建省の中国語方言と書き言葉の間に大きな相違が存在していたとしても、一つの［言語の］知識は他の［言語の］知識を獲得することを比較的簡単な問題とする。［中略］もし華人が適切な教育を受けられるのであれば、四年間の勉強ののちに若者が正しく中国語を書くことは不可能ではないだろう。さらに、この完全な中国語学校では、［英語教育を行う］普通の学校の授業時間とぶつからないように、授業時間を調整して授業を計画すべきである。［中略］［この学校では］

偉大な中国語の口語、すなわち官話〔マンダリン〕を基礎とし、また我々の〔故郷である中国本土の〕古典の勉強でそれを補う。〔中略〕海峡植民地において五、六個の中国語の方言や言葉が話し言葉として存在していることを我々が覚えているのであれば、我々の言語を子供たちに理解させ、また我々の口で会話をする機会を子供たちに与えることを可能とするであろう一つの偉大な言語〔である官話および中国語の読み書き〕を我々の子供たち全てに教育することの有用性を、我々はただちに認めることとなる。〔中略〕華人の少年に最も必要とされているものは、合理的な計画による中国語の授業と、中国人・華人〔Chinese〕という人種の歴史と文学の授業の、体系的な課程である。〔中略〕言い換えると、華人はその若者のために道徳的な教育を行う学校、つまり誰もが知るように、中国の文化の長所全ての根幹である孔子の偉大な道徳的体系を若者に対して定期的に教える学校を持たなければならないのである[10]。……

林文慶はここでまず、華人のネイションとしての特殊性や特別な要求に対応するような学校教育が海峡植民地に存在していないことを指摘する。彼はこの問題を解決するために、海峡華人の児童に対して中国語と道徳の教育を行う、近代的な教育課程を備えた学校を設立する必要があり、この学校の中国語教育は官話〔マンダリン〕と中国本土の古典的な書物を、また道徳教育は儒教を教えるべきであると主張している。彼はさらに、福建語・広東語などの方言と中国語の書き言葉の間に大きな差異が存在することを指摘したうえで、官話を華人の共通語として教育することの利点を強調している。

また、続く「宗教」〔Religion〕と「孝」〔Filial Piety〕という記事の中で、林文慶は以下のように述べている。

……あらゆるネイションと同様に、華人も精神的な啓蒙に取り組んでおり、また多くの国の見解とは裏腹に、我々〔華人〕はヨーロッパの最も信心深い人々と同じくらいに宗教的であると確実に断言してよい。〔中略〕海峡華人の宗教的な改革は、偶像崇拝の実践の全面的な廃止と、迷信に基づくような儀礼の中断から成り立つ。〔中略〕天〔heaven〕への崇拝により、人々は団結するだろう。〔中略〕我々は僧侶を持つべきではないが、しかし教師を養成するための学校は、華人に聖職者としての職務を教練するために組織されねばならない。我々の教師は、たとえ彼らが他の宗教の聖職者が引き受けているところの職務を果たさなければならないとしても、決して僧侶ではない。彼らは本当の意味で、教師なのである。彼らは子供達に倫理的な規範を教え、また時おり大人に説諭しなければならないだろう。天に対する我々の礼拝は、贖罪や神への供物ではなく、神の慈愛と美徳への感謝の礼拝である。[11]……

……それは、ある人々は不可知のものと呼び、他の人々はあらゆることの原因と呼び、キリスト教徒やユダヤ教徒、イスラーム教徒が神と呼んでおり、しかし儒教徒が「天」と呼んだものである。［中略］「天への崇拝」という言葉が、宗教に関する私の文章の中で使われている。この言葉は、恐らく人を誤解させるものであろう。天への崇拝では、いかなる犠牲を目的としたものでもなく、いかなる祈祷も要求されず、いかなる僧侶も必要としないと言われる。そのため、正確に言うと、崇拝は全く存在しないのである。[12]……

これら二つの記事には、当時の林文慶が理解（あるいは想像）したところの儒教なる宗教のありかたが、明確に描き出されている。林文慶の理解によれば、儒教は「天」（Heaven）を崇拝する一神教であり、華人・中国人（Chinese）というネイションによって熱心に崇拝されている。ただし、キリスト教やユダヤ教、イスラーム教など他の一神教との違いとして、彼が想像したところの儒教は、いわゆる聖職者に当たる人々が、道徳教育を担当する教師によって担われており、また一般的な宗教儀礼（偶像崇拝や礼拝儀礼など）の代わりに、道徳・倫理教育を行うものとして説明されている。また現地において、林文慶が想像するところの儒教は、海峡華人の児童に対する道徳・倫理教育を行う計画を実行する団体となると共に、その教育活動を担当する教師を養成することを期待されている。

林文慶によるこれら一連の記事では、第二章第四節であげた記事と同様に、シンガポール（および海峡植民地）の華人たちが、中国本土にルーツを持ち、中国語と儒教という共通性を本質的に共有しているネイションであるという発想に基づいている（同時に、ここでは中国本土の社会や政治といった問題は全く論じられていない）。林文慶はこの発想に基づき、現地で出生した海峡華人児童のナショナルな共通性・特性の喪失や倫理・道徳教育の欠如を深く憂いており、それらの問題に対する解決策として、海峡華人の児童に対して中国語と儒教の教育を行うことを計画していた。林文慶ら「現地の改革主義者たち」による学校設立計画の中で、その教育課目として中国語と儒教が重視されていた理由は、林文慶によるこのような中国語・儒教理解の影響であろう。

また著名なシンガポール華人史研究者である顔清湟は、その孔廟学堂設立運動に関する先行研究において、林文慶の儒教理解が康有為から強い影響を受けていることを強調し、あたかも林文慶が康有為の儒教観をそのまま共有したかのような説明を行っている[13]。確かに、キリスト教をモデルとした一神教的な特性を持つ宗教としての理解など、両者の儒教理解に共通点が存在していることは事実である。しかしより詳細に見ていくと、両者の儒教観には大きな差異が存在していることに気付くであろう。そもそも康有為の政治・文化活動の主要な目的は、中国の国力を増強し、その国難を救うということにあった。康有為はそのために、西欧の近代国家におけるキリスト教をモデルとして、中国という国家にとっての国家宗教としての儒教を創案（あるいは再解釈）したのである[14]。これに対し、林文慶の問題意識は前述したように、あくまでシンガポール華人社会という場に即したものであった。

第二章第三節にて述べたように、林文慶は康有為を支持する邱菽園などの影響を受けて儒教の学習を開始したのであり、彼の儒教観が康有為の影響を間接的に受けていることはほぼ間違いない。しかしそのことは、林文慶が康有為の儒教理解をそのまま受容したということを意味するものではない。第三章第二節でも述べたように、林文慶は康有為の思想や政治活動を積極的に支持していたが、両者の政治思想には大きな乖離が存在した。それを一言でいえば、康有為の問題意識の中心には中国という国家の近代化があったのに対し、林文慶にとってそれはシンガポール華人社会という場の「進歩」と「改革」にあったということである。両者の問題意識の相違は、そのまま両者の儒教理解の相違としても表出している。

すなわち、林文慶の儒教理解は、康有為の儒教理解の影響を受けながらも、彼自身の価値観や問題意識に沿った形で儒教を再解釈することによって構築された、地域性と独自性に満ちたものであり、康有為の儒教理解をそのまま共有したわけではないと考えるべきであろう。

三　設立活動の展開への転機

さて、ここまで述べてきたように、一八九九年におけるシンガポール女子学校の設立以降、この運動はシンガポールの新聞・雑誌で盛んに宣伝されるも、資金獲得の目途が立たず、実質的な展開としては停滞したままの状況にあった。一九〇一年に至り、このような状況が大きく変化する契機が訪れた。第三章にて議論したように、邱菽園や林文慶は、以前より清朝から亡命していた康有為を支持・支援しており、また一九〇〇年に康有為がシンガポールに亡命した際にも、植民地政庁による保護に積極的に協力していた。さらに、邱菽園は康有為を通じて、湖北・湖南両省で勃発した唐才常の反乱計画に、五万から六万元の資金を提供した[15]。

唐才常の反乱計画が湖広総督の張之洞によって鎮圧されたのちに、張之洞は唐才常の弟である唐才中の供述により、邱菽園が唐才常の反乱計画に資金を提供したことを知った。張之洞は一九〇〇年の一一月一一日に、駐イギリス公使の羅豊禄に対し電報と書簡を送付し、邱菽園が唐才常の反乱計画に加担していたことを伝えた。張之洞はこの電報と書簡においてまず、邱菽園はシンガポールにおいて商業を行う福建人であり、高い学識を有し道理にも明るい人物であるが、長年海外に在住していたために、中国の苦境は知っていてもその実際の状況をよく知らず、変法自強を性急に求めたことにより、康有為の偽りの言葉に欺かれてしまったのであろうという自身の認識を示した。張之洞はそのうえで、駐イギリス公使である羅豊禄に対し、駐シンガポール総領事を介して、邱菽園を出頭させて康有為ら一派の狡猾さを知らしめ、再び反乱に加担させないために戒めるよう要請した。[16]

翌年、一九〇一年の旧暦二月に、両広総督の陶模は駐シンガポール総領事の羅忠堯に対して、邱菽園・林文慶らの調査を命じる書簡を送付した。[17]陶模はまず、邱菽園・林文慶らについて、彼ら二人は高度な教育を受けたが、中国で任官する機会を得ずシンガポールに来訪した人々であり、中国の改革を求めたために康有為ら「立憲派」や唐才常と関わることとなったと説明した。彼は続けて、現在清朝は光緒新政を進めようとしており、そのためには高度な教育を受けた人材が必要不可欠であるため、邱菽園ら二人がもし以前に康有為らや唐才常といった現在清朝と敵対的な関係にある人々に協力していたとしても、そのことを悔い改めて清朝の改革に協力するならばその罪は許され、清朝に登用されることとなるであろうということを述べた。彼はそのうえで、駐シンガポール総領事である羅忠堯自身が邱菽園ら二人に陶模の考えを伝え、康有為ら「立憲派」との関係を断たせ、清朝に従うよう説得することを命じた。[18]

羅忠堯自身は邱菽園らにこの書簡の内容を伝えなかったようだが、この書簡は上海の『申報』や『同文滬報』、香港の『循環日報』、シンガポールの *Straits Times* や『叻報』、『天南新報』など、東アジア・東南アジア各地の多くの新聞に転載されることとなった。[19]これらの新聞報道により、唐才常の反乱計画への関与が周知の事実となってしまったことを知った邱菽園は、この問題に対処する必要に迫られた。

邱菽園はまず陶模に対して電報を送り、次に書簡を執筆し送付した。[20]この電報は一九〇一年四月七日に送付されたものであり、邱菽園はここで自らが陶模の命令の内容を知った経緯を説明すると共に、この電報を送付した直後に、自らの見解を具体的に述べた書簡を送付することを伝えた。[21]

電報に続いて、陶模へ送付された書簡の中で、邱菽園はまず彼自身が一九〇〇年に、シンガポール滞在中の康有為と関わりを持ったことを認めた。しかし、彼は続けて、自身が康有為の影響を受けたわけではないことを強調すると共に、中国国内における政治改革についても、その必要を認めるものの、それを主導するのは康有為ら「立憲派」ではなく、光緒帝の指揮のもとに行うべきであると考えていると述べた。また自身と唐才常との関係については、その蜂起への協力・関与も含めて否定した(22)。

なお、上で述べたように、邱菽園は唐才常の反乱計画に協力しているため、彼がこの書簡で述べた内容には明らかに虚偽が含まれている。しかし、邱菽園はこの時点で（事実とは異なるにせよ）自身と康有為ら「立憲派」や唐才常との関係を公的に否定してみせることにより、中国国内の政治権力との関係を修復する方向に大きく舵を切ったといえる。

前述した新聞報道を受けて、張之洞も一九〇一年五月一六日に陶模に電報を送り、連絡をとった。張之洞はこの電報で邱菽園が康有為への協力について後悔の意志を示したことに触れ、シンガポールの華人商人たちのリーダーである邱菽園が康有為への資金援助を止めれば、他の商人も康有為への支援をやめ、康有為ら「立憲派」は資金源を失い崩壊するため、邱菽園への対応は非常に重要であると強調した。張之洞はそのうえで、陶模自身がこの機会に乗じて邱菽園らを教導する、邱菽園に対する手紙に対し返信を行う、あるいは彼に対し電報を発して教諭するなどの手段をとり、彼が再び康有為らに協力することを防ぐよう求めた(23)。この電信に対し、陶模は五月一八日に電報で返信を行い、邱菽園は康有為と交流があったため、彼に対し資金の寄付を行ったに過ぎず、唐才常の反乱計画自体には関与していないため、陶模自身は何らかの積極的な措置をとるつもりはないと述べた(24)。

張之洞は、陶模への電報の送信に続き、自身も邱菽園に対して直接調査を行った。邱菽園はこれに対し、前述した書簡と同様の弁明を述べたうえで、銀一万両を上納した。張之洞はこれを受けて、一九〇一年九月一六日に光緒帝に上奏を行い、邱菽園は康有為ら「立憲派」の罪を知らずに彼らとの関係を有していたが、現在はそのことを後悔しており、康有為らとの関係も断っているため、その罪を許すべきであるという意見を述べた。これに対し、光緒帝は邱菽園の罪を許すと共に、四品の品級と主事の官職を与えることを許可すると答えた(25)。これにより、邱菽園は康有為ら「立憲派」との関係性を完全に断絶したことを中国国内外に公示すると共に、清朝やその地方高官たちとの関係性を修復することに成功した。

邱菽園らと中国国内の政治権力との関係性の修復は、彼ら「現地の改革主義者たち」が主導する孔廟学堂の設立活動の展開に対しても良い影響を与えた。一九〇一年一〇月三日の『叻報』に、「領事示諭」という記事が掲載され、両広総督の陶模が孔廟学堂設立運動を支持することを言明し、駐シンガポール総領事の羅忠堯にこの運動を支援するよう命じたことが発表された[26]。現地での新聞報道を通して、孔廟学堂設立運動が両広総督の陶模や駐シンガポール総領事である羅忠堯などの中国本土の政治的な権威からの後援を得たという事実が宣伝されたことは、林文慶や邱菽園などのこの運動の主導者たちが辮髪切除活動による騒動以降に失っていた華人社会からの信用と支持を回復させる結果をもたらし、現地で実際の設立活動が展開されていくきっかけを作ったといえる。

四　実質的な設立活動の進展とその失敗

続いて、孔廟学堂の実際の設立活動の展開を時系列順に整理していく。まず一九〇一年一〇月九日に、孔廟学堂を設立するための準備会議が開催された。この集会には、林文慶らや駐シンガポール総領事の羅忠堯に加え、各幇派を代表する華人たち一〇〇人弱が出席した。集会では、まず駐シンガポール総領事である羅忠堯と両広総督の陶模が、孔廟学堂設立運動に関わることが公表された。羅忠堯は参加者に運動への協力と援助を求め、また陶模から羅忠堯へ送付された書簡が公開された[27]。一八九九年におけるシンガポール女子学校の設立活動に続き、この運動でも林文慶ら「現地の改革主義者たち」は、駐シンガポール総領事と協力して中国語学校の設立活動を進めていくこととなった。

翌月、一一月二八日の『天南新報』に、「略論本埠創建孔教學堂事」という記事が掲載された。この記事では、孔廟学堂設立運動の主導者たちが既に議論と準備を始めているが、実質的な設立活動はまだ行えていないことが報告された[28]。続いて一二月九日の『叻報』には、「星嘉坡創建孔子教堂緣起」という記事が掲載され、この運動が康有為との関係を持つものではないこと、また資金確保を含む運動の実際の活動は現地のシンガポール華人たちによって行われ、両広総督の陶模を含め、中国本土の官僚は直接的な支援を行わないことが説明された[29]。さらに一二月一〇日に、華民護衛司署に対して孔子廟および中国・西洋の言語・学問を教育する学校の設立を申請し、政治的な問題に関わらないことを条件としてその許可を得たことが現地の中国語新聞上で報道された[30]。

一九〇一年一〇月以降において、孔廟学堂設立運動は実質的な設立活動の段階に移行した。この運動の主導者であった林文慶ら「現地の改革主義者たち」は、清朝と植民地政庁からの公認と支持を得たが、同時に資金的な援助を受けることができないため、華人社会内で独立して運動を行う必要があることが言明された。この運動にとっての最大の問題は孔廟学堂の設立に必要な資金を華人社会内で獲得することであり、これを目的とした寄付金収集活動の展開は、一九〇二年に続いていくこととなった。

続いて、一九〇二年における展開を見ていく。まず一九〇二年一月に、羅忠堯に代わり、呉寿珍（Goh, Siew Tin）が新たに駐シンガポール署理総領事に就任した(31)。呉寿珍は現地の福建幇のリーダーの一人であった大商人であり、主に貿易業に従事していた。彼はこれ以降、孔廟学堂設立運動を積極的に支援していくこととなった。

同年二月二一日の『天南新報』、また二月二二日の『叻報』に、孔廟学堂設立運動に関する章程を決めるための最初の会議の告知が掲載された(32)。この会議は二月二三日に呉寿珍の邸宅にて行われ、まず孔廟学堂設立運動の章程が潮州・客家・福建・広東語で読み上げられ、会議の参加者からの同意と称賛を得て正式に決定された(33)。ここで決定された孔廟学堂設立運動の章程は、三月一〇日に『天南新報』紙上で発表された。この章程はこの運動全体の計画に関する三条、学校設立に関する九条、寄付金に関する一四条、役員の選出などに関する一四条の規則から構成されるものであった。また孔廟学堂設立運動の目標として、中等学堂と初等学校を併設して設立し、英語と官話による教育を行い、また卒業後に優秀な成績を修めた学生を中国本国に送り、高等教育を受けさせることが掲げられた(34)。

続いて、三月一三日の『天南新報』に、第二回目の会議に関する告知が掲載された(35)。三月一五日に、シンガポールで著名な慈善医院である同済医院(36)に福建・広東・潮州・海南・客家など各幇派の有力な商人たちが集まり、第二回目の会議が行われた。この会議では、邱菽園や呉寿珍などが初めて資金の寄付を行った(37)。第二回目の会議の後、ここで寄付を行ったものたちの姓名と金額に関する情報が『天南新報』の三月一九日・三月二七日・四月五日・五月一七日に四回に分けて発表され、また八月二八日に、これら四つの記事を一つにまとめた記事が掲載された(38)。さらに三月一七日には、『天南新報』に「星嘉坡孔教學堂定議開辧躍踴題捐書此告慰同志」という記事が掲載された。この記事の前半では、この時点までに至る孔廟学堂設立運動の過程が説明され、後半ではこの運動に対する資金の寄付が宣伝された(39)。

また、三月一五日に行われた第二回目の会議で最初の寄付金の収集が行われたのち、次に続く寄付を行うための準備も着々と進められていた。三月一九日の『天南新報』に、この運動の董事の一覧が掲載された(40)。ここで董事としてあげられている人物は合計一九五名存在しており、その中には林文慶・邱菽園・陳武烈・阮添籌などの「現地の改革主義者たち」や、駐シンガポール署理総領事の呉寿珍など、これまでもこの運動を主導してきた華人たちに加えて、この年から四年後に設立される中華総商会において役職担当者となる張善慶・曾兆南・劉金榜・林維芳・蔡子庸などの現地の大商人たちや、のちに「革命派」の初期メンバーとなる張永福など、多様な人士たちが含まれている。

翌月、四月一四日の『天南新報』には、第一回目の寄付に続いて運動資金の寄付活動を行う人々のリストが発表された。リストは三月一五日に行われた寄付を天の部の一号としたうえで、今後寄付を行うことが予定されている人々を天の部の二～五号・地の部の一～二号という形式で分類しており、今後それぞれのグループで寄付金の収集活動を行う予定となっていた。[41]

ここまで述べてきたように、この運動は駐シンガポール署理総領事と林文慶ら「現地の改革主義者たち」による主導により、複数の幇派の華人たちの協力を得て、寄付金獲得・管理のための団体を組織し、さらに寄付金の収集も開始されていた。しかし、ここまで準備が進んでいたにもかかわらず、この運動は同年四月後半以降において停滞してしまった。そのまま数ヶ月が過ぎたのち、一九〇二年九月二七日の『天南新報』に「答客問本坡孔廟學堂事」という記事が掲載された。この記事はまず、孔廟学堂設立運動は数ヶ月の間その活動を停止しており、しかも現在は既に中止されてしまったという結果を伝えた。そして、この失敗の主要な原因は、各幇派の中で寄付金の収集という職務を積極的に担当しようとする人物が存在しなかったため、シンガポール華人社会の全体から寄付金の収集がうまく行えなかったことにあると説明した。[42]

第一章第五節にて述べたように、幇派は華人の出身地域の方言を基に形成された社会・経済的共同体であり、広い範囲に渡って華人の生活の基盤を形成し、シンガポール華人社会内で大きな影響力を発揮していた。当時の華人の大多数は幇派という集団の中で生活し、ほぼ出身地の方言のみを理解したため、幇派が異なる華人同士は相互の意思疎通でさえ難しい状況にあった。この記事の内容は、孔廟学堂設立運動は寄付金の収集を目的として華人社会に働きかけを行ったが、幇派という強固な枠組を超えて広範な協力をとりつけることに失敗したということを示唆している。

また同年一〇月に、運動の支援者の一人であった両広総督である陶模が死去し、また呉寿珍も署理総領事を解任され、新たな総領事として鳳儀が清朝から派遣された。[43] また「現地の改革主義者たち」の中心人物であった林文慶も、イギリス国王エドワード七世の戴冠式に参加するために同年六月にロンドンに向かい、シンガポールに不在となった。[44] このように、一九〇二年後半以降においてこの運動の主導者が相次いで直接的に関与できない状態となったことは、この運動が失速した理由の一つであろう。

しかし同時に、「答客問本坡孔廟學堂事」にて説明されたように、事前にこの運動の董事や寄付金の収集の担当者など の割り当てがなされていたにもかかわらず、林文慶などの少数の主導者が現地に不在となったのちに、この運動の支援を自主的に継続しようとする各幇派の華人たちがそもそも少なかったことも、また事実であろう。孔廟学堂設立運動は特に一九〇一年後半以降において、現地で実際の設立活動を展開すると共に、現地の中国語新聞の紙面で積極的に宣伝を行っていたが、林文慶ら中心人物が不在という状況の中で、彼らに代わり、この運動を積極的に支持・支援しようとする人物は現れなかった。その結果として、この設立計画は途中で頓挫してしまい、完全な失敗という結果に終わってしまったのである。

なお、孔廟学堂設立運動の帰結に関して、顔清湟や森の研究は、一九一一年にペナンにおいて孔子廟が設立されたという事実に着目し、この運動が一九〇二年にシンガポールで一度失敗し中断したのちに、一九一一年にペナンで再開され、成功したと捉えている。しかし、本書では海外各地の華人社会で展開された孔廟学堂や孔子廟の設立運動を康有為ら「立憲派」の影響下で展開された一元的な性格の運動ではなく、それぞれの地域で別個に展開された多元的な性格の運動として捉えている[45]。そのため、時期・地域・関わる人物などが大きく異なるこの二つの運動を、連続したものとして捉えることはできない。したがって、本書ではペナンでの事例について詳しい考察を加えず、一九〇二年の時点で議論を終えることとする。

五　設立活動における宣伝とその特徴

前述したように、孔廟学堂設立運動はその設立活動において、『叻報』や『天南新報』などの現地の中国語新聞に、積極的に宣伝記事を掲載していた。本節では、それらの記事の内容を簡単に整理すると共に、その特徴について考察を行う。

『叻報』一九〇一年一〇月三日の「領事示諭」や、『天南新報』一一月二八日の「略論本埠創建孔教學堂事」など、実際の設立活動の初期における宣伝記事は、孔廟学堂設立運動が中国本国の地方高官（特に両広総督である陶模）からの協力を得ていることを強調したうえで、孔廟学堂で行う教育により中国という国家のために有用な人材を教育することの必要性を主張する内容であった。

しかし、実際に寄付金の収集などが進展していく一九〇一年末から一九〇二年初頭にかけて、異なる主張を採用した宣伝がたびたび掲載されるようになった。『叻報』一九〇一年一二月九日の「星嘉坡創建孔子教堂縁起」や『天南新報』一九〇二年三月一〇日の「照録新加坡創建孔廟學堂勧捐啟」などの記事には、第二章第四節や本章第二節で述べた、林文慶の華人社会や儒教に関する理解と共通する内容が含まれている。その一部を、以下に引用する。

……［シンガポールに］長く居住するに従い、華人の人口は増大した。おおよそ現地で出生した華人は、着る服は西洋の服、用いる言語は西洋の言語であり、心の中で西洋人を畏れ敬い、商売ではマレー人とつきあっている。［中略］そのような人にその祖先や亡父の名前を問うに、知っているものもいるが、知らないものもいる。そのような人に中国の聖賢の教えを問うに、聞いたことのあるものもいれば、そうでないものもいる。［中略］その原因を追究するに、華人が孔子廟を有していないことによりこのような事態になってしまったのである。孔子廟がないということはすなわち中国の教えを知らないということであり、このような時期が長らく続いたことにより、華人はついにその根源を忘れてしまったのだ。恐らくさらに数年後には、南洋で出生した華人は自らが中国の人であることを知らず、さらには中国さえ知らないという有様になってしまうだろう。ああ、汝らの祖先や父親は中国から来たというのに！[46]……

……ここにおいて、［シンガポールという土地に］居住することが次第に長くなり、自らの根源をごまかし、他の種族［他族］に落ちぶれる者がある。自らの倫理を忘れ、その異端のものとなっていくのである。［華人としての］中身を保てないなら、どうして［華人という］名を持てるだろうか。［華人という］種が存在しないのなら、どうして［儒教の］教えを論ずることができるだろうか。［現地の習俗に］流されたままで［本来の姿に］立ち返らねば、華人という名目はあるものの、その実体はすべて失われているという状況となってしまうであろう。[47]……

これらの宣伝の文章は、言語（中国語）・儒教倫理・服装・「祖国」への国家的な帰属などの共通性を（本来は）有していた共同体としてシンガポールの華人社会を捉えると共に、特に現地で出生した海峡華人がその共通性に当たるものの一部を喪失しかかっており、このままでは近い将来においてシンガポール華人社会に属する華人たちは「華人でありながら華人でなくなってしまう」という危機感を煽り、この問題に対する解決策として中国語・儒教の教育活動を位置付けることにより、シンガポールにおいて孔廟学堂を設立する必要性を訴えている。

この宣伝からは、シンガポール華人社会をナショナルな特徴・性質を本質的に共有する文化的共同体、すなわちネイションとして捉えると共に、現地の一部の華人がその共通性を喪失しかかっており、中国語や儒教の教育を通してそれを再獲得させる必要があると考える、林文慶の中国語・儒教教育理解との共通性を明確に見て取ることができる。またこれらの宣伝の中で、儒教の具体的な教義や解釈などはほとんど議論されていないことにも注目すべきであろう。すなわち、この運動の中で、儒教は中国語などと並んで、あくまでネイションとしてのシンガポール華人社会を規定するナショナルな共通性の一つとしてのみ扱われているといえる。

またこれらの宣伝において、これまでの林文慶の言説と同様に、中国本土はあくまでシンガポール華人たちのルーツとして扱われており、中国本土の社会や政治といった問題は一切論じられていない。

先に述べた通り、孔廟学堂設立運動とその主導者が直面してきた課題は、複数の幇派により分断された華人社会から、広範な支持と支援を獲得することであった。これを克服するため、林文慶は各幇派の方言に代わる共通語として官話を用いた教育を行うことを提案しており、またこの運動に関わる集会や演説でも、複数の幇派の言語を利用した説明や議論が行われていた。さらに孔廟学堂設立運動は、この問題に対処するために二つの戦略を採用した。

その一つ目は、駐シンガポール総領事や両広総督の陶模など、中国国内の政治的権威という後ろ盾により、シンガポール華人社会の中での信用と支持を獲得しようとする戦略であった。邱菽園・林文慶らが清朝の公権力との関係を修復し、その後ろ盾を得たことに端を発する一九〇一年一〇月以後の展開は、この第一の戦略が一定の効果を発揮したことを示している。また設立活動の初期に展開された、教育による人材育成により中国という国家へ貢献することを強調する宣伝や、孔廟学堂の教育計画における成績優秀者の中国本国への留学の援助は、中国という国家との深い関係性を強調しているという意味で、この戦略を利用した宣伝手法として捉えることが可能である。

もう一つの戦略は、華人社会全体をナショナルな特徴・性質を共有する均質かつ一体化した文化的共同体、すなわちネイションとして捉えて、その均質性・共通性に訴えることであった。この戦略は、幇派と方言により分断され、ゆるやかに住み分ける状態にあった実際の華人社会を、ネイションという「想像された共同体」として読み替えようとする戦略と言い換えることもできるだろう。この運動で採用された、シンガポール華人社会に属する華人たちが中国語・儒教の教育を通じて、ナショナルな共通性を再獲得しなければならないと主張する宣伝手法は、上で説明した第二の戦略を体現したものであるといえる。

この二つ目の宣伝手法では、林文慶独自の思想である、ネイションとしてのシンガポール華人社会という認識を前提として、そのナショナルな共通性を再獲得させる手段としての中国語・儒教教育という観念が中国語に翻訳され、表現されている。さらに、孔廟学堂設立運動より以前のシンガポール華人社会では、このような戦略を採用して宣伝を行った社会的な活動が存在していなかったことにも留意すべきであろう。[48] 孔廟学堂設立運動は、均質かつ一体化したネイションとしての華人やナショナルな共通性・均質性といった近代的概念を利用し、華人社会に対して実際に大規模な宣伝活動を行った社会運動として、恐らくシンガポール華人社会史上において最初の運動であった。

このように、シンガポール華人社会をネイションという均質かつ一体化した文化的共同体として捉えようとする宣伝手法は、「想像された共同体」としての共通性を訴えることにより、幇派と方言という華人社会内部の差異と分断を越えて、華人社会全体に広く呼びかけを行うという革新性を確かに有していた。そして、この運動の最終的な失敗という結末は、この新たな手法に基づく呼びかけに対し、(少なくとも一九〇二年の時点では)華人社会の大半が積極的に呼応しようとしなかったことを示している。幇派の壁を超えた、シンガポール華人社会全体からの支持の獲得と動員という、孔廟学堂設立運動とその主導者であった林文慶ら「現地の改革主義者たち」にとっての最大の課題は、最後まで解決されないまま終わったのである。

孔廟学堂設立運動の宣伝を通した働きかけが失敗した理由を推察するに、その主要な要因として、林文慶の特異な儒教解釈が、現地の華人社会で理解されにくかったという点をあげることができるだろう。当時のシンガポール華人社会に居住していた華人たちにとって、たとえば中国語や辮髪といった要素が失われることで、華人がその共通性を喪失し華人らしくなくなってしまうという発想はある程度は理解されやすかったであろうが、現地では(科挙教育を受けた知識人たちを除いて)元来なじみの薄い宗教であった儒教が失われることが華人としての共通性の喪失につながるという考え方は、かなり理解しがたかったのではないかと思われる。

なお、顔清湟の先行研究では、一九〇二年に梁啓超が「保教非所以尊孔論」を発表して儒教の国教化に否定的見解を示したこと、さらにこれが同年五月に『天南新報』に転載されたことが、この運動の停滞と失敗を生んだ直接の要因となったと推察している。[49] しかし、顔清湟の研究では、この梁啓超の文章がシンガポール華人社会に何らかの影響を与えたという推測を裏付ける史料的根拠は一切明示されていない。また前述のように、孔廟学堂設立運動は一九〇一年一〇月に康有為ら「立憲派」との関係を公的に否定している。そのため、この梁啓超の文章の転載とこの運動の失敗の間に、何らかの直接的な因果関係があると見なすことは難しい。

六　おわりに

本章では、一八九八年から一九〇二年のシンガポール華人社会において、林文慶ら「現地の改革主義者たち」の主導によって展開された孔廟学堂設立運動について、その展開から結末までに至る経緯を明らかにすると共に、その宣伝に用いられた言説についても検討を行い、この運動がシンガポール華人社会史上における重要な画期であったことを明らかにした。

本章の最初に述べたように、先行研究はこの運動を「儒教復興運動」とみなし、康有為ら「立憲派」の儒教理解や政治運動からの強い影響を指摘している。しかし実際には、この運動の主導者である林文慶らがその展開や宣伝の中で常に議論していたのは儒教やその解釈ではなく、彼ら「現地の改革主義者たち」にとっての長年の課題であった、華人にとってのナショナルな共通性として儒教と中国語を、現地の海峡華人児童に教育する施設としての孔廟学堂の設立という問題であった。この点を念頭に置くならば、この運動は儒教の普及・復興を目的とする「儒教復興運動」ではなく、ナショナルな共通性としての儒教と中国語を教育する学校設立を目的とする「孔廟学堂設立運動」であり、準備的な段階と実質的な設立活動をふくめ、主に一八九八年から一九〇二年まで継続されたと理解すべきである。

また康有為や梁啓超ら「立憲派」の儒教・政治運動が、シンガポールにおける孔廟学堂設立運動にほとんど影響を与えなかったことも強調すべきであろう。この運動を主導した林文慶・邱菽園らが康有為からの影響を受けていたことは事実であるが、林文慶は康有為の儒教解釈をそのまま取り入れたのではなく、シンガポール華人社会という場の「進歩」・「改革」という独自の問題意識に基づいて儒教を理解していた。またこの運動が実質的な設立活動に移行していく一九〇一年一〇月以降において、そのきっかけとなったのは林文慶・邱菽園らが康有為ら「立憲派」との関係を断ち中国国内の政治権力との関係性を修復したことであり、またこの運動が康有為らとの関係を持たないことが公表されていた。

「現地の改革主義者たち」の中心人物であり、孔廟学堂設立運動の主導者であった林文慶は、華人社会というネイションに帰属するうえでの必要条件の一つとして中国語・儒教を捉えたうえで、現地の華人たちにそれらを教育することにより、ナショナルな共通性を再獲得させることができると考えていた。この運動は、中国国内の政治的な権威という後ろ盾を得たことに加え、林文慶の特殊な儒教観に基づいた宣伝活動を行うことにより、幇派の壁を越えて、シンガポール華人社会全体に働きかけを行うことに初めて成功した。その意味で、たとえ失敗という結果に終わったにせよ、この運動がシンガポール華人社会史上における重要な画期となった出来事であることは疑いないだろう。

一八九八年から一九〇二年にかけて展開された孔廟学堂設立運動は失敗という結果に終わったものの、この運動が先鞭をつけたネイションという近代的概念を利用したナショナリズムとしての（あるいはネイション概念を利用しての）社会運動は、中国語学校の設立を含め、一九〇〇年代後半以降にいくつも展開され、多くの成功を収めると共に、華人社会の構造を大きく変容させていくこととなった。同時に、一九〇〇年代後半の社会運動も、孔廟学堂設立運動と同様に、幇派と方言により分断された華人社会を連帯させるという課題に向き合わねばならなかった。これらの社会運動の展開とシンガポール華人社会史としての連続性という問題については、第五・六章にて続けて議論していく。

注

（1）［Yen 1995a: 229-263］。
（2）［森 二〇〇五：一七九―一八二］［Frost 2005: 54-60］［Lee, Ting Hui 1988: 14-26］［梁 一九八八］［梁 一九九五］［梁 二〇〇五］。
（3）*Singapore Free Press*, 27th, January, 1898, editorial article.
（4）*Singapore Free Press*, 29th, August, 1898, untitled article.
（5）*Singapore Free Press*, 17th, April, 1899, editorial article.
（6）*Singapore Free Press*, 24th, April, 1899, "Singapore Chinese Girls' School."『天南新報』一八九九年四月二四日、「倡興女教」、四月二五日、「辦理女學堂芳名錄」。
（7）シンガポール華人女子学校の創立から現代に至る歴史に関しては、以下を参照［Ooi 1999］［Teoh 2018: 65-90］。また中華民国期における華人女子教育については、第八章第四節にて詳述する。
（8）*Straits Chinese Magazine*, June, 1899, "Revival of Confucianism."
（9）*Singapore Free Press*, 21th, October, 1899, "The Confucian Cult."
（10）*Straits Chinese Magazine*, September, 1899, Lim, Boon Keng, "Straits Chinese Reform III: The Education of Children."
（11）*Straits Chinese Magazine*, November, 1899, Lim, Boon Keng, "Straits Chinese Reform IV: Religions."
（12）*Straits Chinese Magazine*, March, 1900, Lim, Boon Keng, "Straits Chinese Reform V: Filial Piety."
（13）［Yen 1995a: 237-239, 245-246］。
（14）［竹内 一九九五：一三一―一三九］［村田 一九九二：二〇〇―二〇二］。
（15）劉柯（編）『自立会史料集』長沙：岳麗書社、一九八三年、三一七頁、「康有為致邱菽園書」、上海市文物保管委員会（編）『康有為与保皇会』上海：新華書店、一九八二年、九九頁、「致徐勤等書」、湯志鈞（編）『康有為政論集』北京：中華書局、一九八一年、四一三頁、「致各埠保皇會公匯」。

（16）王樹枏（編）『張文襄公（之洞）全集』台北：文海出版社、一九七〇年、一〇四巻、公牘一九、七三六三―七三六八頁、「咨出使英国大臣請飭諭邱菽園及各華商勿信匪党」、一六七巻、電牘四六、一二〇三五―一二〇三六頁、「致輪墩羅欽差」。

（17）この点について、恐らく一九〇〇年年末から一九〇一年初頭の時点で、邱菽園の唐才常の反乱計画への協力という情報が、湖広総督の張之洞あるいは駐イギリス公使の羅豊禄から両広総督の陶模に伝わったことにより、陶模が邱菽園に関する情報を得たものと思われる。しかし管見の限り、その伝達に関する史料的な記述を発見することはできなかった。

（18）『叻報』一九〇一年四月八日、「両広督憲陶制軍札新加坡羅総領事文」。

（19）*Straits Times*, 16th, April, 1901, editorial article.『叻報』一九〇一年四月八日、「兩廣督憲陶制軍札新加坡羅總領事文」、『申報』一九〇一年四月二日、「兩廣督憲陶制軍札新加坡羅總領事文」、『天南新報』一九〇一年四月四日、「兩廣督憲陶制軍札新加坡羅叔羹總領事文」、『同文滬報』一九〇一年四月二日、「粵督札文照錄」。

（20）邱菽園『菽園贅談』香港：中華印務総局、一八九七年、附録、「刊刻答粵督書縁起」。なお、この書籍に附録として収録された書簡類（「刊刻答粵督書縁起」・「答粵督書・電稿」・「答粵督書」）は、初版の刊行辞典である一八九七年より後年に執筆されており、後年に再版された際に収録されたものであると思われる。著者はシンガポール国立大学において、前述した書簡類が添付された当著作を閲覧した。

（21）同上、附録、「答粵督書・電稿」。

（22）同上、附録、「答粵督書」。

（23）王樹枏、一九七〇年、前掲書、巻一七二、電牘五一、一二四〇三―一二四〇四頁、「致廣州陶制台」。

（24）同上、巻一七二、電牘五一、一二四〇四―一二四〇五頁、「陶制台来電」。

（25）中国第一歴史檔案館（編）『光緒朝上諭档』桂林：広西師範大学出版社、一九九六年、第二七冊（光緒二七年）、一七七―一七八頁、『大清徳宗景（光緒）皇帝実録』、四八六巻、四四七七頁。なお、邱菽園が与えられたという主事の官職について、その所属は明記されていない。

（26）『叻報』一九〇一年一〇月三日、「駐新嘉坡總領事羅論」。

（27）［Yen 1995a: 239］。なお、この記述についても、本来は先行研究ではなく史料を参照すべきであったが、シンガポール国立大学の図書館がPDFで公表している『叻報』の該当の記事は、記事の存在は確認できたものの、細部がつぶれており読解することができなかった。オリジナルを保管しているシンガポール国立大学はPDFを除き、オリジナルの新聞やマイクロフィルムなどの形の公開を行っていないため、著者はシンガポール国立図書館（National Library of Singapore）に保存されているマイクロフィルムのコピーを閲覧したが、このマイクロフィルムも保管上の問題（湿気による劣化）により、正確に閲覧できる状況になかった。そのため、やむなく先行研究の記述をそのまま引用した。実際の記事にはより詳細な情報が記載されていると思われるため、今後シンガポール国立大学図書館内部で所蔵されているオリジナルの史料を閲覧する機会を得た際には、この点を明らかにしたい。

（28）『天南新報』一九〇一年一一月二八日、「略論本埠創建孔教學堂事」。

(29)『叻報』一九〇一年一二月九日、「星嘉坡創建孔子教堂緣起」。
(30)『叻報』一九〇一年一二月二六日、「集思廣益」、『天南新報』一九〇一年一二月一三日、「孔教同人公鑒」。
(31)[蔡 二〇〇二：五二]。
(32)『叻報』一九〇二年二月二二日、「議建孔廟」、『天南新報』一九〇二年二月二二日、「敬約開議孔廟學堂章程告白」。
(33)『天南新報』一九〇二年二月二四日、「會議本坡孔廟學堂章程記略」。
(34)『天南新報』一九〇二年三月一〇日、「暫擬孔教章程三則」、「暫擬中西學堂章程九則」、「暫擬籌款章程十四則」、「暫擬將來辦事章程十四則」。
(35)『天南新報』一九〇二年三月一三日、「恭請會議」。
(36) 同済医院の歴史や社会的な機能については、第五章第二節を参照。
(37)『天南新報』一九〇二年三月一七日、「再紀會議捐建星坡孔廟學堂事」。
(38)『天南新報』一九〇二年八月二八日、「新加坡創建孔廟學堂天字第一號緣部第一二三四次題捐芳名列」。
(39)『天南新報』一九〇二年三月一七日、「星嘉坡孔廟學堂定義開辦躍踴題捐書此告慰同志」。
(40)『天南新報』一九〇二年三月一九日、「創建孔廟學堂董事」。
(41)『天南新報』一九〇二年四月一四日、無題の記事。
(42)『天南新報』一九〇二年九月二七日、「答客問本坡孔廟學堂事」。
(43)[蔡 二〇〇二：五二]。
(44) *Straits Times*, 30th, June, 1902, "The Straits Contingent."
(45)[森 二〇〇五：一八二][Yen 1995a: 242-243]。
(46)『叻報』一九〇一年一二月九日、「星嘉坡創建孔自教堂緣起」。
(47)『天南新報』一九〇二年三月一〇日、「照錄新加坡創建孔廟學堂勸捐啟」。
(48) シンガポール華人社会史における、ネイションとしての華人という近代的概念を利用したナショナリズムとしての最初期の事例として、第二章にて議論した、一八九七年末に計画された辮髪切除活動があげられる。しかし、この活動は実際に実行されず、計画の段階で失敗してしまったため、社会運動として実体化したと見なすことはできないであろう。
(49)[Yen 1995: 241]。

第五章　シンガポール中華総商会の社会的機能の形成過程（一九〇五―一九〇八年）

一　はじめに

本章では、一九〇五年におけるシンガポール中華総商会の設立過程や設立初期の活動、およびその社会的背景について検討していく。第一章第五節などにて述べたように、一九世紀のシンガポール華人社会の大きな特徴の一つとして、福建・広東・潮州・海南・客家などの幇派による内部の分断があげられる。華人社会の内部は各幇派とその方言により分断され、ゆるやかに住み分けた状態にあった。現地に居住していた華人たちの大多数は、幇派という枠組の中だけで生活し、ほぼ出身地の方言のみを理解し、幇派が異なる華人同士は相互の意思疎通さえ難しい状況にあった。

多くの先行研究は、このような一九世紀から続く華人社会内部の状況を大きく変容させた団体として、一九〇六年に設立されたシンガポール中華総商会（Singapore Chinese Chamber of Commerce、以下中華総商会という）に着目している[1]。これらの研究は、中華総商会が商業会議所として商業を管轄する機能を果たしたのみならず、華人社会の代表者としてその内部の各幇派をまとめ、一体化させるというリーダーシップを発揮していたことを強調している。中華総商会の設立を契機として、シンガポール華人社会の統合が進行していくというビジョンは、先行研究にて広く共有されているといえる[2]。シンガポール中華総商会と中国本土の商会を比較した場合、中国本土の商会が各地に点在する大小様々な同郷・同業団体を統合していく役割を果たしたのに対し、シンガポールでは幇派という社会・経済的な共同体が既に存在しており、中華総商会はそれらを連帯させ、華人社会を一つにまとめあげるようなリーダーシップを担う役割を果たした点に特徴的があるといえる[3]。

中華総商会の設立過程や設立初期の活動についても、これ自体に着目した日本語・英語・中国語の研究が存在している。[4] ただし、これらの先行研究は共通して、商会が、華人の商業を管轄する商業的機能と、華人社会内の幇派をまとめる社会的機能の双方を本質的に備えた組織であったかのように議論を展開している。[5] しかし、清朝の商部が定めた商会の規定である「商会簡明章程」では、商人を組織化し商業を一律化することにより国際的競争力を高めること(「剔除内弊」)、また産業の振興や国内外の市場調査を行い外国資本に対抗すること(「考察外情」)の二点のみがあげられており、その他の社会的機能については特に規定がない。[6] そのため、中華総商会にとって、後者に当たる、すなわち華人社会内の幇派をまとめる社会的機能は、清朝商部が規定する商業団体としての商会が本来持つものとして期待されていた機能ではないことが分かる。

各地域の商会は本来、商部の規定に基づいて商業を管轄する機能を持つ組織であったが、同時にそれぞれの地域の状況に応じて、多様な社会的・政治的な活動を行っていた。[7] すなわち、中華総商会がシンガポール華人社会内で果たしていた、各幇派を連帯・協力させるという社会的な機能もその一つであり、シンガポール華人社会の社会的需要に応じて形成されたものであると考えるべきであろう。

ところが管見の限り、中華総商会の社会的な機能について扱った先行研究のうち、この機能をシンガポール華人社会の内部に存在する各幇派の分断や連帯・協力という観点から詳しく議論した研究は存在していない。先行研究では、中華総商会の設立をきっかけとして、華人社会内部の幇派の連帯や華人社会自体の一体化が進行していくことは強調されてきたが、その変容がいつ、どのような社会的背景により発生し、華人社会と幇派の関係性を具体的にどのように変容させたのかという点については、いまだに曖昧なままで残されているといえる。

では、中華総商会が持っていた、幇派を連帯・協力させ、華人社会内のリーダーシップを担うという社会的な機能は、シンガポール華人社会において、どのような社会的背景や需要に基づき、どのような過程を経て確立されたのだろうか。またこの時期に確立された、中華総商会を中心とする各幇派の連帯という構造は、それ以前の時期における各幇派の分断やゆるやかな住み分けという状況とどのように異なっており、どの程度の連続性・共通性が存在していたのだろうか。

この問題を明らかにするためには、この団体の商業の管轄に関わる活動と、華人社会内の幇派のとりまとめやリーダーシップの発揮などに関わる社会的な活動を区別したうえで、特に後者の活動に着目し、その具体的な活動と社会的背景について同時代史料から詳細に分析することが必要となるだろう。しかし管見の限り、このような研究アプローチをとった実証的研究は、いまだ存在していない。

本章では、このような問題意識に基づき、中華総商会が持つ様々な機能のうち、特に幇派をまとめ華人社会を代表するという社会的機能が形成・確立される過程について、この団体の設立過程と設立当初の運営・社会的活動などを通して分析すると共に、それを可能とした当時のシンガポール華人社会の歴史的・社会的状況を明らかにすることを試みる。

また、中華総商会の活動に関する史料類として、何らかの記念として中華総商会から出版された刊行物が存在する。[8] これらの刊行物の中には、中華総商会の活動に関する詳細な記録が含まれているものも存在する。しかし、これらの書籍類は後年に編纂されたものであり、編纂の際に利用した一次史料についても不明瞭である。そのため、本書ではこれらの記念刊行物を一次史料として利用しない。[9]

二　中華総商会の設立過程

最初に、中華総商会の設立過程について述べる。一九〇五年一二月九日に、ペナンの著名な華人商人である張振勛[10]（Thio Tiauw Siat）が、シンガポールを来訪した。彼を歓迎するための式典が同済医院にて開催され、複数の幇派の人士がこれに参加した。[11] この式典において、張振勛は潮州幇の大商人であった曾兆南から贈られた賛辞に対する答辞の中で、シンガポールにおいて商会と学堂を創設すべきであると主張した。[12]

すなわち、中華総商会の設立計画は最初、シンガポールの華人からではなく、ペナンの華人商人であった張振勛による提案から開始されており、この時点では幇派の連帯・協力の重要性などの論点は提起されていなかった。

この張振勛の言葉を受けて、同年一二月一八日に、同済医院にて商会の設立に向けた第一回目の会議が開催された。この会議は約五〇人が参加し、一〇〇人以上が参観するなど、大規模なものとなった。会議では、商会設立の発起人のリストが作成されたのち、呉寿珍・葉季允・曾兆南の三人が、福建語・広東語・潮州語の三つの方言を用いて演説を行った。この演説では、張振勛を通じて清朝の商部との交渉を行うという計画が存在すること、華人が商会を創設しようとする理由は華人が「公益」を求めたことによるものであること、また中華総商会を創設するメリットとして、華人社会内の複数の幇派が協力して商会という一つの団体を創出することにより、幇派同士の対立が発生した際に、中華総商会が仲介を行い、揉め事を解決することが可能になるという点があげられることなどが説明された。[13]

中華総商会の設立計画は、この第一回目の会議から、ペナンの華人商人であった張振勛の手を離れ、シンガポールの著名な華人商人たちによって主導されることとなった。この会議には現地に居住する複数の帮派の華人たちが参加しており、複数の方言による通訳が行われ、かつこの会議で初めて、各帮派の連帯・協力の重要性や対立の防止といった問題が議論されることとなった。さらにこの会議で初めて「公益」という言葉が利用されており、この後もこの団体の設立計画や活動の中で、この言葉が繰り返し利用されることとなった（この「公益」という言葉やそれを利用した宣伝言説については、本章第四節にて詳述する）。

続いて一二月二六日に、第二回目の会議が開催された。この会議が行われた場所について、史料中には明確な記述がない。しかし、中華総商会の設立に関する会議は第二回目を除き全て同済医院で行われたと明記されているため、この会議も同様に同済医院で行われた可能性が非常に高いと思われる。この会議は、中華総商会の事務を暫定的に担当する理事員を選出する目的で行われた。この選挙の結果、福建帮・潮州帮・広東帮・客家帮・海南帮の各帮派から、計三五人の理事員が選出された。その後、張振勛からの金銭の寄付や商会の規約などが発表された。続く演説の中で、中華総商会の創設の目的が「公益」を求めたためであることが確認されたうえで、現地の華人たちが帮派という境界によって分断され、方言も異なるため、互いに意思疎通や連絡をとることができないという弊害を、中華総商会の設立により取り除くことができるという説明がなされた。また中華総商会の規約の大綱の一つとして、その設立後しばらくは同済医院の会議室を借りて事務所とすることが公表された。[14]

この第二回目の会議でも、前回と同様に、複数の帮派の華人たちが参加しており、各帮派の連帯・協力の重要性という問題が再び強調されている。さらに、第一回目の会議に続いて、中華総商会の会議場所や事務所として、同済医院が利用されていたことがわかる。加えて、この会議でも再び「公益」という言葉が利用されていることが確認できる。

翌年、一九〇六年三月三一日に、同済医院において第三回目の会議が開催された。この会議の中で、この団体の設立許可について植民地政庁との交渉を担当する人員として、呉寿珍などが選出された。[15]

これらの会議と設立計画の担当者の選出を経て、中華総商会の設立計画はさらに進展していった。四月二日の『叻報』には、中華総商会に関する広告記事が掲載された。この記事の中で、植民地政庁に設立の時期について確認していること、また中華総商会への入会希望者を募集していることが公表された。[16]

四月一九日の『叻報』に、再び中華総商会に関する広告記事が掲載された。この記事では、中華総商会の設立に至る経緯をまとめたうえで、この時点で八〇〇～九〇〇人の華人商人が入会し、その運営に関わる役職の担当者が計五四人選出されたこと、同年四月八日に同済医院の会議室を借りて活動を開始したこと、また四月一八日に植民地政庁から、「結社条例」の基準から見て合法的な団体として設立・活動の許可を得たことが公表された[17]。また福建幇の呉寿珍と潮州幇の陳雲秋が、中華総商会のトップに当たる役職となる総理を担当することが決定された。

これらの記事を通して、現地において中華総商会の入会者の募集がなされると共に、設立当初の会員人数や役職担当者、事務所の場所、植民地政庁からの設立許可の獲得などが公示された。これらの募集や公示を経て、中華総商会は正式にその活動を開始することとなった。またこの団体の総理として、シンガポール華人社会で有力な幇派であった福建幇と潮州幇からそれぞれ著名な華人商人が一人ずつ選出されたことは、各幇派のバランスをとることを考慮していたことを示している。

さらに五月一〇日の『叻報』には、曾兆南による告知記事が掲載された。この記事で、曾兆南は自身が中華総商会の役職の一つである坐辦（事務担当）に選出されたのを受け、この職務が「公益」に関わるため、その活動当初は自らの給料を受けとらないことを公表した[18]。この記事も、中華総商会の役職に関する記事の中で「公益」という言葉が繰り返し利用された一例である。

ここで、本章で扱っている時期に当たる一九〇六年から一九〇九年までの中華総商会の役職担当者を簡単に整理しておこう。毎年の役員担当者の選出過程について、二年目となる一九〇七年以降、選出者ごとの投票数が公表されている。ここから、中華総商会は投票の前に福建省系（「福幇」）と広東省系（「広幇」あるいは「粤幇」）に分け、そこに定数の役職を割り当てるような形で投票を行い、総理・協理などの役職担当者が選出されていたことが分かる。すなわち、設立初期の中華総商会では、各幇派がその代表者を必ず一定数、役職担当者として選出することが可能となるシステムが採用されていた。この選挙システムは、福建幇のような有力かつ多数派の幇派が役職を寡占してしまうことを防ぎ、全ての幇派の代表者を中華総商会の運営に協力させ、あらゆる幇派を包括するシンガポール華人社会を代表する団体としての立場を維持するうえで有益であっただろう。

また大人数が任命された役職である協理や議員などの担当者について、人口比で最大（約五割）となる福建系に比べて、広東・潮州系は人口比率より多めの役職担当者の割り振りがなされている。そのため、広東省系を合わせて一つの幇派と

画像 44　シンガポール中華総商会の創設時の集合写真。当時の会長であった呉寿珍を含む、役職担当者 49 人が写っている。1906 年。

画像 45　中華総商会の役職担当者たちの集合写真。1920 年代。

してカウントしていたわけではなく、その内部の広東幇と潮州幇にそれぞれ定数の役職を割り当てるように設定されていたものと推察される（客家・海南幇については表記がなく、役職の割り当てなどは不明である）。

既に述べたように、一九〇六年に中華総商会のトップに当たる役職となる総理を担当したのは、福建幇の呉寿珍と潮州幇の陳雲秋であった。その下に位置する一〇人の協理として、黄松亭・蔡子庸・陳徳潤・林維芳などの華人商人たちに加え、「現地の改革主義者たち」の中心的な人物であった林文慶が選出された。さらにその下に位置する議員として、四〇人が選出された。この中には、張善慶・劉金榜・廖正興などの華人商人に加えて、『叻報』の編集者であった葉季允が含まれていた。さらに座辦として曾兆南が、また司理繙譯（翻訳担当）として陳徳遜が選出された。さらにこれらの議員のうち二人が、査賬（会計・帳簿担当）を兼ねることとなった[19]。

設立初年度の一九〇六年に、中華総商会の内部で一つの事件が起こった。初年度において共に中華総商会の総理を担当していた呉寿珍と陳雲秋の関係性が悪化し、七月初旬に陳雲秋が、この団体の腐敗を批判して、総理の役職を辞任したのである。この後、陳雲秋は『南洋総匯報』[20]上で呉寿珍を批判し、また呉寿珍も『叻報』上でさらに反論し、陳雲秋を批判し返した。

呉寿珍と陳雲秋の争いがシンガポール華人社会に与えた衝撃について、七月九日の『叻報』に掲載された「以和為貴」という書簡を引用しよう。この書簡は、現地の華人商人三人の連名であり、呉寿珍と陳雲秋の争いを批判し、両者が関係性を修復することを願う内容であった。

……思うに、呉寿珍は［科挙試験にて生員の資格を得た］秀才の出身であり、知府の名誉官職を有し、［清朝の駐シンガポール］署理総領事を担任したことがあり、また富裕な商人でもある人物である。［呉寿珍という］現地の有力者が［中華総商会の設立を］提唱したことによって、多くの華人たちはみな［中華総商会の設立という］提議に賛成しやすかったというべきであろう。中華総商会の設立が推奨されて以来、我々福建・広東省出身の諸々の華人商人たちは、喜び勇んで中華総商会に加入したのであり、このような社会の動きは非常に盛んであったといえる。また呉寿珍と陳雲秋を総理として推薦したこともまた、非常に妥当であったといえる。さらに呉寿珍と陳雲秋が積極的にその職務を引き受けたことも、やはり公正な行いであったというべきである。これ以降、中華総商会の興亡や栄辱、またその大きな問題に際して重要な決定を行う際には、［中華総商会に加入した華人商人たちは］みな呉寿珍と陳雲秋の公正な判断を頼ってきた。［中略］昨日我々は新聞を読み、呉寿珍と陳雲秋の人間関係が悪化し、両者が互いを誹謗しあったということを知った。ああ、中華総商会はまだ設立されたばかりであり、「公益」はいまだ発揮されていないのに、まず呉寿珍と陳雲秋の衝突が起こってしまったことは、人々を必ずや悲しみ嘆かせ、残念がらせるだろう。〔中略〕呉寿珍と陳雲秋の一日の不和は、すなわち中華総商会の一日の不安である。そして中華総商会の一日の不安は、必ずや中華総商会の瓦解を招いてしまうだろう。〔中略〕呉寿珍と陳雲秋がそれぞれの一時の私憤によって、ついに中華総商会自体を破綻させるに至ってしまい、総理を担当した二人が〔中華総商会を破綻させた〕永久の罪人となってしまうようなことがないことを、ただ願うばかりである。……

この書簡から、呉寿珍と陳雲秋の争いがシンガポール華人社会において大きな衝撃をもって受け止められており、この両者の対立が中華総商会自体を分裂させてしまうことまでも危惧されていたことが分かる。結果的には中華総商会自体が分裂してしまうといった大きな問題は発生しなかったものの、最後まで両者の関係性は修復されず、陳雲秋らは総理の役職に復帰することはなかった[21]。

一九〇七年には、総理として福建幇の呉寿珍と潮州幇の蔡子庸が選出された。また協理として陳徳潤・廖正興・林維芳・張善慶・林文慶ら一〇名が選出され、坐辦として曾兆南が再選され、さらに査賬として二名が選出された[22]（議員の担当者については記述が存在しない）。なお、一九〇七年にも、陳雲秋は中華総商会の議員に選出されている。しかし、三月五日に陳雲秋からこの役職を辞退する旨を告げた書簡を受領したため、無理に引き止めず、代わりに別の人物を議員として採用することとなった[23]。

一九〇八年には、総理として福建幇の呉寿珍と潮州幇の蔡子庸が再選された。また協理として、張善慶・林文慶・廖正興・陳徳潤・林維芳ら一〇名が選出された。坐辦は変わらず曾兆南であり、査賬として四名が選出された[24]（一九〇七年と同じく、議員の担当者については記述が存在しない）。

一九〇六年から一九〇八年までの役職担当者の一覧から、中華総商会には設立当初より、複数の幇派の華人たちが役職担当者として選出され、活動に参加していることが確認できる。また一九〇六年における呉寿珍と陳雲秋とのいさかいが示すように、中華総商会の設立直後は幇派を超えた協力・連帯といった関係性の構築を模索している段階であり、人間関係などのトラブルも存在していたようである。

ここまで、中華総商会の設立過程について見てきた。この団体の設立過程の中で、特に設立段階や設立直後の役職担当者が複数の幇派の人士により構成されていること、また設立に到る複数回の会議の演説の中で、この団体の設立により、華人社会内部が各幇派により分断され様々な対立が発生してしまうという状況が改善され、相互の意思疎通を行い、対立を仲裁することが可能となるということが（この団体の設立に到る働きかけを行った張振勛ではなく）会議に参加した現地の華人たちにより繰り返し強調されていたこと、の二点に着目したい。

すなわち、ペナンの華人商人であった張振勛が中華総商会の設立計画を提唱した時点では、これはあくまで商会（と学堂）を現地に設立するという計画に過ぎず、幇派間の連帯・協力の重要性や対立の防止といった問題はまだ議論されていなかった。しかし、第一回目の会議以降において、シンガポールの華人たちの話し合いの中で中華総商会の設立計画が建議されるようになると、この団体を設立する利点として、幇派間の連帯・協力の重要性や対立の防止といった問題が中心的に議論されるようになった。このことは、中華総商会の設立を主導したシンガポールの華人たちがこの団体を設立する際に、商業を管轄するという本来の機能に加えて、各幇派を連帯・協力させ、一つの団体として活動や会議・交渉などを行うことにより、幇派間の対立を解消・抑制するという社会的な機能を期待していたことを示している。そして、現地における中華総商会への期待は、そのトップに位置していた呉寿珍と陳雲秋の争いという大きなトラブルに際しても失われなかったといえる。

また、中華総商会が各幇派の連帯・協力に関わる社会的な機能を十分に発揮するためには、各幇派の代表者たちの参加と協力が必要であった。そのため、この団体の設立会議は、複数の幇派の華人が参加・協力する形で行われ、必要に応じて各方言への通訳や、中国語新聞（すなわち幇派や方言と関係なく、漢語の知識があれば共通して読める媒体）での宣伝や公示などが行われた。さらに中華総商会は、各幇派に一定数の役職を割り振って役職担当者を選出することにより、全ての幇派の代表者をこの団体の運営に協力させ、現地の全ての幇派を包括し、華人社会を代表する団体としての位置を確立したといえる。

しかし、シンガポール華人社会では伝統的に幇派が非常に強い影響力を有しており、その内部は幇派の壁によって分断されていた。また第四章第四・五節にて述べたように、一九〇一年から一九〇二年にかけて林文慶ら「現地の改革主義者たち」が主導した孔廟学堂設立運動の募金計画も、幇派間の分断という壁を超えることができずに失敗してしまっている。シンガポール華人社会における幇派と方言による分断は深刻な問題であり、林文慶ら「現地の改革主義者たち」にとって、これを解決することは容易ではなかったのである[25]。

では、中華総商会による、各幇派を連帯・協力させ、幇派間の対立を解消・抑制するという社会的な機能に関する構想は、なぜこれほど短期間のうちに華人社会内で多くの支持を集めることができたのであろうか。この点について考えるに、その設立過程の中で、その地位の確立に有効に作用したであろう二つの関係性を見出すことができる。

その一つは、同済医院との連続性である。[26] 同済医院（Thong Chai Hospital）は、シンガポールで最初に設立された中国式の伝統的な医療活動を行う民間医院であり、善挙を行う善堂[27]としての側面を有していた。[28] 同済医院は、広東の愛育善堂や香港の東華医院など、他地域の著名な慈善医院・善堂のような団体が必要であると考えた広東幇の人々により、一八六七年に創設された。同済医院は一八八〇年代後半より、複数の幇派の人士により運営されるシンガポール華人社会最大の慈善組織となり、香港の東華医院などと連携しながら、無償の医療活動や災害救援活動などの善挙を積極的に行っていた。

また、特定の幇派ではなく、シンガポール華人社会全体が関わる大きなイベントや活動、式典などが行われる際に、複数の幇派の華人が合同で集会を行う場として、同済医院の建物がたびたび利用されていた。このようなイベントとして、第四章第四節にて述べた、一九〇二年三月一五日に行われた孔廟学堂設立運動の第二回目の会議や、それぞれ一八九四年三月三日、一九〇一年七月三一日に行われた、北洋艦隊や醇親王載豊らがシンガポールを来訪した際に行われた歓迎の式典、また一九〇五年六月二〇日に行われた、アメリカでの華人排斥への反対をアピールすることを目的としたアメリカ製品のボイコット集会などがあげられる。[29]

すなわち、シンガポール華人社会では中華総商会の設立以前より、華人社会全体が協力・連帯した社会的な活動が数年に一度の頻度で展開されており、またそのような活動の集会では主に同済医院の建物が利用されていた。しかし、同済医院はあくまでこれらの社会的な活動を主導するようなリーダーシップを担っていたわけではなく、これらのイベントが散発的に発生する際に、その集会場所として利用されたに過ぎなかった。中華総商会はこれに対し、同じく同済医院を会議・活動場所として利用しながらも、時おり行われるような活動という形ではなく、日常的に各幇派が連帯・協力することが可能な場を安定的に構築・維持できるようなリーダーシップを発揮する団体として設立されることとなったといえる。

中華総商会の設立過程の中で、その地位の確立に有効に作用したであろう二つ目の要因は、清朝商部との関係性である。この点について、特に張振勛が重要な役割を果したことを特記しておく必要があるだろう。張振勛は一八四一年に広東省潮州府大埔県で生まれた客家幇の華人であり、字であった張弼士（Chang, Pi Shih）という呼称でも知られていた。彼は一八五六年にオランダ領東インドのバタヴィアに移住し、農園・不動産・銀行などの経営や錫採掘、汽船によるヒト・モノの輸送や貿易など、多様なビジネスに着手し、大資本家となった。張振勛によるヒト・モノの輸送ビジネスは、バタヴィアのみならず、ペナンやシンガポール、香港、上海などに及んでおり、また中国国内にも多額の投資を行い、様々な企業を経営すると共に、多くの不動産を所有していた。また彼は、一八九二年に清朝の駐ペナン副領事を、一八九四年に清朝の駐シンガポール総領事をそれぞれ任職した。

張振勛は清朝による商業の振興・統括に強い関心を持っており、かつ清朝の商業振興に関係する部局とも深い関係性を有してしていた。彼は一九〇三年七月に、清朝朝廷に対し商務を管轄する部局の必要性を上奏しており、これが同年九月における商部の設立の一因になった。清朝商部の設立以降、彼は商部と連携をとりながら、海外各地に居住する華人に対し、中国本土への投資や商務総会の設立などを積極的に呼びかけていた[30]。

張振勛はペナンの華人商人であり、シンガポール華人社会から見ると（半ば）外部の人間であったが、一方で東南アジア島嶼部のみならず中国本土を含む広域的なビジネス・ネットワークを構築しており、かつ清朝商部との仲介役や商会設立の宣伝役としての役割も果たしていた。現地にて中華総商会の設立計画を最初に提唱した張振勛が、中国本土との商業的・政治的な関係性を形成・維持していたことは、中華総商会の後ろ盾となる清朝商部とのつながりを現地社会にアピールして、広く信用や協力を獲得するという点でも有益であっただろう。

この二つの要因は、中華総商会を設立することにより、各幇派を連帯・協力させ、幇派間の対立を解消・抑制するという計画が現地で受け入れられるうえで、大きな影響を与えたであろうと思われる。前章まで述べてきたように、一九世紀末から一九〇〇年代のシンガポール華人社会の内部は幇派と方言により分断され、各幇派がゆるやかに住み分けるという状況は続いていたものの、一方でネイション概念の普及により、各幇派の連帯・協力が必要であるという意識も徐々に広がっていく段階にあった。また、たとえば孔廟学堂設立運動やアメリカ製品ボイコット運動など、現地で展開されたいくつかの社会的な活動では、実際に幇派を超えた連帯・協力が（一時的にせよ）実現されており、その集会場所として同済医院の建物が利用されていた。

このような状況下で、華人社会全体を代表し、幇派の連帯・協力を日常的に構築・維持し、幇派間の対立を解消・抑制するという社会的な機能を担うことが可能な団体の需要を背景として、中華総商会は設立されることとなった。この団体の設立会議や初期の事務所として同済医院の建物が利用されたことは、その設立計画以前の時期に行われていた、幇派を超えた連帯・協力を実現していた社会的な活動との連続性を示す意味があっただろう。また、中華総商会の設立過程において、清朝商部との関係性を有していた張振勛がその計画の最初の提唱者であったことは、現地の華人商人たちに対し、清朝という公権力の権威を後ろ盾とすることによって、この団体の重要性と計画の実現性の高さを喧伝する効果が存在したであろう。

もちろん、この二つの要因の他にも、中華総商会の設立に関して有効に機能したであろう要素は存在したと思われる。その中でも特に、現地の華人商人たちの私的な人間関係やリーダーシップなどの要素については、残された同時代史料からうかがい知ることは難しい。とは言え、中華総商会はこの二つの要素により、華人社会内で多くの支持を集め、華人社会の代表者としての地位を確立することに成功したということは可能であろう。

三　設立初期における中華総商会の社会的な活動

続いて、中華総商会がその設立初期、一九〇六年から一九〇八年にかけて関わったいくつかの社会的活動とその中で果たした役割について、時系列順に整理しながら検討していく。なお、本章第一節にて前述した通り、本章では中華総商会の商工業に関連する活動については特に言及しない。また、中華総商会による中国語教育を行う学堂の設立計画については第六章第二節にて、中華総商会の反アヘン運動への関与については第七章第六節にて整理するため、本章の議論では省略する。

最初に、検疫所に関する問題への対処について述べる。一九〇六年四月一一日に、シンガポールに移動する際の検疫所であるセント・ジョン島（St. John Island、淇漳山）に移動させられた華人女性三人が、シク教徒の警察官により暴行を受けるという事件が発生した。この事件に対する裁判が行われた際に、下級裁判所ではシク教徒の警察官に対し四ヶ月の投獄が宣告されたものの、最高裁判所でこの判決が無効となった。そのため、華人の間で反発が高まり、シク教徒に対するボイコットが盛んに行なわれることとなった[31]。

この事態を受けて、六月九日の『叻報』に、中華総商会による告知記事が掲載された。この記事の内容は、既に華民諮詢局が検疫所での華人の待遇の改善について植民地政庁と交渉を行っており、中華総商会もこれに協力していることを告知したうえで、現地の華人にボイコットの自制を求めるものであった[32]。中華総商会はさらに六月一五日にも同紙に記事を掲載し、この問題が「公益」に関わるものであるため、中華総商会も植民地政庁に対して独自に書状を提出し、検疫所における華人の待遇を改善するよう抗議を行ったことを説明した[33]。これらの交渉の結果、植民地政庁は華民諮詢局と中華総商会による抗議を受領し、検疫所における華人の待遇を改善することを約束した。この結果、現地華人社会におけるシク教徒へのボイコットは沈静化した[34]。

この検疫所における華人暴行問題は、そもそも植民地政庁による華人統治政策の中で発生した暴行に対して、現地の華人が反発したことから起こった問題であった。この問題の処理を担当したのは、植民地政庁の中の一部局であった華民諮詢局であり、中華総商会は植民地政庁からこの問題への対応を求められたわけではなかった。しかし、中華総商会は自主的に行動を起こし、華民諮詢局への連絡と植民地政庁への抗議を独自に行い、華人社会の代表としての役割を果たすと共に、華人社会側の不満を解消することに貢献した。また中華総商会がここで、民間の一団体に過ぎない自らが植民地政庁に対して自発的な行動を起こす理由として、「公益」という言葉を使って説明していることにも注目したい。

二つ目に、皇帝・西太后・孔子の誕生日の祭典について述べる。中華総商会は一九〇六年に、八月一五日・一一月二五日・一〇月一四日がそれぞれ皇帝・西太后・孔子の誕生日に当たるため、現地の華人はその日に清朝国旗を掲揚するなどの飾りつけを行うべきであると啓発する広告を、『叻報』に掲載した[35]。中華総商会は一九〇七年にも同様の記事を掲載し、八月五日・一一月一五日・一〇月四日がそれぞれ皇帝・西太后・孔子の誕生日に当たるため、現地の華人はそれぞれの日には飾りつけなどを行うべきであり、また中華総商会の建物でも記念の祭典を行うと宣伝した[36]。

これらの集会の中で、特に一九〇七年一〇月四日に行われた孔子の誕生日を祝う式典は、中華総商会の建物に約三〇〇人が集まるなど盛大な規模のものとなった。この式典では、現地で一九世紀末より孔廟学堂設立運動などの儒教に関係する活動を行っていた林文慶が英語と福建語で演説を行い、また彼の演説の内容は広東語・潮州語に翻訳された[37]。

この皇帝・西太后・孔子の誕生日の祭典は、中国国内の政治・文化的な象徴を扱った活動であったが、植民地政庁やその植民地統治、あるいは中国本土（清朝）の政治・政策とは直接的に関わらない、華人社会内部のみで展開された文化活動であった。中華総商会は、林文慶のように現地でこれらの文化活動に関わっていた著名な知識人と協力しながら、この文化活動を主導した。

三つ目に、暴動への対処について述べる。一九〇六年一一月半ばに、シンガポール川の船舶で働く福建幇と潮州幇の苦力との間で、械闘（武装しての闘争）が起こった。この争いはすぐに福建幇と潮州幇との対立へと拡大し、大規模な暴動が起こり、シンガポール全体を巻き込むこととなった[38]。植民地政庁はこの暴動を沈静化すべく、中華総商会と連携しながら行動を開始した。

一一月一四日に、中華総商会の事務所にて、暴動を鎮静化するための会議が行われた。この会議には、中華総商会の役員たちに加え、植民地政庁の行政長官であるヤング（Young, Arthur Henderson）や警察総監であるクスカデン（Cuscaden, William Andrew）、副華民護衛司であるベイリー（Bailey, A. W.）といった植民地政庁の主要なイギリス人官僚たち、また陳若錦や林文慶といった植民地政庁と関係の深い海峡華人たちが参加した。

この会議では、中華総商会がシンガポール都市部の各所に掲示を行い、暴動の参加者に対し速やかに暴動を止めなければ行政側より重罰が下されることを勧告すること、また中華総商会の役員が都市各所に赴き、暴動の主導者に対して同様の内容を告知することの二つが議決された。翌日、中華総商会は『叻報』に前述した趣旨の勧告を掲載した（新聞などの史料には特に記述がないが、恐らく後者の決定も実行されたと思われる）。これらの活動の結果、暴動は沈静化した。中華総商会は植民地政庁の行政長官であったヤングよりその功績を認められ、暴動鎮静化への協力に対する謝意を述べた書簡を授与された[39]。

この幇派間の暴動に際して、中華総商会は、植民地政庁からの要請を受けて、この問題への対応に協力した。そのため、一つ目にて取り上げた検疫所における華人暴行問題における自発的な行動とは異なり、中華総商会はこの問題において、植民地政庁による華人統治への協力の要請に応じるという立ち位置で、この活動に参加した。中華総商会は植民地政庁からの期待に答え、イギリス人官僚たちと共に華人社会の代表として暴動の鎮静化に協力し、その功績を認められた。

四つ目に、鉄道敷設活動への協力について述べる。中国本土では、清朝商部が民営による鉄道敷設を積極的に奨励したことにより、鉄道の新規敷設や外国からの借款を利用した敷設計画の利権回収を目的とする活動が、各地で展開されていた。このような活動の一環として、一九〇五年九月に、福建全省鉄路有限公司（以下、福建鉄路公司と略す）が福建省の漳厦鉄路（漳州―厦門間をつなぐ鉄道）の敷設許可を取得した。清朝における鉄道行政の管轄は一九〇六年九月に商部から新設の郵伝部に移行したが、民営における鉄道敷設の奨励は継続された[40]。

一九〇六年一一月二六日に、福建鉄路公司の総理であった陳宝琛が、福建鉄路公司の株式の引き受け先を求め、シンガポールを来訪した。シンガポール到着以降、彼は中華総商会の建物に宿泊しており、到着当日から福建幇の多数の商人が彼との面会を求め中華総商会に訪問した。一一月二七日に、陳宝琛による漳厦鉄路の建設への協力と福建鉄路公司の株式の引き受けを求める宣伝記事が、『叻報』に掲載された[41]。

陳宝琛のシンガポール滞在中に、多くの現地の華人たちが彼の宿泊場所であった中華総商会を訪問し、彼と面会した。一一月三〇日には福建幇の華人約二〇〇人、一二月三日には広東幇の華人約一〇〇人、一二月四日には広東・潮州・客家・海南幇の多数の華人が、陳宝琛をシンガポール中華総商会にて歓待した。このような現地の華人の対応を受け、陳宝琛は一二月四日に、福建・広東両省の華人商人の協力に対して感謝の意を示す書簡を『叻報』に掲載した[42]。陳宝琛は積極的な宣伝活動の結果、シンガポールにおいて鉄道建設のための株式一〇万株の引き受けの契約を行うなど、東南アジアの華人社会から多額の資金を引き出すことに成功した[43]。

この鉄道敷設活動への協力は、清朝が推奨していた民間の政治運動の一つである鉄道敷設活動に対して、中華総商会が協力する形で展開された。中華総商会は、この活動の宣伝を担当していた陳宝琛を歓待し、宿泊場所を提供した。また陳宝琛との面会と歓待は、福建・潮州・広東・客家・海南など各幇派ごとに、彼の宿泊場所である中華総商会を訪問する形式で行われた。

五つ目に、中華総商会の建物の購入・修築のための寄付活動について述べる。中華総商会は、その設立時点では同済医院内の一室を仮設の事務所としていたが、その活動規模の拡大に従い、独自の活動拠点を求めるようになった[44]。一九〇七年五月二八日に、中華総商会は新たな建物の購入と修築を目的とした寄付金の募集活動を開始したことを、『叻報』紙上にて公表した。この寄付活動は、「公益」に熱心である中華総商会の会員・会友が幇派ごとに分担して必要な資金収集のための寄付を集めつつ、建物の候補地として、交通の便がよく多くの人々が集合できる土地と建物を探す計画として説明された。またシンガポール以外の都市に在住するものや中華総商会の関係者でなくても、「公益」に熱心であれば寄付に参加することができ、また寄付金額が一〇〇元以上であれば、中華総商会の名誉会友になることができると宣伝された[45]。

中華総商会は複数回の寄付金の収集と調査ののちに、一九〇八年三月八日に会議を行い、テロック・エア・ストリートの一四～二一号までの購入を決定し、募集した寄付金を利用して一〇万五〇〇〇元で購入し、新たな活動拠点を獲得した[46]。

この中華総商会の建物の購入・修築のための寄付活動は、一つ目から四つ目までのような、植民地政庁の華人統治や中国本土の政治運動、あるいは華人社会全体などに関わる問題に関係する活動ではなく、中華総商会が独自に展開した活動であった。しかし、中華総商会はこの活動においても「公益」という言葉を用いて宣伝を行い、成功を収めた。そして、この活動を経て、中華総商会は一九〇八年に正式な活動拠点となる建物を独自に獲得し、同済医院を離れて独立を果たした。

　さて、ここまで述べてきた内容をまとめよう。中華総商会はその設立初期より、商業活動の管轄という本来の機能に加えて、華人社会を代表する団体として、いくつかの社会的な活動を主導した。中華総商会が主導した社会的な活動と、その活動の政治的・社会的な関係性は多岐に渡っており、たとえば検疫所における華人暴行問題のように植民地政庁の華人統治政策に対して自主的に参与した活動もあれば、幇派間の暴動への対処のように植民地政庁の協力要請に従って参与した活動も存在していた。また一方で、鉄道敷設活動への協力のように、植民地政庁ではなく、中国本土（清朝）の政治政策に協力した活動や、皇帝・西太后・孔子の誕生日の祭典のように、植民地政庁や中国本土などの公権力と直接的に関わらず、華人社会の内部で展開された活動もあり、さらには中華総商会の建物の購入・修築のための寄付活動のように、中華総商会が独自で行った活動も存在していた。

　これらの社会的な活動の多様性は、中華総商会が設立当初より、植民地政庁や清朝などの特定の公権力との交渉といった特定の問題のみを担当していたわけではなく、むしろ華人社会全体に関わる問題であれば何であれ、華人社会の代表として対処しようとしていたことを示している。

　また、中華総商会によるこれらの社会的活動はほぼ成功裡に終わっており、幇派間の対立・トラブルや、特定の幇派が反発して離脱するといった問題が発生した形跡は見受けられない。さらに、中華総商会による活動やリーダーシップに対して、華人社会の中から反論する意見が提議されたり、他の団体が異なる形でリーダーシップを主張しようとしたような事例も発見できない。このことは、中華総商会がこれらの活動の際において、幇派を超えた華人社会の代表としての立場・役割を果たすことが、華人社会の中で一定程度受け入れられ、承認されたことを示している。

　すなわち、中華総商会はその設立直後において、植民地政庁の華人統治政策への協力・交渉や、中国本土の政治運動への協力、華人社会内部における文化活動の展開、この団体独自の寄付活動など、多様な内容にわたる社会的活動を主導すると共に、複数の幇派の華人たちを連帯・協力させ、成功に導いたといえる。当然ながら、限定的な目的（たとえば特定の公権力との交渉など）に対して限定的な対象（たとえば特定の幇派のみなど）を動員することに比べて、より広い目的に対してより広い対象を動員することはより困難であり、さらに強力なリーダーシップが必要とされる。中華総商会がこれらの多様な社会的な活動を主導する際に、幇派間の対立を解消・抑制し、その連帯・協力を達成したことは、まさしくこの団体が各幇派を包括する華人社会の代表としての役割を担い、強力なリーダーシップを発揮することに成功したことを意味するものであろう。

このように明確に華人社会を代表し、幇派の壁を超えて様々な社会的活動を主導する団体は、中華総商会の設立以前においては存在していなかった。中華総商会の設立初期におけるこれらの活動の成果から見るのであれば、この団体はその設立構想の段階での華人社会の期待を裏切らず、その活動初期より、華人社会を代表する団体として、各幇派の分断を乗り越え、連帯・協力させることを可能とするようなリーダーシップを十分に発揮したと考えてよいだろう。

四　中華総商会の社会的機能とその背景

続いて、中華総商会の設立過程や初期の活動で用いられた宣伝について考察する。ここでは、「公益」という言葉を利用した宣伝がたびたび行われていることに注目したい。管見の限り、中華総商会の設立以前の社会活動において、この表現を用いた宣伝が多用された事例は確認できていない。そのため、シンガポール華人社会では中華総商会の設立以降に、特にこの団体に関係する宣伝・報道記事において、この表現が多用されるようになったと思われる。

「公益」を字義通りに解釈すれば、これはすなわち「公の利益」である。「公益」の対義語は「私利」であり、一般的に「私利」が特定の少数者により独占された利益を指すのに対し、「公益」は共同体・社会・国家など、より多数の集団に共有・分配される利益を指す。では、この「公益」という言葉は、当時の華人社会においてどのように理解され、どのような宣伝効果を生んだのだろうか。この点について参考となる記事を、以下に引用する。

> 公益に熱心であること
>
> シンガポールのミドル・ストリート［middle street］の万山号の劉金榜君は大商人であり、普段より祖国の内地が水害や干害などの災害にあえば、必ず寄付を惜しみなく行って善挙に協力する人物である。この度、福建省全体の鉄道を取り仕切る陳伯潜閣学［陳宝琛を指す］が南洋の各都市へ来訪して行った株式の募集について、あらゆるシンガポールの華人紳士・商人が株式の引き受けを積極的に行ったという状況は、既に先日の新聞にて報道した。劉

金榜君はこの時にたまたま男児の誕生日であり、演劇や酒宴による客の歓待を行っていたため、株式を引き受ける時間がなかったが、ここに昨日の事を聞くに、彼もまた一万株の株式を引き受けたという。その公益に熱心であること、故郷への愛があることは、恐らくは彼以前に株式を引き受けた諸氏と互いに引き立てあうであろう。

［中略］併せてこれを追記し、シンガポールに熱誠な愛国者が多く存在していることを知らしめる。(47)

この記事は、鉄道敷設活動への協力に関係して、福建幇の華人商人である劉金榜による福建省の鉄道株式の引き受けを「公益」という言葉を用いて賛美する内容である。劉金榜は福建幇に属しており、彼の鉄道株式の引き受けは明らかに彼の出身地域である福建への貢献という側面がある。ところが、この記事の中ではこのような側面についてははっきりと言及されず、ただ華人としてのシンガポール華人社会の活動への貢献、および「祖国」中国への貢献という側面のみが強調されている。(48)

この記事から分かるのは、現地の中国語新聞紙上において「公益」という言葉が用いられる際に、華人社会内の分断を顕在化させる要素である出身地域や幇派などがあまり強調されていない一方で、多様な出身地域を内包する共通の出身地としての「祖国」中国と、共通する生活の場としての華人社会という二つの要素が強調されているということである。言い換えると、この記事は「祖国」中国との関係性や生活の場としての現地社会など、いくつかの共通性を有する均質かつ一体化した共同体としてシンガポール華人社会を捉えたうえで、その共同体に貢献することを「公益」という言葉を用いて賛美しているといえる。また、「公益」という言葉のこのような使われ方は、本章で取り上げた、この言葉を使ったいくつかの新聞記事についても、そのまま当てはまるものである。中華総商会が華人社会内の幇派をまとめリーダーシップを発揮する際に、多様な幇派を内包する華人社会という集団の共通性・均質性を強調する「公益」という言葉を用いた言説は、有効に働いたと思われる。

同時に、中華総商会の設立過程と初期の活動において、「公益」という言葉を用いた宣伝が一定程度有効に機能したことは、当時のシンガポール華人社会において「公益」という言葉が持つ意味がある程度理解されたこと、すなわち華人社会がいくつかの共通性を有する均質かつ一体化した共同体であり、その集団への貢献が肯定・賞賛されるべきことであるという認識が現地で一定程度理解・共有されたことを示すものでもある。また中華総商会はこの記事以外にも「公益」という言葉を用いた宣伝をたびたび行っており、加えてその設立初期より多様な社会的活動を成功に導いている。このことは、「公益」という表現を用いて、華人社会という集団の共通性やその集団への連帯や貢献の重要性を強調した中華総商会の宣伝活動が、華人社会内で主だって批判されず、一定程度受け入れられたことを示している。

上に引用した記事を例として説明すると、劉金榜自身は実際には、ただ福建幇の商人として、出身地である福建へ貢献するつもりで鉄道株式を購入したかもしれない。しかし、記事では彼の行為が華人社会や「祖国」中国に貢献する「公益」であると説明されており、記事を読んだ読者もそのような説明を（完全に納得したかはともかく）理解したのである。中華総商会の宣伝におけるこのような認識の共有という現象を、華人社会における幇派を超えた一体感の共有と言い換えることも可能であろう。

ここで、本章の議論と、第一章から第四章において議論してきた内容を統合・整理しよう。一九〇〇年代後半までの時期におけるシンガポール華人社会は、幇派と方言によって分断された状態でゆるやかに住み分けている状態にあり、日常的な生活の中で異なる幇派に属する華人たちが相互のコミュニケーションをとる機会は希少であった。しかし一方で、各幇派の連帯・協力が必要であるという意識も徐々に広がっていき、複数の幇派の華人たちを動員した社会的な活動も時おり行われるようになっていた。

このような華人社会内部の各幇派の連帯・協力という構想を大きく前進させたのが、林文慶ら「現地の改革主義者たち」の活動であった。一九世紀末から一九〇〇年代前半にかけて、林文慶らは均質かつ一体化したネイションとしてのシンガポール華人社会という発想を創案すると共に、辮髪切除活動や孔廟学堂設立運動などの社会的活動に際して、この発想を宣伝に利用し、華人社会全体の連帯と協力を訴えた。

これらの活動はシンガポール華人社会におけるナショナリズムの展開の先駆けであったが、一九〇〇年代前半以前の華人社会では、ネイション概念を通して華人社会を捉える発想はまだ十分に普及していなかった。そのため、林文慶らが自らの活動の中でネイション概念を利用しようとしたとしても、幇派間の対立を解消・抑制し、幇派により分断された現実の華人社会全体を実際に連帯させることは決して容易ではなく、それらの活動の多くは大きな成果をあげることなく終わった。辮髪切除活動や孔廟学堂設立運動は、このような失敗の典型的な例である。

それに対し、中華総商会はその設立後において、華人社会の代表として、各幇派の連帯・協力の場を日常的・安定的に構築・維持するという役割を果たすと共に、商業活動のみならず多くの社会的な活動を主導し、その大多数を成功に導いた。これまで誰も達成できていなかった、華人社会内部の各幇派の連帯・協力という理念の安定的な実現こそが、中華総商会の強みであり、かつ特徴であったといえる。

この理由として、この団体が特定の幇派の利害に与せず、各幇派を包括する華人社会という集団を代表するという立場を強調しながら、幇派間の対立を解消・抑制し、広く各幇派の華人たちを動員したことがあげられる。このような目的を達成するうえで、本章で取り上げた「公益」という言葉を用いた言説のように、華人社会という集団の共通性とその集団への貢献の重要性を強調した言説は、有効に機能したであろう。

また中華総商会の活動の宣伝は、林文慶ら「現地の改革主義者たち」によるそれと同様に、均質かつ一体化した共同体として華人社会を認識すると共に、この発想を宣伝に用いることにより、幇派の壁を超えて華人社会全体の連帯と協力を訴えていた。そして、第二章第四節で述べたように、このような発想による呼びかけは、林文慶らによって創案される以前には、現地には存在しなかったものであった。中華総商会は設立初期において、協理という役職に林文慶を受け入れただけではなく、林文慶ら「現地の改革主義者たち」が用いていた、均質かつ一体化した文化的共同体としてのネイションとしての華人社会という発想を宣伝に取り入れたと思われる。その意味で、前述した華人社会内において共有された一体感とは、ネイションとしての華人社会という発想を前提とする、ナショナルな一体感であったと考えるべきであろう。

このように、林文慶ら「現地の改革主義者たち」と中華総商会、両者の宣伝言説には、いくつかの共通点を見て取ることができる。しかし、中華総商会はその設立初期より、幇派の壁を超えて華人社会全体を連帯・協力させ、自らが関わった多数の活動を成功に導いたのに対し、林文慶らはそれを達成することがほとんどできなかった。この点は、林文慶ら「現地の改革主義者たち」の活動・宣伝と中華総商会のそれを比較した際における、最も大きな相違であるといえる。

中華総商会の成功の要因の一つは、本章第二節で述べたように、設立時よりこの団体に対する華人社会内の需要が極めて強く、また清朝商部を介して「祖国」中国とのつながりが明示されていたことによるものであろう。また、中華総商会が商業団体としての側面を持ち、現地の富裕な大商人たちのほぼ全員を取り込んでいたため、内部に圧倒的な資金力を有していたことも、成功要因の一つであると考えられる。

これに加えて、もう一つの要因として、その活動の宣伝に「公益」のような伝統的漢語の語彙を用いて、ネイションとしての華人社会という発想を、より分かりやすい形に解釈して利用したことをあげることができる。林文慶ら「現地の改革主義者たち」の言説は、特に中心人物であった林文慶がイギリス式の高等教育を受けた人物であったこともあり、西洋近代的な思想や英語の語彙から影響を受け、その単語などをそのまま利用していた。そのため、林文慶ら「現地の改革主義者たち」の宣伝言説は、同じくイギリス式の英語教育を受けた海峡華人エリートたちには理解しやすいものであったであろうが、逆に中国語やその方言のみを理解した商人層にとっては、いささか理解しにくいものであっただろう。

それに対し、中華総商会が宣伝に用いた言説は、中国の伝統的な漢語の語彙を用いたものであり、ネイションとしての華人社会という発想を華人社会内で理解させるという観点から見ると、より有効に機能したと思われる[49]。すなわち、中華総商会が林文慶ら「現地の改革主義者たち」の思想を、華人商人層にとってより分かりやすい形に「翻訳」して利用したことは、現地の華人社会でこの発想がより普及し、ナショナルな一体感が共有されていくきっかけとなった。このようなナショナルな一体感の共有は、華人社会内部において幇派の壁を超えた連帯・協力をより容易にすることとなり、現地でナショナリズム（あるいは、ネイション概念を利用した多様な文化・社会・政治活動）が広く普及していく端緒の一つとなったと考えられる。

ただし、中華総商会の設立後において、各幇派の連帯・協力が日常化・安定化したとしても、それはあくまでこの団体が幇派間の分断を架橋し、その対立を解消・抑制したに過ぎず、華人社会自体が幇派という集団性やゆるやかな住み分け自体が必要なくなるほどに、短期間のうちに一体化したわけではなかったことには留意せねばならない。

中華総商会の設立初期において、複数の幇派による華人社会の分断という問題自体を短期間で根本的に解決することを可能とするような共通の会話言語の普及[50]や社会構造などの改革が行われたわけではなく、またこのような社会的問題が短期間に解決されたと想定することも難しい。本書の序章第二節や第一章第五節などで取り上げた先行研究において、一九〇〇年代後半において幇派による華人社会内部の分断やゆるやかな住み分けという構造自体が変化したことを示唆する研究が存在していないことは、この傍証となる。また各幇派および出身地域を代表する施設であった会館についても、二〇世紀前半には全く減少することなく、むしろ四倍以上に増加すると共に、地域ごとの細分化が進んでいくこととなった[51]。

そのため、中華総商会が華人社会を代表する団体として重視された理由は、幇派ごとのゆるやかな住み分けという状況を前提としつつも、幇派間の分断を橋渡しする役割を果たすことができたことによるものであると考えるべきであろう。中華総商会の設立を契機として、華人社会の内部は、各幇派が分断された状態でゆるやかに住み分け、相互の連帯・協力の機会がほぼ存在しない状況から、この団体を中心として幇派間の分断が架橋され、ゆるやかに住み分けた各幇派が日常的に連帯・協力することが可能な状況へと変容していったといえる。

さて、最後に、中華総商会は「現地の改革主義者」の代表者であった林文慶との協力関係の構築を進めていったことを注記しておきたい。本章第二節で述べたように、林文慶は一九〇七年から中華総商会にて協理という役職を担当していた。また彼は、一九〇七年一一月一日から一二月八日にかけて、シンガポールの中華総商会の代表に選出され、上海で開催された各地の中華総商会七四団の代表者、計二〇〇人による合同会議に参加している[52]。

さらに、第四章で論じた、林文慶ら「現地の改革主義者たち」により主導された孔廟学堂設立運動も、中華民国期において中華総商会との結びつきを深めていくこととなった。林文慶らによる（特殊な解釈に基づく）儒教の啓蒙運動は、第四章で述べた孔廟学堂設立運動の失敗を経て、中華民国期である一九一四年において、実得利孔教会（Straits Confucian Association、「実得利」は「Straits」の音当て）を中心とする孔教運動として再組織化されていった。実得利孔教会の事務所が設置された場所は中華総商会の建物の内部であり、また実得利孔教会の設立時の臨時董事の中には、林文慶に加え、蔡子庸・廖正興・陳徳潤などの中華総商会の関係者が含まれていた[53]。いわば、林文慶らによる孔廟学堂設立運動は、一九〇二年における一度の挫折を経たのちに、中華総商会に支えられ、なかば吸収されていくような形で、実得利孔教会を中心とする孔教運動へと変容していったといえる[54]。

これらの事実は、中華総商会は単に林文慶ら「現地の改革主義者たち」によって創案された、ネイションとしての華人社会という発想を引き継いだだけではなく、その中心人物であった林文慶やその思想・活動を、この団体の活動の中に積極的に組み入れ、取り込んでいったことを示している。

五　おわりに

本章では、一九〇五年から一九〇六年における中華総商会の設立過程、およびその設立初期に当たる一九〇六年から一九〇八年にかけての社会的な活動について詳しく検討を行い、この団体が華人社会の代表として、各幇派の連帯・協力の場を日常的・安定的に構築・維持するという社会的な機能を持つようになっていった過程、またそれを可能とした社会的背景やその社会史的な位置付けについて考察した。

本章で議論してきたように、シンガポール華人社会は中華総商会の設立以降においても、幇派ごとのゆるやかな住み分けが必要なくなるほどに一体化したわけではない。その意味で、一九世紀を通して維持されてきた幇派ごとのゆるやかな住み分けというシンガポール華人社会の内部構造は、一九〇〇年代後半以降もそのまま維持されたといえる。

　しかし、中華総商会はその設立以降において、華人社会を代表する団体として、幇派を超えた連帯・協力の機会を日常化することを可能とする構造を生み出した。また中華総商会が用いた、華人という集団の共通性とその集団への貢献の重要性を強調した言説は当時の華人社会において一定程度受け入れられ、この団体の社会的な活動の宣伝としても一定程度有効に機能した。このようなシンガポール華人社会内部の新たな状況は、中華総商会という団体の設立によって初めてもたらされたものであった。

　これらの点を考えるに、一九〇〇年代後半、中華総商会の設立以降において生み出された新たな社会構造は、シンガポール華人社会史上における極めて重要な画期であることは疑いない。このような華人社会内部の変容の歴史的重要性を強調するのであれば、中華総商会が設立された一九〇〇年代後半からそれ以降、中華民国期にかけての時期を、シンガポール華人社会史上における「中華総商会の時代」、すなわち華人社会内で各幇派がゆるやかに住み分けつつ、さらに中華総商会を中心として日常的に連帯・協力するという構造が形成・維持されるようになった時期として捉えることも可能であろう。

　一九〇〇年代後半に始まる「中華総商会の時代」は中華民国期も続いていき、ナショナルな一体感の共有と中華総商会を中心とした各幇派の連帯・協力という構造もそのまま維持されることとなった[55]。その意味で、「中華総商会の時代」という論点は、一九〇〇年代後半という特定の時期のみならず、シンガポール華人社会史を通史的に捉えるうえでも、重要な意味を持ちうるであろう。

注

（1）シンガポール中華総商会という表記について、本章における議論が扱う時期に当たる一九〇〇年代後半の時点では「シンガポール中華商務総会」という表記がより正確である。しかし、中華総商会という用語はシンガポールを含む華人史研究で広く認知されており、またこの二つの表記が意味するところもほぼ同じである。そのため、本書ではこの表記を用いる。

（2）［田中恭子 二〇〇二：三三］［田村 二〇〇〇：三六］［Cheng, Lim Keak 1985: 23-24］［Yen 1995a: 210-211］［Yong 1992: 27］［崔 一九九四：七〇］。

（3）［陳來幸 二〇一六：六四—六五、二五三］［荘国土 一九八九：二九七—二九八］。

（4）［内田 一九八二：二〇〇—二四一、二六九—二七五］［篠崎香織 二〇〇四b：三八—五四］［Godley 1981: 120-129］［Kuo 2014: 56-62］［Visscher 2007: 19-24］［Yen 2002: 307-338］［李秉萱 二〇一〇］。

（5）この点について、須山卓の研究は他の研究と異なり、シンガポール・マレーシアの華人社会の幇派主義に関する研究の中で、華人社会内部の各幇派による職種の寡占とその解決という観点から、商業会議所としての中華総商会の重要性を議論している［須山 一九七五：七─九］。中華総商会の商業会議所としての側面と華人社会内部の各幇派をまとめる組織としての側面とを区分して、その関連性について議論したという点で、須山の論文は特筆すべきであろう。ただしその内容は華人社会や幇派に関するステレオタイプ的な認識による議論が中心であり、また史料的典拠も明確ではないため、いささか実証性を欠くという欠点が存在している。

（6）［曽田 一九七五：四六］。

（7）［陳來幸 二〇一六：六、二〇七］。

（8）一例として、以下の書籍をあげる。新嘉坡中華総商会（編）『新嘉坡中華総商会大厦落成紀念刊』シンガポール：自費出版、一九六四年。

（9）さらに、シンガポール国立公文書館（National Archives of Singapore）には中華総商会の会合の議事録が所蔵されており、現在の中華総商会からの許可を得ることができれば、これらを閲覧することが可能となる。しかし筆者は二〇二〇年以降のコロナ禍による渡航制限などにより、現在まで閲覧することができていない。この点については、今後の課題の一つとしたい。

（10）張振勛という人物については、本節にて後述する。

（11）『叻報』一九〇五年一二月一二日、「恭迎星使」。

（12）『叻報』一九〇五年一二月一八日、「新加坡中國紳商上張弼士侍郎頌詞暨答詞並錄」。

（13）『叻報』一九〇五年一二月二〇日、「本坡華商第一次開議創立商會情形登錄」。

（14）『叻報』一九〇五年一二月二七日、「本坡華商第二次集議創設商會記」。

（15）*Singapore Free Press*, 2nd, April, 1906, "Chinese Chamber of Commerce for Singapore."『叻報』一九〇六年四月三日、「商會議事」。

（16）『叻報』一九〇六年四月三日、「商會佈啓」。

（17）CO276, 53, *Straits Settlements Government Gazette*, No. 387, 1906, p.912.『叻報』一九〇六年四月一九日、「商会光明」。

（18）『叻報』一九〇六年五月一〇日、「敬辭酬勞」。

（19）『叻報』一九〇六年四月一九日、「商会光明」。

（20）序章第四節にて述べたように、『南洋総匯報』はその紙名から見て、『南洋総匯新報』の前身となる中国語新聞であり、陳楚楠・張永福らが編集権を有していた時期のものであろう。しかし、この新聞は現存しておらず、詳細な内容は不明である。

（21）『叻報』一九〇六年七月二日、「投函照錄」、七月九日、「以和為貴」、「駁陳雲秋告退商會總理緣由」、七月一〇日、「鍼歐雲樵」。なお、これらの記事の内容を見るに、恐らく一九〇六年七月中の『南洋総匯報』上にて、中華総商会より陳雲秋が役職を辞任することを伝えた広告や、この出来事に関係するいくつかの書簡などが掲示されたようである。また、両者の論争には、一九〇六年六月にシンガポール華人社会にて大きな注目を集めていた、反アヘン運動と中華総商会の関係に関する問題が関係していたようである（シンガポール華人社会における反アヘン運動の展開については、第七章第六節にて詳述する）。しかし、残念ながらこの時期の『南洋総匯報』は現存しておらず、その内容を詳しく確認することができない。

（22）『叻報』一九〇七年三月二日、「總商會公舉新任會員廣告」。

（23）『叻報』一九〇七年三月六日、「商會項補議員告白」。

（24）『叻報』一九〇八年一月二〇日、「總商會選擧新任會員廣告」。

（25）第二章第二節にて述べたように、華民諮詢局のような植民地政庁に所属する機関では、複数の幇派の華人が協力して活動する場合が存在した。ただしこれらの機関は海峡植民地政庁が、華人統治という目的のために、各幇派を代表する華人たちを選出して運用していたのであり、現地の華人たちが自主的に協力・連帯して運営したわけではなかった。

（26）同済医院の歴史とその社会的活動について、帆刈弘之らの先行研究において簡単な整理がなされている［帆刈 二〇一五：一三四―一三五］[Wu 1987: 75-76]。本書ではこれらの記述に加え、同済医院が刊行した史料集より、一八八五年に公表された「議設石叻同済医社贈医公啓」、一八九二年に海峡植民地政庁に提出した文書の中国語訳、同じく一八九二年から一九〇五年にかけて同済医院の運営に関わった役職担当者のリスト、また同書に収録された論文である陳振亜「追尋史料・査証史実」と陳育崧「同済医院創辦史」を参照した。同済医院（編）『同済医院一百二十周年歴史専集』シンガポール：自費出版、一九八九年、六九、一二六―一二九、一九六―二〇一、三三三―三三六頁。

（27）本書では、夫馬進の中国本土の善堂に関する研究における定義［夫馬 一九九七：三］を参照し、善挙はそれを行うことが「善」であると見なされたことにより、自発的に参加した諸個人が共同で行う活動・事業を、また善堂はそのような善挙を行うために設けられる施設を指す表現として用いた。

（28）貧困により医療を受けられない人々のために、現地の華人によって設立された医院の先駆けとしては、陳篤生医院（Tan Tock Seng Hospital）があげられる。陳篤生医院はその名の通り、福建幇の大商人であった陳篤生によって一八四四年に設立され、怪我や疾患などに苦しんでいる貧困層の華人を対象とした医療活動を行っていた医院であり、植民地政庁および現地の複数の幇派の華人商人たちから支援を受けていた。陳篤生医院はその設立当初はパールズ・ヒル（Pearl's Hill）に位置し、また一八六九年にバレスティアー・ロード（Balestier Road）に移転したが、さらなる需要の増加により、さらに一九〇九年にモールメイン・ロード（Moulmein Road）に再度移転した（バレスティアー・ロードの古い建物は、同じく貧困層の華人向けの医院であった広恵肇留医院（Kwong Wai Sui Hospital）の施設として利用された）[Lee, Yong Kiat 1975-77: Vol. I, pp. 97-101, Vol. II, pp. 123-124] [Tan, Nalla 1991: 340]［林孝勝 一九九五：五四―五六］。また陳篤生医院の医療活動や経営に関する詳細、およびシンガポールにおける病院・医療などを中心とする医療史については、以下の研究を参照［Lee, Yong Kiat 1975-1977］[Lee, Yong Kiat 1978]。

（29）[Wong 1998: 234-237]［崔 一九七七：八四―八五、九〇―九一］［林孝勝 一九九五：五六―五七］。

（30）［篠崎香織 二〇〇四b：四二］[Godley 1981: 97-121]［柯 一九九五：一一二］。

（31）CO 275, 74, *Annual Department Reports of the Straits Settlements for the Year 1906*, p.16; *Straits Times*, 1th, May, 1906, "Sikh Policeman in Trouble," 30th, May, "An Important Appeal"; *Singapore Free Press*, 1th, May, 1906, untiled article, 30th May, "The Appeal Court."

（32）『叻報』一九〇六年六月九日、「商會特告」。

（33）『叻報』一九〇六年六月一五日、「稟稿譯登」。

（34）CO 275, 74, *Annual Department Report of the Straits Settlements for the Year 1906*, p.16; *Straits Times*, 15th June 1906, "St. John Island."『叻報』

一九〇六年六月二〇日、「商會佈告」。

(35) *Singapore Free Press*, 22nd November, 1906, Untitled Article.『叻報』一九〇六年八月一三日、「商會佈告」、一〇月一三日、「慶祝聖誕」、一一月二〇日、「恭祝聖壽」、「宜知愛國」。

(36)『叻報』一九〇七年八月二日、「慶祝聖壽」、一〇月二日、「慶祝聖誕」、一一月一三日、「慶祝聖壽」。

(37) *Straits Times*, 3rd, October, 1907, untitled article; *Singapore Free Press*, 4th, October, 1907, "The Birthday of Confucius."『叻報』一九〇七年一〇月五日、「吾道其南」。

(38) CO 275, 74, *Annual Department Report of the Straits Settlements for the Year 1906*, "p.16; *Singapore Free Press*, 15th, November, 1906, editorial article, 15th, November, "The Clan Fight," 16th, November, "The Clan Fight," 17th, November, "The Clan Fight," 19th, November, "The Clan Fight,"; *Straits Times*, 16th, November, 1906, untitled article, 27th, November, untitled article.『叻報』一九〇六年一一月一四日、「胡不相容」、一一月一五日、「聚毆續誌」、一一月一六日、「毆槍再續」、一一月一七日、「毆槍四續」。

(39) *Straits Times*, 14th, November, 1906, "Meeting of the Chinese Chamber of Commerce," 16th, November, untitled article; *Singapore Free Press*, 16th, November, 1906, "The Clan Fight."『叻報』一九〇六年一一月一四日、「商會勸告」、同年一一月一五日、「聚毆續誌」、一一月一三日、「輔政司致本坡總商會謝函譯錄」。

(40) [千葉 二〇〇六：三一九—三二一、三三三] [劉世龍 二〇〇二：一一六—一二四] [Chui 1976: 13-14] [Godley 1981: 163-169] [尹 二〇〇五：一四六、一六〇—一六一、一七三]。

(41) *Straits Times*, 29th, November, 1906, editorial article.『叻報』一九〇六年一一月二七日、「勸辦福建鐵路説辭」。

(42) *Singapore Free Press*, 7th, December, 1906, "Chinese Mandarins in Singapore."『叻報』一九〇六年一二月一日、「公宴閣學」、一二月四日、「公醵紀盛」、「謝啓照登」。

(43) *Straits Times*, 14th, January, 1907, untitled article, 23rd, January, untitled article. なお、陳宝琛が東南アジアの華人社会において資金を獲得したのちに、中国本土で展開された漳厦鉄路の実際の建設活動については、本章の注釈四〇にて列挙した先行研究にて既に十分に議論されているため、ここでは省略する。

(44) この点について、中華総商会が後年に刊行した書籍の中では、中華総商会が一九〇六年三月二八日の時点でヒル・ストリートに活動拠点を移したこととなっている（新嘉坡中華総商会、前掲書、一四六、一五〇頁）。しかし管見の限り、同時代史料の中で、これを裏付ける記述を見つけることはできなかった。また同時代史料である中国語新聞『叻報』の記述によれば、同年四月三日に行われた正・副総理を選挙するための会議は、同済医院で行われており、ヒル・ストリートでは行われていない（『叻報』一九〇六年四月三日、「商會議事」）。また、後述するテロック・エア・ストリートへの移転のための寄付金収集の際においても、中華総商会がいまだ建物を借りて活動している状況であることが強調されている（『叻報』一九〇七年五月二八日、「創建新嘉坡中華商務總會募捐小引」）。中華総商会の活動拠点が実際にヒル・ストリートに移転したのか（あるいは実際にはしておらず、何らかの理由で誤記が生まれたのか、もしくは二つの事務所を同時に利用していたのか）、また（実際にヒル・ストリートに一時移転していたとすると）その時期が具体的にはいつであるのかという点については、今後新たな史料読解を進めて議論したい。

(45)『叻報』一九〇七年五月二八日、「創建新嘉坡中華商務總會募捐小引」、「謹將公議募捐建會簡章列左」。

(46) *Straits Times*, 23th, August, 1907, "Chinese Chamber of Commerce."『叻報』一九〇八年三月一四日、「總商會購置屋業廣告」。ただし、中華総商会はテロック・エア・ストリートの移転後に何らかの問題が発生したことにより、一九〇九年の時点で既にヒル・ストリートにあった黄江勇（Wee, Ah Hood）の住宅に移転しており、一九〇八年に購入したテロック・エア・ストリートの建物は賃貸収入確保のために運用していたようである。ヒル・ストリートへの移転のきっかけや詳しい時期は不明であり、今後さらなる検討を加えたい。*Straits Times*, 10th, April, 1909, "Chinese Commercial Commissioner." 新嘉坡中華総商会、前掲書、146頁。

(47) 『叻報』一九〇六年一二月二〇日、「熱心公益」。

(48) 原文に「故郷への愛」（桑梓之愛）という表現はあるが、それは「公益」に熱心であることと併記する形で表現されており、またその故郷が劉金榜の出身地である福建省漳州府南靖県なのか、福建省なのか、中国という国家なのかについても明言されていない。そのため、ここでは出身地域に関わる内容は、明らかに不明瞭な形で表記されていると言ってよいだろう。

(49) ただし、中国語の読解ができない大多数の労働者層にとっては、中華総商会の宣伝戦略にも、また限界があったであろう。ここではあくまで、中華総商会の宣伝では、林文慶ら「現地の改革主義者たち」に比べて、呼びかけ有効な対象が増加したことを述べたに過ぎず、華人社会全体に対して直接呼びかけることが可能な宣伝戦略であったわけではないことを注記しておく。

(50) シンガポール華人社会における共通語（北京語）を利用した教育の普及という問題については、第八章第四節にて詳述する。

(51) [Wing 1992]。

(52) *Straits Times*, 7th December 1907, "The Chinese Chamber of Commerce,"; *Singapore Free Press*, 2nd, November 1907, untitled article.

(53) *Singapore Free Press*, 15th, May 1914, untitled article. [王・許 二〇一四：一五—三五]。

(54) なお、実得利孔教会は一九四九年に南洋孔教会（Nanyang Confucian Association）と改称し、さらに様々な分岐を経験してきたが、その活動は現代まで続いている。筆者はシンガポールでの調査の際に、南洋孔教会の系譜を継ぐ団体である新加坡南洋孔教会・南洋聖教総会へのインタビューおよび史料調査を行っており、一定の史料を所蔵していることを確認した。これらの成果の発表については、今後の課題の一つとしたい。

(55) 中華民国期における中華総商会の変容や、新たに中華総商会内においてリーダーシップを握ることとなった華人商人たちについては、第八章第三節にて詳述する。

第六章　「国語」教育を標榜する初等学堂の設立ラッシュ（一九〇六―一九〇九年）

一　はじめに

シンガポール華人社会でのナショナリズムの展開に関する先行研究が注目する問題の一つとして、「国語」を標榜する中国語教育の普及という現象があげられる。この現象はシンガポール史の先行研究において、「国語」としての中国語の普及による華人社会内部の幇派のナショナルな統合・一体化と、中国国内政治と結びついたナショナリズムの高揚といった文脈の中で議論されている。[2] しかし、特にその最初期、一九〇〇年代後半における各幇派による初等学堂の創設過程とそれらの運営・活動などについては、先行研究において概説的な記述がなされているものの、詳細な実態や社会的な背景はいまだ十分に議論されていない。

シンガポールと他の東南アジア島嶼部の華人社会と比較するに、たとえばオランダ領東インドでは一九〇一年にバタヴィア中華会館により中華学堂が設立され、幇派という枠を超えた中国語教育が開始されており、同年以降にジャワ各地で同様の学堂が次々と設立された。また同じイギリス領である海峡植民地のペナンでも、一九〇四年に中華学堂が設立され、同様の中国語教育が行われた。[3] こうした東南アジア島嶼部における中華学堂の普及と展開という議論は、「国語」教育を通した華人社会のナショナルな統合・一体化を強調する先行研究の議論の方向性とも合致するものであろう。

本書がここまで議論してきたように、シンガポールは東南アジア島嶼部の華人ネットワークの中核となった地域であり、華人社会のナショナリズムの興隆も一九世紀末から始まっていた。また第五章にて説明した通り、一九〇六年にシンガポール中華総商会が設立されたことにより、華人社会全体が協力して社会活動を行うことは、以前よりも容易になっていた。

ところが、一九〇〇年代後半のシンガポール華人社会では、他の地域の華人社会における中華学堂のように、華人社会として統合・一元化された形での中国語教育は行われなかった。現地で「国語」教育を行うことを標榜した初等学堂は幇派ごとに運営され、それぞれの幇派の児童に対し方言を用いた中国語教育を行っていた。シンガポール華人社会で共通語である官話に基づく教育が開始されたのは、中華民国の成立よりもさらに遅い時期に当たる一九一九年以降であり、これはシンガポール華人社会史を他地域と比較した際における特徴の一つであるといえる。(4)

では、いかなる理由により、一九〇〇年代後半のシンガポール華人社会では、「国語」を標榜する中国語教育が統合・一元化した形で行われず、複数の幇派によって展開されたのだろうか。この問題を明らかにするためには、当時のシンガポール華人社会において「国語」を標榜する中国語教育が普及していく展開を具体的に考証したうえで、その過程の中で華人社会全体、もしくは複数の幇派による何らかの協力・連帯が存在したのか、もしくはそれを困難にするような何らかの社会的背景が存在したのか、といった点について、シンガポール華人社会史という観点から詳細に検討する必要があるだろう。

本章では、このような問題意識に基づき、一九〇〇年代後半のシンガポール華人社会における「国語」教育の展開とその社会的背景について考察を行う。具体的には、まずシンガポールの華人を対象とした教育機関の歴史的展開について、簡単にまとめる。次に、一九〇〇年代後半の各幇派による初等学堂の設立過程や、複数の幇派の協力による学堂の設立・運営の試みについてまとめる。最後に、何故シンガポール華人社会では各幇派が別個に学堂の設立・運営を行っていたのかという理由を推察すると共に、シンガポール華人社会におけるナショナリズムの展開に関する通史的な議論についても再検討する。

一　シンガポールの華人を対象とした教育機関の展開

一九〇〇年代後半の各幇派による初等学堂の設立について議論するうえで、その前段階についても簡単にまとめる必要があるだろう。最初に、一九〇〇年代後半に到るまでの時期のシンガポールにおける、華人を対象とした教育機関の展開について簡単にまとめる。

植民地統治期のシンガポールにおける最も著名な教育機関は、恐らくラッフルズ学院であろう。この学校はそもそも、ラッフルズによる学院構想を基に、ヨーロッパ人商人グループにより一八三五年に設立されたシンガポール学院をその端緒とするものであり、一八六八年にラッフルズ学院と改称した。この学校は中等学校と博物館・図書館が併設され、海峡植民地の重要な教育拠点として、英語を中心とする中等教育を行っていた。

また現地には、英語を中心とする初等教育を行っていたキリスト教学校も存在した。その代表的な例として、一八五二年にローマ・カトリック教会により設立された聖ジョセフ学院（St. Joseph's Institution）や、一八六二年にイギリス国教会系のシンガポール聖公会により設立された聖アンドリュー学院（St. Andrew's School）、また一八八六年にメソジスト教会により設立された英華学校（Anglo Chinese Boy's School）などがあげられる。[5]これらの学校の教育課目は当然ながら英語教育が主であり、またその教育対象となった華人児童も華人社会全体から見ると少数に留まった。

シンガポールには、これらの英語教育を行う学校に加えて、方言を用いて中国語教育を中心とする初等教育を行う民間の私塾が存在した。海峡植民地政庁は、複数の方言に分かれた中国語を教育することは困難であり、かつ公教育の目的に沿わないと考えたことにより、積極的な支援を行わなかった。そのため、現地の華人商人たちは自ら私費を投じ、あるいは資金を集めて、現地の華人児童に対する中国語教育を行う私塾を設立することとなった。

たとえば崇文閣は、一八五二年に著名な福建幇の華人商人であった陳金声（Tan, Kim Seng）の主導により設立された私塾であり、福建幇の会館としての機能を有していた天福宮に隣接した場所に位置し、福建幇の華人児童に対して中国語教育を行っていた。萃英書院も一八五四年に陳金声ら一二人が主導して設立した福建幇系の私塾であり、中国語教育を行っていた。また一八八六年には、英華義学（Gan En Seng Free School, Anglo-Chinese Free School）が福建幇の著名な華人商人であった顔永成らにより設立され、中国語・英語を併用した教育を行った。一八八四年の時点で、シンガポール全土に五〇以上の私塾が存在していた。[6]ただし、これら民間の私塾は基本的に小規模であり、その教育対象が広く華人児童全般を網羅していたわけではなく、また「国語」のようなナショナルな観念と結びついた教育理念が存在したわけでもなかった。

また第四章で議論したように、一九世紀末から一九〇〇年代前半にも、「孔廟学堂設立運動」という形で、複数幇派の華人児童に中国語教育を行う学堂を設立しようとする計画が準備されていた。この運動は林文慶ら「現地の改革主義者たち」に主導された、孔子廟と中国語教育を行う学堂を併設した教育施設である孔廟学堂を設立しようとした計画であった。この計画は全くの失敗という結果に終わったものの、シンガポー

画像 46　聖ジョセフ学院の遠景。1903 年頃。

画像 47　聖ジョセフ学院の外観。1906 年頃。

画像 48　メソジスト教会により設立・運営されていた英華学校の外観。1890 年代。

画像 49　バッテリー・ロード（Battery Road）にあった陳金声を記念する噴水（Tan Kim Seng Fountain）。右側にはチャータード銀行が写っている。1900 年代。

ル華人社会において幇派の壁を超えて、広く華人児童一般に対して中国語教育を行う施設を設立しようとした最初の試みとなった。またこの運動ではシンガポール華人社会史上で初めてネイションという近代的概念を利用し、華人がナショナルな共通性を有する集団であることを訴えた宣伝活動が行われており、後の「国語」教育にもつながる重要な契機となったことは疑いない。

三　一九〇〇年代後半における初等学堂の設立過程

続いて、一九〇〇年代後半のシンガポール華人社会における初等学堂の設立ラッシュについて述べる。

中国本土では一九〇〇年代前半から、光緒新政の一環として、教育制度の近代化を目的とした改革が開始された。一九〇四年には日本の教育制度をモデルとして、張之洞らにより立案された「奏定学堂章程」が公布され、初等小学堂から大学堂に到る近代的学校制度の基盤が創出された。一九〇五年には科挙制度が廃止されると共に、教育を司る中央行政機関である学部が設立された。さらに一九〇六年に「教育宗旨」が、一九〇七年に「学部咨行各省強迫教育章程」が公表され、国民全員に対する初等教育が徹底されるようになった。(7)

このような中国本土における教育制度改革の影響を受け、シンガポールにおいても一九〇〇年代後半から、各幇派がそれぞれ「国語」教育を行う初等学堂を次々に設立していった。ただしシンガポールは中国という国家の領域外に位置していたため、清朝政府による直接の管轄や支援を受けず、現地で独自に人員や設備、資金などを準備するという形で、個々の初等学堂の設立や運営が行われた。具体的には、福建幇は道南学堂・崇正学堂、潮州幇は端蒙学堂、客家幇は啓発学堂・応新学堂、広東幇は養正学堂をそれぞれ独自に設立・運営した。これらの初等学堂のうち、本書では特に現地の中国語新聞上に多くの記述が存在する、広東幇の養正学堂および福建幇の道南学堂という、二つの主要な幇派によって設立・運営された初等学堂をとりあげ、それらの設立過程について詳しく検討していく。

最初に、広東幇による養正学堂の設立過程について述べる。一九〇六年四月一七日に、肇慶会館にて、広東幇の華人による養正蒙小学堂（すなわち養正学堂）の設立に関する第一回目の会議が行われた。この会議では、広州・肇慶出身の広東幇の人士が養正学堂を設立し、のちに福建幇と協力して中等学堂を設立しようとする計画であることが言明された。またこの会議では、学堂の設立のための寄付金の募集や教員の招集のやり方、暫定の会議場所、資金管理を行う人員などについて議論が交わされ、会議の終了後に最初の寄付が行われた[8]。

同月一九日に、現地の中国語新聞である『叻報』に、養正学堂の設立活動を宣伝する記事が掲載された。この記事では、養正学堂の設立目的として「時局の困難を救い祖国を助ける」ことや「上では国運を盛んにして国家の富強を図ることを可能にし、下では先祖や郷里を輝かしいものとすることを可能にする」ことなどが掲げられた。またこの記事を読んだ広東幇の人士に対して、学堂設立のための資金の寄付を求めていることが表明されると共に、学堂の設立に関わる事務を管轄する総理・協理の担当者が公表された。さらに同日、第一回目の寄付の金額と寄付者の名前が、同紙の広告において公表された[9]。この中には、黄亜福や林維芳など、広東幇の著名な華人商人たちが含まれている。続いて五月一一日に、第二回目の寄付に関する広告が同紙に掲載された[10]。この後、養正学堂の設立活動の続報を伝える広告や記事は途絶えるが、恐らく寄付金の募集などその設立に向けた活動は続いていったものと思われる。

約一〇カ月後の一九〇七年三月六日に、養正学堂は正式に開校した。この日、学堂外部には国旗が掲げられ、その内部には孔子像と万歳牌（皇帝を祭る位牌）が設置された。また開校の式典として、孔子像・万歳牌に対し、まず総理・協理、次いで教員、学生の順に三跪九叩頭・三揖を行った。最後に外に出て挙手脱帽し、国旗を掲揚する式典を行い、「中国万歳、孔子万歳、皇上万歳、養正学堂万歳」と叫んだ。またこの式典には客家幇の啓発・応新学堂や潮州幇の端蒙学堂の関係者が来訪し、その開校を祝福した[11]。

養正学堂はその設立以後、広東幇の生徒に対し、それぞれの学力に合わせて班を分けて初等教育を行った。養正学堂の開校時の生徒は一〇〇人前後であったが、年々順調に増加していった[12]。その設立から約一年後、一九〇八年七月一三日の『南洋総匯新報』に、養正学堂がその設立より既に三学期が経過していることを確認したうえで、次の学期に入学する学生を募集する広告が掲載された[13]。同月二七日の同紙にて、養正学堂の各班の成績優秀者が公表された[14]。また同年八月七日には、養正学堂が同日に新たな学期を迎えて開校し、その開校の式典に教員・学生に加え、清朝の駐シンガポール総領事の左秉隆が参加したことが発表された[15]。この後も、養正学堂に関する広告は特に『南洋総匯新報』上にたびたび掲載されており、この学堂が順調に運営されていたことが確認できる。

養正学堂の設立過程を見るに、まずこの学堂が広東幇の人士の協力・援助により設立され、広東幇の児童を教育対象としていたことが分かる。すなわち、この学堂の設立過程は実質的には広東幇に関わる人々のみが主導しており、他の幇派

画像50　パーク・ロード（Park Road）に位置していた初期の養正学校の校舎の前に並ぶ学生たち。1914年。

画像51　クラブ・ストリート（Club Street）に移転した後の養正学校の校舎。1920-30年代。

學生球隊

銅樂隊

画像 52　サッカーや吹奏楽などの部活動を行っていた養正学校の学生たち。1920-30 年代。

に属する華人はほぼ関わっていないといえる。しかし、この学堂の宣伝や式典などでは、広東省もしくは広州・肇慶などの出身地域に関わる要素はあまり主張されず、あくまで教育を通じて「祖国」である中国に対して貢献することが強調されると共に、清朝皇帝・孔子・国旗など中国（清朝）や中華を象徴する表象がたびたび利用されている。また、最初期の計画では初等学堂に加え、福建幇と協力する形で中等学堂を設立する予定であったが、その計画は中止され、広東幇による初等学堂のみが設立された点にも注目すべきであろう。

　次に、福建幇による道南学堂の設立過程について述べる。一九〇六年一二月一六日に、福建幇の会館としての役割を果たしていた建物である天福宮で行われた福建幇の会議の中で、道南蒙小学堂（すなわち道南学堂）の設立に関する議論が行われた。この会議の中で、参加者からその設立に関する承認を得ると共に、新たな規約を制定すべきであるという意見が出た。この会議の終了後に、道南学堂の設立の協力者が署名を行った。翌一七日の『叻報』にて、この会議の詳細、署名した者の氏名などが発表された[16]。さらに一二月二三日に、天福宮にて福建幇の第二回目の会議が行われた。この会議では、道南学堂の設立と規約の制定を進めていくこと、天福宮の董事・協理の主導により、商人たちから資金の寄付を募ることが決議された。また同月二六日の『叻報』において、この会議の内容が公表された[17]。

翌年、一九〇七年四月一六日の『叻報』に、道南学堂の広告が掲載された。この広告では、清朝学部一等諮議官・福建学務議長であった陳宝琛の言葉を引用し、南洋の華人たちは「みな漢文の読み書きに通じ、国語を習っており、国教を尊び、それにより国民となることを願っている」人々であると表現したうえで、道南学堂の設立を推奨すること、またのちに中学堂を設立する予定であることが説明された。さらに道南学堂の設立活動の主導者が列挙されると共に、この学堂の設立を目的とする第一回目の寄付に関して、寄付者の氏名と寄付金額が明らかにされた[18]。また四月二三日の『叻報』にて、第二回目の寄付について、その寄付者の氏名と金額が明らかにされた[19]。

このような寄付金の募集と共に、道南学堂を設立するための準備も同年四月以降、着々と進んでいった。まず四月二〇日に、天福宮において、学堂の設立に関する事務を管轄する総理・協理が投票により選出され、五月二日の『叻報』上にてそれらの役職の担当者の氏名が発表された。ここで総理としてあげられた人物の中には、呉寿珍や李清淵・劉金榜・張善慶など、中華総商会の運営や林文慶ら「現地の改革主義者たち」による孔廟学堂設立運動にも関わっていた、福建幇の著名なリーダーたちの名前が含まれている[20]。続いて、五月六日に天福宮にて、名簿や資金の管理、帳簿の監査、規約の監査、学堂の各事務の監督などを担当する人員が選出され、五月七日の『叻報』にてこれらの担当者の氏名が公表された[21]。さらに六月二一日と七月一五日の『叻報』に、この学堂の設立を目的とする新たな寄付金の募集に関する広告が掲載された[22]。

現地の中国語新聞上では、このような人員の選出や寄付金の募集などと並んで、教育課目や施設に関する情報も発表された。たとえば五月二五日の『叻報』には、道南学堂に関する広告が掲載された。この広告では、この学堂が近い時期に開校する予定であり、現在土地や教育施設・設備・用具などを選定していること、また教育課目として中文・英文教育を行い、福建語と官話（マンダリン）で授業を行うことが説明されると共に、この学堂での就学を希望する七歳以上の子弟は、総理・協理に連絡して登録するよう求めた[23]。また七月一九日には福建幇の著名な商人であった陳金鐘が経営していた振成公司の古い社屋を改築して、道南学堂の学校施設として利用することや、七月二六日には秋に開校の予定であり、学費として学生たちから毎月一元を徴収することが発表された[24]。

さらに、一〇月二八日の『叻報』上に、この学堂に関する広告が再度掲載された。この広告は、一一月八日に道南学堂は授業を開始する予定であること、学堂への登録を済ませた学生は当日の朝八時半に清潔な服装で学堂に来て授業を受けるべきであること、正式な開校とその式典は翌年に予定されていること、また授業開始に際し新たに学堂の運営や事務を担当する人員を選出したことなどを伝えた[25]。道南学堂はこの広告の通り、一一月八日に授業を開始した。道南学堂の運営開始後、トップに当たる総理を最初に担当したのは、呉寿珍であった。開校当初、生徒は当初一〇〇人余りであったが、数ヶ月後には約二〇〇～三〇〇人に増加した[26]。

道南学堂も養正学堂と同様に、中国語新聞上にて学生への試験結果や教員・学生の募集などを宣伝した。道南学堂はその学生に対し、一一月（旧暦一〇月）中に班ごとに試験を行い、一二月一二日に試験での成績優秀者を『叻報』上にて告知した[27]。また道南学堂は一二月三〇日に『叻報』上にて、新たな学生として七歳から一四歳の福建人の児童を募集すると共に、児童教育に熱意がありアヘン吸引癖のないことを条件に、漳州・泉州方言で初級班の学生への教育を担当する教員四人を公募した[28]。この後も、教員や学生の募集、試験結果などの告知が、『叻報』や『南洋総匯新報』などの現地の中国語新聞上に定期的に公表されていることは、道南学堂が順調に運営を続けていったことの証左であろう。

福建幇による道南学堂の設立・運営の初期過程では、福建幇の人士のみによる協力と援助により道南学堂が設立されており、その教育対象も福建幇の児童に限定されていた。またこの過程では、陳宝琛のような福建省の地方高官が積極的に協力していた。広東幇による養正学堂設立の事例と同様に、福建幇による道南学堂の設立過程も、福建幇の人士のみにより主導されたといえる。またその設立過程の宣伝の中で、「国語」や「祖国」といった概念が用いられていることという点にも、養正学堂との共通性が存在する。

さて、ここまで述べてきたように、福建幇・広東幇など各幇派はそれぞれ独立した形で学堂の設立・運営を行った。しかし、当時において複数の幇派が協力した形での学堂の設立・運営に関する計画が、全く存在していなかったというわけではない。同時代史料を見ると、現地において複数の幇派の協力による学堂の設立・運営を模索したいくつかの事例を確認することができる。最初の事例として、既に述べたように、広東幇の養正学堂はその設立過程の最初期において、福建幇と協力して中等学堂を設立する計画であった。しかし、この計画は途中で立ち消えになってしまい、実現することはなかった。

もう一つの事例として、中華総商会の主導による中国語教育を行う学堂の設立計画があげられる。中華総商会は一九〇六年七月二五日の『叻報』に、この学堂設立計画に関する広告を掲載した。この広告では、清朝商部とつながりがあり、中華総商会の設立にも寄与した著名な華人商人である

本校校舍正面圖

画像53　道南学校の校舎の外観。1920-1930年代。

画像54　演説や唱歌などを行う道南学校の学生たち。1920-1930年代。

画像55　道南学校の校歌。1932年。

張振勛がシンガポールを来訪した際に、彼から学堂設立のための費用として二万元の寄付を受け取ったことが明らかにされ、この資金を利用した中等学堂・大学堂の設立計画が発表された。この計画では、この学堂は、中華総商会が中心となって運営され、初等教育を行う蒙小学堂を附設するものであると説明された[29]。

さらに八月三日には、中華総商会が前述した附設の小学堂を設立する計画を進めており、中国本土から学生を招聘し、教員として任用する予定であることを発表すると共に、この学堂に入学することを希望する児童は中華総商会まで届け出て、氏名や祖籍、年齢などを登録するよう求めた[30]。この初等学堂は中華総商会によって設立・運営され、シンガポールで初めて複数の幇派が協力し、華人社会全体で一元化・統合された形の中国語教育を行う学堂となるはずであった。しかし、この初等学堂の設立計画についても続報はなく、結局中断してしまったものと思われる。

この二つの事例が示すように、一九〇〇年代後半のシンガポール華人社会において、複数の幇派の協力による学堂の設立・運営を模索する計画は実際にいくつか提唱されたが、いずれも失敗に終わった。現地で実際にその設立・運営に成功したのは、養正学堂や道南学堂に代表される、各幇派がそれぞれ別個に設立・運営した初等学堂のみであった。

四　各学堂の連帯・協力による活動

一九〇〇年代後半において、各幇派の学堂はそれぞれ幇派ごとに独立した形で設立活動を行っていたが、同時に各学堂は連帯し協力して、いくつかの社会的な活動を行っていた。ここでは、その三つの事例をあげる。

第一に、清朝官吏のシンガポールへの来訪に対する歓待があげられる。一九〇七年一二月五日に、清朝の農工商部侍郎である楊士琦が、軍艦海圻に乗船してシンガポールを来訪した。道南学堂・崇正学堂・端蒙学堂の教員・学生などが中華総商会の建物を訪れ、楊士琦と面会したのち、彼から海圻の船内に招かれ、茶会が開かれた。また楊士琦は中華総商会に対し一〇〇〇ドルを寄付し、中華総商会を通して各学堂に分配されることとなった(31)。この寄付を受けて、一二月一四日の『叻報』に、崇正・応新・道南・端蒙・養正・啓発学堂の連名で、楊士琦の寄付に対する謝意を述べる広告が掲載された(32)。

また一九〇九年四月八日に、清朝農工商部から商業振興の目的で王幹臣が派遣され、軍艦海圻・海容に乗ってシンガポールを訪れた。軍艦海圻・海容および王幹臣のシンガポール来訪当日に、中華総商会は歓迎の式典を開き、養正・道南・端蒙・啓発・応新学堂の教員・学生もこの式典に参加した。王幹臣は各学堂の教員・学生を順番に軍艦に招待し、海圻・海容の内部をそれぞれ見学させた(33)。

第二に、光緒帝・西太后の逝去と宣統帝の即位に関する式典があげられる。一九〇八年一一月一四日に光緒帝、翌一五日に西太后が相次いで逝去したことを受けて、シンガポール中華総商会は同月一九日に清朝の駐シンガポール総領事館にて追悼の式典を行うこと、また同日に商業活動を停止し、各学堂も三日間休学することを決議した(34)。

一一月一九日当日、華人が経営・運営する商店や各学堂は一時的に休業となり、街中の随所に清朝国旗などの飾り付けがなされた。また市街では、華人労働者たちが警察ともめ事を起こした。この日の夜間には、逝去した光緒帝・西太后は満州人であるため、その死を喜ぶべきであり追悼すべきではないと主張するビラが、孫文ら「革命派」の支持者であった海南幇の華人二人により清朝総領事館など複数の箇所に貼られた(35)（二人はのちに植民地警察により逮捕された）。このように緊迫した状況下であったが、光緒帝・西太后の追悼式典は予定通り、清朝総領事館にて総領事の左秉隆を中心に行われ、商人や各学堂の関係者などが参加した。各学堂の参加者として、端蒙・啓発・道南・応新・養正学堂の順にそれぞれの教員・学生が来訪し、三跪九叩頭の拝礼などを行った(36)。

続く宣統帝の即位を受けて、中華総商会はさらに一二月二日に、総領事館にて宣統帝の即位を祝する式典を行うことを決議した[37]。一二月二日当日、光緒帝・西太后の逝去の際と同様に、華人が経営・運営する商店や学堂は一時休業となり、街中で清朝国旗などの飾り付けがなされ、総領事館では即位記念の式典が行われた。この式典には、総領事や中華総商会のメンバーに続き、端蒙・啓発・道南・養正学堂の順に各学堂の教員・学生らが参加し、それぞれ三跪九叩頭の拝礼などを行った[38]。

第三に、孔子の誕生日における休校に関する事例があげられる。一九〇九年に、シンガポールの各学堂が中華総商会に書簡を送り、孔子の誕生日に当たる一〇月一〇日を休業日とするよう要請した。この要請を受けて、中華総商会は同年九月二二日に会議を行い、一〇月一〇日には商工業者・学堂・新聞などを全て休業とすることを決議した[39]。一〇月一〇日当日、商店などは予定通り休業となり、各学堂も休学した。またこの日、養正学堂は孔子の誕生日を祝う式典を行った[40]。

このように、中華総商会の主導による清朝官吏のシンガポールへの来訪の際の歓迎の式典や孔子の誕生日における休業の要請、中華総商会と清朝総領事館により主導された清朝皇族の追悼・祝賀の式典など、華人社会全体に関わる社会的なイベントに際して、各学堂は連帯してこれらに参加・協力した。これらの出来事はどれも中華総商会により管轄されており、各学堂はいわばシンガポールの中国語教育界の代表として、この団体の主導する社会的イベントに参与したということができる。

五　「国語」教育の分断・連帯とその社会的背景

ここまで述べた内容をまとめる。一九〇六年から一九〇七年にかけて、シンガポールの主要な二大幇派である広東幇・福建幇は、それぞれの幇派で集めた寄付により資金を確保して学堂を設立し、個別に中国語の初等教育を開始した。これらの学堂は「国語」教育を行い「祖国」に貢献するという理念を共有し、積極的に宣伝したが、実際の設立・運営は幇派ごとに独立した形で行われていた。このような状況は、他の幇派により設立・運営された学堂もかなり共通していたと考えられる。同時に、複数の幇派の協力という形をとった学堂の設立・運営の計画もいくつか存在したが、実際には実現しなかった。また中華総商会が主導する華人社会全体に関わる重要な社会的なイベントなどの機会において、各学堂は必要に応じて連帯して協力・参加した。

ここからうかがえるのは、一九〇〇年代後半のシンガポール華人社会の初等学堂の設立・運営において、その理念としては「国語」教育の重要性や「祖国」への貢献が共有され、幇派を超えた協力の重要性も一定程度理解されていたにもかかわらず、実態としては幇派ごとに独立した形でその活動が行われていたという状況である。これらの学堂は対立的な関係にあったわけではなく、むしろ特に中華総商会などに協力する形で連帯・協力したが、この理念と実態を完全に一致させるような、中華総商会もしくは複数幇派の協力による学堂の設立・運営の試みは、全て失敗に終わった。では、このような特殊な状況を創出した社会的背景はどのようなものだったのだろうか。

この問題を考えるうえで、現地の中国語新聞『叻報』に掲載された、中国語教育に関係する論説が参考となる。以下に、三つの例をあげて検討する。

一つ目は、一九〇八年四月一日に掲載された「論半夜学堂之便益」という論説である。その内容は、初等教育を行う各学堂の教育対象年齢が一五歳以下であるのに対し、既に就労している一五〜三〇歳の華人に対し、仕事のない夜間に教育を行う「半夜学堂」（すなわち夜間学校）を新たに設立することを求めるものである。

……国家は、列強の中では、弱者が強者の餌食となる。［中略］生存競争では優れたものが勝利し、劣ったものが敗北する。［中略］劣ったものとして敗北することを免れたいのであれば、必ず自強しなければならない。自強するためには、必ず民衆の知識・文化を向上させなければならない。民衆の知識・文化を向上させるためには、必ず学堂を設立しなければならない。学堂は知性を作り出す機器であり、知性は強国を作り出す精神なのである。(41)

……

この論説の内容は、当時の華人社会内において、学堂の設立や中国語教育が、社会ダーウィニズムや国民国家的なナショナリズムといった近代的価値観と関係する、重要な共通課題の一つとして理解されていたことを示している。これに類似した内容の言説は、当時の中国語新聞にいくつも掲載されているが、この論説は特にその思想的な特徴と傾向をはっきりと示しているという意味で特筆すべきものである。(42)

二つ目は、一九〇八年八月一四・一七日に掲載された「論中國各處言語不通為羣治之阻力」という論説である。その内容は、華人を含む中国人が協力的な関係を構築することができないことを嘆くとともに、その原因を出身地域ごとに方言が異なることに求めている。

……海外各都市の華僑を試しに見てみると［中略］福建語

は福建幇の人間に占有され、どうしても広東人を差別し、冷遇せざるを得ない。広東語は広東幇の人間に占有され、どうしても潮州人を差別し、冷遇せざるを得ない。潮州語は潮州幇の人間に占有され、どうしても客家人を差別し、冷遇せざるを得ない。一種類の言語が一つの集団となり、これを結びつけているといえるだろう。［中略］言語の隔絶は、彼らが普段より共に交際したり、論議したり、打ち解けたり、斟酌したりすることに不便である。それゆえに［海外の華人の］心の中には常に壁が存在しているようなものであり、［それぞれの方言を］境界であると考えている。そのため、［複数の幇派に分かれた華人・中国人という集団には］本当の団結力は生まれず、団結力が生じないために互いを信じる心も弱く、助け合う力もまた少しも得ることができない[43]。……

この論説の内容は、一九〇六年にシンガポール中華総商会が設立されたにもかかわらず、一九〇八年時点のシンガポール華人社会では、各幇派は依然としてそれぞれの方言の違いにより分断され、幇派を超えて連帯・協力しての活動や緻密な連絡などは依然として行いにくい状況にあり、このことが重要な社会問題として理解されていたことを示している。この点は第五章でも詳しく述べた内容であるが、中華総商会の設立後においても、華人社会内部ではいまだ変わらずに各幇派がゆるやかに住み分けたままであるという点は、やはり当時でも一般的に意識されていたことが分かる。

三つ目は、一九〇九年九月二一・二三日に掲載された「論學界電爭滿約之失當」という論説である。その内容は、この記事と同月に日本と清朝が、満州および間島に関する日清協約を締結したことにシンガポールの各学堂が反発し、連名で北京に条約反対の電報を送付したことを批判するものである。

……現在のシンガポールの教育界について言うと、各幇派の華人たちは皆学堂を建設している。福建幇は道南・崇正学堂があり、潮州幇は端蒙学堂があり、大埔［客家幇の一部］は啓発学堂があり、嘉応［客家幇の一部］は応新学堂があり、広恵肇［広東幇］は養正学堂がある。［中略］既に多くの学堂があり、また多くの学生がいる。将来において学業が成就し、より一層努力するのであれば、我が祖国を救うのもまた、ここにおいてこれ［学堂とその学生たち］がその基盤となることは疑いない。［中略］学堂に関わる人々は、一つの仲間ではないが、既に同じ教育界に属しているのである[44]。……

この論説の内容は、当時のシンガポール華人社会における一般的な認識として、各学堂は実際にはそれぞれの幇派に属し別個に活動を行っているものの、「国語」教育を行い「祖国」に貢献するという理念を共有する同属の一群として理解されていたことを示している。

これら三つの論説の内容を総合して検討することにより、当時のシンガポール華人社会の「国語」教育の展開に関する社会的背景を推察することができるだろう。すなわち、一九〇〇年代後半のシンガポール華人社会において、各幇派は一九〇〇年代前半までと変わらず、それぞれの方言の違いなどにより分断され、ゆるやかに住み分けた状況にあった。しかしこの時期のシンガポール華人社会では、社会ダーウィニズムや国家的ナショナリズムといった近代的観念が徐々に普及していき、「国語」教育や「祖国」への貢献の重要性も広く認識されるようになっていた。

このような状況下で「国語」教育を広く普及させるための戦略として、各幇派はそれぞれ個別に学堂を設立し、そこで方言を中心とした初等教育を行う形をとった。各学堂は「国語」教育を通して「祖国」に貢献するという理念を共有する同属の一群として認識され、必要に応じて連帯して活動した。もちろん、このような理念と実態を一致させ、複数の幇派の協力により共同の学堂を設立・運営すべきという発想も存在したが、そのような試みは華人社会内部の各幇派による分断という現実的な問題に直面し、ついに実現しなかったのである。

六　おわりに

本章では、一九〇〇年代後半のシンガポール華人社会において設立された「国語」教育を標榜する初等学堂について、その設立過程や運営、連帯・協力しての活動などを議論することにより、当時の「国語」教育の展開がいかなる状況下で進められていたのかという点を明らかにした。またこのような状況を生み出した社会的な背景についても、現地の中国語新聞の報道における言説から検討を行った。

本章における議論が明らかにした、一九〇〇年代後半のシンガポール華人社会の「国語」教育に関する特殊な状況は、「国語」教育を通した華人社会のナショナルな統合・一体化といった、これまで先行研究が強調してきた議論とは明らかに異なる状況にあった。

もちろん、一九〇〇年代後半における中国語教育を行う初等学堂は「国語」教育と「祖国」中国への貢献というナショナルな観念と結びついた形で理解され普及したのであり、またこれらの学堂の設立が後の時期におけるシンガポール華人社会のナショナリズム形成をより容易とするような社会的基盤を提供したことも疑いない。

しかし、少なくとも一九〇〇年代後半のシンガポール華人社会において、先行研究が指摘するような、「国語」教育を通した華人社会内部のナショナルな統合・一体化が進行したわけではなかった。「国語」教育や「祖国」への貢献というナショナルな理念は、シンガポール華人社会内部の幇派による分断を実際に統合・一体化させるような社会的変容をもたらしたわけではなく、むしろそのような状況に適応し、各幇派が分断され、ゆるやかに住み分けたまま、特定の機会に一時的に連帯するという形態のナショナリズムを生み出したといえる。このような華人社会の内部構造は、第五章における中華総商会の設立や活動に関する議論とも共通する特徴であり、一九〇〇年代後半のシンガポール華人社会におけるナショナリズムの形成を議論するうえでも重要な論点となるだろう。

一九〇〇年代後半以降における「中華総商会の時代」において、華人社会内ではナショナルな一体感が共有されていくと共に、中華総商会を中心とした各幇派の連帯・協力という構造が形成されていくこととなった。「国語」教育を標榜しながらも、各幇派によって運営され、必要に応じて連帯・協力した初等学堂は、まさにこのような華人社会の内部構造のありかたと特殊性を、象徴的に示すものであった。シンガポール華人社会において共通語としての官話による教育が開始されるのは、本章の出来事から一〇年以上も経過した後となる一九一九年からであったことは、このような華人社会の内部構造が長期間に渡って持続されたことをはっきりと示しているといえる。

シンガポール華人社会の「国語」教育が、基本的には幇派ごとに分断されたままで展開された原因を考えると、一つはシンガポール華人社会内において幇派という共同体が伝統的に非常に強い社会的影響力を有していたこと、もう一つは「祖国」である中国（清朝）という国家の領域外にあり、国家からの直接的な統制を受けにくい状況にあったため、「国語」教育が制度的に一元化されなかったことがあげられる。この二つの原因は、いずれもシンガポール華人社会が「祖国」と離れた移民社会であったことに起因するものであり、このことは本章で扱った一九〇〇年後半における初等学堂の設立に関する事例が、本書の中核となる議論である「移民社会のナショナリズム」に関する非常に興味深い事例であることを示すものでもある。

また、シンガポール華人社会における「国語」概念やナショナリズムと結びついた中国語教育機関は、中華民国期以降においてもさらに発展していき、中等教育機関や女子学校、夜間学校なども増加していった。この問題については、第八章第四節にて後述する。

注

（1）本章における議論は、基本的に華人男子児童に対する教育に限定する（女子教育については、第四章第二節および第八章第四節を参照）。また正確にいえば、華人が中国（清朝）国籍を獲得するのは一九〇九年以降であり、本章で議論する時期の大部分においてシンガポールの華人は「国民」としての資格を有していない。しかし、本章第三・四節で議論するように、一九〇〇年代後半に相次いで設立された初等学堂は単なる中国語教育ではなく、「祖国」に貢献する「国語」教育を行うことを標榜していた。そのため、当時の華人社会では既に「国語」という観念が意識された形で中国語教育が推進されていたと考えてよいであろう。

（2）［田中恭子 二〇〇二：三四—三五］［田村 二〇〇〇：三七］［林・張 二〇〇八：五二七—五二九］［荘国土 一九八九：三〇四—三二一］。またシンガポールおよび島嶼部東南アジアの華人児童教育に関する先行研究として、主に以下の研究を参照した［Lee, Ting Hui 2006］［Ong 1974］［Wee 2001］［崔 一九九四：一五〇—一六七］［陳麗仁 一九八七—一九八八］［鄭良樹 一九九八］。

（3）［貞好 二〇一六：五〇—五二］［李恩涵 二〇〇三：五六六—五六七、五八二—五八四］。

（4）［田村 二〇〇〇：三七］［Wee 2001: 36-37］［崔 一九九四：一五六—一五七］。

（5）Makepeace, Walter, and Brook, Gilbert E., Braddell, Roland St. J., op. cit., Vol. I, pp. 429-443, 447-461. [Chelliah 1948: 38-41, 43-45, 47-48] [Turnbull 2009: 42, 78-79, 128]［鄭良樹 一九九八：三八—四四］。またラッフルズ学院の教育活動の長期的な展開については、以下の研究を参照［Wijeysingha 1989］。

（6）［Chelliah 1948: 79］［Wee 2001: 1-20］［崔 一九九四：一五〇—一五五］［葉 二〇一二］［鄭良樹 一九九八：一六—三七、四四—四六］。

（7）［阿部 一九九三：五—三二］［陳景磐 一九七九：一七九—二〇二］。

（8）『叻報』一九〇六年四月一九日、「本坡廣肇養正學堂第二次會議情形畧佈」。なお記事のタイトルは「第二次」となっているが、管見の限り、最初の会議に関する記事は存在していない。

（9）『叻報』一九〇六年四月一九日、「倡辦新嘉坡廣肇養正學堂廣告」、「新嘉坡養正學堂第一次捐款佈登」。

（10）『叻報』一九〇六年五月一一日、「新嘉坡養正學堂第二次捐款照登」。

（11）『叻報』一九〇七年三月六日、「廣恵肇養正學堂開校紀盛」。

（12）養正学校（編）『新加坡養正学校概況』シンガポール：自費出版、一九三三年、一頁。

（13）『南洋総匯新報』一九〇八年七月一三日、「招生廣告」。

（14）『南洋総匯新報』一九〇八年七月二七日、「廣恵肇養正兩等小學堂第三學期大考前列」。

（15）『南洋総匯新報』一九〇八年八月七日、「開校紀聞」。

（16）『叻報』一九〇六年一二月一七日、「閩商要議」。

（17）『叻報』一九〇六年一二月二六日、「天福宮大會決議佈告」。

（18）『叻報』一九〇七年四月一六日、「福建倡設道南學堂廣告」。

（19）『叻報』一九〇七年四月二三日、「道南學堂第二次樂捐芳名列左」。

（20）『叻報』一九〇七年五月二日、「道南學堂舉定總協理廣告」。

（21）『叻報』一九〇七年五月七日、「道南學堂公舉辦事專員佈告」。

（22）『叻報』一九〇七年六月二一日、「福建道南學堂第一次收捐芳名彙登」、七月一五日、「福建道南學堂第二次收捐芳名佈告」。

（23）『叻報』一九〇七年五月二五日、「道南學堂招収學生廣告」。

(24)『叻報』一九〇七年七月一九日、「道南學堂招工修屋廣告」、七月二六日、「道南學堂招收學生廣告」。
(25)『叻報』一九〇七年一〇月二八日、「道南學堂啟讀廣告」、「道南學堂選舉人員廣告」。
(26) 道南学校（編）『新加坡福建道南学校一覧』シンガポール：自費出版、一九三一年、「校史」（頁数の表記なし）。
(27)『叻報』一九〇七年一二月一二日、「道南學堂十月份試驗今將最優等優等學生名次列左」。
(28)『叻報』一九〇七年一二月三〇日、「招報學生」、「訪聘教員」。
(29)『叻報』一九〇六年七月二五日、「試辦華文學堂佈告」。
(30)『叻報』一九〇六年八月三日、「商會附設小學堂催速報名告白」。
(31)『叻報』一九〇七年一二月三日、「楊侍郎來叻廣告」、一二月一〇日、「獎勵學堂」。
(32)『叻報』一九〇七年一二月一四日、「蒙獎鳴謝」。
(33) *Straits Times*, 8th April, 1909, "Chinese Cruisers Arrive," 10th April, 1909, "Chinese Commercial Commissioner."『叻報』一九〇九年四月七日、「總商會廣告」、四月八日、「歡迎王正郎紀略」、四月一二日、「學生游艦」。
(34) *Singapore Free Press*, 18th November, 1908, "Chinese Mourning," 19th November, 1908, "Chinese in Mourning."『叻報』一九〇八年一一月一八日、「大喪誌哀」。
(35) *Singapore Free Press*, 20th November 1908, "Chinese Mourning," "A City in Mourning," 21st November, 1908, "Chinese Mourning,"; *Straits Times*, 20th November 1908, "Mourning Riots," "Fined for Posting Bills."
(36)『叻報』一九〇八年一一月二〇日、「本坡華僑赴總領事署哭臨紀事」。
(37) *Singapore Free Press*, 2nd December, 1908, "China's New Emperor."『叻報』一九〇八年一一月三〇日、「牌示照登」、「商會廣告」。
(38)『叻報』一九〇八年一二月三日、「本坡官紳商學界慶祝」。
(39)『叻報』一九〇九年九月二五日、「慶祝預聞」。
(40)『叻報』一九〇九年一〇月一二日、「崇聖同心」、「紀養正學堂恭祝聖誕施放烟花事」、「可謂知禮」。
(41)『叻報』一九〇八年四月一日、「論半夜學堂之便益」。
(42) またこの記事は、第一章第四節におけるイギリス帝国主義と社会ダーウィニズムの結びつきという観点から見ても、重要な記述であろう。
(43)『叻報』一九〇八年八月一七日、「論中國言語不通為群治之阻力」。
(44)『叻報』一九〇九年九月二一・二三日、「論學界電爭滿約之失當」。

第七章　「満州人蔑視」言説の系譜と「革命派」の出現

一　はじめに

本章では、シンガポール華人社会における「満州人蔑視」の系譜とその連続性について議論する。そして、この問題に注目する観点に立ち、シンガポール華人社会における中国国内政治と深く結びついた政治的ナショナリズムの形成過程を明らかにすると共に、この問題に関する先行研究の議論を批判的に検討していく。

最初に、「満州人蔑視」という用語の定義を行う。本書ではこの用語について、満州人という集団（あるいは「ネイション／人種」）が中国国内外の華人・中国人（Chinese）および近代化した西洋国家の国民よりも劣等かつ非進歩的であるという認識に基づいて蔑視・敵対視すると共に、満州人の存在や中国統治によって、華人・中国人および中国という国家が、近代化の進展の阻害などの悪い影響を受けていると見なす観念・発想として用いる。

なお、これに類似する意味を持つ用語として、一般には「排満主義」という言葉が普及している。しかし、「排満主義」という言葉は一般的に、満州人により統治される清朝政府を廃し、漢族を中心とする新たな国家を創出するという理念のもとに、満州人を中国国内政治から排斥する政治思想という意味で使われている場合が多い[1]。これに対し、本章で議論するところの、海峡華人たちによって公表された満州人への蔑視や敵対視を含む言説は、中国国内政治に関する議論に限定されておらず、文化や社会、歴史などを含む多様な論点を含む議論の中で表出されている。また海峡華人たちによる議論の中では、清朝政府の廃止や漢族を中心とする新たな国家の樹立といった政治的理念は、議論の前提として必ずしも共有されているわけではない。

そのため、「排満主義」という用語を使って本章の主題を検討すると、その単語自体に付随している、中国国内政治における「革命派」による革命運動と「祖国」中国への政治的関与という文脈が不可避的に読み込まれてしまい、シンガポール華人社会という独立した場における歴史的な連続性について議論することが難しくなってしまう。このような含意をそのまま受け入れてしまうと、中国国内政治史の文脈の中に、シンガポール華人社会史の議論が飲み込まれてしまうこととなりかねない。その場合、序章第二節にて述べた、イギリスによる植民地統治と中国国内政治の影響を受けながらも、独自の自律性・主体性を有していた場として、一九世紀後半から二〇世紀初頭のシンガポール華人社会を捉えるという本書の課題の達成も、また不可能となってしまうだろう。

以上の点を考慮し、本書ではシンガポール華人社会という場において、現地の華人たちにより主張され続けてきた観念・言説としての「満州人蔑視」に注目する。そして本章では、シンガポール華人社会で公表された「満州人蔑視」言説なるものの実態を明らかにすると共に、孫文ら「革命派」の政治的な主張としての「排満主義」言説と比較する。さらに、この「満州人蔑視」言説の歴史的な系譜についても、中国国内政治の文脈から切り離し、シンガポール華人社会史という文脈の中で組み立て直すことを試みる（言い換えると、本章の議論の主題は「排満主義」あるいは「満州人蔑視」観念・言説自体やその世界的な展開ではなく、あくまでシンガポール華人社会史の歴史的な流れの中で、「満州人蔑視」言説の系譜と社会的な背景を明らかにすることにある）。

さて、序章第二・三節などで述べたように、王賡武や顔清湟、楊進発とマッケナなどに代表される、シンガポール華人社会におけるナショナリズムの形成に関する先行研究では、馮自由のような「革命派」の活動家により執筆・編集された書籍を史料として用いて、二〇世紀初頭における「革命派」の出現と「立憲派」との対立構造の重要性を繰り返し強調してきた(2)。これらの先行研究は、一九〇〇年代後半からシンガポール華人社会で新たに政治活動を開始した「革命派」が「排満主義」を受容し、清朝政府を廃して漢族を主体とする中国という新たな国家の樹立を望んだのに対し、それ以前から華人社会内で政治活動を続けてきた「立憲派」はこれを受容せず、清朝の維持を主張したため、「排満主義」受容の是非を巡って両党派の間で政治的な対立構造が発生したという議論を展開している。

ここでは、華人社会のナショナリズムの興隆という問題が中国国内の政治運動や政治的党派から影響を受けて変容していく過程という観点から整理され、特に一九〇〇年代後半における「革命派」と「立憲派」という二つの政治的党派の対立的関係性が重要視されており、また「排満主義」はこの両党派の対立関係を生みだす直接的な原因となった重要な問題として扱われている。少なくともシンガポール華人社会史研究という文脈の中では、細かな事実関係や政治的な対立構造を部分的に批判あるいは相対化しようと試みた研究はいくつか存在するものの、「排満主義」の是非を巡る両党派の政治的な対立という構造それ自体を疑った研究は、管見の限り存在していない[3]。

しかし、このような議論を成立させるためには、そもそもの前提として、「革命派」の政治活動が活発化する以前、一九〇〇年代前半までのシンガポール華人社会では「満州人蔑視」言説がほとんど表出されていなかったことが必要となるであろう。先行研究では、これは暗黙の前提であるかのように扱われている。ところが実際には、一九世紀から二〇世紀初頭までのシンガポール華人社会において、満州人への蔑視という観念それ自体がどのように理解され、どのような形で表出されたのかという点について広範に議論した研究は、管見の限り存在していない。

この問題に関する考察は、第三章の議論と併せて、シンガポール華人社会史における「革命派」と「立憲派」との関係性に関する先行研究の議論を検証するだけではなく、先行研究が中国国内の政治運動や政治的党派から働きかけを受けて扇動・動員される受動的・従属的な立場という観点からシンガポール華人社会史を議論していること自体を見直し、そことは異なる独自の自律性・主体性を有していた場としてのシンガポール華人社会史という観点から、その議論を構築し直すという課題の達成をも可能とするであろう。

本章ではこのような問題意識に基づき、まず一九世紀から二〇世紀初頭のシンガポール華人社会における「満州人蔑視」言説の系譜について、秘密結社、林文慶ら「現地の改革主義者たち」、陳楚楠・張永福ら「革命派」支持者たちという三つの集団の視点から整理する。また、この整理を通して、中国本土の政治的党派の関係性を主軸として構築された近代シンガポール華人社会史の議論を解体すると共に、シンガポール華人社会という場での言説形成と発展という観点に主軸を置いた形で、これを再構築することを試みる。

また、シンガポール華人社会にて「革命派」の活動開始以前である一九世紀末から一九〇〇年代前半にかけて公表された「満州人蔑視」言説については、先行研究においてもその存在自体がほぼ言及されていないため、同時代史料としてこの言説自体を紹介する価値もまた高いと思われる。そのため、本章では一九〇〇年代前半までに公表された「満州人蔑視」言説については、直接引用という形で、多くの実例を提示することとする。

二　秘密結社と「満州人蔑視」観念

まず、秘密結社と「満州人蔑視」観念・言説の関係性について整理する。第二章第二節などで述べたように、特に一九世紀末までのシンガポール華人社会において、秘密結社はアヘン徴税請負制度と結びつき、大きな社会的影響力を有していた。秘密結社のメンバーは、その発祥の地である中国本土では伝統的に「反清復明」のような「満州人蔑視」観念を共有していた。移住先であるシンガポールにおいてもそれは変わらず、秘密結社のメンバーは伝統的な「満州人蔑視」観念を保持し続けていた[4]。

ただし、中国本土における秘密結社に関する研究の中で指摘されるように、秘密結社という組織は本質的には相互扶助組織であり、「反清復明」観念は実際に行動に移されるような具体的目標ではなく、あくまで内部のメンバーとそこに含まれない他者との差異化を図るために、みだりに口外してはならない共通の秘密として共有されたに過ぎなかった[5]。このような状況はシンガポールでも共通しており、秘密結社にとって「満州人蔑視」観念は集団内部で共有されるべき禁忌としてのみ機能していた。

そのため、秘密結社のメンバーは伝統的な「満州人蔑視」観念を秘密理に共有したものの、それはあくまで共通の秘密としての禁忌としてであり、具体的な行動に移したり、新聞や雑誌などの公的な言論空間で主張・議論することはなかったと思われる。また管見の限り、一九世紀のシンガポール華人社会における、秘密結社のメンバーによる英語・中国語を用いた「満州人蔑視」言説の公表という事例は発見できていない。

三　「現地の改革主義者たち」による「満州人蔑視」言説の発表

続いて、林文慶ら「現地の改革主義者たち」により発表された「満州人蔑視」言説について述べていく。第二章以降において詳述してきたように、一九世紀末以降に林文慶ら「現地の改革主義者たち」は現地で様々な社会活動を行っており、その中には英語雑誌の刊行や講演、記事の執筆など、主に英語を用いた言論活動が含まれていた。これらの言論の中には、「満州人蔑視」言説を含む内容が豊富に含まれていた。

なお、第二章第三節にて既に述べたように、「現地の改革主義者たち」の中には、林文慶や邱菽園など、康有為ら「立憲派」の政治活動の熱心な支持・支援者が含まれていた。また本章冒頭で述べたように、「革命派」の活動家により執筆された書籍の中では、林文慶ら「現地の改革主義者たち」は、康有為ら「立憲派」の支持者の集団（あるいは「立憲派」の政治組織である「保皇会」のシンガポール支部）であったと見なされている。このような捉え方をする場合、康有為ら「立憲派」が「満州人蔑視」を否定していたにもかかわらず、その支持者であった林文慶らが「革命派」の主張との共通性を持つ「満州人蔑視」言説を発表したことが不可解に思われるかもしれない。

しかし実際には、林文慶ら「現地の改革主義者たち」はその全員が康有為ら「立憲派」を支持していたわけではなく、「保皇会」シンガポール支部も実際には設立されなかった。また第三章第二節にて述べたように、林文慶らは、少なくともシンガポール華人社会で「革命派」の活動が盛んとなる一九〇〇年代後半以前の時点では、「革命派」と「立憲派」を対立的に捉えておらず、ただ「満州人蔑視」を中国国内において実現しようとする革命的・改革的な立場の政治活動家として康有為を理解・評価し、支持していた。林文慶らが康有為を「満州人蔑視」観念の体現者として支持・支援していた以上、「満州人蔑視」言説を公表することと、康有為ら「立憲派」を支持することは、彼らの中で特に矛盾していなかったことを、再度強調しておこう。

では続いて、林文慶らがどのような状況で、満州人やその習俗に対する蔑視について、どのような言説を発表したのか、実際に例をあげながら具体的に検討していく。最初に、辮髪に関する言説を取り上げる。

第二章で扱った、一八九八年から一八九九年における辮髪切除活動に起因する華人社会内の騒動の中で、現地の英語新聞には多くの書簡が投函された。この中で、特に辮髪の切除に賛同する立場の華人たちの書簡には、辮髪と満州人の関連性を強調したうえで、特に現地で出生してイギリス臣民としての権利を持つ海峡華人が辮髪を着用する必要がなく、またそうすべきでもないということを主張する議論が頻出した。

> ……現地に住む我々ババ華人の多くが、その背後に垂れ下がる「辮髪」はネクタイのような装飾品であり、またナショナルな誇りの対象なのだと思い込んでいる。しかし、もし彼らが一六二一年における満州人のリーダーのヌルハチの指揮下にあった満州人による中国の征服の時期に遡ろうとするのであれば、彼らは「辮髪」が隷属のしるしとして中国人［Chinese］に強制されたということをただちに発見するであろう。満州人は当時、全ての都市で彼ら自身の地位をしっかりと確立し、中国人の官僚にその頭を剃らせ、その蛮族[6]［Tartar］の権威を認識せしめた。［中略］彼らの決断という行いに脅かされ、中国人は、その生命を失うという恐怖により、無理やりに「辮髪」

という品格の堕落に服従させられることになったのである。(7)……

……辮髪を備えた華人［Chinese］は、［華人・中国人（Chinese）という］ネイションではなく、満州人という蛮族［Manchu Tartar］のまがいものと同じである。本当の意味で中国人［Chinese］であった我々の祖先は、その背後に垂れ下がる、そのような奴隷のような付属物を有していなかった。彼らは韓国人や（以前の）日本人のように、その髪型を整えていたのである。既に指摘されたように、辮髪は隷属と卑しい零落のしるしである。［中略］我々は進歩を求めている。我々は現在、満州人による拘束から自由になる機会を有しているのであり、また他の文明化されたネイションたち［nations］と足並みを揃えて進歩していかねばならない。(8)……

……イギリスの旗のもとに生まれた以上、海峡植民地で出生した華人は全てイギリス帝国の臣民であり、イギリスの法的な権利を主張する権利を有すると共に、もしその必要があれば、イギリスの全ての臣民に課せられた全ての義務を引き受けなければならない。どのような理由があろうとも、清朝政府はある海峡華人を自国の臣民の一人だと主張することはできない。しかし、その人が中国の征服者である蛮族［Tartar］の奴隷としての境遇の象徴である辮髪を身に着け、しかもその人がイギリス帝国の臣民である限り、彼は政治的に矛盾した立場を占めることとなる。(9)……

またこの騒動の中で、辮髪切除活動の中で中心的な立場にあった海峡華人であった林文慶も、*Straits Chinese Magazine* 誌上にて、満州人と辮髪の関係性という観点から、辮髪の着用という習慣を批判する記事を掲載している。

……私は、大清帝国の支配者たちに従う臣民たちを、直面している改革を行わざるを得ない華人という人々［Chinese people］に含めることを望まない。大清帝国の西太后に従う臣民たちは、大清帝国の法体系と規制により定められた法律と制度に服従しなければならない。［中略］しかし、我々海峡華人は自由な人間である。立憲主義をとるイギリス帝国を統治する女王陛下の臣民であり、イギリス国旗の庇護のもとにある多様な人種［races］全てが兄弟のような共感と調和という結びつきにより結束しているという意味で、我々［海峡華人］は自由である。［中略］しかし、華人の［Chinese］思考体系や社会的な方針は変化するか、あるいは国際的な交流に関する新たな要求を受け入れなければならず、さもなくば我々華人はその他に享受していた優位性を喪失し、多くのネイションの社会的・商業的な争いの中で、主要ではない位置に置かれることを甘んじて受け入れざるを得なくなるという、議論の余地のない事実が残っている。［中略］大清帝国の政府は、辮髪を満州人による支配への臣服の義務のしるしとみなしている。満州人と中国人の間で続いていた闘争の歴史は、［中略］それらの愛国者の尊敬に値しない堕落した子孫である我々の間で、無に帰した。［中略］それゆえに、我々は歴史的な根拠により、イギリス臣民が辮髪を編むことは全く不適当であると公言することを躊躇すべきではない⑽。……

これらの言説ではまず、辮髪を、劣等な蛮族である満州人から、中国人および華人に対して押し付けられた蛮習として見なす見解が主張されている。そして、中国本土に居住する中国人と海外（特に現地、シンガポール）に居住する華人を対比し、前者は満州人により統治されその支配下にあるため、辮髪という蛮習を維持し続けるほかないが、後者は海峡植民地においてイギリス臣民という自由な立場にあるため、そのような蛮習を捨て去ることが可能であり、またそうすべきであるという主張が続く。

第二章第五・六節にて述べたように、辮髪切除活動の失敗に伴うシンガポール華人社会の混乱の中で、現地に居住する華人の多くが、華人社会に属するものを規定する重要な要素として、辮髪を捉えていることが明らかとなった。ここで引用した記事は、そのような意見に対し反駁しようとする意図を持つものであろうが、同時にその反論の根拠として、満州人やその野蛮な習俗（すなわち辮髪）への蔑視もはっきりと表現されている。

ここで主張された、満州人やその習俗（辮髪）への蔑視を含む言説には、大きく分けて三つの特徴がある。第一に、満州人（Manchus）と華人・中国人（Chinese）とが異なるネイションとしてはっきりと区別されており、それゆえに両者が保有するネイションとしての特性が本質的に別個のものであることが当然の前提と見なされている。

第二に、満州人が本質的に劣等かつ非進歩的であることが強調され、その将来的な進歩の可能性が完全に否定されているのに対し、華人・中国人は本質的には（少なくとも満州人よりは、あるいはイギリス人などと同様に）優等かつ進歩的であり、現在は歴史・政治・社会的な要因（ここでは満州人の圧制がこれに当たる）により、一時的に非進歩的な状況（すなわち辮髪の着用の強制）に置かれてしまっているに過ぎないのだと説明されている。同時に、ここでは将来における進歩の可能性（すなわち本質的な優等性・進歩性のきざし、具体的には蛮習としての辮髪の着用の拒否を指す）も明示されている。

第三に、華人と中国人は「Chinese」という同じネイションであり、本質的には同様の優等性・進歩性を有しているが、中国本土では満州人による圧政的な統治によりその進歩が疎外されているのに対し、海外、特に海峡植民地ではイギリスの近代的な統治により、本来の優等性を発揮し、近代的な進歩を謳歌していると説明される。言い換えると、中国本土の中国人と海峡植民地の華人は本質的にはナショナルな共通性を持つはずであるが、実際の社会的な状況を見ると大きな差異が存在することが強調されている。そして、両者のこのような政治的な位置付けの違いを象徴するものとして、清朝の抑圧的な統治制度と、イギリス臣民としての権利と義務が対比されている。

これら三つの特徴は、満州人、中国人、華人の三者を区別することを前提として構成されている。その中で最も重視されているのは（特に海峡植民地やシンガポールの）華人であり、満州人や中国本土の中国人はそれと比較され、現地の華人たちの優等性・進歩性を強調する役割を担っている。言い換えると、これらの言論が立脚しているのは海峡植民地やシンガポールの華人、あるいは華人社会のありかたであり、満州人や中国本土の中国人はあくまでその比較対象として扱われているといえる。これらの文章を執筆したのがシンガポールの海峡華人たちである以上、これは当然のことでもあるだろう。

また、満州人の劣等性の象徴として、ヨーロッパを侵略しようとするモンゴル帝国に象徴される、野蛮かつ好戦的なアジアの遊牧系の「ネイション／人種」のイメージを想起させる「蛮族」（Tartar）という単語が使われていることにも着目したい。これらの言説では、満州人が「蛮族」、すなわち近代的な進歩から取り残された非進歩的なネイションであることは、その劣等性を論ずる根拠として扱われている。ここには「文明／野蛮」という尺度に沿って、進歩し続けているものを優等、進歩から取り残されているものを劣等とする、ヨーロッパ的な社会ダーウィニズムの直接的な影響を、はっきりと見てとることができる。

続いて、中国の歴史・政治・社会などに関する言説の中で、満州人やその習俗への蔑視を含む内容が主張された事例をあげていく。当時のシンガポール華人社会において、中国国内の歴史や政治、社会に関する問題について議論される場合、それらが劣等かつ非進歩的な満州人の中国統治により引き起こされたと説明されることが少なくなかった。たとえば林文慶や陳徳遜のような、中国国内の歴史・政治・社会に関して深い知識を持っていることを自認する海峡華人が、その著書や講演会などで自身の知識を披露する際にも、シンガポールなど海外の華人の進歩と対比する形で、中国本土の近代化の遅れと満州人の劣等性・非進歩性を結びつけた説明を行っている。

……多くの人々が、大清帝国が本当に相反する二つの要素、華人・中国人［Chinese］と満州人を内包していると認識することができていない。［中略］華人・中国人は、全体として反外国的ではないし、外国人に強く敵対したわけではない。過去三〇〇年間において、彼らがアジアのあらゆる地域に移住し、他のネイションたち［nations］と商業を行っていたという事実は、その外国人との交際の評価に関する決定的な証拠である。マレー諸島と諸州、特に海峡植民地において、我々は華人・中国人が本当はどのような存在であるのかということに関する良い実例を有している。［中略］それゆえ、中国の外部で、華人［Chinese］は少しずつだが確かに進歩しているのである。この問題に疑念を持つ者には、シンガポールに赴かせ、個人的な調査をさせよう。ここシンガポールの華人［Chinese there］は、外国のものに対する反対意見がなく、全ての人種［races］に対して友好的であり、またあらゆる方法により、西洋科学の功績を彼ら自身のために役立てようと努力している。しかし、中国において、中国人は自由ではない。満州人たちは首都と同様に村落においても強い権力を有している。［中略］満州人たちは、一八六〇年にイギリス軍の兵士により北京の清漪園が焼尽されることとなった［第二次アヘン］戦争について、ヨーロッパのネイションたち［nations］を決して許すことはない。彼らの唯一の望みは、中国人を彼らと同様の古い定例にしばりつけておくことであり、また不幸な数百万人の人々を、侵略してきた外国人と彼らの間の盾とすることであった。いかなる犠牲を払ってでも、中国人は外国人を憎み、西洋文明の浸食に抵抗するよう強いられてきた[11]。……

……満州人のその他の人々について、彼らは政府の手下であり、その土地の最も豊かな部分にて生活していく権利を有している。また彼らの求めるもの全てを与え、その既得権益を保護してくれる権力を持つ［西太后ら一派の］党派を維持することは、彼らにとって有益なことである。しかし、ひどく苦しめられたといえども、そのナショナルな精神は、［中国人・華人（Chinese）という］人々の中で潰えたわけではなかった。福建や広東といった南部の省において、過去において満州人という侵略者に対する戦いを断固として続けていたそれら勇敢な愛国者の子孫たちは、その故郷の圧制者に対する自らの憤りをずっと心に抱いていた。彼らは何千人という単位でマレー半島やオーストラリア・カリフォルニア・サンドイッチ諸島［ハワイ］に移民し、外国の環境の中で、どこに移住しても彼らに尊敬をもたらすこととなった、進取の気概に富んだ性格をずっと維持していた。[12]……

ここでは、中国国内の政治や社会などの近代的な進歩の失敗（あるいは停滞）という内容が議論されており、またそれを引き起こした原因として、辮髪に関する言説と同様に、満州人の劣等性・非進歩性とそれに起因する中国の近代的進歩の失敗が強調されている。さらに、これらの言説では、中国国内の状況に関する説明が、満州人の束縛から逃れた海外（特に海峡植民地やシンガポール）の華人の近代的な進歩と対比される形で議論されている。すなわち、これらの言説は中国本土の政治・社会などの状況を説明している内容であるが、辮髪に関する言説と同様に、海峡植民地やシンガポールなどの華人社会のありかたと対比した説明を行っているといえる。

また英語新聞に掲載された華人に対するインタビュー・投稿書簡や、林文慶らにより刊行されていた英語雑誌である *Straits Chinese Magazine* 誌上に掲載された記事の中にも、中国の近代化の遅れを満州人の劣等性・非進歩性と関連付けて説明しようとする事例が散見される。これらの記事は多くの場合、具体的な執筆者は不明であるものの、英語を用いる華人により表出された、満州人やその習俗への蔑視を含む言説について、豊富な事例を提供している。

……彼［インタビューを受けた匿名の海峡華人］が考えるには、満州人、もしくは蛮族［Tartar］の帝国は、長い間存続することは出来ないだろう。中国では常に複数の種類の反乱が進行しているが、しかし本物の指導者が存在しないため、成功が期待できる何らかの機会に乗じて大清帝国の軍隊と戦うには、中国人はあまりに無知であった（彼は「未熟」と言うべきであった）。［中略］それゆえに、中国が非常に早期に進歩することができない限り、その国家には何の希望もない。しかし、これは中国人の過ちではなく、中国という国家に何の関心もない満州人の過ちである。[13]……

我々が書いたように、満州人の帝国の衰退は現実化している。［義和団による］外国の使節に対する粗野な扱いや、北京の通りにおける残忍かつおぞましいドイツ公使［クレメンス・フォン・ケッテラー（Clemens von Ketteler）］の殺害は、確かに人類の三分の一の運命に強い影響を与えることをあまりにも長く放置されていた、野蛮な怪物の絶滅を意味するに違いない。〔中略〕罪のない人々が、一八九八年に光緒帝の没落を引き起こした、保守的で頭が鈍く犯罪的な満州人の売国奴の罪の被害をこうむっているのだ。シンガポールの華人を警戒せしめよう！[14]

これらの記事の中では、中国国内の歴史・政治・社会などの問題にかこつけて、中国の近代化の遅れとその原因としての満州人の劣等性・非進歩性が強調されると共に、中国という国家と中国本土の中国人をその圧制の被害者として（間接的にではあるものの）擁護するような内容となっている。またここでは、シンガポール華人社会の状況との比較は直接的には議論されていないものの、やはり中国国内の状況をあくまで客観的に観察・分析するだけの内容となっており、中国という国家やその政治に参与する当事者としての視線や意識は全く見受けられない。

このような満州人やその習俗への蔑視を含む言説が、ただの言説のみに終わらず、実際の出来事と結びつき、現地で社会的な活動となった事例も存在した。一九〇〇年に、中国本土において義和団事件が起こり、シンガポール華人社会でも大きな反響を巻き起こした。同年七月、林文慶ら「現地の改革主義者たち」の一員であり、弁護士の職を持つ海峡華人であった阮添籌は、*Straits Times* 紙に書簡を送付し、海峡華人が義勇軍を組織してイギリス軍と共に中国に向かい、義和団および満州人と戦うことを提案した。

……私は全ての海峡華人の友人たちに、これらの獣ども〔義和団〕と非文明的な満州人たちが、世界の法律を破ろうとし始めていることを知らしめたい。我々がイギリス国旗のもとにあることに、その全員がとても感謝している。我々は皆、イギリス兵と共に義和団と満州人と闘うために、中国に向かい、そこでイギリス兵を助けるために出発することを要求することにより、我々がイギリス政府にいかに感謝しているかということを示す必要がある。[15]……

結果的には、阮添籌による義勇兵の派遣計画は実現しなかった。しかし、この阮添籌の提案に対して、林文慶など複数の著名な海峡華人たちが賛同していることが報道されている。このことは、シンガポール華人社会において満州人やその習俗への蔑視を含む言説がたびたび主張されており、またその主張が特に林文慶を中心とする海峡華人たちの中で一定程度の支持を集めていたことを示すものであろう。

四　「満州人蔑視」言説の特徴とその社会的背景に関する考察

続いて、ここまで多くの事例をあげて説明してきた、一九世紀末から一九〇〇年代前半において英語で公表された「満州人蔑視」言説の特徴について整理しよう。まず、これら英語の「満州人蔑視」言説の執筆・発表者は、その実名が明かされていない場合も多いが、実名が公表されている場合は、林文慶ら「現地の改革主義者たち」に含まれるような、知識人層の海峡華人が中心となっている（言い換えると、この時期には「満州人蔑視」言説を公表しようとしていない）。またこれらの言説には、主義者たち」のうち、中国本土出身の華人たちは、「現地の改革人蔑視」言説を公表しようとしていない）。またこれらの言説には、中国人・華人と満州人との差異としての本質的な優越性と劣等性（あるいは本質的な進歩性と非進歩性）や、中国本土の中国人と海外（特に海峡植民地やシンガポール）の華人たちの現状における非進歩性と進歩性という対比構造が強調されるという、共通する特徴がある。

さて、ここまで述べてきたように、林文慶に代表される、英語による言論活動を行っていた海峡華人エリートたちは、一八九〇年代後半以降において「満州人蔑視」言説を積極的に公表していた。それに対し、林文慶ら海峡華人たちと共に社会改革活動に参加していた邱菽園ら中国本土出身の華人たちは、このような内容を含む言説を全く公表していない。では何故、一九世紀末以降において、特に英語を用いる海峡華人たちが「満州人蔑視」に関わる内容を公的な言論の場で積極的に議論するようになったのだろうか。

この問題に関する、最も単純な説明の仕方は、秘密結社に由来する伝統的な「満州人蔑視」観念が華人社会内で連続して通底しており、それが林文慶らの「満州人蔑視」言説に直接的な影響を与えたという可能性であろう。

第二章第二節で詳述したように、一八九〇年に「結社条例」による法的な規制を受ける以前のシンガポール華人社会において、秘密結社はアヘン徴税請負制度と結びつき、強い社会的勢力と影響力を保持していた。そして、本章第二節で述べたように、秘密結社のメンバーは、その発祥の地である中国本土において伝統的に「反清復明」のような「満州人蔑視」観念を共有していた。移住先であるシンガポールにおいてもそれは変わらず、秘密結社のメンバーは伝統的な「満州人蔑視」観念を保持し続けていた。

こういった点にのみ注目するのであれば、秘密結社の伝統的な「排満主義」観念が、一九世紀末に出現した林文慶ら現地の海峡華人エリートたちによる「満州人蔑視」言説に引き継がれたという説明は、一定の妥当性があるかのように思われるかもしれない。

しかし実際には、秘密結社と林文慶らの間に直接的な連続性が存在すると考えることは難しい。これも本章第二節で述べたように、秘密結社は、中国本土でも海外においても、本質的には相互扶助組織であり、そこに所属するメンバーとそうではない他者との差異化を図るために、メンバー以外に口外してはならない共通の秘密として「反清復明」観念を共有したに過ぎなかった。したがって、秘密結社にとって「排満主義」観念は集団内部で共有されるべき禁忌に過ぎず、具体的な行動に移されたり、新聞や雑誌などの公的な言論空間で主張・議論されたりするものではなかった。これに対し、林文慶らは「満州人蔑視」言説を公的な言論空間ではっきりと言明している。また秘密結社の「排満主義」観念が「反清復明」のような中国本土の伝統的観念と結びついていたのに対し、林文慶らの言説は、明らかに社会ダーウィニズムや「ネイション／人種」観念といった、西洋（特にイギリス）の近代的な価値観と結びついていたのであり、秘密結社の伝統的な「排満主義」観念と林文慶らの「満州人蔑視」言説には、はっきりとした差異が存在していたといえる。そのため、両者の間に間接的な影響が存在した可能性は否定しえないが、直接的な影響や連続性が存在したと考えることは難しい。

もう一つ、容易に考えつくであろう説明は、孫文ら「革命派」による「満州人蔑視」言説の影響であろう。では、この説を検証するために、林文慶らにより公表された英語の「満州人蔑視」言説と、同時期に孫文ら「革命派」により公表された「排満主義」言説を比較してみよう。ここでは、特に孫文の「排満主義」言説を取り上げる。もちろん特定の人物のみに注目して、「革命派」の「排満主義」言説を一括りにしてしまうのはいささか強引だが、「革命派」の首領にして優れたアジテーターであった孫文の「排満主義」言説であれば、「革命派」の「排満主義」言説全体を代表するものとして扱うことも不当ではないだろう。

第三章でも述べたように、孫文は政治活動の最初期に当たる一九世紀末の段階では、政治的な目標として主に中国という国家の「中華」としての地位を復興させることを強調しており、「排満主義」はその主張の中核となってはおらず、また康有為ら「立憲派」とも対立的な関係ではなかった。たとえばハワイや香港における興中会の設立宣言で、孫文はその設立目的として、「（中国の）国内外の有志の華人をつなぎ」、「中華を振興し（中国の）国体を維持する」ことを主張している[16]。ただし、孫文はこの時期に既に、「排満主義」的な発想を有していた。たとえば孫文は、一八九七年八月に日本で宮崎滔天らと談話した際にも、政治的な批判と関連させた形で「排満主義」言説を表現していた。

……清朝を統治する輩ども［である満州人たち］が［中国を］統治してから既に三〇〇年以上が経過しており、漢人[17]を愚弄することがその統治の最も重要な意義となっている。漢人の膏血を吸い、漢人の手足を縛ることは、満州人がその官職を昇進・異動・補充をするための策略となっている[18]。……

孫文がその政治的な主張の中で「排満主義」を前面に押し出すようになるのは、康有為ら「立憲派」との対立が明確になった一九〇三年頃からである。孫文が一九〇三年九月に、東京の江蘇同郷会が刊行していた月刊誌である『江蘇』に掲載した「支那保全分割合論」では、「排満主義」言説が全面的に主張されている。

……満州人たちの施策は、漢族という種族の愛国心を滅ぼし絶やさせ、漢族という種族の連帯・協力の意志を散漫にさせた。［中略］今の漢人が士大夫と呼んでいる人はみな、自ら願って満州人という蛮族の王朝に服従することとなったものである。［中略］さらに満州人たちはこのように言う。「変法・維新といった中国の国内改革運動は、漢人にとっての利益であり、満州人にとっての損害である」。またこのように言う。「たとえ［中国国内の土地を］強力な外国に与えたとしても、国内の反乱者によって［土地を］奪われることは望まない」。これはあたかも、中国の土地をたとえ他人に献上するとしても、漢族に返還することは望まないと言っているかのようである。満州人たちはこれほどに漢人を忌み嫌っているのであり、またどうして彼らと心を一つにして協力し、共に現在の中国が直面している困難な課題を解決することができるだろうか[19]！……

また一九〇四年秋にアメリカで発表された“The True Solution of Chinese Question”でも、孫文は英語を用いて、「排満主義」言説を公表した。英語を用いた表現を比較するという意味で、これも引用しよう。

……中国人と接触する以前において、満州人はアムール地域を放浪する野蛮な遊牧部族［a savage, nomadic tribe］であった。彼らはたびたび辺境にて平和を好む中国人の住民を急に襲撃し、略奪を行っていた。明朝の崩壊の直前に、中国では大規模な内戦が発生していた。この最高の機会に乗じて、彼ら［満州人たち］は、蛮族［barbarians］がローマ帝国を侵略したのと同じようなやり方で、突然襲来して北京を占拠したのである。〔中略〕二六〇年間にわたる蛮族［tartar］の支配の中で、我々〔中国人〕は無数の悪事の被害を被ってきた。その主要なものは以下の通りである。①蛮族たち［tartars］は被統治者の利益ではなく、彼ら自身の利益のために政府を運営している。②彼ら〔満州人たち〕は我々〔中国人〕の知的・物質的な発展を抑圧している。③彼らは我々を従属的な人種として扱い、平等な権利と特権を否定している。④彼らは、我々の不可侵の権利である生命・自由・財産権を剥奪している。⑤彼らは、公職に関わる腐敗や賄賂の受諾を日常的に行っているか、あるいは黙認している。⑥彼らは言論の自由を抑圧している。⑦彼らは我々の承認なしに、高額かつ法律に合わない重税を我々に課している。〔中略〕満州人の帝国は、その根底から建造物が完全に腐敗した、崩壊した家にたとえることができる。中国は現在、大規模なナショナルな運動の前夜にある。何故なら、我々の土地から蛮族［Tartar］を排斥するために、ただの火花〔にしか過ぎない孫文ら「革命派」の政治活動〕が〔清朝の〕政治全体という森に火を放つであろうからである。[20]……

さらに、孫文は中国同盟会結成後の一九〇六年に『同盟会革命方略』を公表し、漢族を中心とする新たな国家の設立の青写真を提示しようとした。ここで提示された革命計画の中でも、「排満主義」言説が含まれている。

……満州人が中国という国家を簒奪してから、その人民たちは頼りとするものがなく、虐政のもとで憔悴している。満州人という蛮族の王朝は、水と火が相容れないように、満州人と漢人が共存することができないことを知悉していた。それゆえに、満州人たちは「漢人が強ければすなわち満州人が滅び、また漢人が疲弊すればすなわち満州人が肥える」と提唱し、時間をかけて策を練り、漢人の生計を絶つよう謀り、それにより漢人の急所を押えてその運命を握ったのである。そのため、漢人は皆貧しければ、すなわち満州人のみが裕福になれるのであり、また漢人が皆死滅すれば、すなわち満州人のみが生きていくことができるのである。[21]……

上で述べた孫文ら「革命派」の「排満主義」言説では、満州人の劣等性や非進歩性は常に中国国内政治（特に清朝の腐敗）と関わる問題として議論されており、同時にこれらの問題は、清朝を廃し新たな国家を建設するという孫文らの政治運動の必要性・重要性を裏付ける内容ともなっている。しかし、孫文ら「革命派」の「排満主義」言説の主題であった、満州人を頂点とする清朝という国家の解体と漢族を中心とした新国家の設立という課題は、シンガポールにおける林文慶らの言説の中ではほぼ議論されていない（むしろ、シンガポールの海峡華人たちの中では、中国国内の政治的な問題については、イギリス帝国の植民地統治下にある自分たちの社会における問題と切り離したうえで、積極的な関与をする必要がない問題に過ぎないと見なす意見が中心となっている）。

こうして両者を比較してみるとはっきりと分かるように、林文慶ら海峡華人たちの言説が注視しているのは、あくまで海峡植民地あるいはシンガポールの華人社会のありかたに関する問題であり、中国国内の政治的な状況は主にその対比軸としての機能しか果たしていない。また林文慶ら海峡華人の「満州人蔑視」言説の特徴である、中国国内の中国人と海外（特に海峡植民地およびシンガポール）に居住する華人の環境的な差異と、イギリス臣民としての権利・義務という問題は、孫文らの「排満主義」言説ではほとんど強調されていない。

林文慶らの「満州人蔑視」言説と、孫文ら「革命派」により主張された「排満主義」言説を比較するに、同時代的な共時性や野蛮な蛮族（tartar）としての満州人への蔑視、満州人と中国人・華人の本質的な差異の強調など、両者にいくつかの共通性が存在するのは確かである。こういった両者の言説の共通性は、人種主義や「黄禍論」のアジアにおける普及に関する事例として見ても興味深いだろう。しかし同時に、その議論の根幹において、主に海峡植民地あるいはシンガポールの華人社会のありかたに立脚し、中国本土の状況を主に自らの状況との対比軸としてしか認識していないという点において、林文慶らにより公表された英語の「満州人蔑視」言説は、同時期に孫文ら「革命派」により主張された「排満主義」言説とは異なっていることも明らかである。よって、この第二の説明もまた誤りとなるであろう。

では、他にどのような理由が考えられるだろうか。この問題に関する第三の説明として、まず林文慶らの世代がそれ以前の世代とははっきり異なる社会的背景を持っていたことに着目すべきであろう。林文慶を中心とする現地の若年層の海峡華人たちは、それ以前の世代に比べ、より高度な教育を受けていた。特にラッフルズ学院や海外の大学への留学などで比較的高度な英語教育を受け、様々な知的専門職に就いていた海峡華人たちは、教育や新聞・書籍などを通して、日常的に西洋近代的な知識・観念を受容していた。第一章第四節で述べたように、当時の西洋において、「ネイション／人種」概念や社会ダーウィニズムの思想は十分に普及していた。さらに、中国という国家が近代化という進歩から取り残された「停滞の帝国」であり、その原因が清朝の被統治者であった中国人（もしくは統治者の満州人）の「ネイション／人種」としての固有の性質にあると見なす認識も、根強く存在していた[22]。シンガポールの海峡華人たちも、同時代のイギリス人と同様に、新聞や書籍などを通してこのような情報や知識、価値観を獲得していた。

この傍証として、第二章第四節で述べたように、林文慶は一八九七年六月の *Straits Chinese Magazine* 誌に「我々の敵」という一連の記事を掲載しており、この記事の中で社会ダーウィニズム的な価値観を明確に表現している。また本章第三節でも一部を引用したが、林文慶は一九〇一年に刊行した著書『中国内部の危機』の中で、一九〇〇年当時の中国国内の政治状況（光緒帝および康有為ら「立憲派」と西太后を中心とする保守的な満州人エリートたちの対立、戊戌変法の失敗と戊戌政変など）に関する問題について、満州人と中国人の対立という観点から詳しく説明を行っており、ここには「満州人蔑視」言説が豊富に含まれている。ここで林文慶が述べた内容は、当時の中国国内の実際の政治・社会状況に関する説明としては不正確な部分も少なくない。しかし、少なくともその記述の内容の細かさ（特に時系列上の整理や人物・公的機関などの名称表記など）から見るに、林文慶が英語の新聞・書籍などを通して、一九〇〇年当時の中国国内政治問題を詳しく調べていたことは疑いない。

ただし、林文慶らが具体的にどのような情報源から、満州人の非進歩性・劣等性が中国国内の中国人を抑圧し、国家的な発展を妨げているのだという発想を得たのかという点を特定することは、非常に難しい。たとえば林文慶個人を例として論ずるに、彼は現地で著名な華人知識人であり、英語でのコミュニケーションも可能であり、かつ植民地政庁による華人統治の協力者の一人であった。そのため、英語を話す現地の知識人たちやイギリス人の植民地官僚たちから、英語の新聞・書籍などを提供・贈与・貸与された可能性がある。また第二章第三節で述べたように、林文慶ら海峡華人エリートたちは会員費を払って有料会員となることにより、ラッフルズ図書館に所蔵された新聞・書籍などを閲覧することが可能であった。さらに、林文慶はスコットランド、エディンバラ大学への留学経験があったため、留学先での授業や交流、学習などでそういった情報を学んだ（あるいは書籍を購入した）り、スコットランドの知己からシンガポールまで書籍などを送付してもらった可能性も存在する。そしてもちろん、林文慶の情報源は恐らく単一ではなく、複数の書籍・新聞・雑誌などにまたがっていたと考えるべきであろう。

しかし、林文慶らがシンガポールの中でこれらの情報に触れることが可能であったということは、容易に実証可能である。一例として、一九〇〇年の時点でラッフルズ図書館に所蔵されている、ロス（Ross, John）の『満州人、あるいは中国に君臨する王朝——その勃興と発展』（*Manchus, or Reigning Dynasty of*

China: Their Rise and Progress）という書籍を見てみよう。ロスはスコットランド出身の宣教師であり、満州および中国東北部にて宣教活動に従事した人物であった[23]。ロスはこの書籍の中で、満州人（女真族）の勢力拡大と清朝の成立・発展の過程を詳細に論じているが、その議論の根幹には強固な「満州人蔑視」観念が存在している。

この書籍の導入部は、「アジアの蛮族［tartar］であった愛新覚羅氏の少数の無知な子孫たち」が、いかにして「彼ら自身の卑しく取るに足らない資質を用いて、人類の四分の一に対する立法者、かつ世界中で最も人口が多い帝国の統治者となった」のかという歴史的な過程を論じるという問題設定から始まる。そして、ロスは以下のように続ける。

……したがって我々は、荒涼たる山岳の狭い挟間に居住していた少数の未開の蛮族［rude barbarians］が、自由に使役可能な巨大な軍事力と意のままに使える全世界で最も豊かな国家的資源を所有していた皇帝の玉座を［中国人から］奪い取り、保持することができたという奇妙な現象を説明するために、［中略］まさに北京［に居住する中国王朝の官僚たち］の愚かさに目を向けなければならない。［中略］満州人たちの「勃興と発展」は、ジョン・デイビス［John Davis］氏などにより、インドにおけるイギリスの勢力拡大と比較されてきた。［しかし］両者の類似は不完全であり、かつ満州人にとって公平ではない。何故なら、彼ら［満州人］と中国人は、弓や剣、槍といった同じ武器を手にして対峙したからである。中国人たちは、教育や文明、名声に加えて、お粗末なものではあるが火器という優位性を有していた。［中略］満州人たちは中国人を相手として戦争を開始した人々であり、文字を知らず、筆記する文字を持たず、彼らが生肉を食したり住居として穴を掘る際における粗野な蛮行はほとんど改善されず、あらゆる勇敢な満州人［と戦うという目的］のために同じくらい勇敢な百人の中国人を戦場に連れてくることが可能であった高度に文明化された人々に敵対した[24]。……

一見して分かるように、ロスの議論ではシンガポールの海峡華人エリートたちによる「満州人蔑視」言説と同様に、満州人の野蛮さや劣等性・非進歩性が明確に強調されている。ロスのこの書籍は、ラッフルズ図書館に所蔵されていた中国関係の書籍の中でも引用されており、当時中国の歴史や政治に関心を持っていた知識人に対して多くの影響を与えていたことをうかがわせる[25]。

また、ラッフルズ図書館に所蔵された他の中国史に関する英語の書籍の中でも、「満州人蔑視」言説、特に満州人による中国統治を原因とする中国という国家の近代化の阻害あるいは停滞といった議論を見出すことができる。

……一八五八年から一八六〇年にかけて行われた軍事作戦でさえ、［中国の］知識人階級の大多数の論調をほとんど鎮静化させなかった。過去の中国の歴史の中で起こったように、［イギリス・フランス連合軍という］侵略者が到来し、去っていったが、しかし［清朝という］帝国は存続したのである。そして［満州人という］蛮族は蛮族のままであった。［中略］ここで古い時代の執筆者によって使われたような包括的な意味においてこの言葉を使うのであるが、［中国において］数学の知識に関する欠落が存在するであろう。ロジャー・ベーコンは以下のように記している。「数学を知らないものは、他の科学を知ることができない。それればかりか、彼は自分自身の無知に気付いたり、その適切な解決策を見つけることもできない」。そして、もし何らかの大規模な進歩的な運動が達成されなかったとしても、勉学の目的に関する変化が起こっているであろうことを、中国国内の政治家たちは認識するようになった。［満州人という］蛮族は蛮族のままであるのかもしれないし、多分そうなのであろう。しかし、彼［すなわち数学などの西洋近代科学を学ぶ中国人］は、中国人たち［Chinamen］がこれまで有しておらず、また彼がそれを習得することが望ましい、非常に有益な知識を有しているのである。しかし、それ［数学などの西洋近代科学］を［中国国内政治・社会に］どのように導入すればよいのか？［中国国内の］教育課程に対する西洋の知識の導入を提案することは、まさに［清朝の］国家的な政治形態［national polity］の基本的な性質であるところの保守主義の牙城を激しく非難することなのである。[27]……

さらに、書籍という形でなくとも、イギリス本国で刊行された英語の新聞の中にも、類似した内容を見つけることも可能であった。イギリス本国で最も著名な新聞の一つである *Times* に、一八八九年九月に掲載された記事を一つ引用しよう。

……中国は、モンゴル人と満州人という、山岳と砂漠の未開の蛮族［rude barbarians］に征服された。しかし、それぞれ［すなわちモンゴル人と満州人］は共に、中国式の制度や儒教倫理を発見したことにより、それらを受容し、また［過去の中国王朝を］模倣することによって、それら［すなわち中国式の制度や儒教倫理］が追従を表す最も誠実な形式であり、最も優秀であり、改良することができないものであると公示した。[28]……

ここまで述べてきた、第三の説明を整理しよう。すなわち、林文慶ら海峡華人エリートたちは、現地において比較的高度なイギリス式の英語教育を受け、近代的な知識・価値観を受容し、自らが進歩的な華人グループであることを自負しており、言論・社会活動などでそれを主張・体現しようとしていた。たとえば辮髪切除活動は、その表れの一つである。しかし彼らは同時に、英語の新聞や書籍などを通し、同じ「Chinese」である中国本土の中国人の非進歩性・劣等性を強調する情報を目にしてしまう状況にあった。

この具体例として、さらに一例を加えよう。前述した林文慶による『中国内部の危機』の冒頭に掲載されている広告の中には、本書の第一章第四節で述べた、「黄禍論」小説の雛形となった、シールの『黄色の脅威』という小説の宣伝が含まれている。このことは、当時の林文慶たちの知的・社会的環境の中に、「黄色人種」や華人・中国人に対する蔑視がいかに日常的に存在したか、また林文慶らがいかに頻繁にそれらの情報を目にしていたのかということを示す好例である。そして、イギリス人と同等に「進歩」的な集団であることを自認する海峡華人たちにとって、同じ「Chinese」の劣等性・非進歩性に関する蔑視は、自らの社会的な自己認識の根幹を揺るがす屈辱的な問題であったと思われる。

さらに、林文慶ら海峡華人エリートたちは、イギリス人の下に位置する中間層として、植民地政庁による華人統治にも協力していたのであり、こういった華人・中国人に対する蔑視が蔓延することは、海峡華人たちの能力を疑わせ、彼ら自身の植民地統治に関わる官職や利権、イギリス臣民としての政治的な権利などを損なう可能性さえあった。林文慶は、本章第三節でも引用した、辮髪の切除に関係する記事の中で、イギリス帝国と植民地政庁に対して、自分たちの「進歩」と「改革」のありかたを提示してみせなければならないとする切迫感を、そのまま表現している。

……しかし、華人の思考の体系や社会的な政治組織は変化するか、あるいは国際的な交渉における新たな要求を受け入れなければならないという、明白な事実が残されている。さもなければ、我々華人はそれ以外で享受していた全ての利益を喪失し、他国のネイションたち(29)〔nations〕の社会的・商業的な争いの中で従属的な位置にあることに甘んぜざるを得なくなる。イギリス臣民である我々は、与えられた全ての特権を行使することを要求すべきであるが、しかし我々の要求が公権力から尊重されるためには、我々の生活や品行、仕事によって、イギリス帝国の市民にふさわしいことを証明しなければならない。〔中略〕

もし知的であり、［イギリス式の近代］教育を受けており、かつイギリス臣民である華人が、煩わしくて不便であり、完全に何の利益もない習慣［すなわち辮髪］を放棄するように準備していないのであれば、我々はそれらの華人たちが時代と共に進歩していくこと、すなわち華人の古い考え方や習慣を近代的な文明化に必要となる条件に適応させていくことを真剣に試みるよう準備しているであろうと期待する必要もなくなってしまう。[30]……

林文慶らのこのような言説は、まさに彼らがイギリス式の教育と近代的な知識や価値観の受容を通して「帝国意識」を育み、イギリスを頂点とする西洋中心主義的な序列を内面化しており、その序列の中でイギリス人たちや西洋列強国家の主要な国民たちと同等の「文明的」水準に追いつくことを目的とした「進歩」と「改革」を切望していたことを、はっきりと示している。

このような状況下で、海峡華人たちは植民地社会の中で活動していくためにも、同じ「Chinese」であるはずの中国本土の中国人の非進歩性と現地の華人の進歩性との差異という矛盾を、海峡華人のみならず、イギリス人にも理解できるような形で説明し、人種主義的な偏見を乗り越え、自分たちの進歩性と優秀性を説得的に提示する必要があった。

この矛盾を説明するにあたって、「満州人蔑視」という発想は、最も都合のよい理由付けを提供した。この説明は、「Chinese」というネイションが本質的には優等かつ進歩的な存在であるものの、本質的に劣等かつ非進歩的な満州人（すなわち「Tartar」）の影響により、中国本土の中国人のみがその「進歩」を妨げられている特殊な状況にあると主張するものであった。この説明は、ヨーロッパにおいて既に固定的となっていた「ネイション／人種」集団の社会ダーウィニズム的優劣・順列の存在という観念自体はそのまま変えずに、その蔑視の矛先を同じ「黄色人種」である「Chinese」から「Tartar」へとすり替えるという形をとったゆえに、こういった近代的知識・価値観を強く信ずるイギリス人や海峡華人たちに対して、強い説得力を有していたであろう。

さらに、海峡華人たちの多くは現地化が進み、生活基盤はシンガポール現地にあった。海峡華人たちにとって、英語の新聞や書籍などを通して劣等かつ非進歩的な「蛮族」（tartar）としてのイメージを得ていたものの、生活の中で実際に関わる機会がほとんどない満州人たちは、中国の近代化と「Chinese」というネイション本来の進歩性を阻害する諸悪の根源という想像上の悪役（あるいはスケープゴート）を担わせるうえで、恰好の対象であったと思われる。

同時に、「満州人蔑視」観念・言説は、林文慶らの言論活動などにおけるネイションとしてのシンガポール華人社会の認識にも深く関わっていたと思われる。すなわち、第二章第四節・第四章第二・四節などで扱ってきた林文慶らの言説において、中国本土はシンガポールに居住する華人たちにとってのルーツに当たり、中国人たちもまたシンガポールに居住する華人たちと同様の「Chinese」であり、本質的にはナショナルな性質を共有するものと見なされていた。しかし、林文慶らがネイション概念を通して認識し、「進歩」と「改革」の必要性を訴えたのはシンガポール（およびそれを含む海峡植民地）の華人社会であり、中国本土の政治や社会はその議論の対象外とされていた。

このような林文慶らの議論の限定性について、その根拠となっていたのが、「満州人蔑視」観念であった。林文慶らは、中国本土の中国人が「蛮族」である満州人による野蛮かつ非進歩的な統治により抑圧され、「Chinese」として本来持っていたはずのナショナルな共通性を発揮できない状況にあると見なしていた。そのため林文慶らは、自らが主導する「進歩」と「改革」を目指すナショナリズムに連帯可能なのは、イギリス統治下にあって自由かつ近代的な精神を持つシンガポール（および海峡植民地の）華人たちだけであり、中国本土の中国人たちはそこに連帯・関与することが不可能であると考えたのである。すなわち、林文慶らの「満州人蔑視」言説は、シンガポール華人社会と中国本土の中国人の差異を強調することにより、ナショナリズムの範囲を限定させるような効果を生み出していたということができる。

また、林文慶などの海峡華人たちが頻繁に「満州人蔑視」言説を公表していたのに対し、中国本土出身の華人たちによる中国語の言論空間では、このような議論はほとんど確認できていない。邱菽園のように、林文慶らと共に社会活動を行っていた中国本土出身の華人たちが、「満州人蔑視」という問題を全く意識していなかったとは考えにくい。

邱菽園らと「満州人蔑視」の関わりに関する一例として、邱菽園が創刊した中国語新聞『天南新報』の一八九九年一月三〇・三一日には、「論變法必自平滿漢之界」および「續論變法必自平滿漢之界」という記事が掲載されている。この二つの記事は、「立憲派」が日本国内で刊行していた中国語新聞『清議報』に掲載された、梁啓超自身の手による同名の記事の転載である。梁啓超はこの記事において、まず孫文ら「革命派」による「排満主義」言説を紹介している。彼は続けて、「排満主義」による中国という国家の近代化という議論を否定し、むしろ中国という国家の近代化と国力の強化を進めていくのであれば、漢族と満州人の境界を乗り越え、人種としての一体化を進めていくべきであると主張する。梁啓超は最終的に、漢族・満州人を含むアジアの「黄色人種」を一体化し、「白人種」

と対抗していくべきであると結論付ける。[31] 邱菽園がこの記事を自紙に転載したことは、彼が「排満主義」や「満州人蔑視」といった問題の重要性を認識していたことを強く示唆する。

ただし、邱菽園のような中国本土出身の華人たちは中国国内の政治・社会とのつながりが深かった一方、植民地政庁との結びつきは限定的であり、林文慶のような海峡華人エリートと比較すると、イギリス帝国の植民地という社会構造の中で自らの優等性を主張する必要は薄かった。しかも邱菽園のような中国本土出身の華人の家族や生活基盤の一部は、清朝が統治する中国本土にあった。そのため、彼らが「排満主義」や「満州人蔑視」のような発言を迂闊に公表してしまうと、中国本土の家族などの生活基盤に対して、清朝から弾圧を受ける可能性もあった。第四章第三節で述べたように、邱菽園は一九〇一年に、康有為や唐才常への関与について、清朝および地方高官から尋問を受けている。これらの理由により、彼らも海峡華人たちと同様に、「満州人蔑視」に関する何らかの意見はあったかもしれないが、それを新聞・雑誌などの公的な言論空間で主張したり、議論したりするようなことは避けたのであろう。

五 「現地の改革主義者たち」から「革命派」への連続性

続いて、シンガポール華人社会における「革命派」の出現と組織形成について、その中心人物であった陳楚楠・張永福ら自身による記述を中心に整理する形で述べていく。

「革命派」の初期メンバーの政治活動は、林文慶ら海峡華人エリートたちが積極的に「満州人蔑視」言説を公表していた一九〇〇年前半に始まった。そして一九〇〇年代後半に至り、「革命派」の政治活動はより多くの現地華人たちの支持を集め、活発化していった。

現地において初期の「革命派」の中心人物となったのは、陳楚楠・張永福など、裕福な商人の家に生まれた海峡華人たちであった。陳楚楠の父親はビーチ・ロード（Beach Road）で合春号という木材などを扱う商店を経営しており、また不動産を多く所有するなど富裕な華人商人であった。張永福の父親も同様にビーチ・ロードで織物・反物を扱う商店を経営しており、また多くの不動産を所持していた。陳楚楠の父親が自身の息子と近隣の子供たちのために家庭教師を雇ったことをきっかけに、陳楚楠と張永福は知り合い、年齢差があったにもかかわらず親しい友人関係となった。また、のちに「革

画像56　張永福・陳楚楠・林義順らの集合写真。撮影場所は陳武烈の所有する金鐘大厦の前。1900年代。

画像57　張永福・陳楚楠・林義順らの集合写真。撮影場所は陳武烈の所有する金鐘大厦の前。1900年代。

命派」の支持者として、陳楚楠・張永福らと共に政治活動に尽力した林義順（Lim, Nee Soon）も、その父親が経営した雑貨店がビーチ・ロードにあった。初期の「革命派」の支持者たちには、ビーチ・ロード付近に居住していた海峡華人商人の子息たちという共通点が存在したということができる。

陳楚楠は、林文慶ら「現地の改革主義者たち」の一員であった邱菽園との交際をきっかけに、『清議報』・『知新報』・『新民叢報』・『蘇報』など、各地の「立憲派」や「革命派」により刊行されていた新聞や、著名な政治活動家であった鄒容の『革命軍』などの書籍を読む機会を得たことにより、中国国内政治に関心を持つようになった。また彼らは林文慶らにより運営されていた勉強会である華人好学会にも参加していた[32]。さらに、第四章第四節にて述べたように、張永福は孔廟学堂設立運動にも関わっており、一九〇二年三月一九日に『叻報』紙上にて公表された董事一覧の中に、その名前があげられている。

陳楚楠・張永福らは一九〇〇年に、中国国内政治に関する議論を行う私的な会合である小桃源倶楽部を設立した。一九〇三年にいわゆる「蘇報事件」が発生し、上海租界で鄒容・章炳麟が逮捕された際に、陳楚楠・張永福ら小桃源倶楽部のメンバーは連名でイギリスの駐上海総領事に電報を送り、鄒容・章炳麟らをイギリス側が清朝政府に引き渡すことのないよう要請した。しかし、この活動の実質的な効果や反応はほぼなかったようである[33]。

彼らは資金を貯め、一九〇四年に中国語新聞『図南日報』の発刊を開始した。しかし、資金繰りの問題から、この新聞は一九〇五年に廃刊となった。彼らは続いて同年に、広東幇の商人であった朱子佩が資金を捻出して創刊した中国語新聞『南洋総匯新報』に編集者として雇われ、その刊行に参加した。しかし、朱子佩との政治的な方向性の相違により、彼らは二カ月後に『南洋総匯新報』紙の編集権を失い、追放された。『南洋総匯新報』紙は、後任の編集者として、康有為ら「立憲派」の熱心な支持者であった徐勤らを採用した。

徐勤は康有為が創建した広東の万木草堂で教育を受けたのち、上海の『時務報』や澳門の『知新報』など各地の「立憲派」の中国語新聞の編集・刊行に関わっており、また一八九七年年末に横浜の大同学校の校長を任職するなど、「立憲派」の政治活動家の一人であった。いわば『南洋総匯新報』紙は、初期に編集権を有していた陳楚楠・張永福らを免職し、代わりに康有為ら「立憲派」との関わりが深い徐勤らを採用することにより、「立憲派」の政治的な方針を支持する新聞としての方向性を明確に確立したといえる。

陳楚楠・張永福らはこれらの失敗により経済的に困窮し、親族や友人などからもその活動に反対されるなど、政治活動の維持さえ困難な状況に陥り、日めくりカレンダーを作りながら資金を集めた。彼らは一九〇七年に、自らを追放した『南洋総匯新報』とほぼ同じ紙面構成であり、かつ販売価格や広告料も同額に設定した中国語新聞『中興日報』を新たに創刊した。『中興日報』の創刊後、この二つの新聞は盛んに論戦を繰り広げることとなった[34]。

続いて、陳楚楠・張永福らが創刊した中国語新聞における「満州人蔑視」言説について詳しく検討していく。陳楚楠・張永福らが最初に創刊した『図南日報』については、残念ながら実物が現存しておらず、その内容を知ることはできない。また、陳楚楠・張永福らがその編集に参加していた時期の『南洋総匯新報』も現存していないため、実際の内容は不明である。しかし、その後刊行された『中興日報』は現存しており、「満州人蔑視」言説が含まれる記事が多く掲載されていたことが確認できる。

……満州人は自ら入関し中国内地に侵入して以降、我々漢族の生産物を食い、我々漢族の土地に住んでおり、様々なものを搾取し奪い取り、彼らが言うところの「神聖にして犯すべからざる皇帝と皇后」に提供し、耕作をせずに食べ、裁縫をせずに服を着るその存在を養っており、そのうえに漢人を排斥せよと言っているのである[35]。……

……清朝の満州人が入関して中国国内に侵入し、我ら漢族に残し伝えていくように強制した亡国の記念物を辮髪というのであり、外国人が豚の尾であると嘲笑うものであり、これは半分だけ剃りあげた髪型である。［中略］すなわち辮髪の弊害はこのようであるが、満州人は好んで自らこの髪形をしている。また彼らは東方の異民族であり、その習慣は野蛮であり、原来のその野心が野蛮な姿となっていることを見るのであり、辮髪ももとよりそのようなものであるという。［中略］ああ、これが広く普及し、心の中で終わりがないと感じることは、私に自身の祖先のことを思い出させる。当時、彼らは髪の毛を剃って殺され辱めを受けた者である。今即ち満州人の肉を食らいその皮を敷いて寝たとしても、なおその大いなる恨みをはらすことは出来ないと感じる[36]。……

……満州人による清朝政府というものは、様々な悪が集まったものである。一般的な清朝の官吏は山から下りてきた猛虎のようなものであり、人類に害をなす存在である。五〇〇万人の満州人どもは我ら漢族の九世代が深く憎む存在であり、四億人の共通の敵である。［中略］「排満」ということは、満州人ども全てを国内から排斥することなのであり、満州人どもを君主としての地位から排斥することではない。満州人は我々の土地に住み、我々の生産物を食い、我々を骨の髄まで搾り取り、我々の血を吸い、我々の養育を受けているものであり、そのような状況となって既に二六〇年余りが経っている。[37]……

『中興日報』の記事における「満州人蔑視」言説は、中国語を用いた言説としては（現存しないために確認できない『図南日報』や初期の『南洋総匯報』を除いて）シンガポール華人社会史上でも最初期のものである。これらの言説では、林文慶らの「満州人蔑視」言説の特徴であった、中国本土の状況を対比軸として、シンガポールの海峡華人社会の問題を注視しようとする傾向は見受けられない。むしろ、シンガポール華人社会の状況と同様、あるいはそれ以上に中国国内の政治・社会的な問題に注目して議論が展開されている。さらに、華人・中国人（Chinese）という以上に、漢族（あるいは漢人）としての自己認識が明らかに強調されている。

その意味で、陳楚楠・張永福らの「満州人蔑視」言説には、明らかに孫文ら「革命派」の「排満主義」言説の影響が見受けられる。彼らは林文慶ら「現地の改革主義者たち」の影響を受けて中国国内政治に関心を持つようになったものの、『中興日報』を刊行していた一九〇七年以降の時期には既に、林文慶らとは異なる政治的な思想を確立すると共に、その政治思想に基づいた「満州人蔑視」言説を、自らが刊行していた中国語新聞を通して公表するようになっていたといえるだろう。

また、シンガポール華人社会における「立憲派」と「革命派」との対立構造を強調する先行研究では、『南洋総匯新報』紙と『中興日報』紙との論争に注目し、これを日本の華人社会における『新民叢報』と『民報』の論争などに重ねて、シンガポール華人社会における「立憲派」と「革命派」の政治的な対立関係の表れと見なしている。だが、陳楚楠・張永福らの言論活動とその反響について同時代史料から確認していくと、このような単純な理解はいささか正確さを欠くことに気付くであろう。

確かに、『南洋総匯新報』紙からの追放の経緯を見るに、陳楚楠・張永福らがこの時期に既に、中国国内外の「革命派」の活動家や支持者たちと共通する（すなわち、一般的な「立憲派」支持者たちとは異なる）政治的な志向性を有していたであろうことは疑いない。しかし、既に述べたように、シンガポール華人社会では『南洋総匯新報』紙の創刊以前から、林文慶や邱菽園など、康有為ら「立憲派」の支持者が存在しており、陳楚楠・張永福らも当然ながら彼らの存在や言論活動を認識していた。また第三章にて詳述したように、林文慶と邱菽園は

画像 58　林文慶・張永福・陳楚楠・林義順らの写真。1910 年代。

画像 59　林文慶・張永福・陳楚楠・林義順らの写真。1910 年代。

一九〇〇年にシンガポールを来訪した康有為と面会し、植民地政庁と協力して、康有為の保護に尽力した。このことは、現地の中国語・英語新聞で報道され、十分に周知されていたはずである。それにもかかわらず、『中興日報』紙の主な論争の相手は『南洋総匯新報』紙であり、林文慶や邱菽園などを直接的な論争対象として選ばなかった。

林文慶らは、「立憲派」の支持・支援者として現地で著名であったが、同時にしばしば英語で「満州人蔑視」言説を公表しており、彼らと陳楚楠・張永福らとの間では『新民叢報』と『民報』の論争のような「満州人蔑視」の是非を巡る意見の対立は起こりえなかった。また陳楚楠・張永福らも、「満州人蔑視」という点に関しては意見が一致する林文慶らに対し、「立憲派」を支持しているというだけの理由で、論争を積極的に仕掛けようとしたりはしなかったのである。また『叻報』のように現地の多数派であった清朝の現政府を支持する穏健な保守派の立場をとる中国語新聞に対しても、『南洋総匯新報』・『中興日報』二紙はこれほど激しく論戦を仕掛けたわけではなかった。

これらの点を考えるに、陳楚楠・張永福らは「満州人蔑視」言説の是非を巡り、現地の「立憲派」の支持者たち全てと敵対的な関係にあったわけではない。また『南洋総匯新報』紙と『中興日報』紙との論争も、現地の「立憲派」支持者たちと「革命派」支持者たちの全面的な対立という構造のもとに成立していたわけでもない。この論争は、あくまで『南洋総匯新報』紙と『中興日報』紙という二つの新聞とその関係者の対立に過ぎず、その直接的な原因は、「満州人蔑視」言説の是非や「立憲派」と「革命派」の政治的な対立構造という理由以上に、陳楚楠・張永福らの『南洋総匯新報』紙からの追放に端を発する遺恨にあったと考えるべきであろう。

続いて、「革命派」の政治団体の形成について整理する。「革命派」の中心人物であった孫文は、ハワイで陳楚楠・張永福らが作っていた日めくりカレンダーを入手したことにより、彼らの存在を知ることとなった。孫文は一九〇五年六月にロンドンから日本へ向かう途中、シンガポールに立ち寄った。その際に、彼らは初めて孫文と対面し、小桃源倶楽部にて食事を共にした。

一九〇五年年末に、孫文は再びシンガポールを来訪した。彼らは、張永福が所有していた邸宅であった晩晴園にて孫文を歓待し、その際に孫文の立会いの下で、中国同盟会シンガポール支部が設立された。この団体の設立当初において、陳楚楠が初代の正会長に、また張永福が副会長に就任した[38]。陳楚楠・張永福らは以前からシンガポールにおいて、小桃源倶楽部という名前の集団として独自に中国国内政治に関係する活動を続けていたが、孫文がこの集団に「中国同盟会」とい

画像60 「革命派」の首領であった孫文が1906年にシンガポールに来訪した際に、その支持者であった張永福・陳楚楠と共に撮影した写真。撮影場所は晩晴園。1906年4月。

う名前を与え、政治団体として成立させたといえる。中国同盟会シンガポール支部は、その後も陳楚楠・張永福らを中心として、徐々にメンバーを増やしながら政治活動を継続していった。

活動初期において、陳楚楠・張永福ら「革命派」支持者たちの活動が、シンガポールの英語言論界で報道される機会は極めて少なかった。その中で恐らく最初の事例として、一九〇七年六月一日に、「革命派」の一員であった張永福が辮髪を切除した華人三人を賞賛する目的の夜会を開いたことが英語新聞上で報道された。この記事で特に注目すべき点として、この事件を報道した *Straits Times* 紙は、自紙がこれまでも「醜くて非衛生的な、満州人による支配への従属のしるし［辮髪］を免除することを目的とする海峡華人たちの運動に賛同を表明してきた」ことを強調したうえで、辮髪の切除を推奨した海峡華人として張永福の行動を賞賛しているという点があげられる[39]。すなわち、彼らはこの記事において、林文慶らによる「満州人蔑視」言説や、その体現としての辮髪切除活動につながる活動を行っている海峡華人として、認知・報道されているといえる。

この記事から、陳楚楠・張永福ら現地の「革命派」支持者たちによる「満州人蔑視」への賛同の表明は、現地で革新的な現象として見なされたわけではなく、むしろ一九世紀末から続いてきた林文慶ら海峡華人による「満州人蔑視」への志向との共通性・連続性に注目する形で理解されていたことをうかがうことができる。

六　反アヘン運動の展開と政治的な党派の対立関係の顕在化

続いて、シンガポール華人社会において「立憲派」と「革命派」という政治的な対立関係が顕在化していく過程について議論する。中国同盟会シンガポール支部の設立初期には、『南洋総匯新報』紙と『中興日報』紙という二つの新聞間の対立は存在したものの、シンガポール華人社会全体で「立憲派」支持者と「革命派」支持者との政治的な対立構造が形成されたわけではなかった。ではこのような対立関係は、いかなるきっかけで現地で顕在化したのであろうか。

この点について、林文慶ら「現地の改革主義者たち」の一員であり、林文慶とも親しい海峡華人エリートでありながら、「立憲派」も「革命派」も支持しようとしなかった宋旺相が、自著の中で非常に興味深い指摘を行っている。以下に引用する。

……一九〇八年に、現地の華人の改革主義者たちは二つの対抗的な派閥に分かれた。『南洋総匯新報』に代表される康有為らの党派と、『中興日報』に代表される孫文らの党派である。これらの二つの党派は、七月に行われた林文慶が議長を務めた反アヘン運動の協会での集会にて、敵意をあらわにした。『南洋総匯新報』の編集者が、アヘンに関する問題から話題をそらし、康有為らの党派の考え方である、改革を進めている中国政府への全面的な協力を呼びかけた時に、騒動が始まった。そして、この集会は混乱したまま解散した。(40)……

宋旺相によるこの記述は、三つの重要な論点を含んでいる。一つは、一九〇八年七月にこの事件が起こるまで、林文慶らを中心とする「現地の改革主義者たち」は、（不仲や敵視はあったにせよ）対立的な構造で分断されていたわけではなく、一応はまとまっていた（と宋旺相の目には映っていた）ということである。二つ目は、『南洋総匯新報』の編集者である徐勤らと『中興日報』の編集者である陳楚楠・張永福らは、中国国内政治に関する志向性の相違が存在するにもかかわらず、共に反アヘン運動に協力しており、その運動のために同一の団体の会議に参加しており、アヘンの濫用・販売への反対という点では意見が一致していたということである（この騒動は、アヘン問題に関する議論が脱線し、アヘン問題と関係がない中国国内政治問題に関する主張がなされたことにより始まっている）。三つ目は、一九〇八年七月における反アヘン運動の協会の集会で起こった騒動により、現地の進歩主義的な華人たちは「立憲派」支持かあるいは「革命派」支持かという形で分断され、政治的な対立関係が顕在化したと共に、林文慶ら「現地の改革主義者たち」によるリーダーシップではこの対立を解消することができなかったということである。

この事件について、*Straits Times* 紙に関連する記事が掲載されており、より詳細な情報を得ることができる。これによれば、この事件は正確には一九〇八年六月二九日の午後、ミドル・ロード(Middle Road)の反アヘン運動の協会の集会所で起こった。

この騒動のきっかけを作ったのは、『南洋総匯新報』の編集者である徐勤であった。徐勤はこの集会の以前より、康有為ら「立憲派」の政治活動を宣伝するべく準備しており、また彼は事前に手紙を受け取り、もしこの集会で政治的な呼びかけを行うのであれば、騒動が起こるであろうことを警告されていた。当日の集会において、最前列に「革命派」支持の人々が群がっていたにもかかわらず、徐勤はこの呼びかけを強行した。その結果、「革命派」の支持者たちが立ち上がり、ものを投げたり、椅子を掴んで振り回すなどの暴行を行い、大きな騒動となってしまい、徐勤もこの騒動の中で大怪我を負った。(41)

この事件について考えるうえで、まずシンガポール華人社会における反アヘン運動の展開の概要を説明しよう。(42) 第二章第二節で詳述したように、一九世紀のシンガポールではアヘン徴税請負制度が重要な役割を果たしており、アヘンの流通や使用は非常に大規模であったが、一方でアヘンの中毒性やその濫用がもたらす破滅的な被害についてもよく知られていた。アヘンの濫用に反対し、その使用や販売を規制しようとする反アヘン運動は、シンガポールにおいて長い伝統が存在しており、古くは一八四八年におけるリトル(Little, Robert)によるアヘン濫用への反対意見を述べた記事“On the Habitat Use of Opium in Singapore”の公表までさかのぼることができる。(43)また林文慶も一八九八年三月に、彼らが刊行する英語雑誌である *Straits Chinese Magazine* に、アヘン問題に関する記事を掲載している。彼はこの記事で、華人社会にアヘン吸引・摂取という習慣が蔓延していることを指摘し、その有害性について憂慮すると共に、植民地政庁がアヘン販売によって歳入を得ていることについても批判的な立場を示している。(44)

しかし、林文慶ら「現地の改革主義者たち」はアヘンの有害性に関する言及はしているものの、一九〇〇年代後半に到るまで、現地ではアヘンの濫用や販売に対する明確な反対運動は行われなかった。この理由について考えるに、恐らくアヘンと植民地制度との関わりという問題があると思われる。たとえ林文慶ら「現地の改革主義者たち」の中にアヘンの濫用に対する反対意見を持つものが存在したとしても、アヘンの販売などに対する反対意見を強硬に主張することは、アヘンを利用した徴税請負制度、ひいてはイギリスの植民地制度へ反対する反植民地的な態度ととられかねないものであったのであり、このことはそういった意見の公表を躊躇する十分な理由となったであろう。

一九世紀後半から、アヘンへの反対ムードが国際的に高揚してきた。イギリスでも、一八七四年にはクエーカー教徒を中心に、アヘン貿易抑制委員会（Society for the Suppression of the Opium Trade）が設立され、アヘンの危険性・害悪に関する啓蒙活動を開始した。また一八九一年には、下院議院にてアヘン貿易は道徳的に擁護できないとする動議が提出され、支持された。一八九三年には、アヘン貿易問題を検討する王立委員会（Royal Commission on Opium）が設置され、一八九五年に報告書を提出した。さらに一九〇五年に自由党が政権を握ったのち、イギリス国内ではアヘン貿易に対する反対運動がさらに大きくなってきた。国内のアヘン貿易への反対ムードを受けて、イギリスは中国（清朝）と交渉し、インドから中国へのアヘン輸出を減少させると同時に、中国国内でのアヘン生産・消費を減少させていく協定について合意を得た(45)。

イギリス本国でのアヘン貿易への反対ムードは、植民地であるシンガポールにも伝播していった。シンガポール華人社会における反アヘン運動を主導したのは、林文慶ら「現地の改革主義者たち」の一員であり、林文慶と共に診療所で働く医師であった殷雪村（Yin, Suat Chuan）であった。

殷雪村は一八七六年に福建省の厦門、コロンス島（鼓浪嶼）で出生し、福建の鶴齢英華書院などで教育を受けたのち、一八九八年にシンガポールに移住した華人であった。彼はシンガポール移住当初、警察裁判所の通訳として働いていたが、中国本土で元々医学を学んでいたこともあり、西洋医学を勉強したいと考え、一八九九年にアメリカのミシガン大学やカナダのトロント大学などで医学を勉強した。彼は一九〇四年にシンガポールに戻り、林文慶が創設した診療所にて医師として勤務していた。

林文慶と殷雪村は、彼らが働いていた診療所にて数人のアヘン中毒者への対処を行ったことがあり、その出来事について清朝の駐シンガポール総領事であった孫士鼎（Suen, Tze Ting）に話す機会があった。このことをきっかけとして、殷雪村らは孫士鼎からアヘン治療に関する協力を獲得した。殷雪村らは一九〇六年五月八日に、孫士鼎から一五〇〇〇ドルの資金援助を得て、アヘン中毒者の収容・治療施設の運営を開始することを植民地政庁に報告し、同月二三日に実際に運営を開始した。

このアヘン治療施設（英語では anti-opium lodge と表記された）は

当初、駐シンガポール総領事館の二部屋を利用して、林文慶と殷雪村により運営された。この施設の収容者の上限は二〇人となっており、アヘン中毒者に対して、西洋式の医療を用いた治療活動の実施を試験的に開始した。

このアヘン治療施設での治療活動は三三日間継続され、アヘン中毒者であった華人三九人を治療することに成功した（正確には四〇人を受け入れ、一人が初日に離脱し、残りを治療した）。具体的な治療方法としては、アヘン中毒者をこの施設に軟禁し、インド産の紅茶を飲ませながら、アヘンの中毒症状である禁断症状や下痢などの症状が一時的にせよ収まるのを待って、治療を完了したと見なしたようである。

殷雪村は、海峡植民地政庁の委員会による質問に対して、アヘン治療施設での治療期間は二〇日間であるが、完全に治癒するには八ヶ月から一年間が必要であると認めている。また反アヘン運動の協会の会長であった陳武烈も、アヘン使用を止める意思のないものは、この施設の退出後にまたアヘン吸引の習慣を再開してしまうと述べている。当然ながら、このアヘン治療施設での簡易的な治療で、アヘン中毒という症状（特に精神的な依存）を根本的に治療することは難しかったであろうし、林文慶・殷雪村らもそのことを理解していただろう。しかし、アヘン中毒者たちへの一時的な治療措置として、アヘン吸引を止めた直後に発生する下痢や強い禁断症状をやり過ごしつつ、脱水症状を防ぐために必要な水分を補給することで、この治療施設の簡易的な措置にも一定の効果が期待できたのだと思われる。

アヘン治療施設の活動が成功したことにより、福建幇のリーダーの一人であり、林文慶ら「現地の改革主義者たち」の一員でもあった陳武烈が関心を持ち、この活動に対してより多くの資金と建物を提供した。アヘン治療施設はまずオクスリー・ライズ（Oxley Rise）に、さらにタンク・ロード（Tank Road）に移動した。タンク・ロードの施設はローマ・カトリック教会（Roman Catholic Mission）が所有するものであったが、殷雪村と林文慶により賃貸・管理され、華人社会からの寄付を集めて資金源とし、治療対象者からは収容・治療費をとらない形で運営され、最大で五〇人を一五日間受け入れることが可能であった。またアヘンの治療法についても、インド産の紅茶に代わり、セランゴールから送られた下痢止めの作用を持つコンブレタム・スンダイカム（Combretum sundaicum）という植物を薬品として利用するようになった[46]。

さらに一九〇六年の七月から八月において、現地で反アヘン運動を主導する団体が設立された。この団体の名前は振武善社（Chin Boo Seang Seah）といい、一九〇七年末の時点で五〇〇人以上のメンバーが入会していた。前述したアヘン治療施設についても、この団体が資金を出して運営することになった。この団体の初代の会長は、陳武烈が就任することとなった[47]。前述した宋旺相の記述における「反アヘン運動の協会」は、この振武善社を指している。

振武善社は中華総商会と連帯して、反アヘン運動を進めていった。振武善社は一九〇七年八月二九日に、中華総商会の建物内にて、反アヘン運動に関する会議を実施した。この会議では、アヘン使用・販売の規制やアヘン窟の閉鎖、売春宿でのアヘン売買の禁止、アヘン消費者の登録、華人児童のアヘン利用・購入の禁止、アヘン使用者の植民地政庁での雇用の禁止など、アヘン規制のための施策を、イギリス側がより厳格に進めていくべきであり、さらにアヘンの使用自体も五年以内に禁止すべきであることを議決した。振武善社と中華総商会によるこの決定は、現地の中国語新聞でも報道された[48]。

さらに、振武善社は、『叻報』・『南洋総匯新報』・『中興日報』など、現地の中国語新聞に積極的に広告を掲載し、その活動を宣伝した。また『南洋総匯新報』と『中興日報』の二紙は、一九〇七年から一九〇八年にかけて、アヘン問題や振武善社の活動などに関する記事を盛んに掲載している。前節で述べたように、この二紙の中国語新聞は「革命派」支持と「立憲派」支持という中国国内政治に関する方向性の違いから対立関係にあり、中国国内政治についてたびたび論戦を行っていたが、同時に現地のアヘン問題にも強い関心を持っており、林文慶・殷雪村・陳武烈ら「現地の改革主義者たち」を中心とした反アヘン運動にも積極的に協力していたといえる。

また陳楚楠・張永福らは、現地の反アヘン運動の集会などにも積極的に協力していたことも確認できる。その一例が、前述したアヘン貿易抑制協会の名誉幹事（Honorable Secretary）であったアレクサンダー（Alexander, J. G.）のシンガポール来訪である。アレクサンダーは一九〇六年後半に海峡植民地およびマラヤ連合州を巡回し、各地でアヘン取引・使用の禁止の必要性について講演を行った。彼はシンガポールには一一月三日から八日まで滞在し、教会やメソジスト系のキリスト教学校、中華総商会などで講演を行った。この中で、一一月六日に中華総商会で行われた、殷雪村の主催による講演は、約一〇〇〇人の観衆が集まった大規模な催しとなった。この講演の参観者には、殷雪村や振武善社の会長であった陳武烈や、清朝駐シンガポール総領事であった孫士鼎に加え、陳楚楠・張永福・林義順などの「革命派」支持者たちが含まれていた[49]。

またアレクサンダーは、林文慶ら「現地の改革主義者たち」が刊行していた英語雑誌である *Straits Chinese Magazine* 誌に、記事を寄稿した。アレクサンダーはこの記事の中で、一一月六日の中華総商会での講演に触れたのち、アヘン販売・流通に関する世界各国政府の政策を比較し、特にイギリスの王立委員会によるアヘン取引の容認を批判し、清朝政府によるアヘン取引への反対を称賛した。アレクサンダーはさらに、現地の労働者層の華人に対して、アヘン使用の拒絶と治療への参加・協力を求めた。[50] この記事以外にも、一九〇六年の *Straits Chinese Magazine* 誌にはアヘンに関する記事が複数掲載されており、現地の知識人層の華人たちの中でアヘン問題が注目されるきっかけとなった。

ここまで述べてきた内容を整理しよう。先行研究において、『中興日報』の編集者であり「革命派」支持者であった陳楚楠・張永福らと、『南洋総匯新報』の編集者であり「立憲派」支持者であった徐勤らは、中国国内政治に関する志向性の違いから対立的な関係にあったことが強調されてきた。しかし実際には、この二紙の中国語新聞の編集者たちは中国国内政治とアヘン問題に強い関心を持つという点において共通しており、また林文慶ら「現地の改革主義者たち」と振武善社に主導された反アヘン運動活動にも共に協力していた。

前述した、宋旺相の書籍に記述された一九〇八年六月二九日の事件は、シンガポール華人社会の反アヘン運動の展開の中で発生したものであった。この事件において、この集会の議長であった林文慶が陳楚楠・張永福ら「革命派」支持者たちと徐勤ら「立憲派」支持者たちとの対立を抑制できず、結果として大きな騒動が起こってしまったことは、この事件のシンガポール華人社会史上における重要性を象徴的に表している。

この事件が起こるまで、現地の進歩主義的な華人たちは、前述した二紙の新聞の編集者たちも含め、（内部での対立などはあるにせよ）林文慶などの中心人物のリーダーシップのもとに、「現地の改革主義者たち」という一つのグループとしてゆるやかにまとまっていた。本書で扱った辮髪切除活動や孔廟学堂設立運動などの社会活動は、このような「現地の改革主義者たち」というグループとしての集団性に基づいて計画・実行されていた。そして、振武善社の反アヘン運動も、少なくともこの事件の発生までは、林文慶・殷雪村らを中心とする「現地の改革主義者たち」によるアヘン治療活動を基軸として、清朝総領事や中華総商会の支援を受けながら計画・展開されていた。

しかし、林文慶ら「現地の改革主義者たち」の集団性とまとまりに基づく連帯は、一九〇八年六月の事件により明確に限界を迎えた。この事件は、シンガポール華人社会において一九世紀末から活動を続けてきた「現地の改革主義者たち」という集団のまとまりや集団性が大きく弱体化したことをはっきりと表す契機となった。この根幹的な原因は、陳楚楠・張永福のような中国国内政治に強い関心を抱く若い世代の華人たちに対し、より年長の世代であった林文慶らのリーダーシップが十分な影響力を発揮しえなくなり、相互の対立を抑えきれなくなったことに由来するということができる。

ただし、陳楚楠・張永福ら「革命派」支持者たちや徐勤ら「立憲派」支持者たちが、すぐさま林文慶ら「現地の改革主義者たち」に代わって、華人社会全体に強い影響を与えるようなリーダーシップを発揮できたわけではなかった。確かに一九〇八年六月の事件以降に「立憲派」と「革命派」の対立構造は顕在化したものの、この両党派の全面的な対立構造や「革命派」の政治的な影響力が華人社会全体に普及したことを示すような同時代史料の記述は存在しない[51]。第五章で議論したように、一九〇〇年代後半以降のシンガポール華人社会は「中華総商会の時代」に入り、華人社会内でナショナルな一体感が共有されていくと共に、中華総商会を中心とした華人社会全体の連帯・協力という構造が形成されるようになっていった。林文慶ら「現地の改革主義者たち」に代わって華人社会のリーダーシップを担うようになったのは、中華総商会とその中核を担う華人商人層であった。振武善社が設立後すぐに中華総商会と協力して反アヘン運動を進めたことは、その証左の一つとなるだろう。

また林文慶のようなかつての「現地の改革主義者たち」の中心人物たちも、中華総商会の運営・活動に参与し、現地で社会的な名声を一定以上維持していた。たとえば第五章第二・四節で述べたように、林文慶は設立直後の一九〇七年から中華総商会にて協理などの役職を担当しており、また同年にシンガポールの中華総商会の代表として上海での会議に参加している。林文慶らのリーダーシップや影響力の衰えは、あくまで「革命派」や「立憲派」のメンバーのような中国政治に深く関与した人々に対するものであることを再度強調しておきたい。

最後に、二〇世紀初頭の反アヘン運動の結果を簡単にまとめよう。振武善社を中心とした反アヘン運動は、少なくとも二〇世紀初頭の時点では、大きな成果を生み出すことができなかった。イギリス本国の動きを受けて、一九〇七年に海峡植民地知事であったアンダーソン（Anderson, John）が、海峡植民地およびマレー連合州アヘン委員会（Straits Settlements and Federated Malay States Opium Commission）を設置し、海峡植民地とマレー連合州に在住する華人たちに広くインタビューを行い、アヘン問題に対する植民地政庁の対応について検討を行った。

これを受けて、現地の華人たちもこの委員会のインタビューに答え、様々な意見や情報を伝えた。この中には、林文慶や殷雪村・呉寿珍・佘連城・陳徳遜・蔡子庸・陳武烈などの著名な華人たちに加えて、中小規模の華人商人たちや、ごく一般的な華人労働者たちも複数名含まれていた[52]。

しかし、委員会は最終的な結論として、この時点ではアヘンの全面的・抜本的な規制・禁止には乗り出さず、ただアヘ

画像61　1907年から1908年にかけて組織・運営された海峡植民地およびマレー連合州アヘン委員会の集合写真。右側から2番目に、著名な華人エリートであった陳若錦が写っている。1907-1908年。

ン吸引者の登録やアヘン小売店の削減、売春宿でのアヘン吸引の禁止、アヘン価格の上昇などの場当たり的な対策を行うだけでお茶を濁した[53]。

また、海峡植民地政庁は前述したアヘン委員会の報告を受けて、一九一〇年以降に徴税請負業者を介さないアヘンの直接管理・販売を開始したため、アヘンによる歳入はむしろ増加していくこととなった。一九一〇年末には、海峡植民地政庁内でアヘンの直接管理・販売などを担当する部局として専売局（monopolies department）が設立され、現地のアヘン倉庫や小売店、吸引場所などを接収し、アヘン管理・販売の一元化を進め、短期間で多額の利益を生み出すようになった。販売価格の高騰によってアヘンの購入・消費量自体は減ったものの、少数のアヘン購入者がその分、より高額となった費用を支払うことによって税収を賄うという形態は、少なくとも第一次世界大戦の勃発による物流の断絶までは、十分に有効に機能し続けた。

またアヘン価格の上昇は、アヘンの密貿易を活性化させる副次的な効果を生み出してしまったため、専売局は数多くの密貿易対策担当（preventive service）を雇用し、現地に寄港した船舶の貨物のみならず、商人たちの靴底、椅子の裏張りに至るまで徹底的に検査し、アヘンなどの物品の密貿易の摘発を進めていった[54]。

チェン・ウー・ウェン（Cheng, U Wen）の先行研究での記述は、アヘン委員会の活動がもたらした結果を簡潔にまとめていると思われるため、そのまま引用しよう。「アヘン委員会のレポートは、海峡植民地におけるアヘンの排除の最初の段階であったかのように思われるかもしれないが、しかし海峡植民地がアヘンから歳入を得る政策を正当化するための最後の必死の試みであったと見なすのが、より正確であろう[55]」。

ただし、現地では反アヘン運動はすぐに終息したわけではなく、一九三〇年代まで活動が継続されていることが確認できる[56]。植民地統治とアヘンの結びつきによるアヘン中毒者の増加という華人社会内の重要な問題は、二〇世紀初頭における反アヘン運動の展開やアヘン徴税請負制度の廃止によってただちに解決されたわけではなく、新たな形をとって、現地でそのまま存続していったのであり、現地の華人たちもまたこの問題に直面し続けたのである。

七　おわりに

本章では、シンガポール華人社会における「満州人蔑視」言説の連続性という問題について、具体的な事例をあげながら、特に林文慶ら「現地の改革主義者たち」から陳楚楠・張永福ら「革命派」の支持者たちへの連続性を明らかにすると共に、両者が「満州人蔑視」言説を公表した社会的背景についても検討した。また、現地で「革命派」と「立憲派」という、中国国内政治に関わる二つの党派の対立的な関係が顕在化したきっかけについて、反アヘン運動の展開という観点から説明した。

本章にて議論してきたように、一九世紀末から二〇世紀初頭のシンガポール華人社会において、林文慶などの知識人層の海峡華人たちは、近代的な教育課程と知識の受容により、人種的蔑視観念や社会ダーウィズムの影響を受け、現地で英語を用いて「満州人蔑視」言説を頻繁に公表していた。シンガポール華人社会における最初期の「革命派」支持者たちであった陳楚楠・張永福らは、元々林文慶ら「現地の改革主義者たち」の影響を受け、中国国内政治に関わる問題に関心を持った海峡華人たちであり、同時に孫文ら「革命派」による「排満主義」言説の影響を受けて、中国語で「満州人蔑視」言説を公表するようになった。よって、シンガポール華人社会における「満州人蔑視」言説は、孫文ら「革命派」の政治的な影響を受けることによって「革命派」を支持するようになった華人たちが初めて創案したものではなく、一九世紀末から頻繁に公表され続けてきたものの延長線上にあった。

また本章で明らかにしたシンガポール華人社会史における「満州人蔑視」言説の系譜を、本章冒頭で述べた先行研究の議論と比較すると、そこで議論されてきた「立憲派」と「革命派」の対立構造に関する説明が、明らかな誤りに満ちたものであったことが分かる。

まず、二〇世紀初頭のシンガポール華人社会では、「立憲派」と「革命派」という二つの政治的党派の支持者たちが全面的に対立していたわけではなかった。陳楚楠・張永福らが対立していたのは、康有為ら「立憲派」の支持者全体ではなく、『南洋総匯新報』の編集者であった徐勤らのみであった。それ以外の「立憲派」の支持者たち、すなわち「現地の改革主義者たち」の中心人物であった林文慶らについては、陳楚楠・張永福らは彼らから大きな影響を受けると共に、根幹的な問題意識として、社会ダーウィニズムと「満州人蔑視」言説を共有していた。そのため、両者の間に対立関係は存在していなかった。すなわち、先行研究が繰り返し議論してきた「革命派」の出現と「満州人蔑視」受容の是非を巡る対立は、実際には一九〇〇年代後半の時点では華人社会全体を巻き込んだ政治的党派の対立であったわけはなく、本質的には二紙の中国語新聞の関係者たちの対立に過ぎなかった。

そして、少なくとも一九〇八年六月の事件が発生する以前のシンガポール華人社会では、一九世紀末から続いてきた「現地の改革主義者たち」という集団のまとまり・集団性は、二紙の中国語新聞の対立やその中国国内政治の志向性の差異を凌駕するほどに強固であった。また「現地の改革主義者たち」という集団に関係していた海峡華人たちの言論空間では、「満州人蔑視」は常に重要な課題の一つであり続けていたのであり、そこには林文慶らから陳楚楠・張永福らへ、あるいはイギリス植民地主義への関心から中国国内政治への関心へと続いていく連続性が確かに存在していた。

この二紙の中国語新聞の対立は、一九〇八年六月二九日に起こった振武善社の集会での騒動をきっかけに、「立憲派」と「革命派」という対立関係として明確に顕在化した。これにより生まれた対立は華人社会全体まで拡大したわけではなかったため、先行研究が議論してきた、華人社会全体を巻き込んだ「立憲派」と「革命派」の対立構造は、一九〇八年六月以降もやはり形成されていなかったが、「現地の改革主義者たち」という集団のまとまりや集団性は大きく弱体化することとなった。これは、「現地の改革主義者たち」の中心人物であった林文慶らのリーダーシップや影響力の衰えを示すと共に、一九世紀末以来続いてきた「現地の改革主義者たち」が現地の社会活動を主導する時代の終わりをも暗示するものとなった。

本章が明らかにしたシンガポール華人社会における「満州人蔑視」言説の系譜とその連続性に関する議論は、「立憲派」と「革命派」の対立構造という中国国内政治の文脈を、無批判にシンガポール華人社会にあてはめることの非合理性をはっきりと示すと共に、イギリスの植民地統治と中国国内政治の影響を受けながらも、それとは異なる独自の主体性・自律性を持つ場としての現地の華人社会の文脈を注視することの重要性を示すものである。

この場合における現地の華人社会の文脈とは、すなわち「現地の改革主義者たち」の出現から影響力の衰退に到る流れ、またそのまとまり・集団性の強力さと限界・弱体化に関する文脈に他ならない。「満州人蔑視」言説は、一九世紀末から二〇世紀初頭のシンガポール華人社会史を描き出すうえで、重要な縦軸の一つとして機能するといえるのではないだろうか。

注

(1) いわゆる「排満主義」に関する先行研究として、以下を参照した［小野寺 二〇一七：四六―六三］［松本 一九九九：三五―七四］［李育民 二〇一三］［林義強 二〇〇六］［Yen 1995 b: 141-143］［常 二〇一一：一五七―一八六］［王春霞 二〇〇五：一〇一―一二六］。

(2) シンガポールにおける「革命派」の活動や「立憲派」との対立関係に関する先行研究については、第三章第一節における整理を参照。また、シンガポールの中国語新聞、特に「革命派」のメンバーにより運営された中国語新聞、および異なる政治的党派性を持つ中国語新聞同士の論戦に関する先行研究として、以下を参照した［Chen, Mong Hock 1967: 24-110］［崔 一九九三：一四―一八、五〇―七一］［彭剣 二〇一一］［彭偉歩 二〇〇九：三一―一六］［呉慶棠 一九九七：五八―九五］［鄭文輝 一九七三：一三―三八］。また、「革命派」による海外華人に対する宣伝活動に関する先行研究として、以下を参照した［小野 一九七八］［寺広 一九七八］［深町 一九九四］［Yen 1995b: 74-88, 103-111, 121-131］［蒋 一九八六］［張玉法 一九七五：三九七―四〇三］。

(3) また、たとえば中国人・華人などによる辮髪の着用の拒否などを論じた研究でも、満州人により強制させられた習俗である辮髪の着用を拒否することが、そのまま満州人王朝としての清朝の否定や「革命派」への支持といった政治的な志向と結びついていたわけではなかった事例も多く存在したことが指摘されている［海野 二〇一五］［吉澤 二〇〇三：一一九―一五六］［劉香織 一九九〇：八二―九六、一二七―一三九］。また、本書第三章における康有為のシンガポール滞在とその華人社会への影響に関する議論も、このような事例に関する研究の一つとして見なすことが可能である。

(4) ［山田賢 一九九八：六二―六八］［Freedman 1960: 33］。

(5) ［山田賢 一九九八：八一―八三、一〇六―一二七］。

(6) Tartarという単語の訳について、野蛮な人々・タタール人・モンゴル人・中央アジアの遊牧系の民族など多くの意味が存在しており、「Tartar」という表現の内部にもそれらの意味が重複していると思われる。本書ではこのことを前提として、かつこの単語が具体的な地理・民族的な概念としてではなく、彼らの野蛮さ・非進歩性を象徴する蔑称として使われているという点を強調するため、「蛮族」と意訳した。なお、Tartarという言葉に象徴される、いわゆる「黄禍」論につながる「野蛮かつ好戦的であり、ヨーロッパを襲うアジアの遊牧系民族・人種」といった観念と、その西洋における歴史的連続性について、以下を参照した［大野二〇一一：五六八—五八一、六〇五—六一八］［Bashir 2013: 42-44］。

（7） *Straits Times*, 27th January, 1898, letter column.

（8） *Straits Times*, 29th January, 1898, letter column.

（9） *Straits Times*, 28th January, 1898, letter column.

（10） *Straits Chinese Magazine*, March 1899, Lim, Boon Keng, "Straits Chinese Reform I. The Queue Question."

（11） Lim, Boon Keng (Wen Ching), op. cit., pp. 49-51.

（12） *Straits Times*, 30th June, 1900, "Mr. Tan Teck Soon on the Reform Movement in China."

（13） *Singapore Free Press*, 25th November, 1897, "Straits Chinese Views on the Kiao Chau incident."

（14） *Straits Chinese Magazine*, June 1900, "The Fall of the Manchus."

（15） *Straits Times*, 18th July, 1900, "Straits Chinese for China."

（16） 秦孝儀（主編）『国父全集』第二巻、台北：近代中国出版社、一九八九年、一—二頁、「檀香山興中會成立宣言」、二—五頁、「香港自興中會宣言」。

（17） 本書では基本的に「漢族」という表記を用いているが、引用箇所において、原文が「漢人」と表記している場合は、そのまま「漢人」と訳した。

（18） 秦孝儀（主編）『国父全集』第二巻、台北：近代中国出版社、一九八九年、三九八—三九九頁、「中國必革命而後能達共和主義」。

（19） 秦孝儀（主編）『国父全集』第二巻、台北：近代中国出版社、一九八九年、二三八—二四一頁、「支那保全分割合論」。

（20） *Singapore Free Press*, 18th December, 1911, "The True Solution of Chinese Question." 秦孝儀（主編）『国父全集』第二巻、台北：近代中国出版社、一九八九年、二四五—二五一頁、「中國問題的真解決（譯文）」、二四五—二五一頁、「附錄：支那問題真解」。

（21） 『国父全集』第一巻、台北：近代中国出版社、一九八九年、二五二—二五四頁、「革命方略：同盟會革命方略：掃除滿州租税蠲捐布告」。

（22） 「停滞の帝国」としての中国イメージの形成と歴史的な連続性について、以下の研究を参照［大野二〇一一］。

（23） China Mail (ed.) *Who's Who in the Far East*, Hongkong: China Mail, 1906-1907, p. 279.

（24） Ross, John, *Manchus, or Reigning Dynasty of China: Their Rise and Progress*, Paisley: J. and R. Parlane; London: Houlston and Sons, 1880, pp. 1-2.

（25） 一例として、MacGowan, J., *A History of China: From the Earliest Days Down to the Present*, London: Kegan Paul, Trench, Trübner and Company, 1897, p. 505. またこの書籍の序文（preface、頁数表記なし）では、執筆において特に参考とした書籍の一つとして、ロスの著書を注記している。

（26） 第二次アヘン戦争（アロー戦争）中、天津条約の締結以降におけるイギリス・フランス連合軍による北京の占領や円明園の破壊などを指す。

（27） Gundry, R. S., *China, Present and Past: Foreign Intercourse, Progress and Resources, the Missionary Question etc.*, London: Chapman and Hall, 1895, pp. 34, 59.

（28） *Times*, 27th September, 1889, "How China is Governed."

（29） この単語は、文化的・政治的な共同体としてのネイションという本来の意味に加えて、いわゆる国家（state）という意味も含んでいると思われる。一九世紀イギリス社会における国家概念やその「ネイション／人種」概念との重複・混同については、以下を参照［Bell 2008: 98-100, 103］。

(30) *Straits Chinese Magazine*, March 1899, Lim, Boon Keng, "Straits Chinese Reform I. The Queue Question."

(31)『天南新報』一八九九年一月三〇日、「論變法必自平滿漢之界」、同月三一日、「續論變法必自平滿漢之界」。［藤井 二〇二〇：一五二―一五四］。

(32) Song, Ong Siang, op. cit., pp. 33-34. 陳楚楠、前掲論文、五〇頁、馮自由『革命逸史』北京：中華書局、一九八一［一九四八］、三巻、一七九頁。[Chen, Mong Hock 1967: 80-81][Yen 1976: 54, 79]。なお、馮自由のように、当時シンガポールに居住していなかった、のちの中国国民党関係者による史料は、その記述の信憑性に問題がある。しかしこの場合は、親族の生業という政治的なバイアスがかかりにくい問題であるうえ、複数の史料の記述が一致するため、その記述を参照した。

(33) 陳楚楠、前掲書、五〇頁、張永福、前掲書、七―八頁。

(34) 陳楚楠、前掲論文、五〇―五一、五四頁、張永福、前掲書、七―八、八九頁。[Chen, Mong Hock 1967: 86-110]。

(35)『中興日報』一九〇七年九月三日、「南洋華僑倚頼異族政府保護之無望」。

(36)『中興日報』一九〇七年九月二六日、「滿人果何愛於辮而禁剪耶」。

(37)『中興日報』一九〇八年三月一〇日、「對滿憤言」。

(38) 陳楚楠、前掲論文、五一―五二頁、張永福、前掲書、八―一一頁。［杜 二〇一二］。なお、孫文との面会から中国同盟会シンガポール支部の設立に到る経緯に関する説明について、陳楚楠と張永福との記述はいくつか食い違いがある（たとえば孫文が彼らを知った経緯について、張永福による説明は本文中にある通りだが、陳楚楠は孫文がアメリカで彼らが刊行した『図南日報』を読んだことによるものであると説明している）。本書では杜南発の先行研究［杜 二〇一二］の記述を参照しつつ、基本的には執筆・刊行時期がより古い張永福の記述を優先するという形で整理した。

(39) *Straits Times*, 3rd June, 1907, untitled article.

(40) Song, Ong Siang, op. cit., p. 434.

(41) *Straits Times*, 29th June 1908, "Rival Chinese Factions, the Disturbance at the Anti-Opium Meeting."

(42) シンガポール華人社会における反アヘン運動について、以下の先行研究を参照した［Chen, Mong Hock 1967: 134-135］［Cheng, U Wen 1961］［Trocki 1990: 204-215］［Yen 1995a: 157-163］。

(43)［Yen 1995a: 158］。

(44) *Straits Chinese Magazine*, March 1898, Lim, Boon Keng, "The Attitude of the State towards the Opium Habit."

(45)［後藤 二〇〇五：一五―一八］［Brown 1973］。

(46) Straits Settlements and Federated Malay States Opium Commission, op. cit., Vol. I, p. 39, Vol. II, pp.42-43, 409-433, 962-971, Vol. III, p.110-111. Song, Ong Siang, op. cit., pp.422-423.

(47) Straits Settlements and Federated Malay States Opium Commission, op. cit., Vol. I, pp.39-41, Vol. II, pp. 409-433.

(48) Straits Settlements and Federated Malay States Opium Commission, op. cit., Vol. III, pp. 79-80, 145.『叻報』一九〇七年八月三〇日、「新嘉坡中華商務總會七月廿一日特會議案」。

(49) *Straits Times*, 5th November 1906, "Let Us Have Peace," 6th Nobember, "The Opium Campaign," 7th November, "Anti-Opium Meeting,"8th November, "The Anti-Opium Crusade,"; *Singapore Free Press*, 17th

October, 1906, "Anti-Opium Meetings," 30th October, "Mr. Alexander's Meetings," 6th November, "The Anti-Opium Campaign," 7th November, "The Opium Question," 8th November, "Address to Christian Chinese," 9th November, "The Anti-Opium Campaign."『叻報』一九〇六年一一月七日、「拒烟演說」。

(50) *Straits Chinese Magazine*, December 1906, Alexander, J. G., "The Opium Traffic."

(51) 一九一一年までのシンガポール華人社会における「革命派」の政治活動とその社会的影響については、欧陽昌大による研究［欧陽 一九七二］における結論が参考となる。欧陽の議論は「革命派」と「立憲派」の政治的対立という古典的・伝統的な華人研究の問題設定に基づくものであり、その中でも特に「革命派」の政治活動家や支持者たちによる現地での政治活動の歴史的な意義と重要性を強調するという伝統を受け継いでいる。それにもかかわらず、欧陽は結論として、シンガポール華人社会全体に「革命派」の政治的な影響力が十分に及ばなかったことを、率直に認めている。欧陽はこの理由として、現地の華人たちの多くが清朝や康有為ら「立憲派」を支持したことや、植民地政庁の「追放条例」が政治活動に対する圧力として機能したことなどの要因をあげている。

(52) Straits Settlements and Federated Malay States Opium Commission, op. cit., Vol. II.

(53) Straits Settlements and Federated Malay States Opium Commission, op. cit., Vol. I, pp. 27-36, 44-47.［Cheng, U Wen 1961: 61-73］。

(54) Makepeace, Walter, and Brook, Gilbert E., Braddell, Ronald St. J., op. cit., Vol. II, p. 58.［Kim 2020: 141］［Mackay 2005: 30-36, 132-135, 141-142］［Trocki 1990: 210-215］。

(55) ［Cheng, U Wen 1961: 73］。

(56) Chen, Su Lan, *The Opium Problem in British Malaya*, Singapore: Anti-Opium Society, 1935.

第八章　中華民国期における展開

一　一九世紀末から一九〇〇年代までの展開に関する整理

本章では、ここまで述べてきた内容のうち、本論に当たる第二章から第七章までの内容を中心に、一九世紀末から二〇世紀初頭のシンガポール華人社会史の展開に関する概要を簡単にまとめ直すと共に、中華民国期におけるその通史的な展開について整理を行う。なお、第一章および本章（第八章）の内容を含む本書全体の概要や研究史上での位置づけなどの問題については、終章にて整理・議論することとする。

本書の主要な課題は、一九世紀末から二〇世紀初頭のシンガポール華人社会におけるナショナリズムの形成過程を明らかにすることであった。この歴史的な展開を議論するうえで、本書はまず一九世紀末以降のシンガポール華人社会において、秘密結社に対する法的規制の影響を受け、新しい世代の華人社会のリーダーたちが台頭したことに着目した。本書では、これら一群の人々を「現地の改革主義者たち」と呼称した。

「現地の改革主義者たち」は、それ以前の世代の華人社会のリーダーたちと比べて比較的高度な教育課程を受け、生業として知的専門職を選択しているものが多く含まれており、また社会ダーウィニズム的な「進歩」と「改革」を重視しているという共通点が存在した。彼ら「現地の改革主義者たち」は、何らかの団体として明確に一体化していたわけではなかったが、一九世紀末から林文慶などを中心に協力して様々な社会改革的な活動を行い、その理念を実現しようとした。また彼らのうち、特にイギリス式の英語教育を受けた海峡華人たちは、イギリス臣民としての「帝国意識」と、イギリスを頂点とする西洋中心主義的な序列を強く意識していた。

「現地の改革主義者たち」の中心人物であった林文慶は、シンガポール華人社会史上（恐らく）初めて、均質かつ一体化した文化的共同体、すなわちネイションという近代的な概念を通して、シンガポール華人社会を認識・想像した人物であった。林文慶らも、中国本土はシンガポール華人社会にとってのルーツであり、中国人たちも本質的には「Chinese」としてのナショナルな共通性が存在するはずであると考えていた。しかし彼らは同時に、現在の中国本土は満州人による統治によってそのナショナルな性質が抑圧されてしまっているため、現時点（すなわち一八九〇年代後半から一九〇〇年代前半の時点）において「Chinese」が本来持っていたナショナルな性質や共通性を発揮しているのはシンガポール（および海峡植民地）の華人社会のみであると見なし、ナショナリズムの範囲をシンガポール華人社会に限定した。

林文慶は、シンガポール華人社会に所属する「華人が華人である」ために必要なナショナルな共通性として、儒教と中国語という要素を重視しており、特に現地でマレー人との「混血」化や英語教育によってそれらの共通性を喪失しかけている（と彼らが考えた）海峡華人の児童たちに対し、この二つの要素を教育することにより、彼らの華人としてのナショナルな共通性を回復させることを計画していた。

林文慶ら「現地の改革主義者たち」は、一九世紀末から一九〇〇年代前半にかけて、まず華人好学会の設立や英語雑誌 *Straits Chinese Magazine* の刊行などを通して独自の言論空間を創出すると共に、その場を利用した様々な言論・講演活動を行いながら、同時に辮髪切除活動や孔廟学堂設立運動などに代表される、様々な社会的活動を計画・実行した。「現地の改革主義者たち」によるこれらの社会的活動は、林文慶の思想の影響により、実際には複数の幇派により分断された華人社会内を均質かつ一体化した共同体として捉え、その共同体に属するものは本質的にナショナルな共通性を有しているという発想のもとに計画・実行された。その意味で、これらの社会的活動はシンガポール華人社会におけるナショナリズム形成の最初期の過程に当たるものであった。

「現地の改革主義者たち」の活動の多くは、発想の新しさゆえに華人社会の多数派からなかなか理解されにくく、華人社会内部の幇派による分断を実際に統合することは困難であった。そのため、彼らの社会的な活動もまた、大きな成功を得ることなく終わった。しかし、彼らの活動を通して、ネイションとしてシンガポール華人社会を捉える発想が喧伝されたことは、シンガポール華人社会に属する「華人が華人である」ことはどのような意味があるのか、そのために何が必要なのかという問題が、現地で広く意識されるきっかけとなった。一九世紀末から二〇世紀初頭における彼らの活動は極めて先駆的なものであり、その多くは実質的には失敗したにせよ、ネイションとしてのシンガポール華人社会という発想を華人社会内に広めると共に、この発想を利用して華人社会の幇派の分断・対立を乗り越えるという可能性を社会的に示したといえるだろう。

また「現地の改革主義者たち」のうち、林文慶や邱菽園など一部の人物たちは、中国国内政治にも強い関心を持っていた。これらの人々は特に康有為ら「立憲派」の政治活動を支持・支援しており、個人的な関係性も構築していた。また一九〇〇年における康有為のシンガポール来訪やそれに伴う孫文のシンガポール来訪のように、一八九〇年代後半から一九〇〇年代前半の時点でも、中国国内政治の政治的党派に属する政治活動家たちがシンガポール華人社会との直接的な関わりを持つ事例が存在していた。

ただし、中国国内政治に強い関心を抱いていたのは、「現地の改革主義者たち」のメンバーの中でも少数の華人たちに留まり、むしろ現地では康有為ら「立憲派」への警戒や不信が強かった。そのため、「現地の改革主義者たち」の社会運動は、清朝の地方官や駐シンガポール総領事と関わることはあったものの、康有為ら「立憲派」のような政治的党派と直接的に関わることはなく、またその政治活動の宣伝活動も行われなかった。その結果として、一八九〇年代後半から一九〇〇年代前半の時点では、「現地の改革主義者たち」の社会活動を通じたナショナリズムの形成は、中国国内政治と深く結びつくには至らなかった。

さて、林文慶ら「現地の改革主義者たち」による社会活動がいかに先駆的であり、シンガポール華人社会にどのような衝撃を与えたのかという点について考えるために、一九〇六年一一月二七日の *Straits Times* に掲載された “Awakening of Chinese in Singapore” という記事を引用しよう。この記事では、Chong, Fook Loy なる海峡華人が、林文慶・宋旺相・陳徳遜などの「現地の改革主義者たち」のメンバーの名前をあげたうえで、彼らの社会活動が当時の華人社会に与えた衝撃について、以下のように語っている。

……学術的な経歴を終えたばかりで、若い活力を体現して、またその同輩たちから顕著に突出して、林文慶はその活動の舞台に現れた。彼は自身の見解を固持し、古い慣習と伝統の無意味さと、古い偏見の無力さを間断なく説諭した。辮髪は恥ずべき過去のリンボ〔忘れられた不要なものが行き着く場所〕に追いやられるべきものとなり、儒教の倫理は社会に吹聴された。年老いた人々は、因襲打破主義的な精神がいま明らかになったことに身震いをはじめ、若者は新しい教えに魅了された。多くの変革が実行された。書物は購入され、知識は激しい貪欲さでむさぼり読まれた。文芸と政治と哲学は全て共に混成され、海峡華人たちは未来の可能性を知りはじめた。華人の女子はその家で知識の生噛りをしていたが、［中略］彼女らのために学校が設立された。［中略］若者と高齢の人々は新しい思想に影響されたのである。(1)……

この記事は、林文慶ら「現地の改革主義者たち」に主導された社会的活動が、「ネイション／人種」概念や社会ダーウィニズムのような、彼らが受容した新しい近代的・進歩主義的な知識・思想に基づき、現地の華人社会を改革しようとした先駆的なものであったこと、また彼らの社会的活動が、その先駆性ゆえに、現地の華人社会で賛否どちらをも含む大きな反響を巻き起こしたことを、端的に表現している。前述したネイションとしてシンガポール華人社会を捉える発想は、このような新しい思想の潮流の中で林文慶ら「現地の改革主義者たち」によって創案され、彼らの（実際には多くが失敗に終わった）社会的な活動に利用され、そして一九〇〇年代後半に引き継がれることとなった。

一九〇〇年代後半に至り、一九世紀以来続いてきた、各幇派・方言の差異によるシンガポール華人社会内の分断・対立やコミュニケーションの不在といった問題がより強く意識されるようになり、その解決を目的として、華人社会内が大きく変容していった。その主要な変化の一つは、各幇派の分断を架橋する連帯・協力の場となり、華人社会を代表するリーダーシップを担う団体としての中華総商会の設立であり、もう一つは、「国語」として中国語の初等教育を行う学堂の設立であった。中華総商会と初等学堂の設立・運営活動は、どちらも中国本土の公権力（清朝政府）と結びついた形で展開されたが、中国本土の直接的な管理・管轄下において進められたわけではなく、それらの活動を具体的に進展させるうえで必要な資金の収集・管理や人員の確保などは、現地に一任されていた。

また、中華総商会や「国語」教育を行う初等学堂による宣伝では、ネイションとしてのシンガポール華人社会という、林文慶ら「現地の改革主義者たち」が発見した発想を用いて、華人社会全体の一体性・均質性を強調することにより、幇派・方言の壁を超えて華人社会全体の連帯・協力を呼び掛けるという手法がたびたび用いられた。このような協力・連帯の機会は、一九〇〇年代後半以前のシンガポール華人社会においても、ネイション概念と結びつかない形で、極めて限定的ながら存在していた。しかし、中華総商会は華人社会全体を代表し、各幇派が連帯・協力するうえでの中核として機能したことにより、このような機会をより容易かつ日常的なものとした点において、それまでとは大きく異なっていた。

一九〇〇年代後半のシンガポール華人社会においてこのような宣伝手法が有効であった理由を考えるに、まず当時のシンガポール華人社会で一定程度、ナショナルな一体感が共有されていたことがあげられるだろう。このようなナショナルな一体感の共有という現象は、林文慶ら「現地の改革主義者たち」の活動がもたらした影響でもあるだろうが、同時に同時期における「祖国」中国の政治的な状況の変化によってもたらされたという一面もあるだろう。またこれらの宣伝の言説で伝統的な漢語の語彙が使用され、ネイションという概念をより分かりやすい形に翻訳されたことも、この理由の一つとしてあげられるだろう。

加えて、中華総商会や初等学堂は中国本土の公権力（清朝政府）と密接な関係性を有しており、清朝商部・学部により制定された公的な団体という華人社会の信用を得やすい枠組を持ちながら、実際の活動については現地の文脈に沿って行うことが可能であった。このような利点により、中華総商会や初等学堂による活動は、林文慶ら「現地の改革主義者たち」のそれに比べてはるかに大きな成功を収め、一九世紀前半から続いてきた華人社会の内部における各幇派の分断・対立とコミュニケーションの不在という問題を大きく緩和することに成功した。

本書では、このようにシンガポール華人社会の内部が大きく変容していく時期として、一九〇〇年代後半以降を「中華総商会の時代」、すなわち華人社会内でナショナルな一体感が共有されていくと共に、中華総商会を中心とした連帯・協力という構造が形成される時代として説明した。

ただし、このような社会的な変容により、華人社会の内部が、短期間のうちに実際に統合・一体化したわけではなかった。言い換えると、「中華総商会の時代」のシンガポール華人社会では、その内部でナショナルな一体感が共有され、幇派の壁を超えた華人社会内の連帯・協力が容易になった。しかしそれにより、華人社会内部における幇派ごとの分断やゆるやかな住み分け自体が解消され、ナショナルな一体化・統合が達成され、シンガポール華人社会というナショナルな共同体が実際に創出されたわけではなかった。

幇派による華人社会内部の分断や住み分けに起因するコミュニケーションの阻害という問題は、短い期間で修正・解消されうる問題ではなかった。またシンガポール華人社会は「祖国」中国の国家的領域の外部に位置する移民社会であったため、国民国家のナショナリズムのように、国民としての強力な統合を可能とするような、国家的な制度による直接的な統制や圧力などを受けることもなかった。中華総商会や初等学堂は華人社会内を実際に一体化・統合したわけではなく、むしろ内部の分断やゆるやかな住み分けという社会的構造の固定性を背景として、ナショナルな一体感を利用し、一時的に各幇派が連帯・協力することが可能な場を供給するという社会的な機能を果たしていた。

さらに、一九〇〇年代後半に陳楚楠・張永福ら「革命派」の支持者たちが中国同盟会シンガポール支部を設立し、政治活動を開始したことにより、現地で中国国内政治と明確に結びついた政治的なナショナリズムが形成されることとなった。そもそも一八九〇年代後半から、林文慶ら「現地の改革主義者たち」は「満州人蔑視」言説を英語で発表し続けていた。陳楚楠・張永福らは、林文慶ら「現地の改革主義者たち」や孫文ら「革命派」の言説から影響を受け、現地で中国語を用いて「満州人蔑視」言説を公表した。彼らは「満州人蔑視」言説の発表により、孫文ら「革命派」との政治的な結びつきを構築すると共に、自らが経営・編集する中国語新聞上で、現地の康有為ら「立憲派」の支持者たちの一部と激しい論戦を繰り広げた。

さらに、一九〇八年一〇月に発生した反アヘン運動の集会における事件で、政治的な意見の異なる二紙の新聞の編集者たちが決定的に対立したことをきっかけとして、シンガポール華人社会における「革命派」と「立憲派」の対立は明確に顕在化された。このことは同時に、「現地の改革主義者たち」という集団の分裂と、その中心人物であった林文慶らのリーダーシップの弱体化を意味していた。

ただし、陳楚楠・張永福ら「革命派」の支持者たちが争っていたのは、あくまで康有為ら「立憲派」の支持者たちの一部に過ぎず、康有為や「立憲派」の支持者でありながらも、「満州人蔑視」言説を共有していた林文慶ら「現地の改革主義者たち」とは論争を行っていなかった。また一九〇〇年代後半の時点においても、「革命派」対「立憲派」という対立的な構造が形成されたのは、華人社会内のごく一部（より具体的には、『中興日報』と『南洋総匯新報』という二紙の中国語新聞の関係者たちの間）に過ぎなかった。現地に居住する大多数の華人たちは、政治的な志向性を明確に表現しないか、あるいは清朝・イギリスを支持する穏健かつ保守的な態度をとっていた。

そのため、一九〇〇年代後半のシンガポール華人社会において、政治的なナショナリズムの形成が始まったのは確かであるが、それはあくまで華人社会内部のごく一部に留まっていたといえる。現地において幇派を超えた連帯・協力やナショナリズム形成の中核となっていたのは、何よりまず中華総商会であり、その社会活動や宣伝では「祖国」である中国（清朝）との結びつきが強調されていたものの、中国国内政治の動向に直接的に関与しようという傾向はあまり存在しなかった。この原因の一つは、清朝が大清国籍条例を制定する一九〇九年以前には、現地の華人たちはまだ中国国籍を獲得しておらず、中国という国家の「国民」として政治参加を行うために必要となる明確な制度的な裏付けが不足していたことによるものであろう。

すなわち、一九〇〇年代後半までの時点では、シンガポール華人社会における「移民社会のナショナリズム」は、知識人たちや大商人たちの間では既にかなり広範に普及してきていたものの、それはあくまで現地における文化的・社会的な活動として表出され、中国国内政治との結びつきについては、いまだ限定的なままであったといえる。

二　中華民国期における政治史の展開

続いて、シンガポール華人社会史の中華民国期の展開について、先行研究の議論を中心に説明する。まず、政治史的な側面について、簡潔に整理する。

最初に、中華民国期の国籍法についてまとめよう。ここまで本書で議論してきたように、一九〇九年までのシンガポール華人社会では、幇派の壁を超えた華人社会全体の連帯・協力が模索されており、中華総商会が一九〇六年に設立されたことにより、このような連帯・協力は容易かつ日常的なものとなった。また一九〇九年に大清国籍条例が制定されたことにより、シンガポールの華人たちも中国（清朝）国籍を獲得することが可能になった。さらに、一九一一年に辛亥革命が起こり、中華民国という新たな国家が設立されたが、父系血統主義をとる清朝の国籍法の骨子は、一九一二年に制定された中華民国・北京政府の国籍法にそのまま引き継がれた（また一九二九年に制定された中華民国・南京国民政府の国籍法においても、この父系血統主義の原則は固持された）。

一九〇九年以降、海外に居住する華人たちは、「祖国」中国（清朝および中華民国）の国民としての国籍を獲得したことにより、中国国内政治に参入・関与するうえで必要となる法制度的な裏付けを獲得した。これらの国籍法における父系血統主義の強調は、中華民国政府が海外に居住する華人たちやその社会を重視していることの表れでもあり、海外の華人社会と中国本国との関係性はさらに密接化していった[2]。

また、これも前述したように、中華民国期以前、一九世紀末から二〇世紀初頭には既に、シンガポールの一部の華人たちによる中国国内政治への関与が始まっていた。「現地の改革主義者たち」のうち、林文慶・邱菽園など一部の人々は、「立憲派」の政治活動家であった康有為を支持・支援しており、一九〇〇年には康有為のシンガポール滞在に協力していた。一八九〇年代後半から一九〇〇年代前半における林文慶らの社会活動は、シンガポール華人社会が中国国内政治に直接的に関与した最初期の事例であった[3]。

また一九〇〇年代後半において、陳楚楠・張永福ら「革命派」支持者たちは、中国国内政治に対してより積極的に関与するようになっていった。一八九〇年代後半から一九〇〇年代前半における林文慶らの活動では、最後まで現地において「立憲派」の政治団体が設立されなかった。これに対し、陳楚楠・張永福らは一九〇五年に「革命派」の政治団体である中国同盟会シンガポール支部を設立・運営し、その中核メンバーとして政治活動に従事しており、これはとりわけ大きな変化であるといえる。このようなシンガポールの一部の華人たちによる中国国内政治への積極的な関与の増加や関係性の緊密化といった傾向は、中華民国期にそのままつながっていくこととなった。

続いて、中華民国期以降におけるシンガポール華人社会内部の中国国内政治との関係性の進展について整理しよう。一九一一年における辛亥革命と中華民国の建国という事実は、現地でも大きな反響を巻き起こした。シンガポール華人社会では、知識人層のみならず労働者層にまで「祖国」中国に対する熱狂的な「愛国」主義が波及し、若い華人たちが辮髪を切除したり、より保守的な人々の辮髪を無理やり切り取ったりするなどの騒動が起こった。また、「革命派」の政治団体であった中国同盟会シンガポール支部も、一九一二年一二月にその組織名を国民党シンガポール支部（Singapore Communication Lodge of the Kuomintang of Peking）へと変えて、植民地政庁の「結社条例」により登録され、その政治活動を継続した。

国民党シンガポール支部のメンバーには、陳楚楠・張永福・林義順など、中国同盟会時代からの「革命派」支持者たちに加えて、林文慶や陳武烈といった「現地の改革主義者たち」のメンバーたちの一部など、より多くの人々が参加するようになった。さらに、現地での「革命派」の支持者たちが比較的少数であったため、辛亥革命以前における「革命派」の政治活動に対する資金提供は比較的少額に留まっていた。しかし辛亥革命後には、陳楠楚・張永福ら従来の「革命派」支持者たちに加え、陳武烈や陳嘉庚（Tan, Kah Kee）のような華人商人たちも政治資金の提供に協力するようになり、送金額は一気に増大した。[4]

これらの事実だけを見ると、一九一一年以降のシンガポール華人社会は、「祖国」中国の国家的なナショナリズムの直接的な影響を受けて、林文慶らの時代における「移民社会のナショナリズム」のありかたを脱し、国民国家に準ずるような形態でのナショナルな統合と一体化が進展していったように思われるかもしれない。しかし実際には、現地の熱狂は長続きせず、むしろ一九一一年以降、政治的な分断と対立がより顕在化していく時代を迎えることとなった。

中華民国の成立直後、臨時大総統の役職は、「革命派」の中心人物であった孫文から、北洋軍閥の中枢に位置し、清末を代表する有力な政治家であった袁世凱に譲渡された。さらに袁世凱は「革命派」の実質的な中心人物であった宋教仁を暗殺して、正式に大総統の地位を確立し、自身に権力を集中させることに成功した。かつての中国同盟会の主導者たちや「革命派」支持の地方官たちはこれに反対し、「第二革命」として蜂起を試みるも、袁世凱らに鎮圧されて失敗に終わった。その結果、孫文や胡漢民などの「革命派」の政治活動家たちも、再び海外に亡命することを余儀なくされた。[5]

建国直後の中華民国における袁世凱の専制・独裁化と孫文ら「革命派」の失権が明らかになるにつれて、シンガポール華人社会における中華民国の建国に伴う熱狂的な歓迎ムードはすぐに終息していった。また中華総商会のメンバーの中には、元々清朝を支持し、穏健な保守派の立場をとっていた華人商人たちも多かった。彼らは中華民国期になっても清朝支持という態度を変えず、一九一二年に至っても「中華総商会にはまだ清朝の国旗が掲揚されている」(「商會尚懸龍旗」)状況にあった。これら保守派の華人商人たちは、中華民国期初期において、清朝支持からそのまま袁世凱と北京政府の支持へと移行し、孫文ら「革命派」を支持しようとしなかった。[6]

さらに一九一一年以降、海峡植民地政庁も「革命派」支持者の華人たちに注目し、政治的な圧力を強めていくようになった。まず、植民地政庁は「革命派」支持者たちの政治運動の過熱を問題視し、特に過激な政治活動家たちを「追放条例」を用いて処罰していった。「追放条例」により処罰された華人について、一九一一年以前には秘密結社や密輸などの問題に関わったものが多数であったが、一九一一年以降には中国国内政治に関する問題に関わったものが増加していった。

また一九一三年から一九一四年にかけて、当時の海峡植民地政庁の知事であったヤングにより、華人の政治的なナショナリズムに関係する政治活動を排除し、華人社会をより厳格に管理・統治するために、「追放条例」の修正案が提示された。この修正案は立法参事会において陳若錦などの民間メンバーから反対意見を受けたが、最終的に一九一五年二月における第一次世界大戦の勃発に伴う戒厳令(Martial Law)の公布により、ヤングが「追放条例」に頼らずとも現地華人の政治活動を厳格に監視・管理可能な権力を手にしたことにより終結した。

加えて、海峡植民地政庁も袁世凱と北京政府を中国の正当な政権であると認識しており、国民党シンガポール支部に対する政治的な圧力を強めていった。そのため、陳楚楠・張永福ら「革命派」の支持者たちは、一九一四年八月に表向きは国民党シンガポール支部を解散した形をとりながら、秘密裏に政治活動を継続せざるを得なくなった。[7] 中華民国建国後においても、やはり「革命派」を支持する華人たちは少数であり、シンガポール華人社会における主流派とはなれなかったのである。

清朝、袁世凱や北京政府を支持する多数派の穏健な保守派と、少数の熱狂的な「革命派」支持者たちの対立は、華人社会を代表する立場にあった中華総商会をも巻き込んでいくことになった。辛亥革命直後の一九一二年一月一日に、張永福ら「革命派」の支持者たちは中華総商会に対し、中華民国の臨時大総統となった孫文を祝賀することを要求すると共に、中華総商会の幾人かのメンバーを招集して、この問題を議論する集会を開いた。この集会には二〇〇人以上の華人が参加したが、最終的に混乱のうちに決裂した。

このことをきっかけとして、陳楚楠・張永福ら「革命派」の支持者たちは同年三月に、新たな商業会議所、すなわち第二の「中華総商会」としての機能を持つ団体として、南洋華僑総商会（Chinese Merchants General Chamber of Commerce）を設立すると共に、植民地政庁から「結社条例」の基準から見て合法的な団体として設立・活動の認可を得た。さらに南洋華僑総商会は中華総商会と同様に、各幇派の華人商人たちを役職担当者として選出した（ただし、南洋華僑総商会で各役職を担当した華人商人たちは、中華総商会の役職担当者たちを比較すると、全体として経済活動の規模も資金力も大きく劣っていた）。

中華総商会と南洋華僑総商会という、シンガポール華人社会を代表することを自認する二つの商業団体は、一九一〇年代前半において対立的な関係性を維持した。二つの団体の競合はまず一九一二年七月に、中華民国（北京）政府に対する政治的な献金という形で競合した。中華総商会は「中華国民捐」という名称で、また南洋華僑総商会は「華僑愛国捐」という名称で積極的な募金活動を行い、その金額を競った（この競争は最終的に、中華総商会による献金が、南洋華僑総商会のそれの約六倍となる結果で終わった）。

さらに、袁世凱が独裁的な権力を確立したことにより、この二つの団体の対立はさらに明確化した。中華総商会はそのまま中華民国の現政権、すなわち袁世凱および北京政府を支持した。一方で、陳楚楠・張永福ら「革命派」の支持者たちと南洋華僑総商会は、袁世凱と北京政府に反対し、海外に亡命した孫文らを支持する立場を明示した。また一九一二年から一九一三年にかけて、この二団体の対立的な関係性を解消し、一つの団体に統合することを目的とした調停が、計五回行われた。これらの調停を主導した人物の中には、孫文や汪精衛など著名な「革命派」の政治活動家たちも含まれていたが、いずれの試みも失敗に終わった。

複数回の調停が失敗に終わったのちに、中華民国政府において商業を管轄する部局である農商部は、中華総商会を支持する立場を明確にすると共に、この問題を解決するよう政治的な圧力をかけ始めた。中華民国農商部はまず、南洋華僑総商会を解散し、そのメンバーが中華総商会に加入することにより、シンガポール華人社会の商業会議所を一元化するよう南洋華僑総商会に通達した。さらに農商部は一九一三年一〇月に、中華総商会がシンガポールで唯一の正式な商業会議所であり、南洋華僑総商会とは一切の関係を持たないことを再度確認した。また国民党シンガポール支部の解散に関する箇所で述べたように、南洋華僑総商会の母体であった陳楚楠・張永福ら「革命派」の支持者たちは、華人の政治的なナショナリズムの高揚を懸念する植民地政庁からも政治的な圧力を受けていた。中華民国政府と海峡植民地政庁双方からの政治的圧力を受けて、南洋華僑総商会は一九一三年一一月以降にその活動をほぼ停止してしまい、一九一四年八月には国民党シンガポール支部と共に消滅した。(8)

中華総商会と南洋華僑総商会の政治的対立は、一九一二年から一九一四年までという比較的短期間で終結した。しかしこの出来事は、中華総商会の設立によって幇派による分断・対立を克服しかけていたシンガポール華人社会に、中国国内政治の志向性に関する分断・対立という新たな火種を持ち込むと共に、この新たな問題が華人社会全体に大きな影響を与える時期となったことを予兆させるものとなった。

さらに一九一〇年代には、イギリスの植民地主義的な近代性に対する、海峡華人たちの信頼を深く揺るがす出来事が起こった。これはすなわち、第一次世界大戦の勃発と、一九一五年のインド兵反乱である。この反乱は、第一次大戦勃発後の一九一五年二月一五日に、第五軽歩兵連隊（5th Light Infantry）に属するムスリムのインド系の兵士の一部が、シンガポール西部のアレクサンドラ兵営駐屯地（Alexandra Barracks）で暴動を起こしたことにより始まった。この反乱の原因となったのは、イギリスが同じムスリムであったトルコに宣戦したことによる厭戦感情の蔓延、部隊内部の対立的な関係、食事などに関する不満などの問題であった。反乱者たちは、まず弾薬庫から武器・弾薬を奪い、居合わせたイギリス人将校を攻撃・殺害した。

その後、反乱者たちはタングリン（Tanglin）にあったドイツ人捕虜収容所を襲撃し、その所長や衛兵を殺害してドイツ人捕虜を解放し、彼らに武器を手渡した。一九一五年二月当時、第一次大戦でイギリスとドイツが戦争状態にあったため、収容所にはオーストラリア海軍に撃破されたドイツの巡洋艦エムデン号（Emden）の乗員やシンガポール在住のドイツ人が収容されていた。反乱者たちは、解放したドイツ人たちが反乱の指揮を執ることを期待しており、これを要請した。しかし、エムデン号の乗員など一部のドイツ人がこの好機を利用して逃亡したが、多くのドイツ人捕虜は反乱者と共に戦うことを望まず、収容所に留まった。

この後、第五軽歩兵連隊のうちの一部隊はシンガポール川南部の華人居住地に向かい、そこで遭遇したイギリス人たちを次々に襲撃し、一七人を殺害した。他の部隊は近隣のマラヤ連邦守備隊（Malay States Guides）に向かい、イギリス人将校を殺害し、兵士たちに武器を渡して反乱に加わることを求めた。この結果、マラヤ連邦守備隊に属する百名以上のインド系の人々が反乱に加わったが、大多数は反乱への参加を拒否してジャングルに逃亡した。さらに、現地では反乱者たちの襲撃による被害を受け、イギリス人や現地住民などに多数の死傷者が生じた。

シンガポールの華人たちの中で、この反乱に協力したものは存在しなかった。少数の華人が反乱を鎮圧するためにイギリス側の義勇軍に参加したが、大多数の華人は現地にて普段通りの生活とビジネスを続けようとした。

この反乱に加わったインド系の将校・兵士などは、合計して一〇〇〇名を超えていた。一方で、この反乱が発生した当初、イギリス軍は第一次大戦に注力していたため、現地には少数のイギリス陸軍兵や植民地警察、民間の義勇兵などの戦力しか残されていなかった。そのため、反乱の鎮圧にはジョホール・ラングーン（Rangoon）など他地域からの戦力の到着や、日本・フランス・ロシアなどの援軍が必要となり、比較的長い時間がかかった。

これらの援軍の効果もあり、その始まりから一〇日後、二月二五日には反乱はほぼ鎮圧され、治安が回復された。反乱軍の死者は五六名（逃亡の際の溺死者を含む）であり、反乱軍以外の死者は軍人二二名と民間人一九名、合計四一名であった。イギリスは反乱者たちを拘束・尋問したのち、反乱の首謀者など四六名を公開処刑し、一名を絞首刑とし、さらに多くの反乱兵たちが終身流刑・七～二〇年の流刑・禁錮刑などの処罰を受けた(9)。

一九一五年のインド兵反乱は、植民地統治者であったイギリス人の殺害と植民地秩序の破壊・転覆を主要な目的として引き起こされた大規模な反乱であり、これまでシンガポールおよび海峡植民地において発生した暴動などとは、はっきりと異なる性質を持つものであった。この反乱は、反植民地主義的な立場に立つ人々が、シンガポールにおいて暴力によって植民地秩序を破壊・転覆しようとした最初の事例であり、後の時代における共産主義者たちによる反植民地主義的な政治運動やゲリラ活動の先駆けとなったといえる。

またこの反乱と並行して、第一次大戦に伴う難民の増加の中で、イギリスは出入国管理を再編すると共に、イギリス帝国内における移民（とその中に潜むアナキストや革命家たち）への監視と管理を強化していった。この時期に新たに生み出されたのが、パスポートや領事館員の発行する査証などの資料を利用して、ヒトの越境的な移動を監視・管理するシステムのグローバルな展開であった。

第一次大戦というかつてない規模の世界的危機に際した管理は、ヨーロッパにおいて、パスポート制度を利用した移民の監視・管理は、自国の国民と危険な外国人や移民を区別することを目的とした暫時的な措置として（再）導入され、その終戦後においても維持されていくこととなった。このような制度的変容はシンガポールにも波及し、一九一六年五月にはマレー半島以外の地域から海峡植民地への移動の際に、写真付きのパスポートもしくは証明書を携帯することが必要となり、一九一七年五月にはこの規定の違反者に対する罰則が追加された。さらに一九二〇年の一月から一一月にかけて「パスポート条例」（Passport Ordinance）の制定と改訂が行われ、シンガポールおよび海峡植民地におけるパスポート・証明書の携帯に関する規定と罰則が法令化された。

これらの点を考えるとき、近代インド史家の桑島昭が、一九一五年のインド兵反乱における日本軍の援軍派遣と中国およびシンガポール華人社会における日本製品ボイコット運動との関連性を示唆したうえで、この反乱を「アジア史の転換期」（a turning point of modern history of Asia）として位置付けていることは、極めて示唆的である。[10]

イギリス植民地統治への不信と新たな政治・社会秩序の模索というビジョンは、シンガポール華人社会においては、反植民地主義的な立場をとるアナキストたちや共産主義者たち[11]に引き継がれていった。一九一〇年代末から、中国本土における共産主義・社会主義・アナキズムの普及の影響を受けることにより、イギリス領マラヤの華人社会に、共産主義者・アナキストの華人たちが流入するようになっていった。

これらの最初期の共産主義者・アナキストたちは、シンガポールに加えて、クアラルンプールをその重要な拠点として活動した。彼らは、シンガポールでは真社（Truth）という結社を設立しており、またクアラルンプールにて『益群報』という中国語新聞を刊行していた。また彼らは、一九二〇年代のシンガポール華人社会で頻発した、中国本土の五四運動と連動した「抗日」ボイコット・デモなどの政治活動にも関与しており、また現地で共産主義思想を宣伝するパンフレットなどを配布していた。

これらの共産主義者・アナキストの華人たちが最初に組織化されたのは、一九二六年における南洋華僑各公団聯合会（Nanyang Public Bodie's Union）の設立であった。南洋華僑各公団聯合会は、広東省の国民党左派から送られた七人の使節の呼びかけに基づき、海南幇の華人を中心として組織された団体であり、植民地当局からイギリス領マラヤにおける最初の共産党系の団体として見なされることとなった。またこの団体は一九二六年に、海南幇の学生や若者、労働者たちを組織し、南洋総工団（Nanyang General Labour Union）や南洋共青団（Nanyang Communist Youth League）などの団体を設立した。

これら初期の運動に続いて、中国共産党は一九二七年一二月に、シンガポールに南洋共産党（Nanyang Communist Party）を設立するために、五人の特命使節を派遣した。これらの使節と現地の共産主義者の協力により、一九二八年に南洋共産党が設立され、一九三〇年にマラヤ共産党（Malayan Communist Party）と改称された。

その設立経緯からも明らかであるように、南洋共産党とマラヤ共産党は中国共産党の強い影響下にあり、また党員の多くは華人であった。南洋共産党の設立以前である一九二〇年代前半において、インドネシア共産党の指導者であるスニーフリート（Sneevliet, Hendricus Josephus Franciscus Marie）やダルソノ（Darsono, Raden）、タン・マラカ（Tan, Malaka）などがマラヤに移動し、マレー人の間で共産主義の宣伝運動を行っていたが、あまり大きな効果をもたらさなかった。タン・マラカは一九二五年に同志に対して書簡を送り、マレー人に対して共産主義運動の宣伝をしても望みが薄いため、華人やインド人を対象として宣伝活動を行うべきであると伝えている。マラヤ共産党は一九三〇年代において、海峡植民地政庁による監視や摘発をたびたび受けながらも、地下での政治活動を継続し続けた。

これらのアナキストや共産主義者たちの政治活動の主要な目標は、もちろん現地社会におけるアナキズムや共産主義の普及と実現であり、その政治活動の全てが中国国内政治と直接的に関わっていたわけではなかった。しかし、彼らの政治思想は、中国国内のアナキズムや共産主義・社会主義思想の影響を強く受けており、またその政治活動も五四運動や日本製品のボイコットなど、中国国内政治と結びついた「抗日」運動や政治的ナショナリズムと連動しながら展開されていった。さらに南洋共産党およびマラヤ共産党も、設立時から中国共産党と密接な関係を有していた。その意味で、アナキストや共産主義者たちの政治活動もまた、国民党シンガポール支部の政治活動などと同様に、中華民国期のシンガポールの華人社会における中国国内政治への関与の形の一つであったということができる。

また一九二〇年代には、国民党シンガポール支部の活動も再開された。前述したように、国民党シンガポール支部は一九一四年に名目上解散したものの、その中核メンバーであった陳楚楠・張永福らは、孫文によって同年七月に設立された中華革命党（Chinese Revolutionary Party）を支持・支援する政治活動をシンガポールにて秘密裏に継続していた。一九一九年九月には、中華革命党が改組して中国国民党が成立し、孫文がその党首となると、これに呼応して陳楚楠・張永福らも一九二〇年より再び現地で中国国民党シンガポール支部を再度組織し、政治資金の収集などの政治活動に積極的に従事していくこととなった。

加えて、海峡植民地政庁は一九二〇年代から、政治的な監視と圧力の対象を、反植民地主義的な立場をとった共産主義者たちと、その背後に存在する（と見なされていた）共産主義の国際的ネットワークに向けるようになっていった。海峡植民地政庁は一九二〇年代初頭から、現地の華人社会に共産主義者やアナキストが出現したという情報を得ており、一九二五年までにこれらの人々を多数摘発し、国外追放処分としていた。

さらに一九二四年の第一次国共合作により、中国本土にて国民党と中国共産党が協力関係を結んだことは、イギリス政府に大きな衝撃を与えた。これを受けて、一九二五年にイギリス政府と植民地政庁は中国国民党のシンガポール支部を含むイギリス領マラヤの支部全てを閉鎖させた。また南洋共産党の成立後、一九二八年から一九三一年にかけて、植民地政庁は共産主義者の華人を毎年平均一五二八人、国外追放処分としていた。加えて、マラヤ共産党成立後には、植民地政庁はより徹底的な弾圧を行うと共に、マラヤ共産党内部にスパイとして莱特（Lai, Tek）を潜り混ませた。

莱特は植民地政庁による党幹部逮捕などの混乱に乗じて、一九三五年にマラヤ共産党内部に潜入し、短い期間で権力を握り、一九三九年にマラヤ共産党の書記長へと就任した。莱特はまず、反ファシスト・「抗日」運動に注力しようとした多数派・穏健派と、イギリスに対する武装闘争路線を採った少数派・強硬派の二つにマラヤ共産党内部を分裂させ、自らは多数派・穏健派の中心人物としての位置を確保した。彼は続いて、党員の粛清・暗殺を行ったり、イギリス側へ密告するなどの手段をとって、強硬派の共産党員たちを排除していった。莱特のスパイ活動は、イギリス側にとってより危険な武装闘争路線の共産主義者たちを逮捕・殺害しながら、マラヤ共産党の内部情報を入手するという結果をもたらすと共に、莱特自身にもマラヤ共産党内部でのライバルたちを排除し、党内部の権力掌握に有利な影響を与えた。

さらにイギリス政府は一九二〇年代から、植民地統治の完全な自立・独立を断念し、オランダやフランスなど他の東南アジア島嶼部の植民地の宗主国との情報交換を試みるようになっていった。さらに一九三〇年代に至ると、イギリスはこれらの国々と協力して、国際的な移動と政治活動を行う共産主義者に関する情報・諜報を共有する植民地間ネットワークを形成し、国際的に広がる共産主義の脅威に対抗しようと試みることとなった(12)。

第二章第二節にて扱った、植民地政庁による「結社条例」の制定という事例が示すように、一九一〇年代までの時期において、植民地政庁が主に危険視していたのは、秘密結社による人身売買・暴動や、専売制を敷いていたアヘンなどの物品の密輸であった。これらの違法な活動に関係した華人の主要な目的は、個人自身か所属する団体・幇派などの利益であり、その目的のために選択した手段が、結果的に植民地政庁の統治方針から違反・逸脱したことによって、処罰を受ける対象となったといえる。しかし、反植民地主義的な立場をとる共産主義者たちにとって、共産主義の普及による植民地秩序の破壊・転覆は単なる手段ではなく、その政治活動の根本的な理念かつ目標そのものであった。

一九二〇年代以降において、植民地統治上の最大の脅威は、秘密結社のような植民地秩序の違反者・逸脱者たちから、共産主義者のような植民地秩序の破壊・転覆者たちへと移っていった。このことは同時に、植民地統治者であったイギリス人が、被統治者であったイギリス帝国臣民の華人・インド人たちの忠誠と植民地統治への協力を基本的に信頼していた時期が終わり、彼らの中に潜む反植民地主義者という内なる敵を常に警戒し、スパイなどを活用した諜報活動などによって監視・摘発し続けなければならない時期が到来したことを示していた。また華人社会における中国国内政治と深く結びついたナショナリズムの高揚は、イギリス側の疑念と不安をさらに増大させる要因となった。

ここまで述べてきたように、本書の中核となる議論は一九〇九年で一旦の区切りを迎えたが、このことは華人社会がナショナルな統合・一体化という方向に進んでいったことを意味するのではない。むしろ実際には、中華民国期のシンガポール華人社会では、植民地宗主国イギリスと「祖国」中国の双方から政治的な影響を受けることにより、その内部における政治的な分断・対立がより深刻化していった。皮肉なことに、林文慶ら「現地の改革主義者たち」が華人社会の連帯・協力のために創案した「移民社会のナショナリズム」は、中華民国期に至り、より政治性を帯びていくことにより、むしろ新たな分断と対立の火種を提供することとなってしまったといえる。

このような政治的な志向性による分断と対立を乗り越え、シンガポール華人社会全体が（一時的にせよ）協力・連帯する機運が高まっていくのは、一九三〇年代後半以降、現地社会に日本の南進の脅威が浸透し、「抗日」というスローガンがより広範に普及していくことにより、「抗日」ナショナリズム運動が広く組織化されていくようになってからであった。このような「抗日」ナショナリズムの形成は、既に一九二〇年代から中国国内における五四運動の影響を受けて開始されていたが、一九三〇年代後半における日本の南進や日中戦争の勃発は、そのさらなる高揚を招いた[13]。

シンガポール華人社会における「抗日」ナショナリズム運動は、寄付金の収集・送金や、日本製品のボイコットと中国および華人の手によって生産された製品（「国貨」）の購入キャンペーン、「抗日」・「愛国」・「救国」といった内容の宣伝活動、またこれらの運動を行うための団体設立・運営などの形で展開された。これらの運動を主導したのは、陳嘉庚などの現地の富裕な華人商人たちであり、またこれらの運動の中心となった団体として、陳嘉庚によって一九三八年一〇月一〇日に設立され、シンガポールのみならず東南アジア全域の華人社会における「抗日」運動の中心となった団体であった南洋華僑籌賑祖国難民総会（南僑総会）などがあげられる。さらに、一九三〇年代後半以降における「抗日」ナショナリズム運動には、現地の華人女性たちも大きく関与しており、星華婦女籌賑会などの団体を中心に、主に現地の華人女性を対象とした寄付金収集や宣伝などの活動を展開した[14]。加えて、既に述べたように、「抗日」ナショナリズム運動にはマラヤ共産党も協力しており、その影響下にあった一部の若者たちや労働者層を動員して、積極的な宣伝活動を行っていた[15]。

日本帝国の中国侵略と南進は、国民党を支持する主流派の華人商人・労働者たちにとっても、マラヤ共産党と反植民地主義を支持する少数派の共産主義者の華人たちにとっても、イギリスの植民地統治を支持する同じく少数派の海峡華人たちにとっても、また富裕層にとっても労働者層にとっても、あるいは華人男性にとっても女性にとっても、共に切迫した危機として感じられる問題となった。皮肉なことだが、日本帝国という共通の敵（あるいは脅威）と「抗日」という分かりやすいスローガンこそが、シンガポール華人社会全体の強力な連帯・協力という構造を初めて生み出したということさえ可能であろう。また一九三〇年代のシンガポール華人社会における、この二つの党派の協力という「呉越同舟」的な政治的状況は、同時期の中国本土における日中戦争の勃発と第二次国共合作の成立とも類似している。

すなわち、本書で主に扱った、一九世紀末から二〇世紀初頭のシンガポール華人社会における「移民社会のナショナリズム」の形成と華人社会内部の協力・連帯という問題は、中華民国期におけるシンガポール華人社会においてもなかなか達成されず、その社会的な課題（あるいは目標）としての重要性を失わなかったということができる。

三　中華民国期における社会経済史の展開

次に、社会経済史的な側面から議論を行う。第一章第五節などで詳述してきたように、一九世紀のシンガポール華人社会は多数の労働者層と少数の商人層により成り立っており、労働者層は貧困に耐えながら厳しい肉体労働に従事していた一方、商人たちは比較的裕福であり、主に商品の加工・販売・流通業や金融業・不動産業、労働者の斡旋・管理、アヘン徴税請負業など、様々なビジネスを行っていた。これらの労働者と商人たちは、それぞれが属する幇派と方言によって分断されており、主要なビジネスもまた各幇派が寡占的に管轄する状況となっていた。こういった一九世紀における華人社会の経済的構造もまた、二〇世紀初頭に大きく変容していくこととなった。

この大きな変化の一つは、第五章にて述べた中華総商会の設立と幇派を超えた連帯・協力の日常化、すなわち「中華総商会の時代」のはじまりであった。また、一九世紀の華人社会における主要な業種であった商品の加工・販売・流通業や金融業・不動産業などは、二〇世紀初頭においてもその重要性を維持した。しかし、一九世紀末から一九一〇年代にかけて、華人社会の経済構造はいくつかの点で大きく変化していった。

このうちの一つは、アヘン徴税請負業の消滅である。第六章第六節にて述べたように、海峡植民地政庁は一九一〇年にアヘン徴税請負制度を廃止し、アヘン販売の直接的な管理を開始した。これにより、一九世紀を通じて最も効率よく利益をあげることが可能な事業であり、章芳琳に代表される多くの富裕な海峡華人の大商人を生み出してきたアヘン徴税請負業というビジネスは、シンガポール華人社会から消滅した。このことは同時に、一九世紀の東南アジア島嶼部の華人社会において広くみられた、いわゆる「公司」（すなわち、出資者・経営者でありかつアヘン徴税請負権を獲得した華人商人たちが、秘密結社との協力関係のもとに、中国本土から労働者を移住させ、大農園栽培や錫採掘などに従事させると共に、現地で雇用されている労働者たちにアヘンなどの必需品を販売して賃金の一部を回収するという経営形態をとる伝統的な華人企業）の経営形態が、現地ではそのままの形では存続できなくなったことを示していた。

同時に、二〇世紀初頭のシンガポール華人社会では、大きな利益を得ることが可能となった新たな業種がいくつか生まれてきた。この新たに生まれた事業のうち、主要なものの一つが、ゴム（パラゴムの樹（para rubber）を加工する天然ゴム）農園経営業とゴム加工業であった。

シンガポールにゴムの樹が到来するきっかけとなったのは、一八七三年にインド担当大臣（Secretary of State for India）であったセシルが、イギリス帝国におけるゴム栽培の可能性を検討するため、植物学者を派遣して、ゴムの木の種をロンドンの王立植物園であったキュー・ガーデン（Kew Gardens）に持ち帰らせたことであった。この種は上手く発育しながったが、

画像62　シンガポール植物園の入り口。1900年頃。

画像63　シンガポール植物園。1900年代。

キュー・ガーデンの園長であったフッカー（Hooker, Joseph）は再度アマゾンからゴムの種子を取り寄せ、一八七六年にその一部がシンガポール植物園に送られた。この種子もうまく発育しなかったが、翌年に再度ゴムの種子が送られ、今度は発育に成功した。さらに、一八八八年にシンガポール植物園の園長に就任したリドリーは、「ゴム狂」（mad）という綽名で呼ばれるほどにゴムに入れ込み、ゴム栽培・採液法を改良すると共に、常にゴムの種子を持ち歩き、農園経営者に対してゴム栽培を勧めた。リドリーの熱意により、一九〇〇年代後半より、シンガポールでもゴム栽培・加工業に取り組む華人が増加し始めた。

ゴム加工業に従事していた華人商人たちは、ゴム農園にてゴムの樹から採取したゴム液を加工し、工場にて処理・加工を行い、ゴム製品の原料となる天然ゴムを生産した。元々シンガポールおよびイギリス領マラヤは高温多湿の気候であり、ゴムの栽培に適していたため、その普及は迅速であった。また一九〇〇年代後半に、ゴム液の採取技術などが向上し、ゴムの生産量が増加していくと共に、シンガポールにおけるゴム市場の形成や他地域への輸出も開始された。一九〇九年から一九二六年までの期間において、華人資本によるゴム加工業は最盛期を迎え、ゴムの価格や収益も概ね高い水準を維持していた。

植民地政庁による現地統計には、一九〇五年から「ゴム」（Para Rubber）の表記が追加されており、シンガポールには一一一〇エーカーのゴム農地が存在したことが報告されている。このことから、一九〇五年には既にシンガポールおよびイギリス領マラヤにてゴム栽培が開始されていたことが確認できる。ゴム農園の面積は一九一〇年には二〇〇〇〇エーカーとなり、一九一五年には四一一四四エーカーにまで増加している。またシンガポールにおける農作物の作地面積の合計は、一九〇五年には二〇三五六エーカーであったが、一九一〇年には四二二八四エーカーとなり、また一九一五年には六九五五四エーカーとなっている。一九〇五年から一九一五年までの一〇年間において、農地全体の増加量は四九一八四エーカーであり、ゴム農地の増加量は四〇〇三四エーカーである。また、一九〇五年にはシンガポールの農地全体のうちでゴム農園が占める割合は約六％であったが、一九一〇年には約五〇％となり、一九一五年には約五九％となった。ここから、シンガポールでは一九〇〇年代から一九一〇年代にかけてゴム栽培が普及していき、かつジャングルを伐採してのゴム農地の拡張自体も進んでいった結果、シンガポールのゴム農地の面積・農地全体の面積・農地全体の中でゴム農地の占める割合の三つが、同時に増加していったことが確認できる。

一九二〇年代までのシンガポールでは、ごく少数のイギリ

画像 64　ゴムの樹液を採取する労働者たち。1900 年代。

画像 65　ゴムの樹液採取の様子。1900 年頃。

ス資本によるものを除き、ゴム農園経営・加工業に従事していた工場の大多数は、華人商人により出資・経営されたものであった。このビジネスの収益性が極めて高かったことにより、陳嘉庚や林義順に代表される、中華民国期のシンガポール華人社会において活躍した華人商人たちの多くは、ゴム加工業に参入し、ゴム農園や加工工場を経営していた[16]。

華人資本によるゴム農園・加工業の経営に関する代表的な事例として、陳嘉庚の例をあげよう。陳嘉庚は一八七四年に福建省泉州府同安県で出生し、一九〇〇年にシンガポールへと移住し、父親である陳杞柏（Tan, Kee Pek）が経営する順安米穀店（Soon Ann）にて働きはじめた。しかし、一九〇三年にこの店が破産したため、一九〇四年に独立し、福山園というパイナップル農園の経営と、新利川黄梨缶頭廠（Sin Li Chuan）というパイナップル缶詰業を経営した。彼はこれをきっかけにパイナップル缶詰業に積極的に進出し、工場を増やしていき、経済的な成功を収めた[17]。

彼は一九〇六年から、パイナップル缶詰の価格低下を受けて、これまでパイナップル缶詰業の利益によって蓄積した資金を投資する新たなビジネスとして、ゴム農園経営とゴム加工業に着手するようになった。このきっかけは、マラッカに居住する華人商人の陳済賢（Tan, Chay Yan）が、リドリーや林文慶の助言を受けて、マラッカのブキット・リンタン（Bukit Lintang）やブキット・アサハン（Bukit Asahan）にてゴムの栽培を開始し、さらにブキット・アサハンのゴム農園をヨーロッパの商社に売却して、大きな利益をあげたことであった。陳嘉庚はこの話を耳にすると共に、パイナップル缶詰業の取引の際に、ヨーロッパの商社からもゴム農園経営・加工業を勧められた。陳嘉庚はこの提案を受け入れ、陳済賢から一八〇〇ドルでゴムの種一八万個を購入し、パイナップル栽培用の農地のそばで育成を始めた。

陳嘉庚はゴム農園経営・加工業の利潤が高いことを確認して、一九〇九年にゴム農園を拡大した。彼の決断は、一九〇九年から始まったゴム価格の国際的な高騰と合致し、さらに大きい利益を生んだ。彼は一九一六年に自らのビジネスの中核をパイナップル農園経営・パイナップル缶詰業からゴム農園経営・ゴム加工業に転換し、パイナップル栽培用の農地をゴム農園に転用していくことにより、より大きな成功を収めた。彼は弟の陳敬賢（Tan, Keng Hean）と共に、シンガポールで最も大規模なゴム園経営者・ゴム加工業者となり、シンガポール華人社会を代表する大資本家となるに至った。彼の拠点は元々リバー・ヴァレー・ロード（River Valley Road）にあったが、のちにスンバワ・ロード（Sumbuwa Road）に移動した。

陳嘉庚が一九一九年に設立した陳嘉庚公司（Tang Kah Kee and Company）は、まさにシンガポールにおけるゴム加工業の最盛期を謳歌した企業であった。陳嘉庚公司のスンバワ・ロードのゴム加工工場は、一九二三年には一〇〇〇人以上の労働者を雇用し、ゴム製のタイヤや靴、帽子など様々なゴム製品を生産しており、またイギリス領マラヤ（シンガポール・ペナン・マラッカ・イポー・クアラルンプール・タイピンなど）に加えて、中国本土（厦門・広東・上海）や香港、オランダ領東インド（バタヴィア・パレンヴァン・スラバヤなど）、イギリス領ビルマ（ラングーン）などの二七の本社・支社でこれらのゴム製品を販売していた。これらの支社は陳嘉庚公司、もしくは謙益号（Khiam Aik）という名称であり、純利益の合計は一二〇万ドルにも及んだ。これらの企業の大きな成功により、彼は現地で「ゴム大王」という綽名を得るまでに至った。[18]

一九二五年になると、スンバワ・ロードの工場で雇用された労働者は約一四〇〇人に増加し、うち男性が約八〇〇名、女性が約二〇〇名、さらに一〇〇名以上の児童が含まれていた。労働者たちは工場で月曜日から金曜日の午前七時から午後五時まで働き、毎日約六〇〇〇足のゴム靴と一〇〇〇個以上の他のゴム製品を製造していた。陳嘉庚公司の経営規模は年々増加していき、スンバワ・ロードのゴム加工工場の雇用労働者は一九三〇年に五〇〇〇人を超え、生産するゴム靴は一九二九年には二万足以上となり、その支社は一九二八年には合計八二カ所まで増加した。しかしその後、ゴム価格の下落と一九二九年の世界恐慌の影響を受けて、ゴム加工業に特化した陳嘉庚公司の経営は行き詰まっていった。一九三四年には、ついに陳嘉庚公司の経営が破綻し、陳嘉庚は債務整理を行うに至った。

もう一つ、重要な産業となったのが、パイナップル缶詰業であった。そもそもイギリスでは、パイナップルは西インド諸島統治や海洋貿易の発展と結びつき、イギリス国王の富裕と権力を象徴する「イギリス国王の果物」（fruit of kings）として知られていた。またパイナップルの生産自体も、ゴム同様に、年間を通して高温多湿の熱帯であるシンガポールおよびイギリス領マラヤの気候に適していた。

シンガポールにおけるパイナップルの栽培・加工自体は、既に一九世紀前半から行われていた。植民地政庁による現地統計には、一八九六年よりパイナップルの表記が追加されており、この年には既にシンガポールおよびイギリス領マラヤにおいてパイナップル栽培が開始されていたことが確認できる（ただし、残念なことに統計欄の表記は「果物の樹木、ココナッツおよびパイナップルと果樹園」（Fruit Trees, Coco-nuts, Pineapple and Gardens）という表記になっており、パイナップルのみの具体的な作地面積などは不明である）。

さらに、一九世紀末において胡椒・ガンビール生産用に用いられてきた農地がパイナップル生産に転用されるように

画像66　パイナップル栽培を行っていた大農園と労働者たち。1900年代。

なっていき、また錫を用いたパイナップル缶詰加工技術も発展してきた。しかし、何より重要であったのは、パイナップル栽培はゴムの樹が発育するまでの期間における間作として適しているということであった。これらの要因により、シンガポールにおけるパイナップル産業（すなわち大農園によるパイナップル生産と錫を用いた缶詰加工業）は、ゴム農園経営・加工業と組み合わさった形で、さらに普及していった。一九世紀末から二〇世紀初頭において、パイナップル農園経営・缶詰業はほぼ華人商人によって独占され、彼らの手によって大きく発展していった。佘連城や陳嘉庚、林義順など、シンガポールの著名な華人商人たちがこの事業に参入し、現地で農園経営・缶詰工場を経営すると共に、そこで生産したパイナップル缶詰を他地域に輸出した。

パイナップル缶詰業についても、具体的な例をあげよう。佘連城は、シンガポール華人社会において早期からパイナップル缶詰業に着手した商人であった。彼はまず共同出資により、トムソン・ロードにて振春黄梨廠というパイナップル缶詰工場を設立し、ライオンをラベルとしたパイナップル缶詰を製造し、バンコックにて販売した。共同出資者が撤退したのちに、この工場は彼単独の経営となり、セラングーン・ロード（Selangoon Road）にて新たなパイナップル農園を作ると共に、パイナップル缶詰工場も振業廊（Chin Giap）と改称し、「猛虎」

（Tiger）と「博戦」（Defiance）という二つのパイナップル缶詰を製造・販売した。この缶詰は特に一九〇二年まで高い価格を維持し、ヨーロッパや極東地域まで輸出され、多くの雇用と利益を生んだ。一九〇一年に、彼の次男である佘応恭（Seau, Eng Kiong）が彼の仕事を継いだが、パイナップル缶詰の利益は徐々に下落していった。さらに第一次大戦の勃発による不況によって振業廊は倒産し、パイナップル農園もゴム農園に代わった。[19]

また、これらのゴム加工業・パイナップル缶詰業に加えて、木材加工業やピーナッツや椰子を加工する食用油産業、石鹸産業なども、現地でより大きな利益をあげるようになっていった。[20]

こういった新たに出現した産業の煽りを受けたのが、一九世紀において主要な商品作物であった胡椒・ガンビール農園の経営であった。既に一八五〇年代において、胡椒・ガンビール農園経営の中心地はシンガポールからジョホールに移動していたが、国際的な需要自体は低下していなかった。しかし、胡椒・ガンビールの価格は相対的に低く、イギリス領マラヤ全域にこれらの作物の農園経営が普及していくにつれて、その利益は頭打ちとなった。さらに、一八九〇年代における貿易不況が、胡椒・ガンビール農園経営に対して悪影響を与えるようになった。そのため、二〇世紀初頭において、シンガポールの華人商人たちは農園で栽培する作物を、胡椒・ガンビールから、より高い収益を見込めるゴム・パイナップルへと変更していったのである。

植民地政庁による現地統計の年次報告書によれば、一八九〇年の時点でシンガポールにはガンビール農園が八〇〇〇エーカー、また胡椒農園が四〇〇〇エーカー存在していた。しかし、林文慶ら「現地の改革主義者たち」が社会改革活動を開始する一八九六年には、ガンビール農園は四六〇〇エーカー、胡椒農園は一七〇〇エーカーに減少していた。この作地面積は一〇年ほどあまり変動しなかったが、一九一〇年にはガンビール農園は二九〇〇エーカー、胡椒農園は一七二〇エーカーと少し減少傾向となり、さらに一九一五年にはガンビール農園は五〇エーカー、胡椒農園は二五エーカーまで激減した。[21]一九一〇年代に至って、シンガポール華人社会ではゴム加工業やパイナップル缶詰業が大きく発展すると共に、胡椒やガンビール農園経営というビジネスが完全に衰退したといってよいだろう。

加えて、華人社会の経済構造における重要な変化をもたらしたのが、華人系銀行の出現である。第一章第三節で述べたように、一九〇四年における唯一の法貨としての海峡ドルの制定などにより、シンガポール華人社会は銀本位制を脱し、金本位制へと移行した。この影響により、華人の中国本土などへの送金についても、信局などを通した銀の直接送付に代わって、イギリス系の近代的な植民地銀行の為替送金を利用した間接送付が大きなシェアを占めるようになった。

しかし、シンガポールにおける金本位制・近代的な銀行システムの導入と伝統的な信局のシェアの弱体化は、現地に居住する多くの華人商人たちの経済活動に負の影響をもたらした。シンガポールの華人商人のうち、英語の会話・読解に長けたものは比較的少数であり、多くの華人商人はイギリス系の銀行と英語で交渉し、資金の融資を獲得することが困難となった[22]。現地の裕福な華人商人たちはこのような状況を打開すべく、近代銀行システムに対応し、現地の華人商人たちが合同で資金を出し合い設立・経営し、中国語や方言を用いて華人に送金・融資・外国為替などの業務を行うことを可能とする、近代的銀行を必要とするようになっていった（外国貨幣の両替業務は、イギリス系銀行などに委任される場合が多かった）。このように二〇世紀初頭以降に華人商人の資本によって設立・経営された銀行を、本書では華人系銀行と呼称する。

シンガポールにおいて最初に設立された華人系銀行は、一九〇三年に設立された広益銀行（Kwong Yik Bank）であった。この銀行は、設立当初は広益積聚銀号という名称であり、のちに広益銀行と改称した。この「銀号」という言葉を含む旧名はまさに、この銀行が設立期において、伝統的な信局（銀号は銭荘などと同じく、信局を意味する呼称の一つである）と近代的な銀行の過渡期にあったことを示すものであろう。広益銀行の設立者は林維芳や黄亜福（Wong, Ah Hook）などの広東幇の大商人たちであり、地理的には華人居住区付近のマーケット・ストリート（Market Street）に位置していた。しかし、広益銀行は約一〇年に渡り経営されたものの、経営者の経験・管理不足により多額の負債を抱えることとなり、一九一三年一一月に破綻し、最高裁判所の命令により黄亜福らが債務整理を行うこととなった。

二番目に作られたのは、四海通銀行（Sze Hai Tong Bank）であった。この銀行は、一九〇六年に黄松亭・陳徳潤・廖正興ら潮州幇の大商人により設立され、同じく華人居住区付近のチュリア・ストリート（Chulia Street）にて営業が開始された。四海通銀行は安定した経営により発展を続け、第一次大戦による恐慌をも潜りぬけて存続した。また、一九一〇年代には三つの華人系銀行が次々に出現した。まず一九一二年に華商銀行（Chinese Commercial Bank）が、一九一七年に和豊銀行（Ho Hong Bank）が、一九一九年に華僑銀行（Overseas Chinese Bank）が設立された。さらに、同時期にはイギリス領マラヤの他地域でも、華人系銀行が次々と設立されていった。

これらの華人系銀行は、ゴム加工業や錫採掘・精錬業などで財を成した華人商人たちが設立・経営者となり、またその経営者たちが属する特定の幇派と結びついて設立されることが多かった。たとえば広益銀行が主に広東幇の商人により、四海通銀行が主に潮州幇の商人により、華僑銀行が主に福建幇の商人により設立・運営されたことは、その証左となるだろう。これらの華人系銀行は、華人商人たちにとって新たに出現した重要なビジネスであり、かつ事業資金の新たな借入先ともなった。華人系銀行はさらに、中国語や方言しか話せない華人でも容易に利用可能な近代銀行としての機能を持ち、華人社会の経済構造をイギリス的・近代的な貨幣・金融システムに対応させていくうえでも、重要な役割を果たした[23]。これらの華人系銀行の中には、華僑銀行のように、現在まで存続しているものも存在する。

さらに、中国本土や華人社会で伝統的に送金・郵送業務を担っていた信局も、二〇世紀以降の新たな貨幣・経済制度の普及や華人系銀行の設立に対応していった。これらの信局は、華人社会内における各幇派と結びつき、自らの幇派に属する華人系銀行の経済的な機能に支えられながら、主にその幇派に属する華人商人たちに対して、為替手形を介した送金業務を提供した。信局が提供した業務は、近代銀行と比べれば基本的に少額かつ小規模であった。しかし、華人系銀行が提供した大規模な業務と、信局の比較的小規模な業務は、相互が補完関係にあり、両者はそれぞれマクロとミクロから華人商人たちの経済活動を支えた。シンガポール華人社会において、信局は中華民国期にその経済活動をさらに発展していき、第二次世界大戦の勃発（および日本軍によるシンガポール占領と送金ネットワークの断絶）まで、その経済構造の中で重要な役割を果たした[24]。

また、一九世紀と比べて大きく経営形態が変わった業種として、錫鉱業をあげることができる。第一章第四節にて（一九世紀的な）「公司」の経営形態と関連させた形で説明したように、一八八〇年代までのペラの錫採掘・精錬業では、精錬された錫は主にペナンに輸出されていた（シンガポールに輸入された錫は、マレー半島中南部のルクット（Lukut）で採掘され、マラッカを経由して輸送されたものであった）。一八八〇年代までのイギリス領マラヤの錫採掘・精錬業のネットワークにおいて、シンガポールはマラッカ・ルクットと、またペナンはラルットと主に結びついており、地域的な分断構造が存在していた。

一八八〇年代になると、海峡貿易会社（Straits Trading Company Limited）などのヨーロッパ資本の商社が、シンガポール・ペラを含むイギリス領マラヤの錫採掘・精錬業に参入してきた。海峡貿易会社は一八八七年に設立され、キンタで錫採掘事業を展開させていくと共に、鉄道や蒸気船ネットワークなどの近代的なインフラを利用して、採掘した錫鉱石をシンガポールまで高速で輸送し、シンガポールで錫鉱石を精錬・販売した。このように、これまで主に伝統的な華人「公司」によって寡占された状況にあったイギリス領マラヤの錫採掘・精錬業に、大資本を持ち近代的なインフラを利用可能なイギリス系の商社が参入してきたことは、それまで錫鉱床の付近の華人居住区などでばらばらに行われてきた錫の精錬が、シンガポールまで輸送して一括して行われるようになるという構造的な変化をもたらした。このようなイギリス領マラヤにおける錫の流れの一元化は、一八八〇年代以前の錫採掘・精錬業における地域的な分断構造が解消されていくきっかけとなった。さらに一九〇〇年代以降において、シンガポールのイギリス系の銀行や華人系銀行がキンタなどでの錫採掘・精錬業に積極的に投資を行っていったことは、錫採掘・精錬業のネットワークにおけるシンガポールの重要性をより高めていった。

これらの海峡植民地で採掘・精錬された錫は、海峡錫（straits tin）と呼ばれていた。海峡錫は一九世紀前半から、中国・インドなどのアジア域内や欧米への輸出が開始されていったが、一八八〇年代にシンガポールでの錫精錬量が増加すると共に、欧米（特にイギリス本国）がその主要な輸出先となっていった。[25]

これらの錫採掘・精錬業の変容から、伝統的な「公司」という経済的システムの消滅が、シンガポール華人社会のみならず、東南アジア島嶼部においても大きな影響を与えたことを確認することができる。

加えて、むしろ一九世紀中葉と同様の状況に回帰するという特殊な状況に陥った業種として、買売春業をあげなければならない。第一章第五節にて述べたように、シンガポールでは一八八〇年代から一八九〇年代にかけて、「伝染病条例」が撤廃され、娼館の登録制度や強制的な検診が再び廃止されてしまった結果、娼館は海峡植民地政庁からもその存在を黙認され、性病の感染者も再び増加し続けている状況にあった。

特に二〇世紀初頭以降、梅毒などの性病感染者は増加し続けていき、より多くの犠牲者を出すようになっていた。性病の犠牲者は年々増加の一途をたどり、一九二〇年代には買売春業に従事する女性だけではなく、売春婦を「買った」若い夫から妻への梅毒感染が蔓延化していくと共に、その妻が出産した新生児の先天性梅毒の問題が深刻化していった。

一九二三年一二月一七日に海峡植民地政庁の立法参事会に提出された性病委員会（Venereal Disease Committee）の報告書では、現地で出生した海峡華人の新生児の四人に一人が先天性梅毒を患っており、このままではこの病気の蔓延と海峡華人の死亡率の上昇、またそれに伴う海峡華人人口の破滅的な減少といった社会問題がさらに加速していくことが危惧されている。このような破滅的な状況は、イギリス本国政府が、梅毒などの蔓延により現地の海峡華人コミュニティが「消滅」してしまうことを危惧し、娼館の登録制度や強制的な検診といった制度を再び復活させた一九二〇年代後半まで続いた。

一九世紀後半における華民護衛司の華人保護活動と一八九〇年に施行された「結社条例」により大きな打撃を受けた秘密結社は、同じく一八九〇年代から植民地政庁（特に華民護衛司）による管理が行き渡らなくなった買売春業に目を付けた。秘密結社は一八九〇年代以降に買売春業への関与を深めていくことで、現地での社会的な影響力を（極めて限定的ではあるが）復活させた。秘密結社はかつてのように海峡植民地政庁による治安の維持を妨害し、暴動を主導するほどの社会的な影響力を失ったものの、代わりに買売春業と癒着し、娼館主や娼婦たちの生活を暴力で支配することによって、新たな形態と収入源を確保した。秘密結社は、彼女たちの「保護」を名目として金をゆすると共に、仕事の強制や客からの暴力への報復、代金の支払いの強制などを代行した[26]。

これらの経済構造の変化に対応して、華人商人層自体も大きく変化していった。第一章第五節にて詳述したように、一九世紀末までのシンガポール華人社会における大商人の多くは海峡華人であり、彼らは長期的に貯蓄・形成されてきた資産を利用し、（一九世紀的な）「公司」経営やアヘン徴税請負制度への参入などによってビジネスを展開していた。彼らのビジネスの範囲は基本的にシンガポール・海峡植民地を中心とする東南アジア島嶼部に限られており、中国国内までビジネスを拡大しているものは少数であった。

もちろん、海峡華人の商人たちも中国本土という広大な市場に気付いていなかったわけではない。また一九世紀後半には、清朝の駐シンガポール総領事館や厦門保商局のように、中国本土へ帰還する華人への保護を行う機関も設立されていった。さらに、張振勛のように、中国本土にて出生し、東南アジア島嶼部に移住しビジネスを成功させたのちに、清朝（特に商部）や地方政府との関係性を構築して中国本土でのビジネスにも参入しようとした華人商人も、少数だが存在していた。

しかし実際には、現地の海峡華人たちにとって、中国本土という市場への参入は依然として極めて高いリスクを伴うものであった。中国本土の事情に疎い海峡華人商人たちは、中国本土の地方官僚や商人たちから詐欺やゆすりなどの被害に遭うことが多く、保商局による保護も十分に機能しなかった[27]。

これに対し、二〇世紀初頭以降にシンガポール華人社会で台頭してきた新たな世代の華人商人たちは、中国本土と東南アジアを頻繁に往来し、中国本土の公権力（特に地方政府）との強い関係性を維持しながら、東南アジア島嶼部だけではなく東南アジア大陸部や香港、中国本土などの東アジアをも含んだ広域的なビジネス・ネットワークを形成・展開していた。また中国本土の政治権力との関係性構築における窓口としての役割を果たしていた中華総商会の存在は、これらの新たな世代の華人商人たちが中国本土においてビジネスを展開するうえでも有益に働いた。

さらにこれらの華人商人たちにとって、一九二〇年代以降における「抗日」ナショナリズムの高揚と日本製品のボイコットや「国貨」購入キャンペーンは、「祖国」中国とのビジネス・ネットワークの構築に加えて、現地でのビジネス上の戦略としても機能していた。一九二〇年代後半より（当時日本帝国の植民地であった台湾を含む）日本製品が、その安価性を武器として、シンガポールを含む東南アジア島嶼部の市場に参入し、華人商人たちにとって強力なビジネス・ライバルとなった。たとえばゴム底靴などのゴム製の靴について、一九二七年のシンガポールにおけるゴム靴の輸入のうち、日本製品が占める割合は約三五％であったが、一九三〇年には約八一％にまで上昇した。特に一九三〇年代以降、日本製品は安価性を武器にして、シンガポールを含む東南アジア島嶼部の市場において、圧倒的なシェアを持つようになった。

中国やシンガポールなどで製造・流通業に従事していた華人商人たちが、安価な日本製品に単純な価格競争で対抗することは難しかった。そのため、彼らは「抗日」ナショナリズムに協調しつつ、これを利用して日本製品の輸入に対するボイコットと「国貨」の購入を訴えることで、日本製品のシェアに対抗しようと試みた。日本製品のボイコット運動は現地ではあまり大きな成果を上げなかったが、特に「抗日」ナショナリズムが高揚していく一九三〇年代後半以降において、日本製品の輸入は減少に転じていった（同時に、上海で生産された安価な中国国内製品が香港経由でシンガポールに流入するようになったことが、この傾向を後押しした）。

もちろんこのような自主規制は完璧ではなく、表面上は日本製品へのボイコットを行っているものの、隠れて日本製品を扱う華人商人たちも存在していた。一九三〇年代後半には、若年層の華人たちによる日本製品を扱う華人商人に対する捜索が行われ、日本製品を扱う商店への略奪や、その店舗を経営する商人の耳を削ぐといった暴力的な事件が発生するまでに至っている[28]。

なお、海峡華人の商人たちもすぐにその資産やビジネス、社会的影響力を失ったわけではない。彼らの経済構造の変容への対策として、共同出資による合同会社の設立をあげることができる。この最初期の例として、一八九〇年に陳若錦や李清淵・陳恭錫（Tan, Keong Saik）らが、ヨーロッパ資本の汽船会社であったマンスフィールド（Mansfield and Company）の関係者たちと共に設立した海峡汽船会社（Straits Steamship Company Limited）をあげることができる。この会社は五隻の蒸気船を保有した状態でその経営を開始し、イギリス領マラヤ西沿岸部（特にペナン・マラッカなど）における錫鉱石や胡椒・ゴムなどの

画像 67　ロビンソン・ロード（Robinson Road）にあった自企業のオフィスにいる林義順。1918 年 9 月 7 日。

画像 68　林文慶と林義順らの写真。撮影場所は林文慶が所有する庭園。1914 年 1 月 22 日。

交易に参入し、大きな成功を収めた[29]。

また本書で注目した知識人層の海峡華人たちの中でいえば、林文慶は前述したように、マラッカの華人であった陳済賢に対してゴム栽培への投資を勧め、イギリス領マラヤにおけるゴム農園経営・加工業の先鞭をつけた。また彼自身も一九〇九年九月に、陳若錦らとの合同出資により、新加坡樹膠有限公司（United Singapore Rubber Estates Limited）の経営を開始した[30]（また「革命派」の支持者であった林義順も、このゴム会社で経理として働いていた）。さらに彼は華人系銀行である華商銀行や和豊銀行の設立者の一人であり、一九一〇年にはゴム農園経営の際の間作物としてパイナップルを推奨し、かつパイナップルを間作物として四年間栽培した場合の費用と利益を試算して、その収益性が高いことにも言及するなど、パイナップル農園経営・缶詰業にも強い関心を有していた[31]。

しかし、一九一〇年代以降における新たな世代の華人商人たちの台頭は目覚ましく、二〇世紀前半のシンガポール華人社会における商業的成功と現地でのリーダーシップの確立という観点から見ると、これらの新たな世代の華人商人たちが海峡華人たちよりも優位に立ったといってよいだろう。

このような新たな世代の華人商人たちを代表する人物として、陳嘉庚をあげることができる。陳嘉庚は前述したとおり、パイナップル缶詰業やゴム加工業によって、中華民国期のシンガポール華人社会を代表する大資本家となった華人商人であり、中国本土および東アジア・東南アジア各地に支社を有していた。彼はまた、中華民国期のシンガポール華人社会の福建幇を代表する華人リーダーの一人であり、福建会館としての機能を果たしていた天福宮の中でも、リーダーシップを発揮した（なお、天福宮は一九一六年に福建会館と改称した）。

陳嘉庚による現地の華人社会へのリーダーシップの発揮という点に関して、怡和軒倶楽部（Ee Ho Hean Club）の活動も重要であろう。怡和軒倶楽部は一八九五年に設立され、二〇世紀初頭には林文慶や陳若錦・李清淵・顔永成などの海峡華人エリートたちや華人商人たちに加えて、張永福・陳楚楠・林義順ら「革命派」メンバーを含む多様な華人から構成された華人団体であった。陳嘉庚は一九二三年にこの団体の総理を担当することとなり、この役職を一九四七年まで継続して担当した。陳嘉庚は総理としてこの団体の改革を積極的に進め、各幇派の華人たちを広く受け入れると共に、日本製品のボイコットや中国本土への送金などの「抗日」ナショナリズムに基づく政治活動を積極的に推進した。

また陳嘉庚は、その莫大な資産を活かして、教育活動に対する寄付や支援を積極的に行っていた。彼はシンガポールの多くの中国語学校の設立・運営を支援したほか、一九二一年には彼の故郷に近い厦門に厦門大学を設立しており、第二代

画像69　自動車に乗る林文慶・張永福・陳楚楠・林義順ら。1910年代。

画像70　陳嘉庚の写真。1950年。

の校長として林文慶が赴任した[32]。また彼はジャーナリズムにも参与しており、一九二三年には中国語新聞である『南洋商報』を創刊した。さらに、陳嘉庚は孫文ら「革命派」の政治団体であった中国同盟会シンガポール支部の支持者であり、中華民国期も変わらず孫文および国民党の支持者として活動し、政治的な資金提供も多く行った（ただし、陳嘉庚は一九四〇年に重慶を訪れた際に国民党の腐敗に失望し、共産党支持に転向したとされている）。

しかし、陳嘉庚が最も注力していたのは、自身の出身地である福建省の地方政府や在地の軍事勢力との関係性の構築や支援であった。これらの活動は一面では陳嘉庚の郷土愛の発露でもあったが、同時に中国本土と東南アジアにまたがっていた陳嘉庚の広域的なビジネス・ネットワークの維持にも大きく寄与していた。また前述した教育活動への支援も、福建省の教育機関か、あるいはシンガポールの福建幇の華人を対象とした教育機関への支援であったという意味では、同じく福建省・福建幇との関係性の強化の試みであると見なすことができるだろう。

陳嘉庚と並ぶ、新た世代を代表する華人商人として、「タイガーバーム」（Tiger Balm、万金油）の創案と販売で知られた胡文虎（Aw, Boon Haw）をあげることができる。胡文虎は一八八三年にイギリス領ビルマのラングーンにて出生した客家幇の華人であり、一度中国本土に戻り教育を受けたのちにラングーンに戻り、一九〇八年に父親が経営していた永安堂という薬剤店を継いだ。胡文虎は弟の胡文豹（Aw, Boon Par）と協力して永安堂の経営に尽力し、タイガーバームなどの医薬品を売り出すことにより、永安堂を大きく発展させた。

タイガーバームなどの商品の売上の増加と経営規模の拡大に伴い、一九二〇年代に永安堂の本社と本工場はラングーンからシンガポールに移動した。また永安堂の支社や分工場は最大で二〇カ所存在しており、中国本土（汕頭・広州・福州・厦門・漢口・上海・天津・重慶・昆明・西安など）や香港、台湾、ペナン、シャム王国（バンコック）、オランダ領東インド（バタヴィア）など、広域的に展開されていた。自らが経営する企業の本社をシンガポールに置いたうえで、その支社を中国本土や東アジア・東南アジア各地に設立し、広域的なビジネス・ネットワークを展開するという点で、陳嘉庚と胡文虎には明確な共通性を見て取ることができる。

胡文虎が経営する永安堂の本社・支社は、新聞・雑誌などの広告を積極的に活用しながら、協力して宣伝活動を行い、永安堂全体の医薬品の販売拡大に貢献した。胡文虎は永安堂の商品の商標として虎のイラストを採用し、視覚的なイメージを印象付けようと試みていた。また胡文虎は多くの商業イラストレーターを採用し、虎や美女を描いた美しい広告画を

画像 71　胡文虎の写真。1936 年代。

画像 72　胡文虎が経営していた永安堂の広告。右側にタイガーバームの商品包装が、また左側にシンガポールにあった永安堂の建物が写っている。1920 年代。

製作させ、新聞などのマスメディアやカレンダーの中で、これらを用いた積極的な宣伝活動を展開した。

胡文虎が採用した著名なイラストレーターとして、関蕙農(Kwan, Wai Nung)があげられる。関蕙農は代々画家の家系であり、彼自身も新聞広告画やカレンダー画などで著名な商業イラストレーターであった。彼は最新のファッションに身を包んだ若い女性と、獰猛というよりも優美なイメージの虎を併せて配置した広告画を好んで描いた。また胡文虎は虎のイメージを同時代的に刷新していくことにも配慮しており、一九二〇年代には一等賞品として一〇〇〇ドルと永安堂のカレンダー画としての採用を掲げ、プロでもアマチュアでも参加できる虎のイラストの公開コンテストを開催した。

このような広告の一例として、永安堂の八卦丹の広告では、男性が女性にキスをしているが、男性の口臭を女性が嫌っているというイラストを用いて、八卦丹を服用して「吐く息が素晴らしい香りとなる」(吐気如蘭)と、より男女関係が親密化することを表現した。また胡文虎は一九二九年にシンガポールで創刊された『星洲日報』をはじめとして、各地で一〇以上の中国語・英語新聞を創刊した。胡文虎が経営した新聞事業は、それ自体が一つの事業投資・経営であったが、同時にこれらの新聞の広告欄を利用して、永安堂の医薬品販売の宣伝活動を展開することも可能であるという意味で、二つの利点が存在していた。

胡文虎もまた陳嘉庚と同様に慈善事業に注力しており、永安堂の利益の四分の一をそのために用いると公言していた。彼はシンガポールのみならず、中国国内や香港・東南アジアの華人居住地域などにおいて、学校などの教育施設や病院、善堂、監獄などの建設や維持のために多額の寄付を行った。また彼は中国国内政治にも多くの寄付を行っており、一九三〇年代における「抗日」運動にも積極的に協力した。[33]

繰り返しとなるが、このような広域的な展開による高い収益性を持つビジネス・モデルの形成と、それに対応した新たな世代の華人商人たちの台頭は、いわゆる一九世紀的な「公司」の経営形態がそのままでは存続しえなくなったことや、中国本土との政治的な関係性が確立したことにより、中国本土との往来や広域的なビジネス展開がより容易になったということが大きく影響していると思われる。

すなわち、一九世紀のシンガポール(およびイギリス領マラヤ)で形成・維持されていた、植民地政庁と華人商人・労働者・秘密結社がアヘン徴税請負制度と「公司」経営によって結びついた植民地的な経済構造が、二〇世紀初頭に大きく変容していった。

まず海峡植民地政庁は、アヘン徴税請負制度を廃止し、華人商人や秘密結社との利益共有関係を断ち切り、単独でアヘン販売の利益を確保するようになった。次に、秘密結社は、「公司」の消滅と「結社条例」による法的規制により、かつての社会的影響力を失い、買売春業との関わりを深めながら、より地下組織化していった。そして、陳嘉庚・胡文虎らに代表される華人商人層と労働者層は、植民地政府や秘密結社との関係性を薄めつつ、ゴム加工業・パイナップル缶詰業・近代銀行経営などの新たなビジネスに移行しながら、シンガポールを中核として中国本土から東アジア・東南アジアにまでまたがる、広域的なビジネス・ネットワークの形成を進めていった。彼らの広域的なビジネス展開を支えたのは、収益性の高い業種・商品の選択とその生産性や輸送速度を高める近代的技術・システムの導入、中国本土（特に地方政府）との緊密な関係性の構築、そしてマスメディアを利用した宣伝戦略の展開であった。

そして中華総商会は、陳嘉庚や胡文虎に代表される、これらの社会的変容に対応して新たに華人社会の経済構造の中核を担うようになった華人商人たちを内包し、彼らの商業活動を統括・把握する役割を担っていた。さらに中華総商会は、幇派を超えた連帯・協力の場として、シンガポール華人社会全体を代表する機能を果たすと共に、中国本土の政治権力との関係性構築においても、その中核となった。その意味で、これらの華人社会の経済構造の変容は、そのまま「中華総商会の時代」の一側面として位置付けることが可能である。

また本節にて前述したように、中華総商会と対立する立場にあった陳楚楠・張永福ら「革命派」の支持者たちは、一九一二年に新たな商業会議所として南洋華僑総商会を設立している。このことは、中華総商会と対立的な関係性にあった華人たちですら「中華総商会」という枠組から離れられず、第二の中華総商会としての機能を持つ団体を設立せざるを得なかったことを示すものであり、「中華総商会の時代」という社会的な文脈が、現地においていかに重要であったのかを示す証左となる。

そして、「中華総商会の時代」、すなわち中華総商会を中心とした華人社会全体の連帯・協力という構造は、植民地宗主国イギリスと「祖国」中国との間で緊張感を保ちながら、より政治色を強めつつ、二〇世紀初頭から日本軍のシンガポール侵攻まで変わらず維持されることとなった。

四　中華民国期における教育史の展開

次に、中華民国期のシンガポール華人社会における教育史の展開について、簡単に整理する。第六章などで議論したように、既に一九世紀後半より、華人を対象として英語教育を行う学校や中国語教育を行う私塾が複数設立されていた。また一九〇〇年代後半において、「国語」教育を標榜する初等学堂も、複数の幇派に分かれた形で設立・運営されていった。このようなシンガポールにおける華人を対象とした教育施設の発展という傾向は、中華民国期における前述した「中華総商会の時代」、すなわち中華総商会を中心とした華人社会全体の連帯・協力という構造の中で、さらに展開されていった。

最初に、中華民国期における教育機関・制度などの発展の中で注記すべき点を整理しよう。まず、中華民国期以前においては（本書第六章などにて取り上げた初等学堂を含め）ほとんどの初等教育施設が「学堂」という名称を用いていたが、中華民国期以降においては「学校」という名称が主流となり、既に開校していた初等学堂も学校という名称に改称した。第六章で詳述した養正学堂・道南学堂などの初等学堂も、中華民国期以降には養正学校・道南学校などの名称に変更した。

また、第六章において強調した、各幇派がそれぞれの方言に沿った形で、「国語」としての中国語教育を行う初等学堂を運営するという社会的な構造自体は、中華民国期に至ってもそのまま維持された。ただし、詳しくは後述するが、南洋華僑中学校（Nanyang Chinese High School）のように、複数の幇派の学生に対して共通語としての官話を用いて教育する学校が設立されており、また各幇派により運営されていた初等学堂でも、官話による教育が行われるようになっていった。

さらに、海峡植民地政庁は一九二〇年一〇月に「学校登録条例」（Schools Registration Ordinance）を公布した。この条例はまず、海峡植民地にて設立・運営されている全ての学校（軍事学校（military school）を除く）は、植民地政庁の教育部局を担当する官僚（Director of Education）により登録されなければならないと規定した。そして、植民地政庁の教育部局の官僚は登録された学校を査察することが可能であり、また、もしこの査察によって学校の教員や運営に関わる役員たちが植民地統治に対して悪影響を与えるような政治運動に関与していたことが発覚した場合、その学校を非合法とすることが可能となると規定していた。海峡植民地政庁はこの条例を利用して、中国語教育を行う学校に対する直接的な管理を進めていった。

この背景として、前述したように、一九一〇年代末よりシンガポールを含むイギリス領マラヤの華人社会において、アナキズムや社会主義・共産主義の影響を受けた華人による政治活動が活発化していき、また中国本土の五四運動の影響を受けて、日本製品に対するボイコットも頻発するようになったという点があげられる。さらに、「国語」としての中国語教育を行う学校の教員たちの中には、中国国内政治に関する意識が強く、これらの政治運動に積極的に関与しようとするものが存在していた。植民地統治者であるイギリス側は、華人社会におけるこれらの動きを警戒し、政治運動の温床となりかねない現地の中国語学校に対する管理を強化していったといえる。[34]

　また中華民国期には、中国本土でも教育制度の規定に関する整備が進んでいき、現地で「国語」としての中国語教育を行っていた各学校はその統制を受けることとなった。これらの規定として、前述した「学堂」という名称の廃止と「学校」という名称の採用や、学年制や教育課目などに加えて、学期制や休暇などに関するものがあげられる。[35]

　次に、初等学校について整理する。中華民国期に至り、「国語」としての中国語教育の普及という傾向はさらに顕著となり、より多くの初等学堂が設立されるようになっていった。一九一〇年代には二五、一九二〇年代には八六、さらに一九三〇年代には一三一もの初等学校が設立された。

　これらの初等学校は、教員が五人以下、学生も一〇〇人以下という小規模の学校から、教員四〇人以上、学生二〇〇〇人以上という大規模な学校まで、多岐に渡っていた。またこれらの初等学校の大多数は、一九〇〇年代後半に設立された養正学堂・道南学堂などの初等学堂と同様に、中国本土の教育制度に対応して、「国語」としての中国語教育を行う学校としての側面を有していた。その意味で、養正学堂・道南学堂などは、中華民国期における初等学堂の設立ラッシュの先駆けとなったということができる。これらの初等学校の増加により、一九世紀後半のシンガポール華人社会における主要な教育機関であった民間の私塾・私立学校やキリスト教学校は、相対的に見ると比較的少規模なものへと変化していった。[36]

　また、二〇世紀前半のシンガポール華人社会では、非常に重要な教育施設が、新たに二つ設立されることとなった。その一つは、一九一九年にその教育活動を開始した、南洋華僑中学校である。南洋華僑中学校は、中国語による中等教育を行う学校としてシンガポールで初めて設立された中学校であり、あらゆる幇派の学生を受け入れると共に、方言ではなく官話による教育を行ったという点において、シンガポール華人社会史上においても特筆すべき教育機関であるということができる。

　第六章にて詳述したように、現地の初等学堂による「国語」教育では、幇派ごとに分かれた形で中国語教育がなされていた。同時期に、複数の幇派が協力した形で中等教育を行う学校を設立する計画もたびたび提唱されていたが、いずれも実現せずに頓挫してしまっていた。

　さらに中華民国期以降の一九一三年に、著名な華人商人であった陳嘉庚が中華総商会に対し、複数の幇派に対して中国語教育を行う中学校を設立することを提議した。この提案自体は、一九〇〇年後半の計画と同様に、失敗に終わった。しかし、陳嘉庚は一九一八年六月に、各幇派により運営されて

画像73　牛車水の南部、セポイ・ラインズに面するニュー・ブリッジ・ロードの情景。1906年頃。

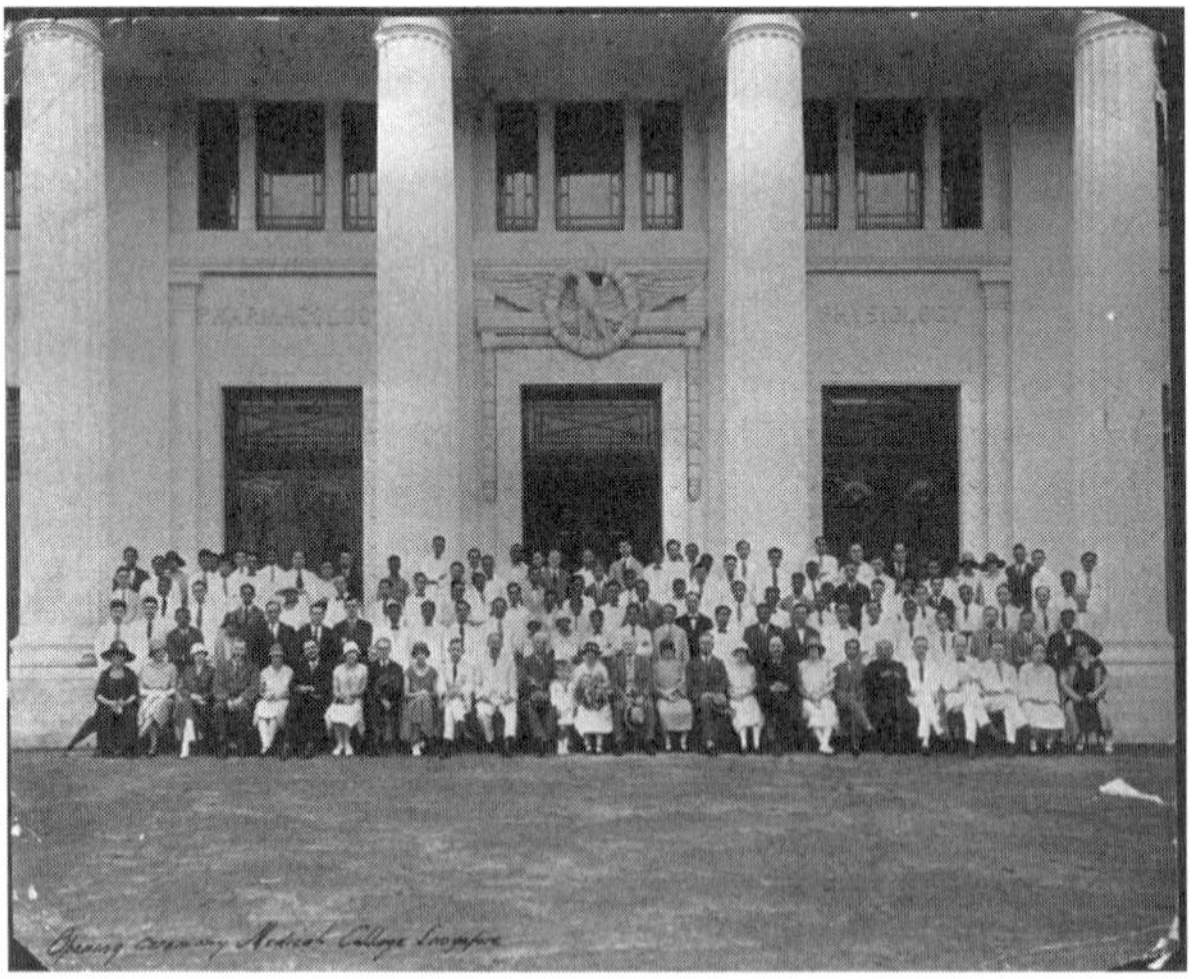

画像74　エドワード7世医科大学の新たな校舎の設立時における記念写真。1926年。

いた小学校の校長たちの協力を集めて、再度この計画を提案した。一九一八年六月八日の『叻報』に掲載された広告によれば、陳嘉庚は道南学校の総理としてこの計画に協力しており、また端蒙学校・養正学校・崇正学校・啓発学校などの総理を担当した華人たちも参加していた。さらに、南洋華僑中学校に入学した学生たちは、特にその入学当初においてかなりの困難が存在するとしても、共通語としての官話を用いて教育を行う予定であることがはっきりと言明された。

この後、六月一五日の集会と資金収集を経て、南洋華僑中学校は一九一九年三月二七日にその教育活動を開始し、一九二〇年三月二一日にニヴェン・ロード（Niven Road）にて正式に開校した。南洋華僑中学校の設立当初の資金収集において、陳嘉庚は一三〇〇〇ドルを寄付しており、またその設立後に正総理を担当した（副総理を担当したのは、林義順であった）。南洋華僑中学校は一九一九年前半の時点で、中国本土より校長・教員一〇人を招聘し、また入学試験を経て学生七四人を入学させた。この中学校の教員・学生の人数は年々増加していき、一九二二年には学生は一五〇名を超え、教員も一八人に達した。

南洋華僑中学校の教育課程は、四年制の普通科と、普通科卒業後に進学する二年制の商業科に分かれており、前者では修身・国文・英文・歴史・地理・数学・物理・化学・法制経済などの基礎的な授業課目を、また後者では国文・英文に加えて、経済学・商業数学・珠算・簿記・会計学・商法・統計学などの経済学・経営学に関係した専門的な授業課目を有していた。さらに体育部・足球（サッカー）部・網球（テニス）部などの部活動や、国語演説会・英語演説会などのクラブ活動を行っていた。

南洋華僑中学校は、中国語教育を行う中学校としてシンガポール華人社会にて最初に設立され、あらゆる幇派の華人学生に対して官話による教育を行った学校であった。その影響は大きく、この学校の教育活動が開始された一九一九年以降において、各幇派により運営されていた初等学校でも、方言ではなく官話を用いて教育活動を行う学堂が増加していった[37]。

もう一つは、一九二一年におけるエドワード七世医科大学（King Edward VII College of Medicine）の設立である。この学校は専任教員を有する高等教育機関として、シンガポールで最初に設立された医科大学であった。この医大の設立は、シンガポールおよびイギリス領マラヤにおける高等教育機関設立の先駆けであり、かつ現在のシンガポール国立大学（National University of Singapore）やマラヤ大学（University of Malaya）の前身となったという意味において、重要な意味を持つものとなった。

この学校設立のきっかけは、著名な海峡華人であった陳若錦が一九〇四年九月に、海峡植民地知事であったアンダーソンに対して、海峡植民地およびマレー連合州の住民が医学を学ぶことができる医学校を設立すべきであると提唱したことであった。アンダーソンはこの要求に対して約一カ月後に返答し、この医学校を設立するうえでの最大の障害は資金不足であり、七一〇〇〇ドルの資金を集めることが可能であれば設立を許可すると伝えた。

陳若錦はこの返答を受けて、シンガポールの華民護衛司署でイギリス領マラヤの華人社会のリーダーを集めた会議を開いて寄付を募り、八七〇七七ドルという巨額の寄付金を集めた。この資金をもとに、一九〇五年九月に海峡植民地・マレー連合州政府医学校（Straits and Federated Malay States Government Medical School）が開校した。この学校はその開校当初、アウトラム・ロード（Outram Road）とニュー・ブリッジ・ロードが交わる場所であったセポイ・ラインズ（Sepoy Lines）に設立された。

この医学校はその設立以降、林文慶や陳若錦、陳済賢などの海峡植民地およびイギリス領マラヤの富裕な華人たちからの支援を受けながら運営を継続していき、一九一二年にエドワード七世医学校（King Edward VII Medical School）と改称され、最終的に一九二一年にエドワード七世医科大学へと改称し、医科大学へと昇格した。

これらの華人たちによる支援のうち、特にマラッカの華人商人であった陳済賢が一五〇〇〇ドルの資金を支出して建造し、一九一一年に自身の父の名前を付けて寄贈した陳徳源大楼（Tan Teck Guan Building）は、この医学校の代表的な建物となった。この建物は、その設立当初から現在まで変わらずにマカリスター・ロード（Macalister Road）に存在しており、シンガポールの歴史的建築物の一つとして認定されている[38]。

また、華人を対象とした女子学校・夜間学校の増加という点も、中華民国期以降の新たな傾向の一つとしてあげることができるだろう。女子学校について、第四章第二節にて述べたように、林文慶ら「現地の改革主義者たち」は一八九九年にシンガポール華人女子学校を設立しており、現地の華人女子学校の先駆となった。また夜間学校についても、第六章第五節にて夜間学校の設立を求める意見が現地の中国語新聞『叻報』に掲載されたことを取り上げた。中華民国期のシンガポール華人社会における教育機関などの増加の中で、華人女子学校や夜間学校などの教育機関も、さらに発展していった。

まず華人女子学校について、第六章で述べた初等学堂の設立に続いて、一九一一年から一九四〇年にかけて、シンガポール華人社会において一七校の女子学校が設立された。これらの華人女子学校は、男子児童を対象とした初等学校と同様に、中国本土の教育制度に対応して、「国語」としての中国語による初等教育を行っていた。

これらの「国語」としての中国語教育を行った女子学校の

中で特に著名な学校として、南洋女学校（Nanyang Girls' School）があげられる。南洋女学校は、一九一七年に陳楚楠・張永福ら「革命派」支持者たちによって設立され、シンガポール華人社会において最も著名かつ大規模な女子学校の一つであった。南洋女学校は、華人女子学生に対する中国語教育を行うと共に、教員養成課程（師範班）を有しており、主に現地で華人女子に対する中国語教育を担当する教員を養成していた。またこの女学校は、一九三〇年に胡文虎らの資金寄付を受けて、南洋女子中学校（Nanyang Girls' High School）と改称すると共に、シンガポール華人社会で初めて中等教育課程を設置した女子学校となった。

また、これらの女子学校の中には一九一九年以前から、複数の幇派に属する学生を受け入れていた学校が存在することも強調しておくべきであろう。この一例として、中華女子学堂（Chung Hua Girls' School）をあげよう。中華女子学堂は、一九一一年に「国語」としての中国語教育を行う女子学校としてシンガポールで最初期に設立された女子学校の一つであり、一九二五年に中華女子学校と改称した。さらに一九三九年から一九四一年にかけて、中華女子学校も南洋女子中学校と同じく教員養成課程（師範班）を持つようになった。

加えて、中華女子学堂は一九一三年の時点で、福建・広東・潮州など、複数の幇派に属する女子学生七〇人以上に対して、官話による教育が行われていた。これは、南洋華僑中学校がその教育活動を開始した一九一九年よりもさらに早く、特筆すべき点であるといえる。

さらに、一九三〇年八月から一九四一年年末（太平洋戦争開戦まで）にかけて、海峡植民地政庁は世界的な大不況（いわゆる世界大恐慌）の影響を受けて、徐々に移民のシンガポールへの移住の規制を進めていった。この時期における移民規制の進展の中で、特に初期において華人男性のシンガポールへの移住の上限数が設定されたため、シンガポールへの渡航者全体の中で華人の女性の渡航者の割合が増加していき、またシンガポール華人社会における女性の割合も相対的に増加していった。

一九三〇年代以降、華人女性移民は男性移民の比率の低下を補い、男性労働者に代わり、ゴム加工業や錫精錬業などの工場労働、商業・流通業・小売業、教育（学校教員としての労働）など、現地における多様な種類の労働に積極的に参与していくこととなった。シンガポールにおける華人女子学校の増加は、このような女性労働者の増加という華人社会の需要に対応し、職業的な労働に必要な教育を行うという役割を果たした[39]。

次に、華人を対象とした夜間学校について整理する。夜間学校は文字通り、日中ではなく夜間に教育を行う学校であり、主に幼少時に教育を受けておらず、日中は働いている労働者たちを対象として教育活動を行っていた。史料的根拠を確認できる限りにおいて、シンガポールで最初に設立された夜間学校は、一八九一年九月に牛車水にて設立された西書夜塾であり、夜間において英語教育を行ったようである。また中国語教育を行った夜間学校としては、広東省広州府新寧県（のちの台山県）の出身者たちが設立した会館であった寧陽会館が、一九〇四年に敷設した寧陽半夜学堂があげられる。

一九〇八年五月にトレンガヌ・ストリート（Trengganu Street）にて設立された普通半夜学堂は、初等教育を受けられなかった若年層の華人を主な対象とした専門的な夜間学校の先駆けとなった。また夜間学校には、独立した学校ではなく、各幇派の初等学校や中学校などが夜間学校としての授業課程を設置したという形態のものも多く含まれていた。養正学校・端蒙学校・応新学校・道南学校などが一九〇〇年代後半以降に設置した夜学部や、南洋華僑中学校が一九二〇年に設置した南洋華僑夜学（一九二二年に南洋夜学と改称）などが、この例に当たる。夜間学校の設立・運営の全盛期であった一九二五年から一九二八年にかけて、シンガポール全土で四〇以上の夜間学校が存在していた。

またこれらの夜間学校のうち、特に海南幇の華人たちが関わっていた夜間学校は、華人の政治活動（特に共産主義運動）に深く関与しており、学校教育を通して政治活動への支持者・支援者たちを生み出す場として機能していた場合が多かった。前述したように、一九二六年には共産主義者・アナキストの華人たちによる最初の組織である南洋華僑各公団聯合会が、海南幇の華人を中心として組織され、海南幇の華人の学生や若者、労働者たちをその政治運動に動員した。これと関係して、一九二六年・一九二七年の二年間のみで、二七の海南幇系の夜間学校が閉鎖された。また一九二七年に設立された南洋共産党の幹部の中にも、夜間学校の関係者が複数含まれていた[40]。このことは、現地における夜間学校の教育活動の発展が、同時期のシンガポール華人社会における共産主義などの政治運動の高揚と結びついていたことを、はっきりと示している。

注

（1）*Straits Times*, 27th November, 1906, "Awakening of Chinese in Singapore."

（2）［李盈慧 一九九七：一九—二二］［劉華 二〇〇四：八九—一五〇］。ただし、僑務委員会に代表される、中華民国の政府内において海外の華人に関する事務を管轄する部局が十分に整備されるようになったのは、南京国民政府期以降であった［鶴園 二〇一七］。

（3）シンガポールの華人たちによる中国国内政治への関与について、一八七八年における清朝の駐シンガポール領事館の設立を、より早期の事例と見なすことも可能であろう。ただし、第一章第六節にて詳述したように、一九世紀後半において清朝領事館は現地で華人の保護・管理という領事館としての本来の活動を十分に行うことができず、主に名誉官位の売買や文化活動のみに従事していた。そのため、清朝領事館の活動やそれに対する現地華人の参加・協力は、中国国内政治への関与として捉えることは難しいと思われる。

（4）〔Png 1961: 8-9〕〔Purcell 1948: 209-210〕〔Turnbull 2009: 122, 141〕〔Yong, McKenna 1990: 23-24〕〔陳士源 二〇〇二：四五―四八〕〔欧陽 一九七二：九八―一〇四〕。

（5）〔岡本 二〇一五：一六一―一九五〕〔川島 二〇一〇：一四二―一六二〕〔菊池 二〇〇五：一六五―一八二〕。

（6）〔陳士源 二〇〇二：八一―八四〕〔欧陽 一九七二：一〇九―一一〇〕。

（7）〔Png 1961: 8-24〕〔Purcell 1948: 209-218〕〔Yong, McKenna 1984〕〔Yong, McKenna 1990: 30-31, 46-47, 56-57〕。なお、シンガポールにて秘密裏に存続していた国民党シンガポール支部の隠れ蓑となった団体名について、パーセルはSouth Seas Industries Company Limitedという企業として表記している〔Purcell 1948: 210〕。しかし、パーセルはこの企業の中国語表記を明らかにしていない。また管見の限り、他の先行研究や同時代史料でも、この企業の実在に関して明確な典拠となる記述を発見することはできなかった。たとえばパン（Png, Poh Seng）は、国民党のマラッカ支部の隠れ蓑となった企業については、中華公司（Teong Wah and Company）という中国語表記を記述している。しかし、シンガポール支部の隠れ蓑となった企業（すなわちSouth Seas Industries Company Limited）については、中国語表記を明らかにしておらず、またその典拠としてあげているものもパーセルの研究のみである〔Png 1961: 10-12〕。これは恐らく、同時代史料から関係する記述を発見できなかったことによるものであろう。パーセルは一九二〇年代初頭より、海峡植民地でイギリス人官僚として働いており、特に華人統治関係の事務を担当した経歴を有している〔Van Der Sprenkel 1970: 4-5〕。そのため、パーセルが現地でこの企業に関する何らかの情報を見聞きしていたという可能性は否定できない。しかし、現状では同時代史料などからこの点を確認することもできない。そのため、本書ではこの企業について、これ以上の記述を行わない。今後、新たな史料の発見や読解により、この問題が明らかとなることを期待したい。

（8）〔Png 1961: 8-24〕〔Purcell 1948: 209-211〕〔Yong 1992: 23-46〕〔Yong, McKenna 1990: 22-43〕。

（9）〔桑島 一九八五〕〔平間 一九九一〕〔Beckett 1984〕〔Harper 2013: 1782-1785〕〔Streets-Salter 2017: 17-54, 77-79〕〔Tarling 1982〕。

（10）CO 276, 79, *Straits Settlements Government Gazette* 1916, pp. 813-814; CO 276, 81, *Straits Settlements Government Gazette* 1917, p. 586; 276, 87, *Straits Settlements Government Gazette* 1920, pp. 144, 146-147, 1056-1058; 276, 88, *Straits Settlements Government Gazette* 1920, p. 1811.〔桑島 一九八五〕〔トーピー 二〇〇八：一七八―一八七〕〔山本 二〇一三：六九―七三〕〔Harper 2013: 1785-1811〕〔Kuwashima 1986〕〔Streets-Salter 2017: 17-54〕。

（11）シンガポールおよびイギリス領マラヤの華人社会におけるアナキスト・共産主義者の出現・活動について、このようにアナキズムや共産主義・社会主義などの政治思想の差異を無視し、一元化して記述することを問題視する観点も当然あり得るだろう。しかし、本書が議論しているのは政治思想やその差異・対立といった問題ではなく、反植民地主義的な立場をとる華人の現地での政治活動という問題である。そのため、これらのアナキスト・共産主義者の華人たちを、反植民地主義的な思想性という点で共通性をもつ一群の華人たちとして、一元的にまとめて論じることとする。

(12) ［原 二〇〇一：一七―五二］［山本 二〇一三：七三―八五］［Kenley 2003: 47-70］［Yong 1992: xxi-xxiii, 203-269］［Yong 1997］［Yong, Mckenna 1990: 57, 65-79, 89］。ただし、これらの先行研究では、中国本土からの政治活動家たちの流入と現地での組織化という点に議論が集中しており、現地の華人社会における反植民地主義的な思想や活動の系譜や連続性という文脈については、十分に議論されているとはいいがたい。特に共産主義者たちの政治活動における華人労働者たちの勧誘や夜間学校との関係性などは、戦前から戦後における共産主義者たちの（特に労働運動やストライキと関係した）政治活動という問題を考えるうえでも、重要な論点となりうるだろう。これらの問題に関する検討を、今後の課題の一つとしたい。

(13) なお、シンガポール華人社会における日本製品に対するボイコットとしては、一九〇八年の辰丸事件をきっかけとしたボイコット運動がその端緒となる［黄穎康 二〇一九：三〇七―三一〇］［Turnbull 2009: 141］。

(14) この背景として、一九三〇年代以降、海峡植民地政庁が華人男性移民の移住の上限数を設定したことにより、現地の華人社会内の女性人口の比率が上昇したことが存在した。この点について、詳しくは本章第四節にて後述する。

(15) ［Kenley 2003: 47-70］［Kuo 2014: 94-99, 123-146］［Purcell 1948: 218-221］［Turnbull 2009: 157-160］［Yong 1997: 179-180, 195-205］［崔 一九九四：一八九―二〇九］［范若蘭 二〇一九：二〇五―二五四］。また戦前から日本統治期におけるシンガポール華人社会における「抗日」ナショナリズムの普及と社会史的な展開については多くの研究蓄積が存在するが、本書では前述したアナキスト・共産主義者による政治活動に関する研究に加えて、主に以下の研究を参照した［Akashi 1968］［Akashi 1970］［Leong 1979］［許雲樵 一九八四］。

(16) CO277, 44, *Straits Settlements Blue Books for the Year 1905*, p. x4; CO277, 53, *Straits Settlements Blue Books for the Year 1910*, p. w4; CO277, 63, *Straits Settlements Blue Books for the Year 1915*, p. w4.［萩原 一九六八］［水島 二〇〇一：七四―八四］［Barnard 2016: 134-152］［Drabble 1973］［Goh 2013: 145-152, 222-224］［Huff 1994: 180-235］［Jackson, James C., 1968: 211-267］［Kuo 2014: 167-179］［崔 一九九四：一三二―一三四］。

(17) パイナップル缶詰業のシンガポールにおける発展という問題については、本節にて後述する。

(18) 『叻報』一九二五年七月二八日、「陳嘉庚公司樹膠製造廠參觀記（二）」、七月三〇日、「陳嘉庚公司樹膠製造廠參觀記（三）」、『南洋商報』一九三三年一〇月八日、無題の広告、根岸佶『華僑雑記』朝日新聞社、一九四二年、二三三―二三六頁、陳嘉庚『南僑回憶録』長沙：岳麓書社、一九九八［一九四六］年、四五七―四九〇頁。［松野 二〇一七：三〇―三三］［Yen 2002: 123-144］［Yong 1989: 41-82］［Yong 1992: 99-147］［柯 一九九五：九六］［許教正 一九六五：A 一一―一二］。

(19) 佘応恭はその後、振業廊を経営して輸出業に従事し、また自身の不動産の中で温泉を発見したことにより、この水を利用して、ゾンブン（Zombun）という名前の安全な飲料水の販売にも着手した。

(20) CO277, 35, *Straits Settlements Blue Books for the Year 1896*, p. x4.

Song, Ong Siang, *op. cit.*, 428-430.［Goh 2013: 156-157］［Huff 1994: 76-77, 190-193, 218-221］［崔 一九九四：一三四―一三五］［許教正 一九六五：Ａ五四］。

（21）CO277, 29, *Straits Settlements Blue Books for the Year 1890*, p. x4; CO277, 35, *Straits Settlements Blue Books for the Year 1896*, p. x4; CO277, 39, *Straits Settlements Blue Books for the Year 1900*, p. x4; CO277, 44, *Straits Settlements Blue Books for the Year 1905*, p. x4; CO277, 53, *Straits Settlements Blue Books for the Year 1910*, p. w4; CO277, 63, *Straits Settlements Blue Books for the Year 1915*, p. w4.［Goh 2013: 154-156］［Jackson, James C. 1968: 22-26］。なお、崔貴強は一九世紀末から二〇世紀初頭の世紀転換期において、胡椒・ガンビールの価格が暴落したと主張している［崔 一九九四：一三〇―一三二］。しかし、一八九〇年代から一九〇〇年代においては胡椒・ガンビールの国際的な需要が高まると共に、シンガポールやジョホールにおける栽培もまだ盛んに行われている。胡椒とガンビールの価格が大きく下落するのは一九一〇年代中葉以降であり、前述した胡椒・ガンビールの農地面積の激減が発生するのもやはりこの時期である［Jackson, James C. 1968: 24-26］。そのため、崔貴強によるこの指摘は明らかに誤りである。

（22）また、従来は信局が担っていた中国本土などへの送金（銀の送付）業務が、イギリス系の銀行の近代的な為替送金によって代行されるようになったことは、信局の送金業務が従来生み出していた分の収益が近代銀行によって奪われてしまうという結果を生んだであろう。たとえば、第一章第二節にて述べたように、一八七六年一二月の華人郵便支局暴動は、潮州幇の華人たちが郵便支局の設立により、従来の郵便・送金業務の収益をイギリス植民地統治側に奪われてしまうと考え、反発したことにより発生したものであった。華人系銀行の設立は、こういった送金業務の収益をイギリス系の銀行から奪い返すという目的も存在したと推測することが可能である。また、後述する信局の新たな経済システムへの対応と近代銀行制度との連携も、このような試みの一つであると見なすことができる。ただし、この点を実証的に説明するためには、華人系銀行に関する詳細な史料の発見と経済史的観点からの解読が必要となる。この問題に関する検討については、今後の課題の一つとしたい。

（23）［Goh 2013: 231-234］［Hisasue 2014］［Huff 1994: 230-235］［Lee, Sheng Yi 1986: 37-42］［Tan, Ee Leong 1953: 113-127］［崔 一九九四：一三五―一四一］［林孝勝 二〇一七ｂ］［楊 二〇一三：一五―四〇］。

（24）［柯 二〇一七］［李小燕 二〇〇八］［李志賢 二〇一七］。

（25）［東條 二〇一九］［水島 二〇〇一：六七―七四］［山田秀雄 一九七一：五七―六一］［Goh 2013: 222-224］［Huff 1994: 57-63, 250-256］［Tregonning 1963: 86-107］［Yip 1969: 127-152］。

（26）CO275, 109, *Proceedings of the Legislative Council of the Straits Settlements for the year 1923*, pp. c286-304.［ワレン 二〇一五：九〇―九三、九九―一七四］。

（27）［篠崎香織 二〇〇四ｂ：四〇―四五］。

（28）［籠谷 二〇〇〇：四二〇―四二六］［Kuo 2014: 177-179, 227-237］。また一九三〇年代における日本人商人・製品のイギリス領シンガポールを含む東南アジアへの進出については、以下の研究を参照［籠谷 二〇〇〇：一七三―二〇二、四一三―四五四］。

（29）［Tregonning 1967: 1-43］［Turnbull 2009: 107］。

（30）*Straits Times*, 8th September, 1909, "United Singapore Rubber Estates," 13th April 1910, "United Singapore, Ltd.,"; *Singapore Free Press*, 9th

September, 1909, “United Singapore Rubber Estates,” 4th, January, 1910, “United Singapore Estates,” 13th April, 1910, “United Singapore Rubber Co.,” 14th April, 1910, “United Singapore Rubber Co..”［Yong 1989: 46-47］。

（31） *Straits Times*, 28th September, 1910, “Rubber Catch-Crops.”［Tan, Ee Leong 1953: 117, 119］。

（32） 厦門大学校長としての林文慶の活動については、以下の研究を参照［厳 二〇一〇］。

（33） 陳嘉庚、前掲書、一—四〇〇頁、老牌記者『胡文虎発達趣史』澳門：宇宙出版社、一九六〇年代（正確な出版時期は不明）、上集、一—一九、六一—六三頁、根岸佶、前掲書、二二七—二四〇頁。［市川 一九八四］［コクラン 一九九九］［松野 二〇一七］［Cochran 2006: 118-150］［Yen 2002: 123-144］［Yong 1989］［Yong 1992: 99-147］［柯 一九九五：九六、一四八—一四九］［柯・林 一九八六：七七—八七］［許教正 一九六五：A一一—一二、A一〇〇—一〇二］［曾 二〇〇三：九九—一二三］。

（34） CO275, 102, *Proceedings of the Legislative Council of the Straits Settlements for the Year 1920*, pp. b78-79, b148; CO275, 103, *Annual Departmental Reports of the Straits Settlements for the Year 1920*, p. 267; CO276, 88, *Straits Settlements Government Gazette for the Year 1920*, pp. 1737-1747.［Wee 2001: 26, 43-53, 59］［崔 一九九四：一五六—一五七、一六五—一六七］［鄭良樹 一九九八：一九三—二一七］。

（35） ［葉 二〇〇八b：七五—八一、九一—九二］。

（36） ［Wee 2001: 26-32］［鄭良樹 一九九八：一六三—一七九］。

（37） Song, Ong Siang, op. cit., p. 517.『叻報』一九一八年六月八日、「實行籌辦南洋華僑中學之通告」、南洋華僑中学校（編）『新加坡南洋華僑中学校第一届畢業紀念刊』シンガポール：自費出版、一九二二年、三四—三七頁。［Wee 2001: 34-35］［Yong 1989: 88-89］［崔 一九九四：一五七—一五九］。

（38） *Singapore Free Press*, 29th April, 1905, “Government Medical School for Malaya,” Song, Ong Siang, op. cit., pp. 365-369.［Chelliah 1948: 115-119］［Turnbull 2009: 129-130, 140］［Teo 2005］。

（39） 南洋女子中学校（編）『新加坡南洋女子中学礼堂落成金禧紀念特刊』シンガポール：自費出版、一九六七年、二四—二七頁、南洋女子中学校（編）『南洋女子中学校創校六十周年暨小学部新校舎落成紀念特刊』シンガポール：自費出版、一九七七年、四四—四七頁、中華女子中学（編）『新加坡中華女子中学創校六十周年紀念特刊：一九一一—一九七一』シンガポール：自費出版、一九七二年、「校史概略」（一頁となっているが、途中からの頁表記であり、通しの頁表記は存在しない）。［Teoh 2018: 95-102］［Wee 2001: 33-34］［崔 一九九四：一六〇—一六一］［范若蘭 二〇一九：四三—五六、八〇—一七六］［鄭良樹 一九九八：二三五—二六〇］。

（40） ［原 二〇〇一：三六—四一］［Wee 2001: 61-62］［崔 一九九四：一五七］［鄭良樹 一九九八：三一六—三一七］［葉 二〇〇八a］。

終章

一　通史的な観点からの位置付け

最後に、本書全体の議論をシンガポール華人社会史上において通史的に位置付けると共に、その研究史上の意義や重要性についても検討し、先行研究の議論に対して新たな論点を提示することを試みる。[1]

まず本書の主題である、一九世紀末から二〇世紀初頭のシンガポール華人社会史に関する考察を、より長期的・通史的な観点から位置付け、シンガポール華人社会史の長期的な展開を素描しよう。この時期のシンガポール華人社会は、イギリス帝国による植民地統治によって、既に高度な経済的・政治的な発展を遂げた状態にあった。同時に、現地の華人人口も増大し、東南アジア島嶼部における重要な経済拠点として、繁栄を謳歌していた。

現地の華人たちは、商業や肉体労働などの生業に従事することによりシンガポールの経済を支えていただけではなく、徴税請負制度への参入やその専売品としてのアヘンなどの売買により、海峡植民地政庁にとって重要な歳入源ともなっていた。また現地で出生した海峡華人の一部は、単に裕福な資産を持つのみならず、留学を含むイギリス式の高等教育の受容や公共図書館の利用などによって、同時代のイギリス人たちとも対等に議論することが可能なほどの西洋近代的な知性と、イギリス臣民としての「帝国意識」を獲得した植民地社会のエリートとなった。また植民地統治者であったイギリス人たちも、イギリス帝国に忠誠を誓ったこれらの海峡華人のイギリス臣民たちを厚く信頼し、植民地政庁による華人統治に積極的に協力させていた。

加えて、一九世紀を通して大きな社会問題となっていた秘密結社についても、法的な規制により、社会的な勢力・影響力が大きく減少し、危険性も大きく低下していた。経済発展に植民地主義の普及や治安の向上までもが加わり、東南アジア島嶼部におけるイギリス植民地主義の成功の象徴としてのシンガポール華人社会は、この時期において、まさに爛熟期を迎えてようとしていた。

本書が注目した「現地の改革主義者たち」のうち、特にその主導者であった林文慶を中心とする海峡華人たちは、一九世紀を通したイギリス植民地主義の爛熟によって生み出された、一九世紀のシンガポール・海峡植民地を代表する知識人層の植民地エリートであった。林文慶らは、イギリス臣民としての「帝国意識」とイギリスを頂点とする進歩主義的（あるいは社会ダーウィニズム的）かつ西洋中心主義的な序列を強く意識し、その序列の中で、自らが属するシンガポール華人社会を植民地宗主国であるイギリスや西洋諸国と対等な位置にまで引き上げるべく、現地の華人社会の改革を進めていった。

本書で議論してきたように、林文慶らは中国国内政治に対して積極的に関与したり、植民地政庁にとって重要な財源であったアヘン売買に対して反対するなど、必ずしも海峡植民地政庁の統治方針に対して完全に無批判に従っていたわけではない。たとえば林文慶らは一八九八年から一八九九年にかけて発生した、辮髪切除活動に起因する騒動において、植民地統治に関わる官職を以前に担当していた陳若錦や李清淵からも強い批判を受けている。

しかし、これらの事実を以て、林文慶らがイギリス植民地主義から距離を置こうとしていたと考えるのは早計であろう。林文慶らは以前の世代の華人たちと比べて、スコットランド・エディンバラへの留学を含むイギリス式の高等教育を経て、むしろイギリス植民地主義とその近代的な価値観をより深く内面化していたといえる。そのため、林文慶らはイギリス人が植民地統治において期待・想像するところのステレオタイプな華人としての役割を果たすだけに留まらず、同時代のイギリス人たちと同じように考え、行動するイギリス帝国臣民（としての華人）であろうとした。

すなわち、林文慶らはそれ以前の世代の華人商人たちのように、イギリスの植民地統治にただ従順に従うのではなく、その植民地主義の根幹にあったイギリスの近代的な価値基準と「帝国意識」を内面化し、それに基づいて思考し、自律し、行動するようになっていたのである。林文慶らのように、植民地統治のありかたを内面化し、自主的かつ自律的に行動しようとする被統治者が現れることは、植民地主義への反対や抵抗、独立という側面もあるだろうが、その本質はむしろ植民地主義の一つの完成形といったほうが、より正確だろう。また、植民地政庁が林文慶らを植民地統治に関わる民間の官職に起用し続けたことは、統治側のイギリス人官僚たちがこのことをよく理解し、イギリス植民地主義の忠実な体現者としての林文慶らを深く信用していていたことを示す証左である。

林文慶らは同時に、英語の新聞・雑誌・書籍などを通した近代的な知識の獲得や留学経験などによって、彼らが生きていた近代世界が、「ネイション／人種」概念とそれに基づく国民国家システムという国際的な制度によって包囲されていることに気付いていていた。他の近代国家の国民と同様に、植民地に居住していた移民たちもまた「ネイション／人種」概念に基づいて分類され、その「本質的な性質」を他者から勝手に想定され、相応しいと見なされた役割・職業に従事しなければならなかった。そして、植民地に居住する移民たちは、植民地宗主国であるイギリスからも、また出身国であり「祖国」である中国からも正規の国民とはみなされず、また現地で植民地官僚として出世しようとしても、どうしても植民地主義という「ガラスの天井」に阻まれ、植民地知事や行政長官といった、植民地政庁全体に直接関われるような高位の官職を得ることはできなかった。

そのため、彼らは自らが植民地に居住する移民としての華人であり、たとえいかなる国籍や法的地位を保持していようとも、中国本土の中国人とも、またイギリス人とも決定的に異なる存在と見なされることを自覚していた。このようなシンガポール華人社会に居住する華人としての自己認識は、林文慶の思想の中で、近代的な「ネイション／人種」概念の知識や社会ダーウィニズムと結びつき、現地において国民国家という制度的な背景を持たない「移民社会のナショナリズム」が形成されるきっかけを作ることとなった。

林文慶ら「現地の改革主義者たち」は、近代的なネイション概念をシンガポール華人社会に投影することにより、中国語と儒教という共通する特徴により本質的に結びつけられた、均質かつ一体化した文化的共同体としてシンガポール華人社会のありかたを理解しようとした。もちろん、こういった林文慶らの理解は、あくまで想像上の理念に過ぎず、実際のシンガポール華人社会の状況とは大きく異なっていたし、また実際には華人の共通性や均質性なるものもほとんど存在していなかった。しかし、シンガポール華人社会に居住する華人に何らかの本質的な共通性があり、その本質的な共通性に基づいて連帯・協力することが可能であるはずだという発想は、この現実と乖離した想像によって、初めて生み出されることとなった。

林文慶らによる現地での社会改革運動にとっての最大の課題は、各帮派により分断されたシンガポール華人社会を統合・一体化し、華人社会全体に対する働きかけと動員を成功させることであった。そのため、林文慶らはその社会改革運動の宣伝手法として、前述した均質かつ一体化したネイションとしてのシンガポール華人社会という発想を利用して、華人社会に属する華人たちの共通性を強調し、幇派を超えた協力・連帯の可能性を訴えた。その結果、林文慶らの社会改革活動を通して、華人社会が均質かつ一体化した文化的共同体であるという発想は、現地で少しずつ普及していくこととなった。これこそが、まさにシンガポール華人社会における「移民社会のナショナリズム」の形成が開始される最初期の段階であった。その意味で、林文慶らによるシンガポール華人社会内における様々な社会的活動は、一九世紀におけるイギリスの植民地統治によって構築されてきたシンガポール華人社会内部の状況が、一つ大きく変わっていくターニングポイントとなったのである。

林文慶らの活動の多くは、現地において大きな成功を収めることはなかった。しかし、林文慶らが宣伝したネイションとしての華人社会という発想は確実に普及していき、一九〇〇年代後半にはシンガポール華人社会に属する人々が幇派を超えて協力・連帯することが可能であるという発想は周知かつ一般的なものとなっていた。同時に、中国国内における政治的なナショナリズムの高まりも、シンガポール華人社会に影響を与えるようになっていた。一九〇〇年代後半のシンガポールにおいて、華人社会全体を代表する立場からその連帯・協力の場を提供する団体として、中華総商会が設立されたことは、このような華人社会の変容を象徴する出来事であった。中華総商会は華人社会を代表する団体としての機能を果たすことにより、各幇派の連帯・協力の機会をより容易かつ日常的なものとした。

さらに同時期には、各幇派による初等学校の設立により、「祖国」としての中国という発想も徐々に普及していき、共通語としての「国語」教育も（各幇派によってばらばらに運営されるという形態ではあったものの）展開されるようになっていった。これにより「移民社会のナショナリズム」は、林文慶ら一部の知識人たちの手を離れ、中華総商会を中心とした各幇派の連帯・協力という社会構造の中で、より日常的に利用・消費されるものとして普及していった。

林文慶ら「現地の改革主義者たち」は、植民地都市シンガポールと同様に、イギリス植民地主義が東南アジア島嶼部において生み出した最良の結晶の一つであり、彼らは一九世紀末から二〇世紀初頭において、その社会改革運動の成功というよりも、その失敗と論争を通じて、現地の華人社会に大きな変革をもたらすきっかけをつくった。いわば、林文慶ら「現地の改革主義者たち」は、一八九〇年代後半から一九〇〇年代前半におけるいくつかの社会改革運動の失敗と度重なる論争によって、自分たちの発想を現地でゆっくり普及させていき、一九世紀的なシンガポール華人社会をその内側からを変容させるという目標を（部分的にせよ）達成することに成功したといえよう。

そして、林文慶ら「現地の改革主義者たち」は一九〇〇年代後半において、華人社会全体を主導するリーダーとしての役割を終えることとなった。中華民国期におけるシンガポール華人社会の新たなリーダーたちは、林文慶ら「現地の改革主義者たち」から、陳嘉庚や胡文虎に代表される、中国本土を含む広域的なビジネス・ネットワークを形成した富裕な商人層に代わっていった。これらの華人商人たちは、アヘン徴税請負業に代わる新たなビジネスであるゴム加工業やパイナップル缶詰業、近代銀行経営などに参入し、巨額の資産を形成すると共に、中華総商会を中心として強い社会的影響力を保持し、現地の政治・社会運動を主導するようになっていった。すなわち、一九〇〇年代後半において、林文慶ら「現地の改革主義者たち」が現地の華人社会のリーダーシップを担う時代は終わり、新たに中華総商会を中心として華人社会全体が連帯・協力する「中華総商会の時代」が始まったのである。

同時に、林文慶らの世代までの華人エリートたちの多くが当然のこととして受容していたイギリス帝国とその植民地主義への信頼と忠誠は、陳嘉庚や胡文虎のような新たな世代の商人たちにとって（もちろん一定程度重要ではあったものの）絶対的な観念ではなくなっていた。これらの商人層にとって、自らが帰属する国家は何よりまず「祖国」中国であり、イギリスはあくまで居住先であるシンガポールという植民地の宗主国に過ぎなかった。

彼らは「祖国」中国に貢献する「愛国」的な華人商人としてふるまい、積極的に寄付・献金や政治参加などを行い、中国国内の多様な政治権力との結びつきを強化・深化させることにより、中国国内市場に参入していった。これらの華人商人たちは、シンガポールを中核として、東南アジア島嶼部と大陸部、東アジアまでをまたぐ広域的な商業ネットワークを構築し、これまでにない規模の経済活動を行い、巨額の資産を形成することに成功した。また彼らは一九三〇年代以降において、安価な日本製品に対抗するため、「抗日」ナショナリズムの高揚に協調しつつ、日本製品へのボイコットと「国貨」購入キャンペーンを展開した。その意味で、これらの華人商人たちの「愛国」主義は、単なる政治思想ではなく、その経済活動と密接に結びついた経営戦略的な選択でもあった。一方で、彼らがイギリス帝国や海峡植民地政庁、その植民地統治に対して果たした貢献や政治参加は、中国本土の政治権力に対するそれと比較すると、極めて限定的であった。

さらに一九一〇年代末以降には、アナキストや共産主義者たちという、反植民地的な立場に立った政治活動に従事する華人たちが現地に出現するに至った。海峡植民地政庁もまたこのような華人社会内部の状況の変化に対応し、華人社会における中国国内政治と関係した政治運動や政治的党派への警戒を強めていき、監視と処罰を繰り返すようになっていった。植民地政庁による国民党シンガポール支部や南洋共産党・マラヤ共産党に対する処罰・摘発は、まさにこのような対応の代表例である。すなわち、中華民国期のシンガポール華人社会では、中国本土との政治・経済的な関係性がより緊密となっていった一方、海峡植民地政庁との結びつきは弱体化し、政治的な関係性も悪化していったということができる。これは現地の海峡華人エリートを介して、華人社会と海峡植民地政庁とが安定した植民地統治と繁栄のために互いに依存・協力し合う蜜月の時期が、ついに終わりを迎えたことを意味するものであった。

もちろん、林文慶に代表される、知的専門職に就いた親イギリス的な立場の現地の華人エリートたちの全てが、すぐにその社会的な影響力や資産を喪失したわけではない。彼らの一部は、中華民国期以降においても、一定の社会的地位や名声、資産などを維持していた。しかし、彼らはこれまでのように現地の華人商人層を自ら主導するのではなく、むしろ中華総商会やその中枢を占める大商人たちの動きに協力するという立場をとるようになっていった。第四章で扱った孔廟学堂設立運動では、林文慶ら「現地の改革主義者たち」がこの運動の主導者となり、現地の華人商人たちを協力させようとしたのに対し、一九一四年以降における実得利孔教会の活動では、この団体が中華総商会の内部に取り込まれていることは、この一例であろう。中華民国期においてシンガポール華人社会におけるリーダーシップを担ったのは、何よりまず中華総商会であり、またその中枢を占めていた大商人たちであった。全体として見ると、中華民国期において、シンガポール華人社会は中華総商会やその中枢を占めた大商人たちを介して、中国本土にさらに接近していき、経済的・政治的なネットワークをより緊密に構築・維持するようになったといってよいだろう。

このように、一九世紀後半から二〇世紀初頭において、植民地構造と華人社会内部の構造が連鎖的に変容していったことにより、シンガポール華人社会は、一九世紀後半における秘密結社とそれに結びついた華人商人たちが中心となっていた時期から、一九世紀末から一九〇〇年代前半における林文慶ら「現地の改革主義者たち」による「進歩」と「改革」の時代を経て、一九〇〇年代後半以降における「中華総商会の時代」へと移行していくこととなった。これは同時に、シンガポール華人社会がイギリス植民地主義との結びつきを弱めながら、中国（清朝および中華民国）へと接近していく過程でもあった。

また一九世紀末から二〇世紀初頭のシンガポール華人社会において形成され始めた「移民社会のナショナリズム」は、

中華民国期に至り、中国国内におけるナショナリズムとは違った形ではあるものの、より中国国内政治との結びつきを深めた形で発展していくこととなった。そして、このような「中華総商会の時代」と中華民国との親密な関係性の構築という社会的な傾向は、日本統治期まで継続していくこととなった。

二　研究史上における位置づけと新たな論点の提示

続いて、本書の議論をシンガポール華人社会史の研究史上に位置付けると共に、本書が先行研究に対して提示した新たな論点を整理する。

　本書の研究史上の意義・重要性として、第一に、シンガポール華人社会の内部構造に注目しながら、一九世紀末から二〇世紀初頭までの時期のシンガポール華人社会におけるナショナリズムの形成過程に関する議論を新たに提示したことがあげられる。

　従来の研究において、この時期のシンガポール華人社会におけるナショナリズムの形成という課題は、イギリスあるいは中国の国内政治の延長線上にあるものとして捉えられてきた。そのため、これらの先行研究ではイギリス・中国の国家的・国民的なナショナリズムがシンガポール華人社会にいかに伝播し、影響を与えたのかという観点に立った多様な議論が展開された一方、シンガポール華人社会自体はイギリス・中国からの政治的な影響を受け続けるだけの受動的・従属的な場として位置付けられ、その自律性・主体性はほとんど強調されてこなかった。

　本書はこれに対し、「移民社会のナショナリズム」という発想を用いることにより、一九世紀末から二〇世紀初頭までの時期におけるシンガポール華人社会を、イギリスによる植民地統治と中国国内政治から大きな影響を受けながらも、その影響をただ受け続ける従属的な場としてではなく、独自の自律性・主体性を有していた場として位置付けた。これにより本書はこの問題を、イギリスあるいは中国の国内政治が華人社会へ大きな影響を与え、その内部構造を大きく変容させていく歴史的な過程から描こうとする観点を明確に否定すると共に、現地で展開された多様な社会・文化・政治的な活動が、その社会の内部構造を大きく変容させていく歴史的な過程に着目する観点から、新たに描き直すことに成功した。

　本書は具体的には、特にネイションとしてのシンガポール華人社会という発想の発見と、その発想を利用した様々な社会的活動による実際の華人社会の内部構造の変容の試み（特に、帮派・方言による華人社会内の分断・対立、コミュニケーションの不在といった問題と、その解決策としての帮派の壁を超えた連帯・協力の試み）という観点に注目して議論を展開した。本書はこれらの議論を通して、「移民社会のナショナリズム」という新たな観点から、シンガポール華人社会におけるナショナリズムの形成過程を、独自の自律性・主体性を強調する形で説明するという課題を達成した。

このように、シンガポール華人社会の内部とその変容自体に注目する観点に立ち、シンガポール華人社会の視点からシンガポール華人社会史を議論するということは、一見すると強調する必要もないような、ごく当然のことのように思われるかもしれない。しかし実際には、シンガポール独立以前のシンガポール華人社会におけるナショナリズムの形成や展開を論じた歴史学的研究の大多数は、イギリス帝国の植民地主義や中国国内政治の影響や関係性を議論の中心に据えて、そこから影響を受ける従属的な場としてシンガポール華人社会を位置付ける形で議論を展開しており、前述した観点に立った研究はほぼ存在していない（逆に言えば、戦後、特にシンガポール独立以降の時期を対象とした研究では、前述したシンガポールおよびその華人社会自体に注目する観点に立った研究が大多数を占めている）。

ナショナリズムは必ず国家に帰属するものであると考える限り、独立以前のシンガポール華人社会のナショナリズムは、（この時点ではシンガポールあるいはシンガポール華人社会という独立した国民国家が存在していないため）イギリスあるいは中国という国民国家のナショナリズムに帰属するものと捉えるしかない。この単純な理由により、従来の研究は戦前のシンガポール華人社会におけるナショナリズムの形成・発展という問題を、イギリスあるいは中国の国内政治の延長線上にある問題として扱わざるを得なくなり、その結果として、この二つの国家から政治的な影響を受ける従属的な場としてシンガポール華人社会を描き出してきたのである。

しかし、本書では「移民社会のナショナリズム」という発想を導入したことにより、何よりもまずシンガポール華人社会の内部構造やその歴史的な変容に注目する観点に立って、一九世紀末から二〇世紀初頭のナショナリズムの形成・展開を考察することが可能となった。この点は、本書のシンガポール華人社会史研究としての重要な達成点の一つとしてあげることができる。

第二点として、本書は一九世紀におけるシンガポールの植民地構造の形成・繁栄と、二〇世紀前半の華人社会における「中華総商会の時代」の到来と政治的なナショナリズムの高揚という現象を、一九世紀末から二〇世紀初頭の「移民社会のナショナリズム」という観点からつなぎ合わせて議論することにより、戦前（より詳しく言うと、イギリスによる植民地統治の開始から日本統治期以前まで）のシンガポール華人社会に関する新たな通史を提示した。

同時に、このような通史的な理解は、シンガポール華人社会の内部構造が大きく変容していく時期としての一九世紀末から二〇世紀初頭と、この時期に華人社会のリーダーシップを担い、その内部からの変革を主導した林文慶ら「現地の改革主義者たち」の社会史上での重要性に関して、実証的な説明を与えるものとなった。

一九世紀末から二〇世紀初頭という時期の重要性に関する指摘は、同時に戦前のシンガポール華人社会史に関する先行研究の分断という問題にも関係している。すなわち、この時期は、従来の研究では、シンガポールおよび海峡植民地の成立以降における植民地統治制度の形成とイギリス臣民としての意識を持つ海峡華人エリートの出現などが注目されている一九世紀後半から一九世紀末の時期と、華人の中国「国民」化と政治的な動員が注目されている中華民国期の、ちょうど狭間に当たる時期として扱われてきた。

この二つの時期を対象とする研究をおおまかに比較するに、前者の研究では主に、イギリスによる植民地統治が現地の華人社会へ与えた影響が重視されているのに対し、後者の研究では主に、中国国内政治や政治的党派の活動が華人社会に与えた影響が重視されている。その意味で、両者の研究は、対象とする時期だけではなく、重視する研究の文脈や問題設定も異なっているといえる。もちろん、通史的な研究の中には、この二つの時期や論点を同時に扱った研究も数多く存在している。しかし、この二つの主要な論点を組み合わせ、新たな論点として提示した研究は、管見の限り存在していない。残念ながら、これまでに公表された戦前のシンガポール華人社会に関する通史的な研究は、この二つの研究の分断を統合し、長期的な観点から一つの通史として論ずるのではなく、単にこの二つを時系列順に並べてみせるに留まっていたように思われる。

これに対し、本書の議論はシンガポール華人社会を、植民地宗主国イギリスや「祖国」中国から一方的に影響を与えられた受動的・従属的な立場としてではなく、その内部に独自の自律性・主体性を有していた場として捉えることにより、この時期の社会的な変容がシンガポール華人社会史上における非常に重要な画期であったことを明らかにした。すなわち、前述した二つの研究文脈が注目していた、一九世紀後半におけるイギリス帝国の植民地統治の形成および親イギリス的な政治的立場をとる海峡華人エリートの出現と、中華民国期における華人の「国民」化と動員という二つの現象は、それぞれが別個に展開されたわけではなく、一九世紀末から二〇世紀初頭における華人社会内部の変容という結節点を持ち、連鎖的に展開されたのである。この社会的な変容とは、本書が注目した「移民社会のナショナリズム」のありかた、すなわち華人社会内におけるナショナルな一体感の共有と、幇派を超えた華人社会全体の連帯・協力の日常化に他ならない。

本書はその意味で、一九世紀末から二〇世紀初頭におけるシンガポール華人社会の内部構造の変容という問題を実証的に議論することにより、前述した二つの研究文脈の隔たりを、対象とする時期と問題設定という二つの意味で乗り越え、より長期的かつ統合的な視点に立って、シンガポール華人社会史研究を発展させていくうえでの基盤となる、通史的な議論を新たに提供した研究として位置付けることができる。

第三に、本書が提示した通史的な議論は、従来のシンガポール華人社会史の先行研究がこれまで議論してきた、中国国内の政治的党派の対立関係を中心とした観点に基づくナショナリズムの形成の歴史的過程についての説明に対する、批判的な検討として機能している。

何度も強調してきたように、シンガポール華人社会におけるナショナリズムの形成を扱った先行研究では、中国国内政治の文脈をそのまま当てはめ、馮自由などの「革命派」の活動家により執筆・刊行された書籍を史料として、康有為ら「立憲派」と孫文ら「革命派」との対立構造という図式に基づく歴史的過程を議論してきた。この議論では特に「革命派」の台頭以前における「立憲派」の社会的・政治的な影響力の拡大、「革命派」の出現および「満州人蔑視」言説の是非を巡る「立憲派」との政治的対立、「革命派」の台頭と巻き返しによる社会的・政治的な影響力の逆転という点が強調されてきた。本書は、このような先行研究の議論に対し、同時代史料から詳細に検討を行い、この図式が多くの誤りに満ちたものであることを明らかにした。これらの誤りについて、四点に分けて詳述しよう。

一つ目に、一九世紀末のシンガポール華人社会で台頭した林文慶ら「現地の改革主義者たち」は、「立憲派」の支持者の集団・団体ではなく、宋旺相のように、中国国内政治に関心のないものも多く含まれていた。林文慶ら「現地の改革主義者たち」はあくまで社会ダーウィニズム的な「進歩」と「改革」を志し、社会活動を通して自らの理念を実現しようとしていた一群の人々であり、康有為ら「立憲派」の支持・支援者はその中の一部に過ぎなかった。また、「現地の改革主義者たち」の中心人物であった林文慶もまた、康有為の思想とは明確に異なる、シンガポール華人社会という場に即した独自の思想と理念を有していた。

二つ目に、「革命派」の台頭以前において、現地で「立憲派」やその支持者たちが強い影響力を有していたわけではなかった。一九世紀末から二〇世紀初頭のシンガポール華人社会では、穏健かつ保守的な政治志向に基づいて清朝を支持する立場の人々が大多数を占めていた。そして、林文慶ら「現地の改革主義者たち」は、特に一八九八年の辮髪切除活動以降において、保守的な華人社会の多数派と対立的な関係になっており、その関係性の修復に取り組まざるを得ない状況にあった。また康有為が一九〇〇年にシンガポールを来訪した際も、彼は自身の安全の確保を最優先し、シンガポールで政治活動の宣伝などを行わなかった。そのため、現地の華人社会ではただ康有為らに対する警戒が増したのみであり、「立憲派」の支持者の拡大という結果をもたらさなかった。

一九〇一年における孔廟学堂設立運動の展開の中で、林文慶ら「現地の改革主義者たち」と多数派との間の対立的な関係は一応解消されたが、それにより華人社会の多数派の中で「立憲派」への支持が拡大したわけではなかった。むしろ、孔廟学堂設立運動が一九〇一年に実際の設立活動を展開させていく契機となったのは、林文慶・邱菽園など、かつての康有為ら「立憲派」支持者たちが、その政治的な関係性の断絶を公表して中国本土の政治権力（清朝）との関係性を構築したことによるものであり、その後の設立活動でも康有為ら「立憲派」との関係を持たないことが言明されていた。

三つ目に、いわゆる「満州人蔑視」言説は、孫文ら「革命派」の政治活動によってシンガポール華人社会にもたらされたわけではなかった。現地で「革命派」が出現する以前、一九世紀末より、康有為ら「立憲派」の支持者を含む「現地の改革主義者たち」のうち、特に林文慶のような海峡華人エリートは、「ネイション／人種」概念や社会ダーウィニズムの影響を受けた「満州人蔑視」言説を、英語の雑誌・新聞などで公表していた。

のちに「革命派」の中心人物となった陳楚楠・張永福らは、そもそも「現地の改革主義者たち」から影響を受けて中国国内政治に関心を持つようになった海峡華人であり、孫文ら「革命派」との接触以前から、既に現地において中国語で「満州人蔑視」言説を公表していた。「満州人蔑視」言説は、一九世紀末から二〇世紀初頭のシンガポールに居住していた海峡華人知識人たちにとっての共通の課題の一つであり、林文慶ら「現地の改革主義者たち」から陳楚楠・張永福らへ、あるいはイギリス植民地主義に関係する論点から中国国内政治に関係する論点へと移行する形で連鎖していった。

四つ目に、「革命派」の出現後に、現地で「満州人蔑視」言説の是非を巡って「革命派」と「立憲派」との全面的な対立構造が華人社会全体で形成されたわけではなかった。「革命派」の中心人物であった陳楚楠・張永福らが刊行していた『中興日報』は、確かに一九〇〇年代後半において康有為ら「立憲派」を支持していた『南洋総匯新報』と論戦を繰り広げたが、これはあくまで二紙の中国語新聞の編集者同士の論争に過ぎず、シンガポール華人社会全体が中国国内政治の支持を巡って分断されたわけではなかった。また「革命派」の支持者たちは中国同盟会シンガポール支部という政治的な団体として一体化していたが、「立憲派」の支持者たちは明確に一つの団体を形成していたわけではなく、『南洋総匯新報』の編集者であった徐勤らはあくまで現地の「立憲派」支持者の一部でしかなかった。

シンガポール華人社会で「革命派」と「立憲派」との対立関係が顕在化したのは、一九〇八年七月に行われた反アヘン運動団体、振武善社の集会における騒動以降である。この騒動以前には、「革命派」の陳楚楠・張永福らと徐勤らは共に「現地の改革主義者たち」が主導する反アヘン運動などの社会的な活動に協力していた。この騒動は「現地の改革主義者たち」のまとまり・集団性を大きく弱体化させ、その中心人物であった林文慶らのリーダーシップや影響力の衰退を示すものとなった。しかし、少なくとも一九〇九年までの時点では、「革命派」の陳楚楠・張永福らや徐勤らがそれに代わる社会的なリーダーシップを発揮したことはなく、また中華民国期以前の段階では、「革命派」と「立憲派」との対立関係が華人社会全体に波及し、全面的な対立構造が社会的に形成されることもなかった。

これら四つの先行研究の議論の誤りは、シンガポール華人社会においてナショナリズムが形成されていく歴史的過程を考えるうえで、そこに「満州人蔑視」言説の是非を巡る「立憲派」と「革命派」の政治的な対立構造という固定的な図式をそのままあてはめるような説明が、歴史的な実態とは大きく異なるものであったことを、はっきりと示している。また本書は、このような固定的・観念的な通説に代わる新たな歴史像として、一九世紀末から一九〇〇年代前半における林文慶ら「現地の改革主義者たち」による社会的な活動と、一九〇〇年代後半以降の「中華総商会の時代」に到る華人社会内部の変容という歴史的な展開の連続性という問題に注視する、新たな通史的ビジョンを提示した。

またこのシンガポール華人社会内における「移民社会のナショナリズム」の形成や「中華総商会の時代」の到来といった社会的な変容が、中国（清朝）によって全ての華人に国籍が付与された一九〇九年以前から既に始まっているという点にも注目すべきであろう。特に中国近代史における先行研究の多くは、華人への中国国籍の付与や辛亥革命といった中国国内における政治制度の変容が海外華人社会に影響を与え、中国「国民」としてのナショナリズムの形成と動員が進んでいったと考えている。

しかし、少なくともシンガポール華人社会という事例から見ると、華人社会内部の変容という現象は、中国国籍の付与と華人の「国民」化・動員といった中国国内における政治制度の変化に先行して発生しているのであり、中国国内政治の変動と華人社会の変容の間に単純かつ直線的な因果関係を見出すことはできない。この事実は、シンガポール華人社会という場を、中国国内の延長線上にあり、その国民国家的なナショナリズムの影響を受動的に受けいれて変容していく場として捉えるのではなく、「祖国」中国や植民地宗主国のイギリスからの影響を受けながらも、独自の自律性と主体性を有していた場として捉えるべきであるとする本書の論点の実証性を補強するものとしても機能するだろう。

ここまで、本書がシンガポール華人社会史の研究史上において新たに提示した論点三つについて、詳しく説明してきた。これら三点の論点は、どれもシンガポール華人社会史研究という研究領域において、重要かつ革新的な議論を提起するものであろう。ただし、本書が提示した議論の一部はまだあくまで概説的であり、歴史学研究としての実証性が十分ではない。特に第一章および第八章における議論は、今後同時代史料を用いたさらなる研究と検討を進めることが必要となる。また第七章の中で扱った問題の一つである、現地における反アヘン運動の展開について、この運動は東アジア・東南アジア各地の華人社会と連携して展開されており、シンガポールという限定性を超えて、より広域的な観点から、さらなる検討を行うことが可能であろう。さらに、日本統治期から戦後のシンガポールやその華人社会史に関する研究との統合・比較も重要な課題となる。これらの問題については、今後の研究における課題としたい。

最後に、もう一点だけ、本書の結論を繰り返したい。シンガポール華人社会史において、一九世紀と二〇世紀初頭以降を比較した際における最大の変化をあげるのであれば、何よりまず「華人社会」という場の性質の変容をあげなければならない。一九世紀における「華人社会」は、イギリス人と植民地政庁によって「Chinese」と呼ばれていた、複数の幇派に帰属する人々の集団が複数集住する居住地に過ぎず、「華人」としての共通性に関する認識は現地の華人社会ではほとんど普及していなかった。

しかし二〇世紀初頭以降になると、「華人社会」は単なる居住区ではなく、何らかの共通性を持った「華人」たちが共住する場として見なされるようになっていき、同時に「華人」たちが中華総商会などにおいて、自らの共通性に基づき、幇派の壁を超えて連帯・協力することも日常化していた。この社会的な変容を可能としたのは、林文慶ら「現地の改革主義者たち」により、シンガポールの「華人」たち、あるいは「華人社会」が一つのネイションとして連帯・協力することが可能な集団であるという発想が創案され、彼らの社会改革活動を通して現地で普及していったことであった。

もちろん、この発想は単なる想像に過ぎず、当時のシンガポール華人社会内部の実態とは大きく乖離していた。しかし、この発想の発見は、シンガポール華人社会が、イギリス人から「Chinese」と呼ばれた人々の居住区を脱して、自らを「華人」と見なす人々が共住する一つの自律的な社会、あるいは一つのコミュニティへと徐々に変容していく長い道のりの、最初の一歩となった。そして、この道のりは、第二次大戦後における植民地統治からの解放と、華人を（人口比率という意味において）国民のマジョリティとする唯一の国家である、シンガポールの建国へと続いていくこととなる。[2]

本書が「移民社会のナショナリズム」という言葉を使い、長い紙幅を割いて説明しようとしたのは、一九世紀末から二〇世紀初頭のシンガポール華人社会における、この極めて重要な社会構造の変容に他ならない。[3]そして、この変容を可能としたのは、林文慶ら「現地の改革主義者たち」による高い理想を掲げた社会改革活動と、植民地社会の現実に直面しての苦闘と数々の失敗であった。「進歩」と「改革」の時代における、林文慶ら「現地の改革主義者たち」による数々の試みと、またその試みと同等かそれ以上に重要であろう苦闘と失敗が持つ歴史的意義は、アジア史上、あるいは世界史上においても、より強調されてしかるべきであろう。

注

(1) 本論である第二章から第七章までの内容については、第八章第一節にて整理したため、あらかじめそちらも参照のこと。

(2) この点について、華人が（人口比率から見て）国民のマジョリティを占める国家として、シンガポールに加えて、台湾を含めることも可能であろう。国内外の華人研究の中でも、台湾および（特に漢族の）台湾人に関する問題が扱われる場合は少なくない。ただし、台湾を「二つの中国」のうちの一つと見なすのであれば、台湾人を華人、すなわち中国系の移民としてではなく、正統な中国のルーツを引く中国人として見なすべきであるという意見も存在するだろう。また、そもそも台湾におけるエスニック・マイノリティの人々を、華人あるいは中国人という漢族中心主義的な枠組の中に落とし込んで議論することは正当化されるのかという問題も、十分に議論すべきであろう。いずれにせよ、植民地的なナショナリズム形成と多様なエスニック・グループとの共生の歴史という共通性を持つ台湾との比較は、シンガポール華人社会研究において、重要な論点を提示しうると思われる。

(3) もちろん、林文慶ら「現地の改革主義者たち」の思想や活動の中には、社会ダーウィニズムや「満州人蔑視」言説など、人種差別的な側面を強く持つものも含まれており、現代的な価値観で見ると、その全てを無条件で肯定することはできない。ただし、歴史学研究の対象となる人々・集団は、過去の世界を生き、その当時の価値観や通年という時代的な制約を受けていたのであり、現代的な観点から見て、いくばくかの瑕疵を持つことは避けがたいものであろう。そして筆者は、これらの問題は主に時代的な制約に起因するものでしかなく、林文慶らの社会的活動が持つ歴史的な重要性を損なったり、その歴史的な責任を問われるようなものではないと考えている。

あとがき

色々と問題ばかり多いものを書いてしまい、恥ずかしいというのが、今の正直な気持ちである。

東洋史の伝統に沿うのであれば、専著をまとめるのは、本来は教員としての仕事を終え、自分の研究活動を総括するような段階に至ってからであり、それまではただひたすら史料読解と勉強に努めるべきであろう。戦前から現在までに至る東洋史の長く厚い伝統の中には、そのようにして生み出された大著が数多くある。それらの重厚な傑作群と比較すると、自分の書いた研究はどう客観的に見ても、いかにも薄いというか、才能・年季・力量の不足という側面ばかりが目立つように思う。またシンガポール華人社会史という研究領域の面白さ、奥深さをどれだけ言語化できたのかという点についても、多くの悔いが残っている。さらに、コロナ禍による海外渡航の制限により、史料類の利用と読解が一部中断してしまったことも、大きな心残りである。しかしそれでも、私自身はこの本を書き上げることができて、本当に嬉しく思っている。

大学で研究を始めてから現在までの間で、研究を諦めようかと思ったことが一度だけある。二〇代後半、慶應義塾大学の博士課程を休学し、中国、厦門大学に留学している最中に、私は大腸がんが発覚し、一年間ほど全ての研究活動を中断し、手術と治療に専念した。発見された時点で、大腸がんは既に他の部位への転移が進行しており、再発やさらなる転位の可能性も低くなかった。しかも、その時期に、慶應義塾大学で私の所属していた研究室がなくなったという報告を受けた。指導教授も所属も未来もないのだから、早いうちにこれまでの研究を整理して、人生の幕引きを考えるしかない。そう考えて、慶應義塾大学の構内のベンチで坐りこんだまま立ち上がれなくなった日のことを、私はまだはっきりと覚えている。

どうすればいいのかわからないまま迷っていた私を支えていただいたのは、何より、これまで私を指導し続けていただいた先生方であった。この時期に多くの先生方から、研究室や科研プロジェクトのお誘いなど、研究を続けていくうえで必要なご配慮をいただくと共に、自分の研究を諦めないよう励ましていただいたことは、先が見えない闇の中にいた自分にとって、本当に心の励みとなった。これらの先生方と家族などの救いの手にしがみつくようにして闘病・治療生活を送り、なんとか復学して研究を続けていき、幸いなことに現在までがんの再発もなく、博士論文をまとめることができた。

しかし、博士論文をまとめた段階では、私自身ではその内容に一定の満足はできたものの、残された課題があまりに多く、他の方々に認められることもあまりないだろうし、自分の専著をまとめるのはもっと先になるかと思っていた。だが、勤務先の一つである武蔵大学の西澤治彦先生からのご紹介により、風響社の石井雅さんから書籍化のお話をいただいた。このことは自分にとって大変嬉しく、書籍という形で自分の研究をまとめてみようと決意し、なんとかこの本を書き上げることができた。

この書籍と同じように、私も様々な欠点や限界をもった人間であり、周りの先生方や先輩・友人たちのご助力によって、何とか研究を続けてこられたのだと思う。だが、少なくとも私も、研究を始めてから現在まで、歴史学に対する熱意と誠実さだけは一度も失わなかったつもりである。大腸がんの闘病中や抗がん剤治療中も含め、身体が動くときは、毎日少しずつでも必ず研究を進めてきた。その結果、研究を諦めることなく、このように一つの書籍としてまとめることはできた。そのことを、自分のために、少しだけ喜びたい。

山積する問題点については、敬愛する Hiphop グループである **Rhymester** の言葉を借りれば、「先人たちのように背筋伸ばす、古臭い悲観を全部吹き飛ばす」（Rhymester「そしてまた歌い出す」）気持ちで、新たな研究という形で解消し、昇華していきたいと思う。

次に、本書の初出について説明しておく。本書の元となったのは、私が二〇一八年度末に慶應義塾大学に提出した「シンガポール華人社会におけるナショナリズムの形成過程　一八九六―一九〇九年」という博士論文となる。加えて、各章の内容は、雑誌などで発表した論文を初出としている。

序章については、博士論文の序章に相当する内容を以下の研究ノートにまとめたのち、博士論文序章の内容から以下の研究ノートの内容を削除した分の内容をもとに、大幅に加筆した。

持田洋平「「国民国家の相対化」を超えて――華人史研究の新たな研究視角の提示を目的とする試論」『華僑華人研究』一六、七―一九頁、二〇一九年。

第二章の初出は、以下の論文となる。

持田洋平「シンガポール華人社会の近代の始まりに関する一考察――林文慶と辮髪切除活動を中心に」『華僑華人研究』九、二〇一二年、七―二七頁。

第三章の初出は、以下の論文となる。

持田洋平「康有為のシンガポール滞在（一九〇〇年）とその華人社会への影響に関する考察」『史学』八七（一・二）、二〇一七年、三一―五七頁。

第四章の初出は、以下の論文となる。

持田洋平「シンガポール華人社会における「孔廟学堂設立運動」の展開（一八九八―一九〇二年）」『東洋学報』九九（一）、二〇一七年、八七―一〇五頁。

第五章の初出は、以下の論文となる。

持田洋平「シンガポール中華総商会の社会的機能の形成――その設立過程と初期活動を中心に」『アジア太平洋論叢』二三、二〇二一年、三三―六一頁。

第六章の初出は、以下の論文となる。

持田洋平「「国語」教育の分断と連帯――一九〇〇年代後半のシンガポール華人社会における初等学堂の設立に関する一考察」『中国研究月報』七二（四）、一―一三頁、二〇一八年。

第七章の初出は、以下の論文となる。

Mochida, Yohei, "The Genealogy of "Anti-Manchuism" in Singapore Chinese Society, from the 19th Century to the beginning of the 20th Century," proceedings paper of ISSCO (International Society for the Studies of Chinese Overseas) Nagasaki 2017, 2017, pp. 345-365.

第一・八章および終章の内容については、書下ろしとなる。また本書の内容は、これらの既発表論文および博士論文の内容を基に、大幅に改定・加筆を行ったものとなっている。

次に、謝辞を述べさせていただく。学部時代から現在に至るまで、学習院大学の武内房司先生、慶應義塾大学の吉原和夫先生、山本英史先生、岩間一弘先生、山本信人先生、三尾裕子先生をはじめとする多くの先生方からご指導とご鞭撻を受けた。既に博士論文にて詳しく述べたため、詳細は省略するが、これらの先生方がご尽力くだされなければ、私は研究を続けていくことはできなかったと思う。また武蔵大学の西澤治彦先生は、本書を出版するきっかけとなるお話をいただくと共に、研究についても多くの意見をいただいた。さらに、風響社の石井雅さんには、文章の校正や全体の校正など、多くの点でご助言をいただいた。この他、多くの先生方や先輩・後輩・友人の方々より、多岐にわたるご指導とご教示をいただいた。特に華人研究の若手研究者の方々には、常に多くの刺激を受け、研究を発展させるための手掛かりをいただいてきた。

本書をなんとか書き上げることができたのは、これら多くの方々のご助力によるところが大きいと思う。ここに感謝の意を述べたい。もちろん、本書の問題や欠点、記述の誤りなどは、全て筆者の責任である。

最後に、これまでの私の人生と研究を常に支え続けてくれた家族と周りの人々に、最大の感謝を送りたい。

人物略歴

本章では、本書にて扱った人物のうち、特にシンガポールに居住していた華人たちの氏名や略歴について、一九世紀後半から二〇世紀初頭の時期を中心としてまとめた。ただし、駐シンガポール総領事や「立憲派」・「革命派」の政治活動家などのように、シンガポールに一時的に滞在・居住していただけの人物たちについては、既存の近代中国史の研究書や人物辞典などで既に整理されており、日本語でもほぼ検索・確認可能であるため、基本的に省略した。

情報の典拠として、本文中で扱った史料・書籍類（現地の英語・中国語新聞や植民地文書といった同時代史料、Song, Ong Siang, *One Hundred Year's History of the Chinese in Singapore*, Singapore : Oxford University Press, 1984 [1923] などの刊行史料、および［柯 一九九五］［許教正 一九六五］など、現地華人の人名録を中心とした書籍）に加えて、本文中で扱わなかった研究として、以下の文献を用いた。［クラトスカ 二〇〇五］［篠崎護 一九七六］［宮田 二〇〇二］［Doran 2006］［陳丁輝 二〇一五］［陳鳴鸞 一九八七］［陳育崧 一九五八］［陳育崧 一九六五］［柯 一九九〇］［劉子政 一九七九］［劉子政 一九九一］［邱 一九九二］［葉 一九九五］［葉 一九九七］［詹 一九九二］。ただし、個々の記述に関する典拠として、具体的な文献名を逐一あげていくことは極めて煩雑であるため、全て参考文献に回し、個別の表記は省略した。

記述順は、日本語における標準的な音読み表記を基準とした。また、先行研究の氏名の表記については、まず当時のシンガポール華人社会における表記に基づいて記述することを基準とした（一般的に知られている表記と同時代史料において用いられていた表記が異なる場合は、後者を参照した）。そのうえで、可能な限り同時代史料と対比して確認し、誤っていた場合は正しいものに修正した。ただし、複数の同時代史料（たとえば同時期に刊行された複数の新聞・雑誌など）の中で、同一人物に関する英語表記のゆれが存在する事例も複数存在した（これは、個人名を各方言で発音した際の差異に起因するものであろう）。このような場合は、筆者の判断により、当時、現地でより広く使用されていたと思われる（より広範な利用を確認できる）表記一つを選択した。

殷雪村（Yin, Suat Chuan, 1876-1958）

祖籍は江蘇省蘇州府常熟県。福建省の厦門、コロンス島（鼓浪嶼）で出生した福建幇の華人。福建省福州府の鶴齢英華書院（Anglo-Chinese School）などで教育を受けたのち、一八九八年にシンガポールに移住した。

シンガポール移住当初は、現地の警察裁判所（Police Courts）の通訳として働いていたが、西洋医学を勉強したいと考え、一八九九年にアメリカのミシガン大学に留学し、二年間医学を学び、その後カナダのトロント大学でさらに二年間医学を勉強し、医学学士（M. B. Degree）とシルバーメダルを取得した。一九〇三年にロンドンに移動し、ユニヴァーシティ・カレッジ・ロンドンに入学し、M. R. C. S.（Member of the Royal College of Surgeons）とL. R. C. P.（Licentiate of the Royal College of Physicians）の資格を得た。

ロンドンの大きな病院での勤務経験を経て、彼は一九〇四年にシンガポールに戻り、林文慶が創設した診療所である九思堂西薬房にて医師として勤務した。また彼は聯東保険有限公司（Eastern United Assurance Company Limited）や華僑銀行などを合同で出資・設立し、大資産家となった。さらに彼は一九一一年に中華女子学校が設立された際に、董事を担任したほか、南洋華僑中学や現地の様々な慈善団体に対して、多くの寄付を行った。彼は一九〇五年に、ロンドン在住のボウヤー（Bowyer, J. H.）という人物の娘と結婚した。

一九一一年にシンガポールでマラリアが流行した際に、彼はワヤン・ストリート（Wayang Street、現在のEu Tong Sen Streetに当たる）とヴィクトリア・ストリート（Victoria Street）の診療所にて、貧しい華人労働者層に対してマラリアの特効薬であるキニーネを無償で配布することを主張するなど、感染拡大の防止に尽力した。

彼は「現地の改革主義者たち」の一員であり、特に林文慶らと共にシンガポール華人社会の反アヘン運動に積極的に協力し、振武善社の設立にもおいても中心的な役割を果たした。また彼は華人社会を代表するリーダーの一人として、イギリスの植民地統治にも協力しており、一九二〇年には治安判事に任命された。さらに、彼は帰化によりイギリス国籍を取得した。

王純智（Ong, Soon Tee, 1871-1946）

祖籍は福建省泉州府同安県。シンガポールで出生した福建幇の海峡華人。中国本土からシンガポールに移住したのちに、王友海公司（Ong Ewe Hai & Co.）を設立・経営して貿易業に従事していた王友海（Ong, Ewe Hai）の次男として生まれた。彼は英華義学で英語・中国語教育を受けたのちに、兄である王長順（Ong, Tiang Soon）と共に、父親の企業である王友海公司に入り、米やヨーロッパ製品の輸出と胡椒・ガンビールの輸入などの貿易業に従事した。また彼は聯東保険有限公司の董事を担任した。

また彼は「現地の改革主義者たち」の一員として社会運動に協力しており、華人好学会の活動やシンガポール華人女子学校の設立にも参加していた。彼は華人社会を代表するリーダーの一人として、イギリスの植民地統治にも協力しており、一九一五年に治安判事に任命された。

顔永成（Gan, En Seng, 1844-1899）

祖籍は福建省漳州府海澄県。マラッカで生まれた福建幇の海峡華人。貧しい家庭環境で育ち、一七歳の時にシンガポールに移住し、イギリスの商社であるガスリーの買弁として働いた。またタンジョン・パガー船渠（Tanjong Pagar Dock Company Limited）で働く労働者の招集・確保など、現地の様々な事業にも参入した。

彼は華人社会での慈善活動に積極的に参加しており、一八九二年から一八九九年まで同済医院の総理を勤めた。彼は華人児童に対する教育活動に熱心であり、崇文閣や萃英書院などの中国語教育を行う私塾に対して資金の寄付を行った。また一八八六年に、テロック・エア・ストリートに自ら土地を購入し、中国語・英語教育を行う私塾である英華義学を設立・運営した。この私塾の設立から七年後に、さらに土地を購入し、その校舎を拡大した。英華義学はのちに顔永成中学（Gan En Seng School）と改名し、シンガポールにおいて現在まで教育活動を続けている。

加えて、彼は華人社会を代表するリーダーの一人として、イギリスの植民地統治にも協力しており、華民諮詢局の委員を務めた。

邱菽園（Khoo, Seok Wan, 1874-1941）

名は煒萲、字は萱娛、号は菽園、星洲寓公など。福建省漳州府海澄県にて出生した福建幇の華人。その父親である邱正忠（Khoo, Cheng Tiong）は、シンガポールの著名な米商人であった。

幼少時は澳門のおばの家にて生活し、七歳の時に初めてシンガポールに移住し、父親たちと共に暮らし始めた。

彼は幼少時から伝統的な中国語教育を受けており、科挙試験を受験するため、一八八八年に父母と共に海澄県に戻った。彼は一八歳の時に王玫という女性と結婚したが、彼女が二年後に逝去したため、二〇歳で陸結という女性と再婚し、息子二人、娘二人を授かった。彼は一八九四年に郷試に合格し、挙人となった。一八九五年には会試のため北京に向かったが不合格となり、その際に康有為・梁啓超らと共に日清戦争の講和拒否と日本との徹底抗戦を求める運動（いわゆる「公車上書」）に参加した。

彼は一八九六年にシンガポールに戻ると共に、父親の死去に伴い、その莫大な遺産を相続した。彼は「現地の改革主義者たち」の一員であり、林文慶らと共に社会活動に参加したほか、康有為ら「立憲派」の熱心な支持・支援者であった。またシンガポール華人女子学校の設立にも協力し、その董事や副主席などを担任した。彼は一八九八年に中国語新聞『天南新報』を創刊し、康有為ら「立憲派」の政治活動に関する支持・支援を行った。一九〇〇年に康有為がシンガポールに来訪した際には、林文慶らと共に、植民地政庁による康有為の保護に積極的に協力しており、安全な滞在場所として自らの邸宅を提供した。

ただし一九〇一年に、彼と林文慶による康有為の海外亡命や唐才常の反乱計画への協力・支援が、両広総督の陶模や湖広総督の張之洞ら清朝の地方高官たちに露見してしまった。この事態を受けて、彼はこれらの地方高官たちに電報と書簡を送付し、自分たちと康有為ら「立憲派」や唐才常との関係を公的に否定すると共に、清朝に対して銀一万両を上納して謝罪の姿勢を示した。この結果、彼は清朝よりその罪を許され、四品の品級と主事の名誉官位を授与されると共に、両広総督の陶模から孔廟学堂設立運動への支持を得ることに成功した。こうして清朝の地方高官からの支持を獲得した結果、一九〇一年一〇月から一九〇二年にかけて、林文慶ら「現地の改革主義者たち」は孔廟学堂設立運動を実際の活動に移すことが可能となり、彼自身もこの運動に積極的に協力した（ただしこの運動は、最終的には失敗に終わった）。

彼は現地で文人としても著名であり、一八九六年に麗沢社・会吟社などの詩吟結社を主宰しており、自身も『菽園詩集』などの詩集を残した。また彼は飲酒と女性（すなわち売春婦たちとの交わり）を好んでおり、彼は一度、自らが地元の売春婦たちの中でいかに著名であるかを示すために、一晩の間、シンガポール中の売春宿を貸し切ったことがあった。しかし、このような浪費や清朝の名誉官位の購入による出費、様々な事業への投資の失敗などにより、父親から受け継いだ膨大な資産を使い果たし、一九〇七年に一度破産し、貧苦を味わうこととなった。

彼は中華民国期にも、一九一三年から一九二〇年にかけて刊行された中国語新聞『振南日報』の経営や『星洲日報』の編集者、南洋華僑中学や双林寺の董事など、シンガポール華人社会の文化面に関わる多様な職務を歴任した。

また彼は一九〇五年に、ペック・シー・ストリート（Peck Seah Street）に、城隍神を祭る廟である都城隍廟を建設した。

阮添籌（Wee, Theam Tew, 1866-1918）

シンガポールで出生した海峡華人（恐らく福建幇であったと思われる）。ラッフルズ学院で英語教育を受けており、若い頃から中国語と英語に堪能であったほか、動物磁気（mesmerism）に関心を持っていた。また彼はラッフルズ学院の在学中より、林文慶の親しい友人であった。彼はイギリスに留学し、一八九七年に弁護士の資格を得たのちにシンガポールに戻り、法廷弁護士・事務弁護士として活動した。一九〇四年に、愛新覚羅善耆の事務官として雇われたが、短期間でその役職を終え、一九〇五年にシンガポールに戻った。

彼は被信託人（trustee）として、英華義学の運営に協力した。また彼は華人社会を代表するリーダーの一人として植民地統治にも協力しており、一九〇一年には市政委員会の委員に選出された。さらに一九〇〇年に英籍海峡華人公会が設立された際に、その一員となった。

彼は林文慶ら「現地の改革主義者たち」による辮髪切除活動に反対しており、中国国内政治に関わる問題にもほぼ関与しなかった。しかし「満州人蔑視」言説の是非については林文慶らと同意しており、一九〇〇年に中国本土で義和団事件が発生した際に、同年七月に*Straits Times*紙に書簡を送付し、「満州人蔑視」言説と関連させた形で、海峡華人が義勇軍を組織してイギリス軍と共に中国に向かい、義和団および満州人と戦うことを提案した。ただし、林文慶など複数の著名な海峡華人がこの提案に対して賛成を表明したものの、実際には計画は実現しなかった。

胡亜基（Hoo, Ah Kay, 1816-1880）

名は璇澤、号は南生・瓊軒。祖広東省広州府にて出生した広東幇の華人。一五歳でシンガポールに移住し、父親が経営していた黄埔公司（Whampoa and Company）を手伝い、イギリス海軍への食品の提供などを行った。彼は英語能力に優れており、このことはこのビジネスを展開していくうえで有利に働いた。父の死後、彼はビジネスを引き継ぎ、多額の資産を形成し、シンガポール華人社会の著名な華人商人の一人となった。彼はイギリス人から、その会社の名前をとってWhampoa（黄埔）と呼ばれていた。

彼は華人社会の慈善活動に積極的に協力した。一例として、一八五四年と一八七〇年に、シンガポールでも最古の廟の一つである福徳祠（Fuk Tak Chi）の修復事業に資金を提供した。また彼はセラングーン・ロードに、邸宅と植物園を所有していた。この植物園は「南生花園」（Nam Sang Fa Un）という名前で、その美しさから現地で著名であった。彼の死後、南生花園は佘連城が所有するようになり、「明麗園」と改称された。

彼は植民地政庁からも華人社会を代表するリーダーとして重用されており、一八六九年には立法参事会の民間メンバーを任職しており、一八七一年には治安判事に任命された。また一八七六年に、イギリスよりCMG勲章（Companion of the Order of Saint Michael and Saint George）を授与された。さらに一八七七年に、清朝より初代の駐シンガポール領事に任命されており、また一八六七年にはロシアの、一八七七年には日本の駐シンガポール領事も担任した。

胡文虎（Aw, Boon Haw, 1882-1954）

祖籍は福建省汀州府永定県。イギリス領ビルマのラングーンにて出生した客家幇の華人。一度中国本土に戻り、四年間の教育を受けたのちに現地に戻り、一九〇八年に父親である胡子欽が経営していた永安堂という薬剤店を継いだ。また彼は一九〇六年に、同じくラングーンで育った客家幇の華人であった、鄭氏という女性と結婚した。彼は弟の胡文豹（Aw, Boon Par）と協力して永安堂の経営に尽力し、タイガーバーム（万金油）や八卦丹・清快水などの新たな医薬品を創案し販売することにより、永安堂を大きく発展させた。彼ら兄弟が創案した永安堂の医薬品は、その商標として虎（虎標）を採用しており、これらの医薬品の印象を強めることに寄与した。一九一一年には、永安堂の初めての支社がシャム王国に設立された。

タイガーバームなどの商品の売上の増加に伴い、一九二三年に永安堂の本社はラングーンからシンガポールに移動した。本社は、最初はアモイ・ストリート（Amoy Street）にあったが、のちにセシル・ストリート（Cecil Street）に移転した。彼自身も、ラングーンからシンガポールに移住した。彼は一九二六年にニール・ロード（Neil Road）に土地を購入して、永安堂の本社工場を設立した。永安堂の支社・分工場は最大で二〇カ所存在しており、シンガポールとイギリス領ビルマ（ラングーン）に加え、中国本土（汕頭・広州・福州・厦門・漢口・上海・天津・重慶・昆明・西安など）や香港、台湾、ペナン、シャム王国（バンコック）、オランダ領東インド（バタヴィア）など、広域的に展開されていた。

永安堂の本社・支社は、新聞・雑誌などの広告を積極的に活用しながら、協力して宣伝活動を行い、永安堂全体の医薬品の販売拡大に貢献した。また胡文虎は、一九二九年にシンガポールで創刊された『星洲日報』をはじめとして、各地で一〇以上の中国語・英語新聞を創刊した。彼は各地で中国語・英語新聞事業への投資と経営を行うと共に、新聞広告を利用して永安堂の医薬品販売の宣伝活動を展開することが可能となった。

彼は永安堂における医薬品の加工・販売や新聞刊行に加えて、銀行や保険業など、多様な事業に投資を行っていたが、陳嘉庚らと異なり、ゴム加工業に過剰な投資を行わなかった。そのため、一九二〇年代後半におけるゴム価格の低下や一九二九年以降の世界大恐慌においても大きなダメージを受けず、その事業を維持することができた。

彼は慈善事業に注力しており、永安堂の利益の四分の一をそのために用いると公言していたが、実際の寄付金はその利益の六割に達するほどであり、生涯の寄付金の合計は一〇〇〇万元を超えるほどであったという。彼はシンガポールのみならず、中国国内や香港・東南アジアの華人居住地域などにおいて、学校などの教育施設や病院、善堂、監獄などの建設や維持のために多額の寄付を行った。また彼は中国国内政治にも多くの寄付を行っており、一九三〇年代における「抗日」運動にも積極的に協力した。彼は一九二〇年代末から一九三〇年代にかけて、中国国内での多額の寄付により数多くの勲章を受領しており、かつ様々な委員や顧問などの役職を歴任した。

また彼はシンガポールに、様々な彫像が立ち並ぶ庭園である虎豹別墅（Tiger Balm Garden）と、翡翠製の物品が展示された博物館であった翠玉楼（Tiger Oil House of Jade）を建設し、一般に開放した（この二つのうち、虎豹別墅はハウ・パー・ヴィラ（Haw Par Villa）という名前に代わって、今日まで存在している）。

彼はイギリスとの関係性も維持しており、一九三八年にジョージ六世よりOBE勲章（Officer of the Most Excellent Order of the British Empire）を授与された。

呉寿珍（Goh, Siew Tin, 1854-1909）

名は世奇。福建省漳州府詔安県にて出生した福建幇の華人。一八九二年に父親である呉秀水（Goh, Siew Swee）の逝去に伴い、巨額の遺産と事業を相続した。彼はシンガポールのテロック・エア・ストリートにて安和号（Ann Ho）を経営し、自身が所有した数隻の汽船を用いて、ジャワとの貿易業に従事した。

彼は現地の福建幇の有力者の一人であり、一九〇六年における福建会館に当たる天福宮の修理に際して、三大董事の一人としてこの事業に協力した（他の二人は、李清淵と陳武烈であった）。さらに彼は福建幇による道南学堂の設立にも協力しており、またこの学堂の設立当初の総理を担当した。彼は一九〇五年に中華総商会の設立にも協力しており、設立当初に総理も担当した。ただし、一九〇六年に同じく総理を担当していた陳雲秋との人間関係の悪化により、陳雲秋が総理の役職を辞任するという出来事が起こった。彼自身はその後も、中華総商会の総理などの要職を歴任した。

彼は清朝から知府や道台の名誉官位を購入しており、また西太后が第二次アヘン戦争で破壊された頤和園の再建を行った際に、木材の購入・確保を行って協力した。さらに、彼は一九〇二年に、清朝の駐シンガポール署理総領事を任職した（また彼はその際に、林文慶ら「現地の改革主義者たち」が主導していた孔廟学堂設立運動にも協力した）。

また彼はイギリスの植民地統治にも協力しており、保良局の委員を長年務めた。

黄亜福（Wong, Ah Hook, 1837-1918）

字は甫田、号は彦廷。広東省広州府台山県にて出生した広東幇の華人。生家が貧しかったため、一四歳の時にシンガポールに移住し、大工として働きながら、倹約して貯蓄を行った。

彼はこの資本を元手として、のちに建築業に従事するようになり、シンガポールのみならずジョホールでも多くの建築を請負い、大資産家となった。彼が建設した建築物として、ジョホール国王の王宮となったイスタナ・ベサール（Istana Besar）があげられる。また彼はシンガポールとジョホールに多くの不動産を所有しており、特にジョホールで所有していた土地では、ガンビールや胡椒、タピオカ、ゴムなどの栽培業も行っていた。

彼は三四歳の時に中国に戻り、一人の女性（趙氏）と結婚し、もう一人の女性（彭氏）を妾とし、五人の子供をつくった。また彼は慈善家としても著名であり、広東幇による養正学堂の設立・運営にも協力しており、多額の寄付を行った。彼は広益銀行の設立者の一人であり、この銀行が破綻した際にはその負債の処理を担当することとなった。また彼はシンガポールの広東幇を代表する華人商人の一人であり、一九一三年四月には植民地政庁から治安判事に任命された。

また彼は清朝より、俊秀や同知などの名誉官位を購入した。

黄松亭（Ng, Song Teng, ??-??）

広東省潮州府澄海県で生まれた潮州幇の華人。汕頭での魚醤の販売から商業をはじめ、のちにシンガポールにも商売を広げ、共同出資によってサーキュラー・ロード（Circular Road）に設立した森峰桟にて、麻・絹の布地や衣服の販売と信局業に従事した。また自身で設立した孔明齋紙料店にて、帳簿用の文具などを扱う商業に従事した。

彼は潮州幇の大商人として、一九〇五年に中華総商会の設立に協力し、その設立当初に協理を担当した。また一九〇六年に、陳徳潤らと共に、四海通銀行を設立した。

黄乃裳（Wong, Nai Siong, 1849-1924）

字は紱丞、号は九美・慕華など。福建省福州府閩清県で出生した福建幇の華人。一八六六年にキリスト教メソジスト監督教会派の宣教師により洗礼を受け、キリスト教徒となった。一八七三年に謝氏という女性と結婚し、多くの子を授かった。一八九四年に郷試に合格し、挙人となった。一八九五年に会試のため北京に向かうも不合格となり、その際に康有為・梁啓超らと共に日清戦争の講和拒否と日本との徹底抗戦を求める運動（いわゆる「公車上書」）に参加した。

一八九六年には娘の黄端瓊を林文慶に嫁がせており、一八九九年には林文慶に招かれてシンガポールに移住した。シンガポールでは、中国語新聞『星報』の編集長を担当したほか、林文慶と共に『日新報』を刊行した。一九〇〇年には農民らと共にサラワク島シブに移住し、ここを「新福州」と名付け、開拓に着手した。しかしこの事業はうまくいかず、資金的な苦境に陥り、一九〇四年に中国本土に戻った。

彼は中国国内政治に強い関心を持っており、一九世紀末から二〇世紀初頭において康有為ら「立憲派」や孫文ら「革命派」と積極的に接触した。また彼は、陳楚楠・張永福ら「革命派」が『図南日報』や『中興日報』といった中国語新聞を刊行することを支援した。

彼は中国帰国後も、廈門で『福建日日新聞』を創刊する（のちに『福建日報』と改名した）など、新聞事業に関わっており、また孫文ら「革命派」の政治活動の宣伝にも積極的に協力した。彼は一九〇九年に福建諮詢局の常駐議員に、一九一〇年に福州キリスト教青年会の会長に、一九一一年に福建都督府の交通司長に、一九二〇年に広東軍政府の元帥府の高等顧問に選出されるなど、特に福建省において様々な要職を歴任した。

蔡子庸（Chua, Chu Yong, 1847-??）

広東省潮州府澄海県で出生した潮州幇の華人。彼は幼少期に故郷で教育を受け、天津・上海・漢口などで商売を行った。一八七四年にシンガポールに移住し、サウス・ブリッジ・ロードにて成発綢荘を設立し、絹織物や陶磁器などを扱う商業に従事した。またのちに合同出資により元発桟を創設し、米や砂糖も扱うようになった。この商社はシャム王国（バンコック）に四ヶ所の精米所を所有しており、ここで精米された米はシンガポールや香港へと輸出され、大きな利益を生んだ。

彼は潮州幇の大商人の一人として、一九〇五年における中華総商会の設立に協力し、設立初期に総理・協理などを歴任した。また一九〇六年には潮州幇による端蒙学堂の設立にも協力し、設立当初に総理を担当した。

佘連城（Seah, Liang Seah, 1850-1925）

祖籍は広東省潮州府澄海県。シンガポールで出生した潮州幇の海峡華人。彼の父親は、一九世紀のシンガポール華人社会を代表する著名な華人商人の一人である佘有進（Seah, Eu Chin）であった。佘有進は一八〇五年に澄海県で生まれ、一八二三年にシンガポールに移住し、振興号（Eu Chin and Company）を経営し、胡椒・ガンビールの栽培や売買に着目し、早期からこのビジネスに着手して大きな成功を収め、大資本家となった。彼は英語の知識も堪能であり、一八四七年と一八四八年にシンガポール華人社会に関する英語の記事を執筆し、英語雑誌であった *Journal of the Indian Archipelago and Eastern Asia* に掲載した。またイギリスの植民地統治にも積極的に協力しており、一八七〇年には海峡植民地政庁の知事であったオード（Ord, Harry）から治安判事を任職するなど、植民地政庁からも厚く信頼されていた。

佘連城は佘有進の次男としてシンガポールで生まれ、聖ジョセフ学院で英語教育を受け、一七歳で結婚し、父の会社であった振興号で働き、胡椒・ガンビールなどを扱った流通業に従事した。また早期からパイナップル缶詰業に着手し、共同出資によりトムソン・ロードにて振春黄梨廠というパイナップル缶詰工場を設立し、ライオンをラベルとしたパイナップル缶詰を製造し、バンコックにて販売した。

彼はのちに単独経営で、セラングーン・ロードに新たなパイナップル農園を作ると共に、パイナップル缶詰工場も振業廊（Chin Giap）と改称し、「猛虎」（Tiger）と「博戦」（Defiance）という二つのパイナップル缶詰を製造・販売した。この缶詰は特に一九〇二年まで高い価格を維持し、ヨーロッパや極東地域まで輸出され、多くの雇用と利益を生んだ。

彼は華人社会を代表するリーダーの一人として、イギリスの植民地統治にも積極的に協力しており、一八八三年から一八九〇年にかけて立法参事会の民間メンバーを任職しており、また一八八五年には治安判事に任命された。さらに、彼は一九〇〇年に英籍海峡華人公会が設立された際に、その一員となった。

章芳琳（Cheang, Hong Lim、1825-1893）

祖籍は福建省漳州府長泰県。シンガポールで出生した福建帮の海峡華人。父親であった章三潮（Cheang, Sam Teo）の長男として生まれた。父親の死後に、テロック・エア・ストリートの長越号（Teang Wat）を引き継ぐと共に、章芳琳公司（Cheang Hong Lim and Company）と改称した（のちに、さらに苑生号（Wan Seng）と改称した）。彼は章芳琳公司にてアヘン・酒類の徴税請負業に従事し、巨額の資産を築いた。彼は章芳琳公司にて、林文慶の父親である林天堯と共に働いていた。また彼はシンガポールにて多くの不動産を所有していた。

　彼は現地における慈善活動にも熱心に取り組んでおり、現地で篤志家として著名であった。彼は一八七六年に植民地政庁に対して三〇〇〇ドルを支出して、警察署（police office）の前面の土地を公共の公園とすることを提案すると共に、この公園を管理するための園丁二人を提供した。この提案は植民地政庁による合意を得ることに成功し、ホンリム・グリーンと呼ばれる公園が作られた（この公園は、現在のシンガポールでもホンリム・パークという名前で残されている）。また彼は一八八七年に自ら資金を提供し、ハブロック・ロードに面した土地に玉皇殿（Geok Hong Tian）を建設した（彼はこのほかにも、金蘭廟・清元真君廟・福徳祠などの寺院・廟の建設や修築に、その資金を提供した）。さらに彼は一八八二年に自らの資金により、芳林巴刹（Hong Lim's Market）という市場を作った。また彼は、多くの場合返済がなかったにもかかわらず、貧しい屋台引きや漁師に金を信用貸ししていた。さらに彼は火災を懸念し、一八八六年にハブロック・ロードに苑生消防隊という消防隊を組織した。彼は教育活動にも寄付を行っており、自身がテロック・エア・ストリートに主有していた建物にて章苑生義学を設立した（この学校は、のちに章壬憲義学と改称した）。

　彼は華人社会を代表するリーダーの一人として、イギリスの植民地統治にも積極的に協力していた。彼は保良局の委員を長年務めており、一八七三年に治安判事に任命された。また一八八九年に、シンガポール義勇軍（Singapore Volunteer Artillery Corps）に当時の最新式の兵器であったマキシム機関銃（Maxim gun）を導入することを目的とする基金に対して二五〇〇ドルの寄付を行い、当時の海峡植民地の知事であったスミスから謝辞を受けた。さらに、彼は一九〇〇年に英籍海峡華人公会が設立された際に、その一員となった。加えて、彼の慈善活動はフランス領インドシナのサイゴンでも著名であり、彼はフランス人のカトリック司教であったガスニール（Gasnier, Edouard）の推薦により、貧しい人々に対して多額の寄付を行ったという理由で、フランス政府よりメダルを受領した。

また彼は一八八一年・一八八九年・一八九六年に、清朝から道員や鹽運使などの名誉官位を購入した。

薛有礼（See, Ewe Lay, 1851-1906）

祖籍は福建省漳州府東山県。シンガポールで出生した福建幇の海峡華人。祖父の薛仏記（See, Hoot Kee）と父親の薛栄樾（See, Eng Watt）は、共に著名な海峡華人の商人たちであった。彼は若い時期に、香港銀行の買弁として働いた。彼は一八八一年に『叻報』を創刊し、編集者として香港から葉季允を招聘して、この新聞の経営を行った。『叻報』は、その政治的な傾向として基本的にイギリス政府・清朝政府を支持する穏健かつ中道的な立場をとり、現地の主要な中国語新聞として一九三〇年代まで刊行を続けた。

宋旺相（Song, Ong Siang, 1871-1941）

名は鴻祥。祖籍は福建省漳州府南靖県。シンガポールで出生した福建幇の海峡華人。その父母である宋仏倹（Song, Hoot Kiam）と馮芳蓮は、共に敬虔なキリスト教徒であった。彼はラッフルズ学院や聖ジョセフ学院で英語教育を受けたのちに、一八八三年から一八八七年までの五年間、ガスリー奨学金と女王奨学金を獲得し、一八八八年にイギリスに留学した。彼はミドル・テンプル法曹院（The Honorable Society of the Middle Temple）で法律を、またケンブリッジ大学ダウニング・カレッジ（Downing College, University of Cambridge）で文学を学び、一八九三年に法学士（Bachelors of Laws）および文学士（Bachelor of Arts）の学位を獲得すると共に、弁護士の資格を得た（彼は一九〇〇年に、さらに法学修士（Master of Laws）と文学修士（Master of Arts）の認可を受けた）。

彼は一八九三年にシンガポールに帰還し、同じく女王奨学金を獲得した学友であったジェームス・エイトケン（Aitken, James）と共にエイトケン・旺相法律事務所（Legal Firm of Aitken & Ong Siang）を設立し、弁護士としての活動を開始した。この法律事務所は、のちに著名な華人弁護士を多く輩出した。また同年には、華人キリスト教協会（Chinese Christian Association）の会長に選出された。一八九四年にはローマ字を用いたマレー語日刊新聞である *Bintang Timor*（*Eastern Star*）を創刊したが、同紙は約一年後に刊行を停止した。一九二三年には、シンガポール華人社会史に関する著名な書籍である *One Hundred Years' History of the Chinese in Singapore* を出版した。また彼は一九〇七年九月に、華人商人であった楊本盛（Yeo, Poon Seng）の娘である楊喜娘（Yeo, Nee Neo）と結婚した。

彼は「現地の改革主義者たち」の一員であり、林文慶らと共に*Straits Chinese Magazine*の刊行や華人好学会・シンガポール華人女子学校などの設立に協力した。ただし、彼は中国国内政治に関わる問題にはほぼ関与しなかった。

彼はイギリスの植民地統治に積極的に協力しており、一八九四年から一八九九年まで*Straits Settlements Law Reports*の編集補佐を担当した。彼は一九〇〇年に英籍海峡華人公会が設立された際に、その一員となった。一九〇二年には林文慶らと共にロンドンに向かい、エドワード七世の戴冠式に参加した。また一九三六年にイギリスよりKBE勲章（Knight Commander of the Order of the British Empire）を授与された。

曾兆南（Chan, Teow Lam, ??-??）

祖籍は広東省潮州府。潮州幇の華人。出生地や生業は不明。一九〇五年に行われたアメリカ製品ボイコット運動に積極的に参加し、同済医院にて行われたこの運動の集会において、アメリカ国内の排華法への抗議として、シンガポールの華人商人たちがアメリカ製品の売買をボイコットするべきであると提唱した。また彼は一九〇五年における中華総商会の設立に協力し、設立初期に坐辦（事務担当）などを任職した。

彼は一八九〇年と一八九二年に、清朝よりそれぞれ同知と中翰（内閣中書）の名誉官位を購入した。

張永福（Teo, Eng Hock, 1871-1957）

祖籍は広東省潮州府饒平県。シンガポールにて出生した福建幇の海峡華人。彼の父親はビーチ・ロードで織物・反物を扱う商店を経営しており、また多くの不動産を所持していた。陳楚楠の父親が自身の息子と近隣の子供たちのために家庭教師を雇ったことをきっかけに、陳楚楠と友人関係となった。彼らは、林文慶ら「現地の改革主義者たち」により運営されていた勉強会である華人好学会にも参加していた。

彼は早期からゴム農園へ投資し、ゴム靴の製造工場を設立したことにより、陳嘉庚と共に、二〇世紀初頭のシンガポールにおけるゴム靴産業の基盤を作った。

彼は一九〇〇年代より、陳楚楠・林義順らと共に、孫文ら「革命派」を支持する政治活動に注力した。まず一九〇三年に、上海租界で鄒容・章炳麟が逮捕された際に、彼は自身と陳楚楠・林義順ら小桃源倶楽部のメンバーとの連名で、イギリスの駐上海総領事に電報を送り、鄒容・章炳麟をイギリス側が清朝政府に引き渡すことのないよう要請した（ただし、これは実質的な効果はほとんどなかったようである）。その後、彼らは一九〇〇年代において、『図南日報』・『南洋総匯新報』・『中興日報』などの中国語新聞の編集・刊行に関わり、その政治思想や「革命派」の政治活動を宣伝すると共に、康有為ら「立憲派」を支持する中国語新聞やその関係者たちと盛んに論戦を繰り広げた。さらに彼らは一九〇五年年末に、孫文の立会いの下で中国同盟会シンガポール支部を設立し、最初期からのメンバーとなった。

彼は中華民国期においても、国民党シンガポール支部の中心メンバーの一人として、その政治活動に尽力した。また一九一二年に中国国民党シンガポール支部が設立された際に、名誉会長に選出された。一九三二年には中国本土に戻り、汕頭市の市長や僑務局の局長、中央銀行汕頭分行の行長などを歴任した。一九三〇年代以降には、国民党による第一次国共合作の破綻への不満から、汪精衛を支持するようになり、日本帝国の傀儡政権であった汪精衛政権から中央監察委員に任命された。戦後には、対日協力者として国民党から拘留された。

また彼が一九〇五年に購入した邸宅である晩晴園は、シンガポールにおける「革命派」の活動拠点として利用されており、「革命派」のリーダーであった孫文がシンガポールを来訪した際にもここに滞在した。晩晴園は二〇一一年における改築を経て、現在のシンガポールでも、孫中山南洋記念館（Sun Yat Sen Nanyang Memorial Hall）として残されている。

張善慶（Teo, Sian Keng, 1855-1916）

字は元勲。福建省漳州府南靖県にて出生した福建幇の華人。幼少期には中国本土で中国語教育を受け、農業に従事していたが、三一歳の時にシンガポールに移住した。最初に万山桟薬舗にて三年間働き、その後独立して益隆桟・万慶八九号などを経営し、資産家となった。

彼は福建幇の大商人の一人として、一九〇五年における中華総商会の設立に協力し、設立初期に協理などを歴任しており、一九〇八年と一九一〇年に副総理を、一九〇九年には正総理を任職した。また福建幇の大商人であった呉寿珍や李清淵・劉金榜と共に道南学堂を設立し、資金の寄付を行った。彼は林文慶ら「現地の改革主義者たち」が主導した孔廟学堂設立運動にも協力した。加えて、彼は同済医院による無償の医療活動にも積極的に協力しており、総理などの役職を歴任した。また彼は、同済医院において診察を受ける場所と薬品を受け取る場所が離れているという問題を解消するために一一〇〇ドルを寄付し、同済医院の内部に薬品を備蓄できるようにすることによって、この問題を解決した。

陳雲秋（Tan, Hoon Chew, ??-??）

祖籍は広東省潮州府海陽県。潮州幇の華人。出生地や生業などは不明。

一九〇五年に中華総商会の設立に協力し、設立当初に総理を担当した。また一九〇六年には潮州幇による端蒙学堂の設立にも協力しており、設立当初に総理などを担当した。しかし、一九〇六年七月に同じく総理を担当していた呉寿珍との人間関係が悪化し、彼は総理の役職を辞任した。彼は翌年以降も役職の推薦を受けたが、それを担当することはなかった。

陳嘉庚（Tan, Kah Kee, 1874-1961）

字は科次、以前の名は甲庚であったが、のちに嘉庚に改めた。福建省泉州府同安県で出生した福建幇の華人。一六歳の時にシンガポールへと移住し、父親の陳杞柏が経営する順安米穀店にて働きはじめたが、一九〇三年にこの店が破産した。そのため、陳嘉庚は一九〇四年より独立し、福山園というパイナップル農園の経営と、新利川黄梨缶頭廠というパイナップル缶詰業を経営し、スルタン（Sultan）というブランドの缶詰を売り出し、経済的な成功を収めた。また彼は同時期に、氷砂糖の製造を行う日春号（Jit Choon）や、精米業を行う恒美号（Heng Bee）などの企業を設立した。彼はさらに一九〇六年よりゴム農園経営とゴム加工業に着手し、一九一六年には自らのビジネスの中核をパイナップル農園経営・パイナップル缶詰業からゴム農園経営・ゴム加工業に変更することにより、さらに大きな成功を収めた。陳嘉庚はシンガポールで最も大規模なゴム園経営者・ゴム加工業者となり、多額の資産を形成するに至った。

陳嘉庚が一九一九年に設立した陳嘉庚公司は、ゴム加工業によって大成功し、彼はゴム大王と呼ばれるまでに至った。陳嘉庚公司のスンバワ・ロードのゴム加工工場の雇用労働者は一九三〇年には五〇〇〇人を超え、生産するゴム靴は一九二九年には二万足以上となり、その支社は一九二八年には中国本土や東アジア・東南アジアなど、計八二カ所まで増加した。ただし、一九二九年の世界恐慌により、彼のゴム園経営・ゴム加工業は行き詰まっていき、一九三四年に陳嘉庚公司の経営が破綻し、債務整理を行うに至った。また彼は、林文慶らとともに、一九一二年における華商銀行の設立に協力した。さらに一九二三年に現地の著名な華人団体であった怡和軒倶楽部の総理を担任することとなり、この役職の担当を一九四七年まで継続し、中国国内政治と結びついた政治活動を推進した。

陳嘉庚は中華民国期のシンガポールの福建幇を代表する華人リーダーの一人であり、福建会館の総理や中華総商会の協理などを歴任した。また彼はその莫大な資産を活かして、シンガポールや福建省の教育活動に対する寄付や支援を積極的に行っており、道南学堂でも総理なども歴任した。彼は一九一七年に陳楚楠らと共に、南洋女学校の設立に協力し、設立後に総理を担当した。また一九一九年に林義順らと共に、シンガポールで初めて中国語教育を行う中等学校である南洋華僑中学校の設立のために資金提供を行っており、設立後に総理を担任した。さらに一九二一年に、自身の故郷に近い厦門に厦門大学を設立しており、また一九二一年から一九三六年まで彼個人で四〇〇万元以上の寄付を行った（彼はこれら以外の多くの学校に対しても、多額の資金を寄付している）。加えて、彼はジャーナリズムへの参与も行っており、一九二三年には自身で中国語新聞である『南洋商報』を創刊した。また彼自身も一九四六年に、自伝である『南僑回憶録』を刊行した。

彼は中国国内政治にも積極的に関与しており、いわゆる「愛国華僑」としても著名であった。彼は孫文ら「革命派」の政治団体であった中国同盟会シンガポール支部の支持者であり、中華民国期も変わらず孫文および国民党を支持し続け、政治的な資金提供も多く行った（ただし、陳嘉庚は一九四〇年に重慶を訪れた際に国民党の腐敗に失望し、共産党支持に変わったとされている）。彼は福建省の地方政府や在地の軍事勢力とも緊密な関係性を構築していた。また一九三〇年代には東南アジアの華人社会における「抗日」ナショナリズム運動にも積極的に関与した。さらに一九三八年に設立された南洋華僑籌賑祖国難民総会の主席を担当し、寄付金の収集活動に尽力した。

陳恭錫（Tan, Keong Saik, 1850-1909）

祖籍は福建省漳州府海澄県。マラッカで生まれた福建幇の海峡華人。幼少時にマラッカで勉強し、のちにシンガポールに移住した。シンガポールでは、いくつかの会社で汽船に関係する貿易業に従事したのち、一八九〇年に海峡汽船会社の創設者の一人となった。また彼はタンジョン・パガー船渠の役員（director）を担任した。

彼は慈善活動にも積極的であり、一八八七年に萃英書院に対して寄付を行った。

彼は華人社会を代表するリーダーの一人として、イギリスの植民地統治にも協力しており、植民地知事を任職したスミスとも交友関係があった。また市政委員会・華民諮詢局・保良局の委員や治安判事など、植民地統治に関わる役職を歴任した。

陳金鐘（Tan, Kim Ching, 1829-1892）

祖籍は福建省漳州府海澄県。マラッカで出生した福建幇の海峡華人。彼の父親は、一八四四年にシンガポール最初の民間病院として設立された陳篤生医院の創設者であり、治安判事を任職し、慈善家としても著名であった、シンガポール華人社会を代表する大商人、陳篤生（Tan, Tock Seng）であった。

彼は陳篤生の長男として生まれ、幼少時に英語教育を受けており、のちにタイ語も学んだ。彼は父親の死後に、その会社と遺産を受け継ぎ、事業を拡大した。この会社はのちに金鐘公司（別称は振成号）と改称され、シンガポール最大の米貿易商社となった。金鐘公司はシンガポール川沿岸のボート・キーにあった本社に加えて、シャム王国（バンコック）やフランス領インドシナ（サイゴン）などに分社を持っており、彼は自らが所有する汽船にて各地を往来して、米の精製・貿易ビジネスに従事していた。特にバンコックにある金鐘公司の分社とその精米所で精米された米は味と品質に優れ、シンガポールでも高値で取引された。また彼は、一八六三年にタンジョン・パガー船渠が設立された際に、その設立委員会の一員となった。

彼は福建幇を代表する大商人の一人であり、福建会館としての機能を果たしていた天福宮の総理を担当した。また彼は現地の中国語教育を積極的に支援しており、崇文閣や萃英書院の設立時に資金を寄付した。

彼は華人社会を代表するリーダーの一人として、イギリスの植民地統治にも協力した。彼は一八七一年に治安判事に任命され、一八八八年には市政委員会の委員を任職した。

彼は一八九〇年頃に、清朝より道台の名誉官位を購入しており、また日本・ロシア・シャム三国の駐シンガポール領事を歴任した。彼はバンコックでの金鐘公司の活動を通じて、シャム王国の第四代国王であったモンクットや第五代国王のチュラーロンコーンと緊密な関係を結び、厚い信任を得ていた。たとえばモンクット国王は、彼を「私自身のための忠実なるエージェント（my faithful agent for myself alone）」と呼び、シャム王国と公的な関係を持つ外国人商人としての公的な位階と欽賜名を与え、シャム国王やその使節団への世話や、いわゆるヨーロッパ系のお雇い外国人との交渉など、公私に渡る多様な政務を担当させた。

陳金声（Tan, Kim Seng, 1805-1864）

字は巨川。祖籍は福建省泉州府永春県。マラッカで生まれた福建幇の海峡華人。彼の祖父と父は、共にマラッカで商業に従事していた。彼は私塾やキリスト教学校で教育を受けたのち、シンガポールに移住して金声公司を設立し、貿易業に従事した。金声公司は大きく発展し、マラッカ・上海などにも支社を設立した。

彼は中国語教育に多額の寄付を行っており、一八四九年に崇文閣の設立に出資し、また一八五四年には中国語教育を行う私塾であった萃英書院を設立した。彼は一八五七年に、植民地政府に一三〇〇〇ドルを寄付し、より良い給水設備の建設を求めた（この給水設備は一八七八年に完成した）。この功績により、一八八二年に彼の功績を記念する噴水（Tan Kim Seng Fountain）が設置された。またシンガポールとマラッカに、金声橋（Kim Seng Bridge）という名前の二つの橋を建築した。

さらに彼は華人社会を代表するリーダーの一人として、イギリスの植民地統治にも協力しており、一八五〇年に治安判事に任命された。

陳若錦（Tan, Jiak Kim, 1859-1917）

祖籍は福建省泉州府永春県。シンガポールで出生した福建幇の海峡華人。彼は、それぞれシンガポールの著名な華人商人であった陳金声の孫、かつ陳明水（Tan, Beng Swee）の長男であった。彼は一八歳から金声公司に入り働いた。また彼は海峡汽船会社の創設者の一人であり、この会社の役員を一二年以上担当した。また彼は一九〇九年に、林文慶らと共に、新加坡樹膠有限公司を設立した。

彼は華人社会を代表するリーダーの一人として、イギリスの植民地統治にも協力しており、一八八六年に市政委員会の委員を、一八八九年と一九〇二年に立法参事会の民間メンバーを任職した。また保良局や華民諮詢局の委員も歴任しており、一八九一年には治安判事に選出された。さらに、彼は一九〇〇年に英籍海峡華人公会が設立された際に、その一員となった。加えて、彼は一九一二年に、イギリスよりCMG勲章を授与された。

また彼は一九〇四年に、海峡植民地知事であったアンダーソンに対し、海峡植民地およびマレー連合州の住民が医学を学ぶことができる医学校を設立するべきであることを提唱した。アンダーソンはこの要求に対し、この医学校を設立するうえでの最大の障害は資金不足であり、七一〇〇〇ドルの資金を集めることが可能であれば、この医学校の設立を許可すると返答した。彼はこの返答を受けて、シンガポールの華民護衛司にてイギリス領マラヤの華人社会のリーダーを集めた会議を開いて寄付を募り、八七〇七七ドルという巨額の寄付金を集めた（彼自身も一二〇〇〇ドルを寄付した）。この資金をもとに、一九〇五年九月に海峡植民地・マレー連合州政府医学校（Straits and Federated Malay States Government Medical School）が開校した（この学校は一九一二年にエドワード七世医学校（King Edward VII Medical School）と改称され、さらに一九二一年に専任教員を有する医科大学であるエドワード七世医科大学（King Edward VII College of Medicine）へと昇格した）。また彼は、この医学校の委員を長く務めた。

陳楚楠（Tan, Chor Lam, 1884-1971）

祖籍は福建省泉州府厦門庁。シンガポールで出生した福建幇の海峡華人。彼の父親はビーチ・ロード（Beach Road）で合春号という木材などを扱う商店を経営しており、また不動産を多く所有するなど富裕な華人商人であった。彼の父親が自身の息子と近隣の子供たちのために家庭教師を雇ったことをきっかけに、張永福と友人関係となった。彼は林文慶ら「現地の改革主義者たち」の一人である邱菽園との交際をきっかけに、『清議報』・『知新報』・『新民叢報』・『蘇報』など、各地の「立憲派」や「革命派」により刊行されていた新聞や、著名な政治活動家であった鄒容の『革命軍』などの書籍を読む機会を得たことにより、中国国内政治に関心を持つようになった。また彼と張永福らは、林文慶ら「現地の改革主義者たち」により運営されていた勉強会である華人好学会にも参加していた。さらに彼は、「思明洲少年」という筆名で『天南新報』に投稿を行っていた。

彼は一九〇〇年代より、張永福・林義順らと共に、孫文ら「革命派」を支持する政治活動に注力するようになった。まず一九〇三年に、上海租界で鄒容・章炳麟が逮捕された際に、自身と張永福・林義順ら小桃源倶楽部のメンバーとの連名で、イギリスの駐上海総領事に電報を送り、鄒容・章炳麟らをイギリス側が清朝政府に引き渡すことのないよう要請した（ただし、これは実質的な効果はほとんどなかったようである）。その後一九〇〇年代において、『図南日報』・『南洋総匯新報』・『中興日報』などの中国語新聞の編集・刊行に関わり、その政治思想や「革命派」の政治活動を宣伝すると共に、康有為ら「立憲派」を支持する立場をとる中国語新聞やその関係者たちと盛んに論戦を繰り広げた。さらに彼らは一九〇五年年末に、孫文の立会いの下で中国同盟会シンガポール支部を設立し、その最初期からのメンバーとなった。また彼は一九一〇年に、「革命派」の政治思想の宣伝団体として、同徳書報社を設立した。

彼は中華民国期においても、国民党シンガポール支部の中心メンバーの一人として、政治活動に尽力した。彼は一九二一年から一九三一年において、福建省務委員会の委員や実業庁の庁長などを担当した。また一九一七年に陳嘉庚らと共に、南洋女学校の設立に協力し、設立後にその総理を担当した。

陳徳潤（Tan, Teck Joon, 1860-1918）

字は玉珊、号は亜鵝。広東省潮州府海陽県にて出生した潮州幇の華人。幼少時にシンガポールに移住し、サーキュラー・ロードにて恒茂号と元茂号を設立し、江蘇の絹織物とヨーロッパ・アメリカからの輸入雑貨の販売などに従事した（彼はのちに、果物の販売や貿易業にも参入した）。

彼は福建幇の大商人の一人として、一九〇五年における中華総商会の設立に協力し、設立当初に協理を担当した。また一九〇六年には潮州幇による端蒙学堂の設立にも協力し、設立当初に総理を担当した。さらに一九〇六年には、黄松亭らと共に、四海通銀行を設立した。

陳徳遜（Tan, Teck Soon, 1859-1922）

シンガポールにて出生した福建幇の海峡華人。ラッフルズ学院で教育を受け、一八七三年にガスリー奨学金を獲得し、厦門に留学し中国語教育を受けた。彼はシンガポールに帰還したのち、陳金鐘が設立した金鐘公司にて働いた。

彼は中国の社会や文化に関する深い知識を持ち、一八九四年には長老派教会の宣教師であったイギリス人のラモント（Lamont, Archibald）との共著で、中国国内・国外における中国人・華人の生活について記述した書籍である *Bright Celestial: The Chinaman at Home and Abroad* を出版した。また彼は一八九一年に、ラモントらと共に、毎週土曜日の夕方（学校から帰ったのち）にラモントの自宅にて、華人児童を対象として、英語や中国語、イギリスと中国の歴史、数学、速記法などを学ぶ授業を行う私塾（Singapore Chinese English Institute）の運営を開始した。

彼は林文慶ら「現地の改革主義者たち」の一員であり、*Straits Chinese Magazine* の刊行や華人好学会の活動にも協力していた。また彼は一九〇五年における中華総商会の設立にも協力しており、その設立当初に司理繙譯（翻訳担当）を担当した。

陳武烈（Tan, Boo Liat, 1874-1934）

祖籍は福建省漳州府海澄県。シンガポールで出生した福建幇の海峡華人。彼の曾祖父は、シンガポールで最初に設立された民間病院であった陳篤生医院の設立者であり、治安判事を任職し、慈善家としても著名であった、一九世紀のシンガポール華人社会を代表する大商人である陳篤生であった。また彼は、現地で著名な華人商人であった陳金鐘の孫、かつ陳純道（Tan, Soon Toh）の息子であった。

彼はラッフルズ学院で英語教育を受けたのちに、商業よりもシンガポール華人社会の改革運動に積極的に関与し、また林文慶ら「現地の改革主義者たち」や陳楚楠・張永福ら「革命派」の支持者たちとも協力した。

彼は現地の福建幇の有力者の一人であり、福建幇の会館の機能を果たしていた天福宮の董事を一八九七年から一九一六年まで勤めた。また一九〇六年における天福宮の修理に際して、三大董事の一人としてこの事業に協力した(他の二人は、呉寿珍と李清淵であった)。

彼は「現地の改革主義者たち」の一員であり、林文慶らと共に社会活動に協力しており、一八九九年におけるシンガポール華人女子学校の設立にも協力した。また一九〇〇年に英籍海峡華人公会が設立された際に、その一員となった。さらに一九〇二年には林文慶らと共にロンドンに向かい、エドワード七世の戴冠式に参加した。

彼は中国国内政治、特に「革命派」の政治活動にも強い関心を持っていた。彼は中国同盟会シンガポール支部に(すなわち、国民党シンガポール支部が設立される以前の時点で)加入しており、林義順が執筆・編集した『星洲同盟会録』に収録された会員の人名録の中に名前があがっている。彼は中華民国期以降にも国民党シンガポール支部に加入し、その政治活動に協力した。また彼は孫文が一九一一年一二月にシンガポールに来訪した際に、殷雪村や張永福らと共に歓待し、また彼自身がペンダー・ロード(Pender Road)に所有していた金鐘大厦(Golden Bell Mansion)を宿泊場所として提供した(この建物の名前は、彼の祖父であった陳金鐘から取られた)。

葉季允(Yeh, Chi Yuen, 1859-1921)

名は季隠、号は永翁・聴松廬詩孫など。一八八一年に安徽省にて生まれた広東幇の華人。幼少頃にその父母と共に広東に移住し、私塾にて教育を受けたのち、香港で『中外新報』の編集者を勤めた。

一八八一年にシンガポールで最初の日刊中国語新聞である『叻報』が創刊された際に、彼はその経営者であった薛有礼によって現地に招聘され、この新聞の編集長を担当し、この仕事を約四〇年間続けた。彼は社説などの執筆では「惺噩生」という筆名を用いており、その編集・執筆活動により、シンガポールにおける中国語ジャーナリズムの基盤を築いた。また彼は詩文や篆刻、琵琶の演奏にも長けており、『永翁詩存』という詩集を残した。

彼は一九〇五年における中華総商会の設立に協力し、設立当初に議員の役職を担当した。また彼は広東幇の人士による養正学堂の設立・運営にも協力した。

李清淵（Lee, Cheng Yan, 1841-1911）

祖籍は福建省泉州府永春県。マラッカで出生した福建幇の海峡華人。彼は一八五八年に兄の李清岩（Lee, Cheng Gum）と共にシンガポールに移住し、テロック・エア・ストリートにて商売をはじめた。のちに清淵公司、あるいは振裕号（Cheng Yan & Co., Chin Joo）を設立し、ヨーロッパ商人と取引を行う大商人となり、金融業や不動産への投資などにも事業を拡大した。また彼は、海峡汽船会社の創設者の一人となった。

彼は現地の福建幇の有力者の一人であり、一九〇六年における福建会館に当たる天福宮の修理に際して、三大董事の一人としてこの事業に協力した（他の二人は、呉寿珍と陳武烈であった）。さらに彼は福建幇による道南学堂の設立にも協力しており、またこの学堂の設立当初において董事を担当した。また彼は華人児童に対する教育活動に熱心であり、被信託人として英華義学の運営に協力したほか、自身でセラングーン・ロードに風俗義学（Hong Joo Chinese Free School）を設立した。

彼は華人社会を代表するリーダーの一人として、イギリスの植民地統治にも協力しており、一八八九年から一九一〇年まで、二一年間に渡って華民諮詢局の委員を任職しており、また保良局の委員や治安判事にも任命された。また彼は一八九〇年と一九〇六年に、清朝より同知などの名誉官位などを購入した。

劉金榜（Low, Kim Pong, 1838-1909）

名は誠正、号は文超。福建省漳州府南靖県にて出生した。一八五八年にシンガポールに移住し、まず万山行（Ban San）を設立して中国伝統医薬を扱い、のちに福南銀号を設立して信局業に参入し、巨額の資産を形成した。

彼は福建幇の大商人の一人として、福建会館（天福宮）の董事を担当しており、また一九〇六年に天福宮が改修された時に、これに協力した。また一九〇五年における中華総商会の設立に協力し、設立当初に議員の役職を担当した。彼は林文慶ら「現地の改革主義者たち」が主導した孔廟学堂設立運動にも協力した。加えて、彼は宗教的な活動にも積極的であり、一九〇四年に、福建省漳州府龍渓県の南山寺の修築を行った。また一八九八年から一九〇七年にかけて、ほぼ独力でシンガポールの著名な寺院であった双林寺（Siong Lim Si）の修築を行った。双林寺は幾度かの改修を経て、現在のシンガポールでも著名な仏教寺院として存続している。また彼は一九〇六年に、福建鉄路公司の鉄道株式を多く引き受け、現地で称賛を受けた。

彼は一八九〇年と一九〇三年に、清朝より同知と道員の名誉官位を購入した。

　また彼は華人社会を代表するリーダーの一人として、イギリスの植民地統治にも協力しており、華民諮詢局や保良局の委員を歴任した。

廖正興（Liau, Chia Heng, 1874-1931）

　名は世芳、号は傑夫。広東省潮州府潮安県で生まれた潮州幇の華人。父親が早くに逝去したため、非常に困窮した家庭で育った。彼は一八七五年にシンガポールに移住し、露天商の仕事や、親戚である李乾盛の店で働きながら資金を貯めつつ、胡椒とガンビールを扱う商業の経験を積んだ。彼はのちに万茂興・永茂昌・万徳興布店などを設立し、胡椒やガンビール、ゴム、欧米産の布などを扱う商業やゴム園経営に従事した。また彼は一九〇六年に、黄松亭・陳徳潤ら潮州幇の大商人たちとの共同出資により四海通銀行を設立しており、この銀行の総理を長く務めた。

　彼は潮州幇の大商人の一人として、一九〇五年における中華総商会の設立に協力し、設立初期に協理などを歴任しており、また一九一〇年には副総理、翌年の一九一一年には正総理を任職した（彼はこの後も中華総商会の副総理・正総理を歴任した）。また彼は一九〇六年に、潮州幇の大商人であった蔡子庸らと共に端蒙学堂を設立し、初代の副総理を担当しており、その後も端蒙学堂の運営を支援し続けた。さらに、彼は中国本土における災害（台風や地震、旱魃など）への義援金として多くの寄付を行ったほか、現地でも孤児や老人、貧困層などの人々に対する慈善活動に対して積極的に支援を行っていた。一例として、一九一八年に汕頭などで大地震が発生した際に、率先して義援金三五〇〇〇ドルを支出し、他の華人たちも彼に続いて寄付を行ったため、義援金は合計で四〇万ドルを超えた。加えて、彼は儒教・孔教運動にも関心を持っており、一九一四年に実得利孔教会が設立された際に、その臨時董事として協力したほか、北平孔教総会・汕頭孔教総会・香港中華聖教総会などの他地域の孔教運動に対しても支援を行った。

　彼は華人社会を代表するリーダーの一人として、イギリスの植民地統治にも協力しており、華民諮詢局や保良局の委員を歴任したほか、治安判事にも任命された。

林維芳（Lam, Wei Fong, 1863-1910）

　字は挙直、号は蘭坡。福建省広州府新寧県で生まれた広東幇の華人。シンガポールに移住したのち、父親が経営していた質屋で共に働き、のちに大農園の経営に従事した。また彼は一九〇三年に広益銀行の設立に協力し、総理を長く務めた。

彼は中華総商会の設立にも協力しており、設立当初の協理を担当した。また彼は広東幇の人士による養正学堂の設立・運営にも協力した。

林義順（Lim, Ngee Soon, 1879-1936）

字は発初、号は蔚華・其華。祖籍は広東省福建省漳州府海澄県。シンガポールで生まれた潮州幇の海峡華人。父親である林炳源（Lim, Pong Nuan）は、中国本土からシンガポールに移住し、ビーチ・ロードで雑貨店を経営していた。林炳源は、息子である林義順が八歳の時に逝去した。

彼は聖ジョセフ学院や英華学校にて英語教育を受けたのち、同じくビーチ・ロードにて陳楚楠の父親が経営していた合春号などで商業を学んだ。彼はのちに、木材を扱っていた陳泰公司（Tan Tye and Company）にて働いた。また二〇歳の時に、母方の祖父の遺産を得た。

彼は早期からゴム加工業に関心を持っており、林文慶や陳若錦らの合同出資により設立された新加坡樹膠有限公司にて経理（manager）として働いた。またシンガポール北部のセンバワン（Sembawang）にて設立された三巴湾樹膠有限公司（Sembawang Rubber Estate Limited）でも創設時から総経理（general manager）を務めており、その後にこのゴム会社の顧問（consultant）を五年間務めた。さらに一九一一年に、林義順公司（Lim Nee Soon & Co.）をビーチ・ロードに設立し、ゴム加工工場の経営やゴム製品の販売・受託・委託などのビジネスに従事し、短期間で大きな成功を収め、現地で著名な大資本家となった。また彼はパイナップル缶詰業にも取り組んでおり、現地で「パイナップル王」（Pineapple King）と呼ばれていた。その他にも、彼は多くの事業に関与しており、一九一九年に設立された華僑銀行の董事や副主席を担当したほか、聯東保険有限公司や吁嚕班蘭樹膠有限公司（Ulu Pandan Rubber Estate Rimited）でも董事などの役職を歴任した。彼はシンガポールのみならず、ジョホールにもゴム園を所有していた。また彼は二三歳の時に、阮碧霞という女性と結婚し、多くの子供を授かった。

彼はシンガポール華人社会を代表する華人商人の一人であり、一九二〇年代において中華総商会の会長などの重要な役職を歴任した。またシンガポール北部のセレタル（Seletar）に土地を購入し、華人の墓地として提供した。さらに一九一九年に陳嘉庚らと共に、シンガポールで初めて中国語教育を行う中等学校である南洋華僑中学校の設立のために資金提供を行っており、設立後に総理を担任した。彼は一九一九年に、同済医院の主席董事を担任した。さらに一九二二年に汕頭が台風によって大きな被害を受けた際に、この災害への義援金の収集を目的とする会である籌賑潮汕風災害会の正総理に選出された。加えて、一九二八年に、シンガポール華人社会における潮州幇の正式な会館となる新加坡潮州八邑会館の設立を主導しており、また設立当初にこの会館の正総理に選出された。

また、彼は陳楚楠・張永福らと共に、孫文ら「革命派」を支持する政治活動に注力した。彼は一九〇三年に、上海租界で鄒容・章炳麟が逮捕された際に、陳楚楠・張永福ら小桃源倶楽部のメンバーとの連名で、イギリスの駐上海総領事に電報を送り、鄒容・章炳麟らをイギリス側が清朝政府に引き渡すことのないよう要請した（ただし、これは実質的な効果はほとんどなかったようである）。その後、彼らは一九〇〇年代において、『図南日報』・『南洋総匯新報』・『中興日報』などの中国語新聞の編集・刊行に関わり、その政治思想や「革命派」の政治活動を宣伝すると共に、康有為ら「立憲派」を支持する中国語新聞やその関係者たちと盛んに論戦を繰り広げた。彼らは一九〇五年年末に、孫文の立会いの下で中国同盟会シンガポール支部を設立し、その最初期からのメンバーとなった。また中華民国期においても、国民党シンガポール支部の中心メンバーの一人として、その政治活動に尽力した。

これらの中国国内政治への貢献や巨額の資金提供により、彼は中華民国期において、北京政府（北洋軍閥）や広東軍政府、南京国民政府など、中国国内の複数の政治権力との関係性を構築しており、多くの勲章を受領し、また様々な委員や顧問などの役職を歴任した。具体的には、彼は一九一五年に北京政府から共和一等勲章を受領し、一九一六年に孫文に大元帥府参議に任命され、一九一九年に広東軍政府の総司令部顧問に任命されると共に一等金奨章を受領し、一九二二年に北京政府総統府の名誉顧問に任命され、一九二三年に北京政府大総統より三等文虎章および一等大綬嘉禾章を受領し、一九二八年に南京国民政府の財政部の名誉顧問に任命された。

さらに、彼はイギリスの植民地統治にも積極的に協力しており、一九一八年には治安判事に任命されており、一九二三年にはイギリス領マラヤのアヘン調査委員会（British Malaya Opium Committee）の委員に任命された。また彼は聖アンドリュー医院（St. Andrew's Medical Mission Hospital）の委員も務めた。

林文慶（Lim, Boon Keng、1869-1957）

字は梦琴。祖籍は福建省漳州府海澄県。シンガポールで出生した福建幇の海峡華人。彼の祖父である林瑪彭（Lim, Mah Peng）は一八三九年に中国本土からペナンに移住し、酒類の徴税請負業に従事した。林瑪彭はペナンにて現地在住のニョニャと結婚し、長男である林天堯を授かったのち、シンガポールに移住した。林天堯はラッフルズ学院で英語教育を受けたのちに、章芳琳公司にてアヘン徴税請負業に従事していた。林天堯は、息子である林文慶が一二歳の時に逝去した。

彼は、クロス・ストリート（Cross Street）の英語学校などで教育を受けたのちに、一八七九年にラッフルズ学院に入学した。一八八七年に女王奨学金を獲得してスコットランドに留学し、エディンバラ大学で医学を勉強し、一八九二年に医学内科学士（Bachelor of Medicine）と外科修士（Master of Surgery）の学位を獲得した。彼は一八九三年にシンガポールに帰還したのち、一八九四年に自らの診療所である九思堂西薬房を設立し、医業により生計を立てることとなった。また彼は一八九六年に、黄乃裳の長女であった黄端瓊（Wong, Duang Ging）と結婚した。黄端瓊はイギリス・アメリカへの滞在経験を持っており、シンガポール華人女子学校でも中国語の授業を担当していた、聡明な華人女性であり、林文慶の進歩主義的な思想の良き理解者の一人となった。しかし、黄端瓊は一九〇五年に逝去した。そののちに、彼は一九〇八年に、「現地の改革主義者たち」の一員であった殷雪村の妹であった殷碧霞（Yin, Phek Ha）と再婚し、二人の妻との間で多くの子供を授かった。

彼は留学から帰還したのち、邱菽園や黄乃裳といった、中国本土で伝統的な科挙教育を受けた知識人層の華人たちとの関係性を深めると共に、中国語や儒教に関する知識を学んでいった。エディンバラ大学への留学を含むイギリス式の高等教育と、中国語・中国文化に関する多様な知識と経験によって、彼は現地で（恐らく）初めて、シンガポール華人社会を近代的なネイション概念を通して理解し、またそのナショナルな共通性として、中国語と儒教を重視するようになった。さらに彼は、自らが理想とする進歩主義的な社会のありかたを現地において実現すべく、一九世紀末から二〇世紀初頭のシンガポール華人社会において、「現地の改革主義者たち」の中心人物として、多様な社会改革活動を主導した。

彼を中心とする「現地の改革主義者たち」が一八九〇年代後半から一九〇〇年代前半までに行った活動として、一八九六年における華人好学会の設立・運営、一八九七年における*Straits Chinese Magazine*の創刊と刊行、一八九八年における辮髪切除活動の計画、一八九九年におけるシンガポール華人女子学校の設立活動、そして一八九八年から一九〇二年において展開された孔廟学堂設立運動などがあげられる。ただし、これらの社会改革活動のいくつかは成功したものの、彼らの活動の根幹にあった中国語・儒教教育を行う学校を設立するという計画は、この時期には成功せずに終わった。また彼はこれらの社会改革活動と並行して、主に英語の新聞や雑誌での執筆活動や講演活動などを盛んに行い、これらの言論活動によって、自らの政治・文化的な思想・知識や「現地の改革主義者たち」の社会改革活動などを積極的に宣伝した。また彼はこれらの媒体で、「満州人蔑視」言説もしばしば公表していた。さらに、彼はジャワにおける中国語・儒教教育運動にも影響を与えた。

彼によるこれらの活動は、シンガポール華人社会において形成・展開された最初期のナショナリズム活動となり、現地においてネイションとしての華人社会という認識が普及していくことに大きく寄与することとなり、またのちの時期における、より政治化されたナショナリズムにも大きな影響を与えた。

彼は医師として、一九〇五年九月に陳若錦らによって設立された海峡植民地・マレー連合州政府医学校（のちにエドワード七世医学校・エドワード七世医科大学と改称・昇格）において教鞭をとった。また彼は九思堂西薬房にて雇用していた殷雪村や清朝の駐シンガポール総領事の孫士鼎と協力して、一九〇六年にアヘン治療施設の運営を開始した。この活動が成功したことにより、彼が運営したアヘン治療施設は一九〇〇年代後半にその規模を拡大していった。また彼は殷雪村と共に、現地における振武善社を中心とした反アヘン運動にも積極的に協力した。彼はこれらの医師としての仕事に加えて、一九〇〇年代から一九一〇年代にかけて、新加坡樹膠有限公司などのゴム農園経営・ゴム加工業の企業や、華商銀行・和豊銀行などの華人系銀行などに多くの投資を行うと共に、経営も担当した。また彼は一九二一年に陳嘉庚によって設立された厦門大学において、一六年間に渡って校長を担当した。

彼はシンガポール華人社会を代表する知識人の一人であり、中華総商会の設立後にその協理などの役職を担当した。また一九一四年に、中華総商会が深く関与した形で実得利孔教会が設立された際に、その設立者の一人となった。彼は中国国内政治にも強い関心を有しており、一八九〇年代後半から邱菽園らと共に康有為ら「立憲派」の政治活動を支持・支援しており、一九〇〇年に康有為がシンガポールに来訪した際には、植民地政庁による康有為の保護に協力した。また彼は一九一一年に粛親王善耆の指名を受け、清朝政府内務部医務顧問・北京西医院監督を任職した。

彼は中華民国期には孫文ら「革命派」を明確に支持する立場をとるようになり、一九一三年の時点で国民党シンガポール支部にも加入している。一九一二年に孫文が臨時大総統を任職した際に、彼は総統機要秘書・医官を任職し、翌年に衛生部総監督に昇進した。ただし、袁世凱が大総統を任職すると、この役職を辞任した。

彼は華人社会を代表するリーダーの一人として、イギリスの植民地統治にも協力していた。彼は一八九五年に立法参事会の民間メンバーに選出され、一八九八年と一九〇一年にも再度選出されたほか、治安判事、市政委員会や華民諮詢局の委員など、植民地政庁の華人統治に関わる官職を歴任しており、一九一八年にはイギリスよりOBE勲章を授与された。彼は一九〇〇年における英籍海峡華人公会の設立にも協力しており、一九〇六年には会長に選出された。また彼は一九〇二年に、宋旺相らと共にロンドンに向かい、エドワード七世の戴冠式に参加した。

さらに、彼は中華民国期においても現地で著名な知識人であったため、日本統治期には華僑協会（Overseas Chinese Association）という傀儡団体の会長を担当させられ、苦難の時期を過ごした。しかし彼は苦境の中でも、現地で日本側の華人統治に関与していた篠崎護らとも交渉を行い、現地華人の保護に努めた。

また彼は文筆家としても多くの作品を残しており、前述した記事や『中国内部の危機』に加えて、*The Great War from the Confucian Point of View* や、*Tragedies of Eastern Life: An Introduction to the Problems of Social Psychology* などの書籍を刊行した。

史料・参照文献

史料

根岸佶『華僑雑記』朝日新聞社、一九四二年。
宮崎滔天『三十三年の夢』国光書房、一九〇二年。

CO273, *Original Correspondence.*
CO275, *Proceedings of the Legislative Council of the Straits Settlements; Annual Departmental Reports of the Straits Settlements.*
CO276, *Straits Settlements Government Gazette.*
CO277, *Straits Settlements Blue Books.*
Report of the Census of the Colony of the Straits Settlements, Taken on the 10th March, 1911.

Straits Times.
Singapore Free Press and Mercantile Advertiser.
Straits Chinese Magazine.
Times.

Braddell, Roland St. John, *The Law of the Straits Settlements: A Commentary*, Singapore: Kelly and Walsh, 1915.
Chen, Su Lan, *The Opium Problem in British Malaya*, Singapore: Anti-Opium Society, 1935.
China Mail (ed.) *Who's Who in the Far East*, Hongkong: China Mail, 1906-1907.
Gundry, R. S., *China, Present and Past: Foreign Intercourse, Progress and Resources, the Missionary Question etc.*, London: Chapman and Hall, 1895.
Leyden, John, *Malay Annals: Translated from the Malay Language*, London: printed for Longman, Hurst, Rees, Orme and Brown, 1821.
Lim Boon Keng (Wen Ching), *The Chinese Crisis from within*, London: Grant Richards, 1901.
MacGowan, J., *A History of China: From the Earliest Days Down to the Present*, London: Kegan Paul, Trench, Trübner and Company, 1897.
Makepeace, Walter, and Brook, Gilbert E., Braddell, Ronald St. J. (eds.), *One Hundred Years of Singapore: Being Some Account of the Capital of the Straits Settlements from its Foundation by Sir Stamford Raffles*

on the 6th February 1819 to the 6th February 1919, Vol. I & II, London: John Murray, 1921.

Raffles Library (ed.) *Catalogue of the Raffles Library, Singapore, 1900*, Singapore: American Mission Press, 1905.

Ross, John, *Manchus, or Reigning Dynasty of China: Their Rise and Progress*, Paisley: J. and R. Parlane; London: Houlston and Sons, 1880.

Song, Ong Siang, *One Hundred Year's History of the Chinese in Singapore*, Singapore: Oxford University Press, 1984 [1923].

Straits Settlements and Federated Malay States Opium Commission (ed.), *Proceedings of the Commission Appointed to Inquire into Matters Relating to the Use of Opium in the Straits Settlements and Federated Malay States* (Volume I-III), Singapore: Government Printing Office, 1908.

Vaughan, J. D., *The Manners and Customs of the Chinese of the Straits Settlements*, Singapore: Mission Press, 1879.

『叻報』

『南洋総匯新報』

『天南新報』

『中興日報』

『南洋商報』

『申報』

『大清徳宗景（光緒）皇帝実録』

陳楚楠「晩晴園与中国革命史略」『東南亜研究学報』一（一）、シンガポール：新加坡大学歴史系、一九七〇年、五一―五二頁。

陳嘉庚『南僑回憶録』長沙：岳麓書社、一九九八［一九四六］年。

道南学校（編）『新加坡福建道南学校一覧』シンガポール：自費出版、一九三一年。

馮自由『中華民国開国前革命史』台北：世界書局、二〇一一［一九二八］年。

馮自由『革命逸史』第一―六集、北京：中華書局、一九八一［一九四一］年。

老牌記者『胡文虎発達趣史』上・下集、澳門：宇宙出版社、一九六〇年代（正確な出版時期は不明）。

劉柯（編）『自立会史料集』長沙：岳麓書社、一九八三年。

南洋華僑中学校（編）『新加坡南洋華僑中学校第一届畢業紀念刊』シンガポール：自費出版、一九三一年。

南洋女子中学校（編）『新加坡南洋女子中学礼堂落成金禧紀念特刊』シンガポール：自費出版、一九六七年。

南洋女子中学校（編）『南洋女子中学校創校六十周年暨小学部新校舎落成紀念特刊』シンガポール：自費出版、一九七七年。

邱菽園『菽園贅談』香港：中華印務総局、一八九七年。

上海市文物保管委員会（編）『康有為与保皇会』上海：新華書店、一九八二年。

秦孝儀（主編）『国父全集』第一―一二巻、台北：近代中国出版社、一九八九年。

湯志鈞（編）『康有為政論集』北京：中華書局、一九八一年。

同済医院（編）『同済医院一百二十周年歴史専集』シンガポール：自費出版、一九八九年。

王樹枏（編）『張文襄公（之洞）全集』台北：文海出版社、一九七〇年。

新嘉坡中華総商会（編）『新嘉坡中華総商会大厦落成紀念刊』シンガポール：自費出版、一九六四年。

養正学校（編）『新加坡養正学校概況』シンガポール：自費出版、

一九三三年。

張永福『南洋与創立民国』上海：中華書局、一九三三年。

中国第一歴史檔案館（編）『光緒朝上諭档』桂林：広西師範大学出版社、一九九六年。

中華女子中学（編）『新加坡中華女子中学創校六十周年紀念特刊：一九一一―一九七一』シンガポール：自費出版、一九七一年。

朱寿朋（編）『光緒帝東華録』北京：中華書局、一九五八年。

沈芝盈（編）『康南海自編年譜』北京：中華書局、一九九二年。

参照文献

アーレント、ハナ（大島通義・大島かおり訳）『全体主義の起源2――帝国主義』みすず書房、一九七二［一九五一］年。

アンダーソン、ベネディクト（白石隆・白石さや訳）『定本　想像の共同体――ナショナリズムの起源と流行』書籍工房早山、二〇〇七［一九八三］年。

アンダーソン、ベネディクト（糟谷啓介・高地薫ほか訳）『比較の亡霊――ナショナリズム・東南アジア・世界』作品社、二〇〇五［一九九八］年。

阿部　洋『中国近代学校史研究――清末における近代学校制度の成立過程』福村出版、一九九三年。

青山治世『近代中国の在外領事とアジア』名古屋大学、二〇一四年。

明石陽至「シンガポール華人改革指導者林文慶と文化摩擦」永積昭（編）『東南アジアの留学生と民族主義運動』巌南堂書店、一九八一年、一〇五―一四一頁。

秋田　茂『イギリス帝国の歴史――アジアから考える』中央公論新社、二〇一二年。

伊勢芳夫「文学を読むのは誰か？――読者論と“intertextuality”」『言語文化共同研究プロジェクト（二〇一七）』、二〇一八年、二三―三三頁。

生田　滋「ラッフルズとシンガポールの建設――地上の楽園、理想都市、そして現実」池端雪穂ら（編）『岩波講座東南アジア史五　東南アジア世界の再編』岩波書店、二〇〇一年、二九五―三二〇頁。

市川健二郎「陳嘉庚――ある華僑の心の故郷」『東南アジア――歴史と文化』一三、一九八四年、三―二八頁。

井上　巽『金融と帝国――イギリス帝国経済史』名古屋大学出版会、一九九五年。

今堀誠二『マラヤの華僑社会』アジア経済研究所、一九七三年。

岩井茂樹『朝貢・海禁・互市――近世東アジアの貿易と秩序』名古屋大学出版会、二〇二〇年。

岩崎育夫『物語　シンガポールの歴史――エリート開発主義国家の二〇〇年』中央公論新社、二〇一三年。

岩間一弘『中国料理の世界史――美食のナショナリズムをこえて』慶應義塾大学出版会、二〇二一年。

上田　信『海と帝国――明清時代』講談社、二〇〇五年。

上田　信『人口の中国史――先史時代から十九世紀まで』岩波書店、二〇二〇年。

内田直作『東南アジア華僑の社会と経済』千倉書房、一九八二年。

海野典子「辮髪は反イスラーム的か？――二〇世紀初頭の「剪髪」ブームに見る華北ムスリム社会の諸相」『アジア地域文化研究』一二、二〇一五年、五一―七三頁。

エリクセン、トーマス・ハイランド（鈴木清史訳）『エスニシティとナショナリズム――人類学的視点から』明石書店、二〇〇六［二〇〇二］年。

小野信爾「辛亥革命と革命宣伝」小野川秀美・島田虔次（編）『辛亥革命の研究』筑摩書房、一九七八年、三七―八八頁。

小野川秀美『清末政治思想研究』みすず書房、一九六九年。

小野寺史郎『中国ナショナリズム――民族と愛国の近現代史』中央公論新社、二〇一七。

尾崎邦博「ホブスン帝国主義論における社会進化論的思考」『経済学史研究』五四（二）、二〇一三年、二九―四四頁。

大野英二郎『停滞の帝国――近代西洋における中国像の変遷』国書刊行会、二〇一一年。

太田　淳『近世東南アジア世界の変容――グローバル経済とジャワ島地域社会』名古屋大学出版会、二〇一四年。

岡本隆司『近代中国と海関』名古屋大学出版会、一九九九年。

岡本隆司『袁世凱――現代中国の出発』岩波書店、二〇一五年。

鬼丸武士「阿片・秘密結社・自由貿易――一九世紀シンガポール、香港でのイギリス植民地統治の比較研究」『東南アジア研究』四〇（四）、二〇〇三年、五〇二―五一九頁。

可児弘明『近代中国の苦力と「豬花」』岩波書店、一九七九年。

可児弘明『シンガポール――海峡都市の風景』岩波書店、一九八五年。

籠谷直人『アジア国際通商秩序と近代日本』名古屋大学出版会、二〇〇〇年。

金子未希「一九世紀におけるシンガポールの図書館の役割」お茶の水女子大学修士課程学位論文、二〇一六年。

川島　真『近代国家への模索　一八九四―一九二五』岩波書店、二〇一〇年。

川村朋貴「ロンドン・シティとジェントルマン資本主義」秋田茂（編）『パクス・ブリタニカとイギリス帝国』ミネルヴァ書房、二〇〇四年、五一―八五頁。

川村朋貴『扉の向こうの帝国――「イースタン・バンク」発生史論』ナカニシヤ出版、二〇二〇年。

木畑洋一「イギリスの帝国意識――日本との比較の視点から」木畑洋一（編著）『大英帝国と帝国意識――支配の深層を探る』ミネルヴァ書房、一九九八年、一―二五頁。

木畑洋一『イギリス帝国と帝国主義――比較と関係の視座』有志舎、二〇〇八年。

菊池秀明『ラストエンペラーと近代中国――清末 中華民国』講談社、二〇〇五年。

北垣　徹「社会ダーウィニズムという思想」『現代思想』三七（五）、二〇〇九年、一七五―二〇一頁。

クラトスカ、ポール・H（今井敬子訳）『日本占領下のマラヤ　一九四一―一九四五』行人社、二〇〇五［一九九八］年。

熊谷次郎「自由貿易帝国主義とイギリス産業」秋田茂（編）『パクス・ブリタニカとイギリス帝国』ミネルヴァ書房、二〇〇四年、二一―四九頁。

黒田明伸『貨幣システムの世界史』岩波書店、二〇二〇年。

桑島　昭「第一次世界大戦とアジア――シンガポールにおけるインド兵の反乱（一九一五）」『大阪外国語大学学報』六九、一九八五年、一二三―四八頁。

ケイン、P・J／ホプキンズ、A・G（竹内幸雄・秋田茂訳）『ジェントルマン資本主義の帝国Ⅰ――創生と膨張　一六八八―一九一四』名古屋大学出版会、一九九七［一九九三］年。

コクラン、シャーマン「アジア域内マーケティング――胡文虎の通商ネットワーク」杉山伸也・グローブ、リンダ（編）『近代アジアの流通ネットワーク』創文社、一九九九年、一九五―二〇九頁。

後藤春美『アヘンとイギリス帝国――国際規制の高まり一九〇六～四三年』山川出版社、二〇〇五年。

黄　穎康「一九〇八―一九一九年における英領マラヤ華人の排日運動と日本の対応」『創価大学大学院紀要』四〇、二〇一九年、三〇五―三二二頁。

坂出祥伸『中国近代の思想と科学』同朋舎出版、一九八三年。

坂出祥伸『康有為――ユートピアの開花』集英社、一九八五年。

坂元ひろ子『中国民族主義の神話――人種・身体・ジェンダー』岩波書店、二〇〇四年。

坂元ひろ子「中国史上の人種概念をめぐって」竹沢泰子（編）『人種概念の普遍性を問う――西洋的パラダイムを超えて』人文書院、二〇〇五年、一八二―二〇四頁。

酒井忠夫（編）『東南アジアの華人社会と文化摩擦』巌南堂書店、一九八三年。

貞好康志『華人のインドネシア現代史――はるかなる国民統合への道』木犀社、二〇一六年。

ジマー、オリヴァー（福井憲彦訳）『ナショナリズム　一八九〇―一九四〇』岩波書店、二〇〇九［二〇〇三］年。

シャーマン、ジェイソン・C（矢吹啓訳）『〈弱者〉の帝国――ヨーロッパ拡大の実態と新世界秩序の創造』中央公論新社、二〇二一［二〇一九］年。

ジョルダン、ベルトラン（山本敏充（監修）・林　昌宏訳）『人種は存在しない――人種問題と遺伝学』中央公論新社、二〇一三［二〇〇八］年。

斯波義信『華僑』岩波書店、一九九五年。

篠崎香織「シンガポールの海峡華人と「追放令」――植民地秩序の構築と現地コミュニティの対応に関する一考察」『東南アジア――歴史と文化』三〇、二〇〇一年、七二―九七頁。

篠崎香織［二〇〇四a］「シンガポールの華人社会における剪辮論争――異質な人々の中で集団性を維持するための諸対応」『中国研究月報』五八（一〇）、二〇〇四年、一―一四頁。

篠崎香織［二〇〇四b］「シンガポール華人商業会議所の設立（一九〇六年）とその背景――移民による出身国での安全確保と出身国との関係強化」『アジア研究』五〇（四）、二〇〇四年、三八―五四頁。

篠崎香織『プラナカンの誕生――海峡植民地ペナンの華人と政治参加』九州大学出版会、二〇一七年。

篠崎　護『シンガポール占領秘録――戦争とその人間像』原書房、一九七六年。

信夫清三郎『ラッフルズ伝――イギリス近代的植民政策の形成と東洋社会』平凡社、一九六八年。

島田虔次「辛亥革命期の孔子問題」小野川秀美・島田虔次（編）『辛亥革命の研究』筑摩書房、一九七八年、三―三五頁。

蕭　橋『清朝末期の孔教運動』中国書店、二〇〇四年。

白石　隆「華民護衛署の設立と会党――十九世紀シンガポール華僑社会の政治的変化」『アジア研究』二二（二）、一九七五年、七五―一〇二頁。

白石　隆『海の帝国――アジアをどう考えるか』中央公論新社、二〇〇〇年。

須山　卓「華僑社会における幇派主義と経済」『長崎大学東アジア研究所研究年報』一六、一九七五年、一―一四頁。

曽田三郎「商会の設立」『歴史学研究』四二二、一九七五年、四三―五五頁。

田中恭子『国家と移民──東南アジア華人世界の変容』名古屋大学出版会、二〇〇二年。

田中雅一「英国における実用人類学の系譜──ローズ・リヴィングストン研究所をめぐって」『人文學報』八四、二〇〇一年、八三─一〇九頁。

田村慶子『シンガポールの国家建設──ナショナリズム、エスニシティ、ジェンダー』明石書店、二〇〇〇年。

高野麻子『指紋と近代──移動する身体の管理と統治の技法』みすず書房、二〇一六年。

竹内弘行『後期康有為論──亡命・辛亥・復辟・五四』同朋舎、一九八七年。

竹内弘行『中国の儒教的近代論』研文出版、一九九五年。

竹沢尚一郎『人類学的思考の歴史』世界思想社、二〇〇七年。

竹田いさみ『海の地政学──覇権をめぐる四〇〇年史』中央公論新社、二〇一九年。

檀上　寛『明代海禁＝朝貢システムと華夷秩序』京都大学出版会、二〇一三年。

檀上　寛『天下と天朝の中国史』岩波書店、二〇一六年。

千葉正史『近代交通体系と清帝国の変貌──電信・鉄道ネットワークの形成と中国国家統合の変容』日本経済評論社、二〇〇六年。

陳　來幸『近代中国の総商会制度──繋がる華人の世界』京都大学学術出版会、二〇一六年。

坪内良博『東南アジア多民族社会の形成』京都大学学術出版会、二〇〇九年。

鶴園裕基「海外の華僑団体と政府による認定」華僑華人の事典編集委員会（編）『華僑華人の事典』丸善出版、二〇一七年、八四─八五頁。

寺広映雄「革命瓜分論の形成をめぐって──保皇・革命両派の対立」小野川秀美・島田虔次（編）『辛亥革命の研究』筑摩書房、一九七八年、八九─一〇六頁。

トーピー、ジョン・C（藤川隆男訳）『パスポートの発明──監視・シティズンシップ・国家』法政大学出版局、二〇〇八［一九九九］年。

東條哲郎「一九世紀後半マレー半島ペラにおける華人錫鉱業──労働者雇用方法の変化と失踪問題を中心に」『史学雑誌』一一七（四）、二〇〇八年、四八一─五一四頁。

東條哲郎「マレー半島ペラにおける華人錫鉱業とシンガポール──世紀転換期における生産・流通を中心に」『史苑』七九（一）、二〇一九年、三五─五二頁。

中島楽章『南蛮・紅毛・唐人──一六・一七世紀の東アジア海域』思文閣出版、二〇一三年。

西尾寛治「十七世紀のムラユ諸国──その構造と諸変化」池端雪穂ら（編）『岩波講座東南アジア史三　東南アジア近世の成立』岩波書店、二〇〇一年、一五一─一七七頁。

西村閑也「英系国際銀行とアジア、一八九〇─一九一三年（二）」『経営志林』四〇（四）、二〇〇四年、一─二九頁。

西村雄志「二〇世紀初頭の海峡植民地における通貨制度の展開」『歴史と経済』四七（四）、二〇〇五年、三三─四九頁。

萩原宜之「マラヤにおけるゴムの発展と植替え政策の形成過程」『アジア研究』一五（二）、一九六八年、一─二四頁。

箱田恵子『外交官の誕生──近代中国の対外態勢の変容と在外公館』名古屋大学出版会、二〇一二年。

羽田　正『東インド会社とアジアの海』講談社、二〇〇七年。

羽田　正（編）『東アジア海域に漕ぎだす一　海から見た歴史』東京大

学出版会、二〇一三年。

濱下武志『近代中国の国際的契機――朝貢貿易システムと近代アジア』東京大学出版会、一九九〇年。

原不二夫『マラヤ華僑と中国――帰属意識転換過程の研究』龍渓書舎、二〇〇一年。

原田一美「「ナチズムと人種主義」考（一）――二〇世紀初頭までの系譜」『大阪産業大学人間環境論集』五、二〇〇六年、五五―七五頁。

坂野正高『近代中国政治外交史』東京大学出版会、一九七三年。

久末亮一『香港――「帝国の時代」のゲートウェイ』名古屋大学出版会、二〇一四年。

日比野丈夫「マラッカのチャイニーズ・カピタンの系譜」『東南アジア研究』六（四）、一九六九年、七五八―七七八頁。

平野　聡『興亡の世界史　大清帝国と中華の混迷』講談社、二〇一八［二〇〇七］年。

平間洋一「対華二十一ヶ条の要求と日英関係――シンガポール駐屯インド兵の反乱を軸として」『史学雑誌』一〇〇（六）、一九九一年、一一〇三―一一一四、一一九二―一一九三頁。

弘末雅士『東南アジアの港市世界――地域社会の形成と世界秩序』岩波書店、二〇〇四年。

ファーガソン、ニーアル（山本文史訳）『大英帝国の歴史　下――絶頂から凋落へ』中央公論新社、二〇一八［二〇〇三］年。

ブレイズ、C・ローリング（瀬口典子訳）「「人種」は生物学的に有効な概念ではない」竹沢泰子（編）『人種概念の普遍性を問う――西洋的パラダイムを超えて』人文書院、二〇〇五年、四三七―四六七頁。

ブレッケンリッジ、キース（堀内隆行訳）『生体認証国家――グローバルな監視政治と南アフリカの近現代』岩波書店、二〇一七［二〇一四］年。

夫馬　進『中国善会善堂史研究』同朋舎出版、一九九七年。

深町英夫「辛亥革命の中の〈孫文革命〉――その宣伝による動員」『アジア研究』四〇（四）、一九九四年、七九―一一二頁。

藤井　隆「変法による自強から合群による自存へ――梁啓超「合群論」成立までの一側面」『修道法学』四三（一）、二〇二〇年、一三七―一六四頁。

ヘッドリク、D・R（原田勝正・多田博一・老川慶喜訳）『帝国の手先――ヨーロッパ膨張と技術』日本経済評論社、一九八九［一九八一］年。

ヘッドリク、D・R（原田勝正・多田博一・老川慶喜・濱文章訳）『進歩の触手――帝国主義時代の技術移転』日本経済評論社、二〇〇五［一九八八］年。

ヘッドリク、D・R（横井勝彦・渡辺昭一訳）『インヴィジブル・ウェポン――電信と情報の世界史　一八五一―一九四五』日本経済評論社、二〇一三［一九九一］年。

帆刈弘之『越境する身体の社会史――華僑ネットワークにおける慈善と医療』風響社、二〇一五年。

ホブズボーム、E・J（野口建彦・野口照子訳）『帝国の時代　一八七五―一九一四』みすず書房、一九九三［一九八七］年。

ホブズボーム、E・J（浜林正夫・嶋田耕也・庄司信訳）『ナショナリズムの歴史と現在』大月書店、二〇〇一［一九九〇］年。

松野友美『華僑陳嘉庚と国民政府期の国家建設　一九二三―一九四二』筑波大学博士課程学位論文、二〇一七年。

松本ますみ『中国民族政策の研究――清末から一九四五年までの「民族論」を中心に』多賀出版、一九九九年。

水島　司「マラヤ――スズとゴム」池端雪浦ら（編）『岩波講座東南ア

ジア史六 植民地経済の反映と凋落』岩波書店、二〇〇一年、六五—八八頁。

宮田敏之「シャム国王のシンガポール・エージェント——陳金鐘（Tan Kim Ching）のライス・ビジネスをめぐって」『東南アジア——歴史と文化』三一、二〇〇二年、二七—五六頁。

ムーア、ロバート（五十嵐泰正訳）「十九世紀ヨーロッパにおける人種と不平等——身体と歴史」竹沢泰子（編）『人種概念の普遍性を問う——西洋的パラダイムを超えて』人文書院、二〇〇五年、一一三—一五〇頁。

村上衛『海の近代中国——福建人の活動とイギリス・清朝』名古屋大学出版会、二〇一三年。

村田雄二郎「孔教と淫祠——清末廟産興学思想の一側面」『中国——社会と文化』七、一九九二年、一九九—二一八頁。

村田雄二郎「康有為と孔子紀年」孔祥吉・村田雄二郎『清末中国と日本——宮廷・変法・革命』研文出版、二〇一一年、二二一—二五二頁。

茂木敏夫「中国的世界の変容と再編」飯島渉・久保亨・村田雄二郎（編）『シリーズ二〇世紀中国史一 中華世界と近代』東京大学出版会、二〇〇九年、三七—五八頁。

茂木敏夫・岡本隆司「中華帝国の近代的再編——在外華人保護論の台頭をめぐって—」岡本隆司・川島真（編）『中国近代外交の胎動』東京大学出版会、二〇〇九年、一三九—一五八頁。

桃木至朗ほか（編）『東南アジアを知る事典』平凡社、二〇〇八年。

森　紀子『転換期における中国儒教運動』京都大学学術出版会、二〇〇五年。

山下清海『シンガポールの華人社会』大明堂、一九八八年。

山田秀雄『イギリス植民地経済史研究』岩波書店、一九七一年。

山田　賢『移住民の秩序——清代四川地域社会史研究』名古屋大学出版会、一九九五年。

山田　賢『中国の秘密結社』講談社、一九九八年。

山本信人「リム・ブーンケンによる「近代的中国人」の創造——「進歩」の時代における初期南洋華人ナショナリズム研究試論」『法学研究』六八（五）、一九九五年、一一七—一六六頁。

山本信人「国民国家の相対化に向けて——東南アジア華人の可能性と越境性」濱下武志・辛島昇（編）『地域の世界史一 地域とは何か』山川出版社、一九九七年、二五〇—二九〇頁。

山本信人「帝国政治から国際政治へ——一九二〇年代東南アジアにおける地域国際システムの転換」『法学研究——法律・政治・社会』八六（七）、二〇一三年、六七—九二頁。

吉澤誠一郎『愛国主義の創成——ナショナリズムから近代中国をみる』岩波書店、二〇〇三年。

吉澤誠一郎『清朝と近代世界 一九世紀』岩波書店、二〇一〇年。

ライク、デイヴィッド（日向やよい訳）『交差する人類——古代DNAが解き明かす新サピエンス史』NHK出版、二〇一八［二〇一八］年。

李　育民「辛亥革命期における「排外」観念と近代民族主義の興起」大里浩秋・李廷江（編）『辛亥革命とアジア——神奈川大学での辛亥一〇〇年シンポ報告集』御茶ノ水書房、二〇一三年、一五〇—一六七頁。

劉　香織『断髪——近代東アジアの文化衝突』朝日新聞社、一九九〇年。

劉　世龍『中国の工業化と清末の産業行政——商部・農工商部の産業振興を中心に』渓水社、二〇〇二年。

林　義強「排満論再考」『東洋文化研究所紀要』一四九、二〇〇六年、八一—一一一頁。

レヴァン、フィリップス（並河葉子・森本真美・水谷智訳）『イギリス帝国史――移民・ジェンダー・植民地へのまなざしから』昭和堂、二〇二一［二〇〇七］年。

ローマー、サックス（嵯峨静江訳）『怪人フー・マンチュー』早川書房、二〇〇四［一九一三］年。

ワグナー、E・J（日暮雅通訳）『シャーロック・ホームズの科学捜査を読む――ヴィクトリア時代の法科学百科』河出書房新社、二〇〇九［二〇〇六］年。

ワレン、ジェームズ・フランシス（蔡史君・早瀬晋三（監訳）藤沢邦子訳）『阿姑とからゆきさん――シンガポールの売買春社会、一八七〇―一九四〇年』法政大学出版会、二〇一五［二〇〇三］年。

渡辺公三『司法的同一性の誕生――市民社会における個体識別と登録』言叢社、二〇〇三年。

侘美光彦『国際通貨体制――ポンド体制の展開と崩壊』東京大学出版会、一九七六年。

Akashi, Yoji, "The Nanyang Chinese Anti-Japanese Boycott Movement, 1908-1928: A Study of Nanyang Chinese Nationalism," *Journal of the South Sea Society* 23 (1,2), 1968, pp. 69-96.
Akashi, Yoji, The Nanyang Chinese National Salvation Movement, 1937-1941, Lawrence: University of Kansas, Center for East Asian Studies, 1970.
Alatas, Syed Hussein, *The Myth of Lazy Native: A Study of the Image of the Malays, Filipinos and Javanese from the 16th to the 20th Century and Its Function in the Ideology of Colonial Capitalism*, London: Frank Cass & Co., 1977.
Auerbach, Sascha, *Race, Law, and "the Chinese Puzzle" in Imperial Britain*, New York: Palgrave Macmillan, 2009.
Back, Les and Solomos, John, "Introduction: Theories of Race and Racism: Genesis, Development and Contemporary Trends," in Back, Les and Solomos, John (eds.) *Theories of Race and Racism: A Reader*, London and New York: Routledge, 2009, pp. 1-30.
Banton, Michael, "The Idiom of Race; A Critique of Presentation," in Back, Les and Solomos, John (eds.) *Theories of Race and Racism: A Reader*, London and New York: Routledge, 2009, pp. 55-67.
Barnard, Timothy P., *Nature's Colony: Empire, Nation and Environment in the Singapore Botanic Gardens*, Singapore: NUS press, 2016.
Bashir, Hassan, *Europe and the Eastern Other: Comparative Perspectives on Politics, Religion and Culture before the Enlightenment*, Lanham, MD: Lexington Books, 2013.
Beckett, Ian F. W., "The Singapore Mutiny of February 1915," *Journal of the Society for Army Historical Research* 62 (251), 1984, pp. 132-153.
Bell, Duncan, *The Idea of Greater Britain: Empire and the Future of World Order, 1860-1900*, Princeton: Princeton University Press, 2008.
Bernasconi, Robert, "Who Invented the Concept of Race?," in Back, Les and Solomos, John (eds.) *Theories of Race and Racism: A Reader*, London and New York: Routledge, 2009, pp. 82-103.
Blussé, Leonard, "The Chinese Century: The Eighteenth Century in the China Sea Region," *Archipel* 58, 1999, pp. 107-129.
Blythe, W. L., "Historical Sketch of Chinese Labour in Malaya," *Journal of the Malayan Branch of the Royal Asiatic Society* 22 (1), 1947, pp. 64-114.

Blythe, Wilfred Lawson, *The Impact of Chinese Secret Societies in Malaya: A Historical Study*, London: Oxford University Press, 1969.

Bogaars, George, "The Effect of the Opening of the Suez Canal on the Trade and Development of Singapore," *Journal of the Malayan Branch of the Royal Asiatic Society* 28 (1), 1955, pp. 99-143.

Bolt, Christine, *Victorian Attitude to Race,* London: Routledge and Kegan Paul; Toronto: University of Toronto Press, 1971.

Boulger, Demetrius Charles, *The Life of Sir Stamford Raffles*, London: Horas Marshall & Son, 1897.

Brown, J. B., "Politics of the Poppy: The Society for the Suppression of the Opium Trade, 1874-1916, " *Journal of Contemporary History* 8 (3), 1973, pp. 97-111.

Brubaker, Rogers, *Nationalism Reframed: Nationhood and the National Question in New Europe*, Cambridge: Cambridge University Press, 1996.

Buckley, Charles Burton, *An Anecdotal History of Old Times in Singapore: (with Portraits and Illustrations) from the Foundation of the Settlement under the Honourable the East India Company, on February 6th, 1819, to the Transfer of the Colonial Office as Part of the Colonial Possessions of the Crown on April 1st, 1867*, Vol. I and II, Singapore: Fraser & Neave, 1902.

Chan, Shelly, *Diaspora's Homeland: Modern China in the Age of Global Migration*, Durham, Duke University Press, 2018.

Chelliah, David D., *A History of the Educational Policy of the Straits Settlements with Recommendations for a New System Based on Vernaculars*, Ph. D Thesis, London University, 1948.

Chen, Mong Hock, *The Early Chinese Newspapers of Singapore*, Singapore: University of Malaya Press, 1967.

Cheng, Lim Keak, *Social Change and the Chinese in Singapore: A Socio-Economic Geography with Special Reference to Bang Structure*, Singapore: Singapore University Press, 1985.

Cheng, Siok Hwa, "Government Legislation for Chinese Secret Societies in the Straits Settlements in the Late 19th Century," *Asian Studies* 10 (2), 1972, pp. 262-271.

Cheng, U Wen, "Opium in Straits Settlements, 1867-1910," *Journal of Southeast Asian History* 2 (1), 1961, pp. 52-75.

Chia, Felix, *The Babas Revisited*, Singapore: Heineman Asia, 1994.

Chui, Kwei Chiang, "Late Ch'ing's Modern Enterprises and the Chinese in Singapore and Malaya, 1904-1911," Singapore: Nanyang University, Institute of Humanities and Social Sciences, College of Graduate Studies, Occasional Paper, 1976.

Chui, Kwei Chiang, "Political Attitudes and Organizations, c. 1900-1941," in Chew, Ernest C. T. and Lee, Edwin (eds.) *A History of Singapore*, Singapore: Oxford University Press, 1991, pp.66-91.

Clammer, John R., *Straits Chinese Society: Studies in the Sociology of the Baba Communities of Malaysia and Singapore*, Singapore: Singapore University Press, 1980.

Cochran, Sherman, *Chinese Medicine Men: Consumer Culture in China and Southeast Asia*, Cambridge: Harvard University Press, 2006.

Comber, Leon, *Chinese Secret Societies in Malaya: A Survey of the Triad Society from 1800 to 1900*, New York: J.J. Augustin Inc., 1959.

Doran, Christian, "Bright Celestial: Progress in the Political Thought of Tan Teck Soon," *Sojourn* 21 (1), 2006, pp. 46-67.

Drabble, J. H., *Rubber in Malaya, 1876–1922: The Genesis of the Industry*,

Kuala Lumpur, Singapore, London, New York, and Melbourne: Singapore University Press, 1973.

Duara, Prasenjit, "Nationalists Among Transnationals: Overseas Chinese and the Idea of China, 1900-1911," in Ong, Aihwa and Nonini, Donald (eds.) *Ungrounded Empires: The Cultural Politics of Modern Chinese Transnationalism*, London and New York: Routledge, 1996, pp.39-60.

Ee, Joyce, "Chinese Migration to Singapore, 1896-1941," *Journal of Southeast Asian History* 2 (1), 1961, pp. 33-37, 39-51.

Freedman, Maurice, *Chinese Family and Marriage in Singapore*, London: HSMO, 1957.

Freedman, Maurice, "Immigrants and Associations: Chinese in Nineteenth Century Singapore," *Comparative Studies in Society and History* 3 (1), 1960, pp. 25-48.

Frost, Mark Racinder, "Emporium in Imperio: Nanyang Networks and the Straits Chinese in Singapore, 1819-1914," *Journal of Southeast Asian Studies* 36 (1), 2005, pp. 29-66.

Frost, Mark R., and Balasingamchow, Yu-Mei, *Singapore: A Biography*, Singapore: Editions Didier Millet and National Museum of Singapore, 2009.

Furnivall, J. S., *Netherland India: A Study of Plural Economy,* Cambridge: Cambridge University Press, 1939.

Godley, Michael R., *The Mandarin-Capitalists from Nanyang: Overseas Chinese Enterprise in the Modernization of China, 1893-1911*, New York: Cambridge University Press, 1981.

Godley, Michael R., "The End of the Queue: Hair as Symbol in Chinese History," *East Asian History* 8, 1994, pp. 53-72.

Goh, Chor Boon, *Technology and Entrepot Colonialism in Singapore, 1819-1940*, Singapore: ISEAS Publishing, 2013.

Gopinathan, S., "Education," in Chew, Ernest C. T. and Lee, Edwin (eds.) *A History of Singapore*, Singapore: Oxford University Press, 1991, pp. 268-287.

Harper, Marjory, and Constantine, Stephen, *Migration and Empire*, Oxford: Oxford University Press, 2010.

Harper, Tim, "Singapore, 1915, and the Birth of the Asian Underground," *Modern Asian Studies* 47 (6), 2013, pp. 1782-1811.

Hawkins, Mike, *Social Darwinism in European and American Thought, 1860-1945: Nature as Model and Nature as Threat*, Cambridge: Cambridge University Press, 1997.

Heidhues, Mary Somers, "Chinese Settlements in Rural Southeast Asia: Unwritten Histories," in Reid, Anthony (ed.) *Sojourners and Settlers: Histories of Southeast Asia and the Chinese*, St. Leonards: Allen & Unwin, 1996, pp. 164-182.

Hirschman, Charles, "The Making of Race in Colonial Malaya: Political Economy and Racial Ideology," *Sociological Forum* 1 (2), 1986, pp. 330-361.

Hisasue, Ryoichi, "Chinese Banking Business in Singapore: background and Development in the First Half of the Twentieth Century," in Yamane, So and Naganawa, Norihiro (eds.) *Regional Routes, Regional Roots?: Cross Border Patterns of Human Mobility in Eurasia*, Hokkaido: Slavic Research Center, Hokkaido University, 2014, pp. 13-21.

Huff, W. G., *The Economic Growth of Singapore: Trade and Development in the Twentieth Century*, New York: Cambridge University Press, 1994.

Hyam, Ronald, *Britain's Imperial Century, 1815-1914: A Study of Empire and Expansion,* New York: Barnes and Noble, 1976.

Jackson, James C., *Planters and Speculators: Chinese and European Agricultural Enterprise in Malaya, 1786–1921*, Kuala Lumpur: University of Malaya Press, 1968.

Jackson, Robert Nicholas, *Pickering: Protector of Chinese*, Kuala Lumpur: Oxford University Press, 1965.

Jose, Jim, "Imperial Rule and the Ordering of Intellectual Space: The Formation of the Straits Philosophical Society," *Crossroads*, 12 (2), 1998, 23-54.

Kenley, David L., *New Culture in a New World: The May Fourth Movement and the Chinese Diaspora in Singapore, 1919-1932*, New York: Routledge, 2003.

Kim, Diana S., *Empires of Vice: The Rise of Opium Prohibition across Southeast Asia*, Princeton: Princeton University Press, 2020.

Khor, Eng Hee, *The Public Life of Lim Boon Keng*, Singapore: University of Malaya, 1958.

Kratoska, Paul H., *Index to British Colonial Office Files Pertaining to British Malaya*, Kuala Lumpur: Arkib Negara Malaysia, 1990.

Kuhn, Philip A., *Chinese among Others: Emigration in Modern Times*, Lanham: Rowman & Littlefield Publishers, 2008.

Kuo, Huey Ying, *Networks beyond Empires: Chinese Business and Nationalism in Hong Kong-Singapore Corridor, 1914-1941*, Leiden: Brill, 2014.

Kuwashima, Sho, "Indian Mutiny in Singapore (1915) at a Turning Point of Asian History," *Journal of Osaka University of Foreign Studies* 73, 1986, pp. 69-79.

Kyshe, J. W. Norton, "A Judicial History of the Straits Settlements 1786-1890," *Malaya Law Review* 11 (1), 1969, pp. 38-155, 157-180.

Lee, Edwin, *The British as Rulers: Governing Multiracial Singapore 1867-1914*, Singapore: Singapore University Press, 1991.

Lee, Guan Kin, "The 1911 Revolution in the global context: The Significance of Singapore.," in Suryadinata, Leo (ed.) *Tonmenghui, Sun Yat-Sen and the Chinese in Southeast Asia: A Revisit*, Singapore: Chinese Heritage Centre, 2006, pp.147-169.

Lee, Lai To, and Lee, Hock Guan, *Sun Yat Sen: Nanyang and the 1911 Revolution*, Singapore: Institute of Southeast Asian Studies, 2011.

Lee, Poh Ping, *Chinese Society in Nineteenth Century Singapore*, Kuala Lumpur: Oxford University Press, 1978.

Lee, Sheng Yi, *The Monetary and Banking Development of Singapore and Malaysia*, Singapore: Singapore University Press, 1986.

Lee, Ting Hui, "The Historical Development of Confucianism in Singapore, 1819-1948.," *Asian Culture* 11, 1988, pp. 14-26.

Lee, Ting Hui, *Chinese Schools in British Malaya: Policies and Politics*, Singapore: South Sea Society, 2006.

Lee, Yong Kiat, "Singapore's Pauper and Tan Tock Seng Hospitals," part 1-4, *Journal of the Malaysian Branch of the Royal Asiatic Society* 48 (2), 49 (1), 49 (2), 50 (2), 1975-1977, pp. 79-111 (part 1), 113-133 (part 2), 164-183 (part 3), 111-135 (part 4).

Lee Yong Kiat, *The Medical History of Early Singapore*, Tokyo: Southeast Asian Medical Information Center, 1978.

Leong, Stephen, "The Chinese in Malaya and China's Politics 1895-1911.," *Journal of the Malaysian Branch of the Royal Asiatic Society*, 50 (2), 1977, pp. 7-24.

Leong, Stephen, "The Malayan Overseas Chinese and the Sino-Japanese War,

1937-41," *Journal of Southeast Asian History* 10 (2), 1979, pp. 293-320.

Lian, Kwen Fee and Rajah, Ananda, ""Race" and Ethnic Relations in Singapore," in Tong, Chee Kiong and Lian, Kwen Fee (eds.) *The Making of Singapore Sociology: Society and State*, Singapore: Anthony E.C. Thomas, 2002, pp. 221-246.

Lorimer, Douglas A., *Science, Race Relations and Resistance: Britain, 1870-1914*, Manchester and New York: Manchester University Press, 2013.

Mackay, Derek, *Eastern Customs: The Customs Service in British Malaya and the Opium Trade*, London: Redcliff Press, 2005.

Magee, Gary. B., and Thompson, Andrew S., *Empire and Globalisation: Networks of People, Goods and Capital in the British World, c.1850–1914*, Cambridge: Cambridge University Press, 2010.

Mak, Lau Fong, *The Sociology of Secret Societies: A Study of Chinese Secret Societies in Singapore and Peninsular Malaysia*, Kuala Lumpur: Oxford Univeristy Press, 1981.

Mak, Lau Fong, *The Dynamics of Chinese Dialect Groups in Early Malaya*, Singapore: Singapore Society of Asian Studies, 1995.

Malik, Kenan, *The Meaning of Race: Race, History and Culture in Western Society*, New York: New York University Press, 1996.

Malinowski, Bronislaw, "Ethnology and the Study of Society," *Economica* 6, 1922, pp. 208-219.

Mandler, Peter, "'Race' and 'Nation' in Mid Victorian Thought," in Collini, Stefan, and Whatmore, Richard, Young, Brian, (eds) *History, Religion, and Culture: Essays in British Intellectual History, 1750-1950*, Cambridge: Cambridge University Press, 2000, pp. 224-244.

Mayer, Ruth, *Serial Fu Manchu: The Chinese Supervillain and the Spread of Yellow Peril Ideology*, Philadelphia: Temple University Press, 2014.

McKeown, Adam, *Melancholy Order: Asian Migration and the Globalization of Borders*, New York: Columbia University Press, 2008.

McKeown, Adam, "The Social Life of Chinese Labor," in Tagliacozzo, Eric and Chang, Wen Chin (eds.) *Chinese Circulations: Capital, Commodities, and Networks in Southeast Asia*, Durham and London: Duke University Press, 2011, pp. 62-83.

Middlebrook, S. M. and Pinnick, A. W., *How Malaya is Governed*, London, New York: Longmans, Green, 1949.

Moore, Donald, Moore, Joanna, *The First 150 Years of Singapore*, Singapore: Donald Moore Press, 1969.

Ng, Mong Rong Justin, *Interrogating "Orientalism": Race, Culture and Civilization in Selected Debates of the Straits Philosophical Society, 1893-1916,* B. A. Thesis, National University of Singapore, Department of History, 2012-2013.

Ng, Siew Yoong, "The Chinese Protectorate in Singapore, 1877-1900," *Journal of Southeast Asian History* 2 (1), 1961, pp. 76-99.

Ong, Yen Her, *The Politics of Chinese Education in Singapore during the colonial period (1911-1959)*, M. Soc. Sci. Thesis, University of Singapore, Department of Political Science, Faculty of Arts and Social Science, 1974.

Ooi, Yu lin, *Piece of Jade and Gold: An Anecdotal History of the Singapore Chinese Girls' School 1899-1999*, Singapore: Continental Press, 1999.

O'sullivan, R. L., "The Anglo Chinese College and the Early 'Singapore Institution'," *Journal of the Malaysian Branch of the Royal Asiatic*

Society 61 (2), 1988, pp. 45-62.

Pickering, W. A., "Chinese Secret Societies and Their Origin," *Journal of the Straits Branch of the Royal Asiatic Society* 1, 1878, pp. 63-84.

Pickering, W. A., "Chinese Secret Societies, Part II," *Journal of the Straits Branch of the Royal Asiatic Society* 3, 1879, pp. 1-18.

Png, Poh Seng, "The Kuomintang in Malaya, 1912-1941," *Journal of Southeast Asian History* 2 (1),1961, pp. 1-32.

Png, Poh Seng, "The Straits Chinese in Singapore: A Case of Local Identity and Socio-cultural Accommodation," *Journal of Southeast Asian History* 10 (1),1969, pp. 95-114.

Porter, Andrew, "Introduction: Britain and Empire in the Nineteenth Century," in Porter, Andrew (ed.) *The Oxford History of the British Empire Volume III: The Nineteenth Century*, Oxford and New York: Oxford University Press, 1999, pp. 1-28.

Purcell, Victor, *The Chinese in Malaya*, London: Oxford University Press, 1948.

Reid, Anthony, *Southeast Asia in the Age of Commerce 1450-1680*, Vol. I & II, New Haven and London: Yale University Press, 1988 and 1993.

Reid, Anthony, "Introduction," in Reid, Anthony (ed.) *The Last Stand of Asian Autonomies: Responses to Modernity in the Diverse States of Southeast Asia and Korea, 1750-1900*, Houndmills & London: Macmillan Press; New York: St. Martin's Press, 1997, pp. 1-25.

Reid, Anthony, "Understanding Melayu (Malay) as a Source of Diverse Modern Identities," *Journal of Southeast Asian Studies* 32 (3), 2001, pp. 295-313.

Reining, Conrad C., "A Lost Period of Applied Anthropology," *American Anthropologist* 64 (1) Part 1, 1962, pp. 593-600.

Rudolph, Jurgen, *Reconstructing Identities: A Social History of the Babas in Singapore*, Aldershot: Ashgate, 1998.

Saw, Swee Hock, "Population Trends in Singapore, 1819-1967," *Journal of Southeast Asian History* 10 (1), 1969, pp36-49.

Streets-Salter, Heather, *World War One in Southeast Asia: Colonialism and Anticolonialism in an Era of Global Conflict*, New York: Cambridge University Press, 2017.

Suryadinata, Leo (ed.) *Tonmenghui, Sun Yat-Sen and the Chinese in Southeast Asia: A Revisit,* Singapore: Chinese Heritage Centre, 2006.

Tagliacozzo, Eric, *Secret Trades, Porous Borders: Smuggling and States along a Southeast Asian Frontier, 1865-1915*, New Haven, CT, and London: Yale University Press, 2005.

Tan, Ee Leong, "The Chinese Banks incorporated in Singapore & the Federation of Malaya," *Journal of the Malayan Branch of the Royal Asiatic Society* 26 (1), 1953, pp. 113-139.

Tan, Nalla, "Health and Welfare," in Chew, Ernest C. T. and Lee, Edwin (eds.) *A History of Singapore*, Singapore: Oxford University Press, 1991, pp. 339-356.

Tarling, Nicholas, "The Singapore Mutiny, 1915," *Journal of the Malaysian Branch of the Royal Asiatic Society*, 55 (2), 1982, pp. 26-59.

Tejapira, Kasian, "Pigtail: A Pre-History of Chineseness in Siam," *Sojourn* 7 (1), 1992, pp. 95-122.

Teo, E. S., "The History of the College of Medicine and Tan Teck Guan Buildings," *Annals Academy of Medicine, Singapore* 34 (6), 2005, pp. 61c-71c.

Teoh, Karen M., *Schooling Diaspora: Women, Education, and the Overseas Chinese in British Malaya and Singapore, 1850s-1960s*, Oxford: Oxford University Press, 2018.

Tregonning, K. G., "Straits Tin: A Brief Account of the First Seventy-Five Years of The Straits Trading Company, Limited," *Journal of the Malayan Branch of the Royal Asiatic Society* 36 (1), 1963, pp. 79-152.

Tregonning, K. G., *Home Port Singapore: A History of Straits Steamship Company Limited 1890–1965*, Singapore: Oxford University Press for Straits Steamship Co. Ltd., 1967.

Trocki, Carl A., *Opium and Empire: Chinese Society in Colonial Singapore, 1800-1910*, New York: Cornell University Press, 1990.

Trocki, Carl A., "The Rise and Fall of the Ngee Heng Kongsi in Singapore," in Ownby, David, and Heidhues, Mary Somers (eds.) *Secret Societies Reconsidered: Perspectives on the Social History of Modern South China and Southeast Asia*, Armonk, N.Y., and London: M. E. Sharpe, 1993, pp. 89-119.

Trocki, Carl, "Chinese Pioneering in Eighteenth-Century Southeast Asia," in Reid, Anthony (ed.) *The Last Stand of Asian Autonomies: Responses to Modernity in the Diverse States of Southeast Asia and Korea, 1750-1900*, Houndmills & London: Macmillan Press; New York: St. Martin's Press, 1997, pp. 83-101.

Trocki, Carl A., "Opium and the Beginnings of Chinese Capitalism in Southeast Asia," *Journal of Southeast Asian Studies* 33 (2), 2002, pp. 297-314.

Trocki, Carl A., *Singapore: Wealth, Power, and Culture of Control*, New York: Routledge, 2006.

Trocki, Carl A., "Opium as the Commodity in the Chinese Nanyang Trade," in Tagliacozzo, Eric and Chang, Wen Chin (eds.) *Chinese Circulations: Capital, Commodities, and Networks in Southeast Asia*, Durham and London: Duke University Press, 2011, pp. 84-104.

Turnbull, C. M., *Dateline Singapore: 150 Years of the Straits Times*, Singapore: Singapore Press Holdings, 1995.

Turnbull, C. M., *A History of Modern Singapore, 1819-2005*, Singapore: National University of Singapore Press, 2009.

Van Der Sprenkel, Sybille, "V. W. W. S. Purcell: A Memoir," in Ch'en, Jerome, and Tarling, Nicholas (eds.) *Studies in the Social History of China and Southeast Asia: Essays in Memory of Victor Purcell*, Cambridge: Cambridge University Press, 1970, pp. 1-20.

Visscher, Sikko., *The Business of Politics and Ethnicity: A History of the Singapore Chinese Chamber of Commerce and Industry*, Singapore: NUS Press, 2007.

Wang, Gungwu, *Chinese Reformists and Revolutionaries in the Straits Settlements 1900-1911*, unpublished BA Honours Thesis, University of Malaya, Department of History, 1953.

Warren, James Francis, *Rickshaw Coolie: People's History of Singapore, 1880-1940*, Singapore: Oxford University Press, 1986.

Wee, Tong Bao, *The Development of Modern Chinese Vernacular Education in Singapore: Society, politics & Policies, 1905-1941*, M. A. Thesis, National University of Singapore, Department of History, Faculty of Arts & Social Sciences, 2001.

Wee, Tong Bao, "Chinese Education in Prewar Singapore: A Preliminary Analysis of Factors Affecting the Development of Chinese Vernacular Schools.," in Charney, Michael W., Yeoh, Brenda S. A. and Tong, Chee Kiong (eds.), *Chinese Migration Abroad: Cultural Educational, and Social Dimensions of the Chinese Diaspora*, Singapore: Singapore University Press and World Scientific

Publishing, 2003, pp. 101-113.

Wijeysingha, E., *The Eagle Breeds a Gryphon: The Story of Raffles Institution 1823-1985*, Singapore: Pioneer Books Centre, 1989.

Wing, Chung Ng, "Urban Chinese Social Organization: Some Unexplored Aspects in Huiguan Development in Singapore, 1900-1941," *Modern Asian Studies* 26 (3), 1992, pp. 469-494.

Wong, Sing Kiong, "The Chinese Boycott: A Social Movement in Singapore and Malaya in the Early Twentieth Century," *Southeast Asian Studies* 36 (2), 1998, pp. 230-253.

Wu, David Y. H., "Traditional Chinese Medicine in Singapore: Cultural Identity and Social Mobility," *Journal of the South Sea Society* 42 (1, 2), 1987, pp. 71-94.

Yao, Souchou, "Ethnic Boundaries and Structural Differentiation: An Anthropological Analysis of the Straits Chinese in Nineteenth Century Singapore," *Sojourn* 2 (2), 1987, pp. 209-230.

Yen, Ching Hwang, *The Overseas Chinese and the 1911 Revolution, with Special Reference to Singapore and Malaya*, Kuala Lumpur: Oxford University Press, 1976.

Yen, Ching Hwang, *Coolies and Mandarins: China's Protection of Overseas Chinese during the Late Ch'ing Period (1851-1911)*, Singapore: Singapore University Press, 1985.

Yen, Ching Hwang, *A Social History of the Chinese in Singapore and Malaya, 1800-1911*, Singapore: Oxford University Press, 1986.

Yen, Ching Hwang [1995a], *Community and Politics: The Chinese in Colonial Singapore and Malaysia*, Singapore: Times Academic Press, 1995.

Yen, Ching Hwang [1995b], *Studies in Modern Overseas Chinese History*, Singapore: Times Academic Press, 1995.

Yen, Ching Hwang, *The Ethnic Chinese in East and Southeast Asia*, Singapore: Times Academic Press, 2002.

Yen, Ching Hwang, *The Chinese in Southeast Asia and Beyond: Socio-economic and Political Dimensions*, New Jersey: World Scientific Publishing, 2008.

Yeoh, Brenda S. A., *Contesting Space in Colonial Singapore: Power Relations and the Urban Built Environment*, Singapore: Singapore University Press, 2003.

Yip, Yat Hoong, *The Development of The Tin Mining Industry of Malaya*, Kuala Lumpur: University of Malaya Press. 1969.

Yong, C. F., *Tan Kah Kee: The Making of an Overseas Chinese Legend*, Singapore: Oxford University Press, 1989.

Yong, C. F., *Chinese Leadership and Power in Colonial Singapore*, Singapore: Times Academic Press, 1992.

Yong, C. F., *The Origins of Malayan Communism*, Singapore: South Seas Society, 1997.

Yong, C. F. and McKenna, R. B., "Sir Arthur Young and Political Control of the Chinese in Malaya and Singapore, 1911-1919," *Journal of the Malaysian Branch of the Royal Asiatic Society* 57 (2), 1984, pp. 1-30.

Yong, C. F. and McKenna, R. B., *The Kuomintang Movement in British Malaya, 1912-1949*, Singapore: Singapore University Press, 1990.

崔貴強『星馬史論叢』シンガポール：新加坡南洋学会、一九七七年。

崔貴強『新加坡華文報刊与報人』シンガポール：海天文化企業私人有限公司、一九九三年。

崔貴強『新加坡華人：従開埠到建国』シンガポール：新加坡宗郷会館連合総会・教育出版私営有限公司、一九九四年。

蔡佩蓉『清季駐新加坡領事之探討』シンガポール：新加坡国立大学中文系八方文化企業公司、二〇〇二年。

常書紅『辛亥革命前後的満族研究：以満漢関係為中心』北京：社会科学文献出版社、二〇一一年。

陳丁輝（主編）『林義順 星洲同盟会録』シンガポール：晩晴園・孫中山南洋紀念館、二〇一五年。

陳景磐（編）『中国近代教育史』北京：人民教育出版社、一九七九年。

陳麗仁『二十世紀初期新加坡華文教育的発展』シンガポール：新加坡国立大学中文系名誉学士論文、一九八七—一九八八年。

陳鳴鸞「林義順：種植家与革命家」『亜洲文化』一〇、一九八七年、五四—六二頁。

陳士源『分岐的「愛国」華僑：民初華僑対祖国政治之態度』台北：海華文教基金会、二〇〇二年。

陳育崧『南洋第一報人』シンガポール：星洲世界書局、一九五八年。

陳育崧「林文慶論」『南洋学報』一九（一・二）、一九六五年、一二九—一三三頁。

杜南発「星洲同盟会録到底何時成立？」周兆呈（主編）『百年辛亥：南洋回眸』シンガポール：八方文化創作室、二〇一一年、一八—二七頁。

段雲章「戊戌維新的〝天南〟反響：以新加坡《天南新報》和邱菽園中心」『近代史研究』一九九八年、九七—一一八頁。

馮愛群『華僑報業史』台北：学生書局、一九六七年。

范若蘭『性別与移民社会：新馬華人婦女研究（一九二九—一九四一）』広州：曁南大学出版社、二〇一九年。

范玉秋『清末民初孔教運動研究』青島：中国海洋大学出版社、二〇〇六年。

彭剣『清季憲政大弁論：《中興日報》与《南洋總匯新報》論戦研究』武漢：中師範大学出版社、二〇一一年。

彭偉歩『新馬華文報：文化・族群和国家認同比較研究』広州：曁南大学出版社、二〇〇九年。

黄賢強『跨域史学：近代中国与南洋華人研究的新視野』厦門：厦門大学出版社、二〇〇八年。

黄建淳『新加坡華僑会党対辛亥革命影響之研究』シンガポール：新加坡南洋学会、一九八八年。

黄建淳『晩清新馬華僑対国家認同之研究：以賑捐投資封爵為例』台北：中華民国海外華人研究学会、一九九三年。

蒋永敬「辛亥前南洋華人対孫中山先生革命運動之支援」辛亥革命与南洋華人研討会論文集編輯委員會（編）『辛亥革命与南洋華人研討会論文集』、一九八六年、一—一五頁。

柯木林「劉金榜与双林寺」『華僑華人歴史研究』九、一九九〇年、五一—五五頁。

柯木林（編）『新華歴史人物列伝』シンガポール：教育出版私営有限公司、一九九五年。

柯木林「僑匯・僑批・民信業：新加坡僑匯与民信業」柯木林（編）『新加坡華人通史 下』福州：福建人民出版社、二〇一七年、六三五—六四七頁。

柯木林・林孝勝『新華歴史与人物研究』シンガポール：新加坡南洋学会、一九八六年。

何舒敏「新加坡最早的華文日報：叻報（一八八一—一九三二）」『南洋学報』三四（一・二）、一九七九年、一—一〇〇頁。

頼美恵「新加坡華僑対中国革命運動的貢献」高純淑（編）『中国国民党党史論文選集 第一冊』台北：近代中国出版社、

一九九四年、一五七―一八七頁。

李秉萱『文献解読与歴史叙述：新加坡中華総商会角色和功能研究（一九〇六―一九四二）』厦門大学博士課程学位論文、二〇一〇年。

李恩涵「辛亥革命前革命党与維新立憲派在星馬的思想論戦」張希哲・陳三井（編）『華僑与孫中山先生領導的国民革命学術検討会論文集』台北：国史館、一九九七年、九―二二頁。

李恩涵『東南亜華人史』台北：五南図書出版股份有限公司、二〇〇三年。

李小燕「新加坡民信業的興衰」『南洋学報』六二、二〇〇八年、一一五―一二六頁。

李盈慧『華僑政策与海外民族主義（一九一二―一九四九）』台北：国史館、一九九七年。

李元瑾「一九〇〇年康有為在新加坡的処境」『亜洲文化』七、一九八六年、三―一八頁。

李元瑾『林文慶的思想：中西文化的匯流與矛盾』シンガポール：新加坡亜洲研究学会、一九九〇年。

李元瑾『東西文化的撞撃與新華知識分子的三種回応―邱菽園、林文慶、宋旺相的比較研究』シンガポール：新加坡国立大学中文系、八方文化企業公司、二〇〇一年。

李志賢「華僑特有的専遞服務：各幇信局及其行業組織」柯木林（編）『新加坡華人通史 下』福州：福建人民出版社、二〇一七年、六四八―六七六頁。

梁元生「一九世紀末新加坡的〝儒学運動〟」『亜洲文化』一一、一九八八年、三―一三頁。

梁元生『宣尼浮海到南洲：儒家思想与早期新加坡華人社会史料彙編』香港：中文大学出版社、一九九五年。

梁元生『新加坡華人社会史論』シンガポール：新加坡国立大学中文系、八方文化創作室、二〇〇五年。

林孝勝「清朝駐星領事与海峡植民地政府間的糾紛（一八七七―一八九四）」柯木林・呉振強（編）『新加坡華族史論集』シンガポール：南洋大学卒業生協会、一九七二年、一一―二九頁。

林孝勝『新加坡華社与華商』シンガポール：新加坡亜洲研究学会、一九九五年。

林孝勝［二〇一七a］「閩幇精神：従恒山亭到福建会館」柯木林（編）『新加坡華人通史 上』福州：福建人民出版社、二〇一七年一〇九―一三六頁。

林孝勝［二〇一七b］「経済活動：華商与華資銀行」柯木林（編）『新加坡華人通史 下』福州：福建人民出版社、二〇一七年、六七九―七〇四頁。

林遠輝・張応龍『新加坡馬来西亜華僑史』広州：広東高等教育出版社、二〇〇八年。

劉華『華僑国籍問題与中国国籍立法』広州：広東人民出版社、二〇〇四年。

劉子政（編著）『黄乃裳与新福州』シンガポール：新加坡南洋学会、一九七九年。

劉子政『黄乃裳与詩巫』北京：中国華僑出版社、一九九一年。

馬洪林『康有為大伝』沈陽：遼寧人民出版社、一九八八年。

馬洪林『康有為評伝』南京：南京大学出版社、一九九八年。

南洋名人集伝編輯処（編）『南洋名人集伝』第一―五巻、ペナン：不明（檳城新報の印刷所で刊行されたかと思われるが、正式な表記がない）、一九二二―一九四一年。

欧陽昌大「新加坡華人対辛亥革命的反応」柯木林・呉振強（編）『新加坡華族史論集』シンガポール：南洋大学、一九七二年、八九―一一八頁。

潘良樹「保皇党及革命党対新馬華教的影響的比較」張希哲・陳三井（編）『華僑与孫中山先生領導的国民革命学術検討会論文集』台北：国史館、一九九七年、六三一—八四頁。

邱新民『新加坡先駆人物』シンガポール：勝友書局、一九九一年。

邱新民『邱菽園生平』シンガポール：勝友書局、一九九三年。

饒宗頤（編）『新加坡古事記』香港：中文大学出版社、一九九四年。

桑兵『庚子勤王与晩清政局』北京：北京大学出版社、二〇〇四年。

唐文明『敷教在寛：康有為孔教思想申論』北京：中国人民大学出版社、二〇一四年。

湯志鈞『戊戌変法人物伝稿』北京：中華書局、一九八二年。

湯志鈞『康有為与戊戌変法』台北：中央研究院近代史研究所、一九八四年。

湯志鈞『康有為伝』台北：台湾商務印書館、一九九七年。

王昌偉・許斉雄（編）『南洋孔教会百年史』シンガポール：南洋孔教会、二〇一四年。

王春霞『"排満"与民族主義』北京：社会科学文献出版社、二〇〇五年。

呉慶輝「海疆殊域：古代新加坡」柯木林（編）『新加坡華人通史 上』福州：福建人民出版社、二〇一七年、一七—四二頁。

呉慶棠『新加坡華文報与中国』上海：上海社会科学院出版社、一九九七年。

許教正（編著）『東南亜人物誌』シンガポール：自費出版、一九六五年。

許雲樵（主編）『新馬華人抗日史料：一九三七—一九四五』シンガポール：文史出版私人有限公司、一九八四年。

厳春宝『一生真偽有誰知：大学校長林文慶』福州：福建教育出版社、二〇一〇年。

厳春宝『他郷的聖人：林文慶的儒学思想』桂林：広西師範大学出版社、二〇一七年。

楊妍『危与機：論新加坡早期華人銀行之生存発展 一九〇三—一九四五』シンガポール：新加坡国立大学中文系修士課程学位論文、二〇一三年。

葉鐘鈴『黄乃裳与南洋華人：附黄氏南游佚文』シンガポール：新加坡亜洲研究学会、一九九五年。

葉鐘鈴「劉金榜創建双林禅寺始末」『亜洲文化』二一、一九九七年、一〇二—一〇九頁。

葉鐘鈴「林文慶、邱菽園与華人好学会（一八九六—一九〇五）」『亜洲文化』二七、二〇〇三年、一二一—一三七頁。

葉鐘鈴［二〇〇八a］「新加坡華文夜学的起源与発展（一九〇四—一九四一）」『亜洲文化』三二、二〇〇八年、一二七—一六三頁。

葉鐘鈴［二〇〇八b］「戦前新加坡華校学制与課程的演進」『南洋学報』六二、二〇〇八年、七三—九三頁。

葉鐘鈴「新加坡萃英書院沿革史（一八五四—一九五七）」『南洋学報』六五、二〇一一年、一三七—一五三頁。

尹鉄『晩清鉄路与晩清社会変遷研究』北京：経済科学出版社、二〇〇五年。

曾玲『越洋再建家園：新加坡華人社会文化研究』南昌：江西高校出版社、二〇〇三年。

詹冠群『維新志士・拓荒者・革命黨人：黄乃裳傳』福建：福建人民出版社、一九九二年。

張克宏『亡命天南的歳月：康有為在新馬』クアラルンプール：華社研究中心、二〇〇六年。

張希哲・陳三井（主編）『華僑与孫中山先生領導的国民革命学術検討会論文集』台北：国史館、一九九七年。

張応龍（主編）『海外華僑与辛亥革命』広州：暨南大学出版社、二〇一一年。

張玉法『清季的立憲団体』北京：北京大学出版社、一九七一年。

張玉法『清季的革命団体』台北：中央研究院近代史研究所、一九七五年。

鄭良樹『馬来西亜・新加坡華人文化史論叢　巻二』シンガポール：新加坡南洋学会、一九八六年。

鄭良樹『馬来西亜華文教育発展史』クアラルンプール：馬来西亜華校教師会総会、一九九八年。

鄭文輝『新加坡華文報業史』シンガポール：新馬出版印刷公司、一九七三年。

周兆呈（主編）『百年辛亥：南洋回眸』シンガポール：連合早報・八方文化創作室、二〇一一年。

荘国土『中国封建政府的華僑政策』厦門：厦門大学出版社、一九八九年。

荘国土・劉文正『東亜華人社会的形成与発展：華商網絡、移民与一体化趨勢』厦門：厦門大学出版社、二〇〇九年。

荘欽永『新加坡華人史論叢』シンガポール：新加坡南洋学会、一九八六年。

1909	大清国籍条例の制定により、華人が中国（清朝）国籍を獲得。
	華民護衛司署に代わり、海峡植民地およびマレー連合州の華民政務司の設立。
	新加坡樹膠有限公司の設立。
1910	エドワード7世の逝去。ジョージ5世の即位。
	海峡植民地政庁によるアヘンの直接管理・販売の開始。
1911	辛亥革命の勃発。中華民国の成立。
1912	海峡植民地・マレー連合州政府医学校がエドワード7世医学校と改称。
	国民党シンガポール支部の設立。
	南洋華僑総商会の設立。
	華商銀行の設立。
1913	広益銀行の破綻。
1914	第一次世界大戦の勃発。
	国民党シンガポール支部の一時的な解散。
	南洋華僑総商会の解散。
	実得利孔教会の設立。
1915	インド兵反乱の発生。
1916	天福宮が福建会館と改称。
1917	南洋女子学校の設立。
	和豊銀行の設立。
1918	第一次世界大戦の終戦。
1919	南洋華僑中学校の設立。
	華僑銀行の設立。
	陳嘉庚公司の設立。
1920	エドワード7世医学校がエドワード7世医科大学に昇格。
1921	厦門大学の設立。
1923	『南洋商報』の刊行開始。
	永安堂の本社がラングーンからシンガポールへ移動。
	宋旺相が One Hundred Years' History of the Chinese in Singapore を出版。
1925	国民党シンガポール支部を含むイギリス領マラヤの全ての支部の閉鎖。
1926	南洋華僑各公団聯合会・南洋総工団・南洋共青団の設立。
1928	南洋共産党の設立。
1929	『星洲日報』の刊行開始。
1930	マラヤ共産党の設立。
1934	陳嘉庚公司の破綻。
1936	ジョージ5世の逝去。エドワード8世の即位と退位。ジョージ6世の即位。
1938	南洋華僑籌賑祖国難民総会の設立。
1941	太平洋戦争の開戦。
1942	日本軍によるシンガポール占領。イギリスの植民地統治に代わり、日本統治期の開始。

1888	追放条例の制定。
	保良局の設立。
1889	華民諮詢局の設立。
	ピカリングの退任。
	唐才常による反乱計画が鎮圧される。
1890	結社条例の制定。
	海峡汽船会社の設立。
1891	清朝の駐シンガポール領事が総領事へと変更。
1893	林文慶が留学を終え、シンガポールへと帰還。
1894	北洋艦隊の来訪。
	Bintang Timor（Eastern Star）の刊行開始。
1895	Bintang Timor（Eastern Star）の刊行停止。
1896	マレー連合州の成立。
	華人好学会の設立。
1897	Straits Chinese Magazine の刊行開始。
1898	戊戌の変法・政変の発生。康有為が海外へ亡命。
	『天南新報』の刊行開始。
	辮髪切除活動に起因する騒動の発生。
1899	シンガポール華人女子学校の設立。
	辮髪切除活動に起因する騒動の終息。
1900	康有為がシンガポールに来訪・滞在。また康有為に面会するため、宮崎滔天・孫文もシンガポールに来訪。
	義和団事件の発生。
	英籍海峡華人公会の設立。
	小桃源倶楽部の設立。
1901	ヴィクトリア女王の逝去。エドワード7世の即位。
	醇親王載豊の来訪。
	孔廟学堂設立運動の実際の設立活動が開始。
1902	孔廟学堂設立運動の中止。
	林文慶らがロンドンに向かい、エドワード7世の戴冠式に参加。
1903	広益銀行の設立。
1904	海峡ドルの制定。
	『図南日報』の刊行開始。
1905	海峡植民地・マレー連合州政府医学校の設立。
	崇正学堂の設立。
	『天南新報』・『図南日報』の刊行停止。
	孫文が再度来訪。同盟会シンガポール支部の設立。
	アメリカ製品ボイコット運動の展開。
1906	海峡ドルとポンドの交換レートが固定。
	中華総商会の設立。
	応新学堂・養正学堂・啓発学堂・端蒙学堂・道南学堂の設立。
	四海通銀行の設立。
	『南洋総匯新報』の刊行開始。
	林文慶と殷雪村らによるアヘン治療施設の運営開始。また振武善社の設立。
1907	『中興日報』の刊行開始。
	海峡植民地およびマレー連合州アヘン委員会の設立。
1908	光緒帝・西太后の逝去。宣統帝溥儀の即位。
	反アヘン運動の集会でトラブルが発生。

年表：シンガポール史および関連する歴史的な出来事

1600	イギリス東インド会社の設立。
1781	ラッフルズの誕生。
1819	ラッフルズによるシンガポールの植民地化の開始。
1820	嘉慶帝の逝去。道光帝の即位。
1826	海峡植民地の成立。
1829	ラッフルズの逝去。
1832	海峡植民地政庁がペナンからシンガポールに移転。
1835	シンガポール学院の設立。
	Singapore Free Press の刊行開始。
1842	天福宮の設立。
1844	陳篤生医院の設立。
1845	Straits Times の刊行開始。
	P. & O. の定期運航が開始。
1846	オリエンタル銀行の設立。
1848	シンガポール市当局の設立。
1850	道光帝の逝去。咸豊帝の即位。
1852	聖ジョセフ学院・崇文閣の設立。
1854	萃英書院の設立。
1855	マーカンタイル銀行の設立。
1858	イギリス東インド会社の廃止。シンガポールはイギリス領インド省の管轄下に。
	Straits Times が日刊紙となる。
1859	チャータード銀行の設立。
1861	咸豊帝の逝去。同治帝の即位。
1862	聖アンドリュー学院の設立。
1863	タンジョン・パガー船渠の設立。
1867	海峡植民地が植民地省直轄の植民地として独立。
	同済医院の設立。
1868	シンガポール学院がラッフルズ学院と改称。
1869	スエズ運河の開通。
	Singapore Free Press が一時的に刊行停止。
	林文慶の誕生。
1871	電信ケーブルの敷設が開始。
1874	アヘン貿易抑制委員会の設立。
	公共図書館としてのラッフルズ図書館の設立。
1875	同治帝の逝去。光緒帝の即位。
1876	郵便支局暴動の発生。
1877	華民護衛司署の設立。ピカリングが初代の華民護衛司に就任。
1878	清朝の駐シンガポール領事館の設立。
1881	『叻報』の刊行開始。
1884	Singapore Free Press の刊行再開。
	香港上海銀行の設立。
1886	英華学院・英華義学の設立。
1887	Singapore Free Press が日刊紙となる。
	海峡貿易会社の設立。
	林文慶がスコットランドへ留学。

カバー写真

表：林文慶（中段右から3番目）とその中国語の授業を受講していた華人たち（恐らく海峡華人であろう）の集合写真。洋装と伝統的な漢服を組み合わせ、帽子によって辮髪を隠している点に、当時の林文慶ら「現地の改革主義者たち」の時代精神を感じることができる。1890年代。シンガポール国立公文書館（National Archives of Singapore）所蔵。

裏：左上（画像22）ホーカーズ（hawkers）にて食事を販売している華人労働者たち。1915年。

右上（画像21）ボート・キー周辺。シンガポール川に多くの小型船舶が集まっている。1910年代。

左下（画像14）天福宮の外観。手前に牛車と馬車が写っている。1900年頃。

右下（画像19）サウス・ブリッジ・ロードとクロスロードの交差点。食べ物を売っている華人商人たちに加えて、インド人労働者たちも写っている。1860-80年代。


［写真類の出典］シンガポール国立公文書館所蔵の写真類、および萱野長知『中華民国革命秘笈』（帝国地方行政学会、1940年）、宮崎滔天『三十三年の夢』（国光書房、1902年）、Who's who in China: Biographies of Chinese leaders, Shanghai（The China weekly review, 1936）、中国人民政治協商会議第一届全体会議秘書処編『中国人民政治協商会議第一届全体会議紀念刊』（北京：新華書店、1950年）、養正学校編『新加坡養正学校概況』（シンガポール：自費出版、1933年）、道南学校編『新嘉坡道南学校一覧』（自費出版、1932年）など。

写真図表一覧

地　名

（シンガポール内の通り・建物・公園など）

マ

ヤ

ラ

人　名

ヤ

ラ・ワ

マ

ナ

ハ

タ

カ

索　引

著者紹介

持田洋平（もちだ　ようへい）

1986年生まれ。

2019年慶應義塾大学大学院文学研究科史学専攻後期博士課程修了。博士（史学）。

専攻はシンガポール華人社会史、華人研究。

現在、慶應義塾大学文学部訪問研究員、神奈川大学アジア研究センター客員研究員。

主な論文として、「シンガポール華人社会の「近代」の始まりに関する一考察：林文慶と辮髪切除活動を中心に」（『華僑華人研究』9号、7-27頁、2012年、日本華僑華人学会2014年度研究奨励賞（論文）受賞）、「中国ナショナリズムと南洋華僑」（華僑華人の事典編纂委員会（編）『華僑華人の事典』丸善出版、304-305頁、2017年）、「シンガポール華人社会における「孔廟学堂設立運動」の展開（一八九八-一九〇二年）」（『東洋学報』99巻1号、31-57頁、2017年）、「日本統治初期のシンガポールにおける紅卍字会の救災活動：『新加坡道院訓文』の発見とその分析」（武内房司（編）『中国近代の民衆宗教と東南アジア』研文出版、179-205頁、2021年）など。

移民社会のナショナリズム　シンガポール近代華人社会史研究

2024年10月10日　印刷
2024年10月20日　発行

著　者　持田洋平

発行者　石井　雅
発行所　株式会社　風響社

東京都北区田端4-14-9（〒114-0014）
TEL 03(3828)9249　振替 00110-0-553554
印刷　モリモト印刷

ISBN978- 4-89489-330-6 C3039